Hans-Günter Wagner

# Sutrengeschichten

# Sutrengeschichten

## Von Karma und Wiedergeburt

Aus dem Chinesischen
von
Hans-Günter Wagner

Reichert Verlag

Umschlagfoto: Hans-Günter Wagner

Das Bild auf der Umschlagseite zeigt einen Ausschnitt aus einer der zahlreichen Felsskulpturen von Dazu (bei Chongqing), die aus der Tang-Dynastie stammen. Es handelt sich um eine Szene aus dem „Großen Buddhasutra von den Wohltaten guten Karmas", einem Teil der „Sammlung vom Schatzberg". Eine deutsche Übersetzung findet sich unter dem Titel „Buddha Sakyamuni besucht seinen Vater, den sterbenden König Śhuddhodana" als letzter Text dieser Sammlung.

**Bibliografische Information der Deutschen Nationalbibliothek**

Die Deutsche Nationalbibliothek verzeichnet diese Publikation in der Deutschen Nationalbibliografie; detaillierte bibliografische Daten sind im Internet über http://dnb.dnb.de abrufbar.

Gedruckt auf säurefreiem Papier
(alterungsbeständig – pH7, neutral)


www.reichert-verlag.de
ISBN: 978-3-95490-174-6

## Inhalt

# Einleitung des Übersetzers

Manche Menschen haben ein schönes und erfülltes Leben, andere hingegen ein schweres Schicksal zu ertragen. Wie kommt das? Warum genießt der eine Glück und Wohlstand, während ein anderer arm ist und von allerlei Leid und Krankheit geplagt wird? Hängen Freude und Glück vom Lebenswandel ab? Verweise auf die eigene Leistung greifen oft zu kurz: Arbeiten nicht viele sehr hart, ohne dabei je reich zu werden, während nicht wenige Reiche ganz ohne eigene Anstrengung zu ihrem Vermögen gekommen sind? Nicht jeder, der gesund lebt, bleibt es auch usw. Die moderne Wissenschaft hat letztlich keine befriedigende Erklärung parat. Philosophen und spirituelle Meister geben sehr verschiedene Antworten. Manche halten es schlicht für Zufall, wie es einem im Leben ergeht. Wobei einige meinen, dass die Ereignisse im Leben ganz ohne ursächliche Verbindung kommen und gehen. Andere halten eine entsprechende Kausalität wohl für möglich, aber grundsätzlich auch für unerforschlich. Dann gibt es noch die religiösen Deutungen: Ein allmächtiger Schöpfergott entscheide letztlich darüber, jedem Wesen habe er eine Aufgabe gestellt, die es in seinem irdischen Dasein erfüllen müsse. Gute Lebensumstände seien als göttliche Belohnung oder Bestätigung für richtiges Verhalten zu werten, schlechte dagegen entweder als Strafe für den Abfall vom wahren Glauben und den Bruch religiöser Gebote oder eben als harte Prüfungen auf dem Pfad, die der Aufrechte anzunehmen habe und vor denen er nicht zurückscheuen dürfe.

Philosophen bieten ein breiteres Spektrum von Erklärungen an: Strenge Deterministen halten alles für vorbestimmt, die Welt laufe gleich einem gewaltigen Uhrwerk und nach einem festgefügten Plan ab, ob nun von einem Schöpfer gemacht oder aus einer inneren Logik heraus erzeugt – nichts könne daran geändert werden. Solchem Fatalismus halten die Anhänger des „freien Willens“ entgegen: Der Mensch ist selbst Herr seines Daseins und mit Willen und Tatkraft sei er imstande, alle Lebensumstände zu meistern, wenn er es nur wirklich wolle und unerschütterliche Entschlossenheit an den Tag lege. Viele wissenschaftlich denkenden Menschen werden dem beipflichten und darauf verweisen, dass je besser wir die Gesetzmäßigkeiten der Natur sowie die Strukturen von menschlicher Psyche und Gesellschaft verstehen, desto planbarer unsere Existenz sei und umso leichter sich widrige Umstände abwehren ließen. Man möchte solchen Überzeugungen gerne beipflichten, wären da nicht die „Schicksalsschläge“ in Form von Krankheiten und Verlusten, das unvermeidliche Altern und schließlich der ebenso unvermeidliche Tod, die an niemandem vorüberziehen – trotz aller Vorsorge und Vermeidungsstrategien.

Asiatische Religionen wie der Buddhismus sprechen anstelle des unfassbaren Schicksalsbegriffs vom *Karma* als der Macht, die durch das eigene Handeln die gegenwärtigen wie die zukünftigen Lebensumstände formt, „Schaffsal“ statt Schicksal sozusagen.

Im buddhistischen Schrifttum sind es neben philosophischen Texten vor allem Episoden vom Wirken der Karma-Kausalität, die dieses Gesetz auf volkstümliche Weise illustrieren und die zum tugendhaften Handeln erziehen wollen. Regelmäßig finden sich in den Sutren mit ihren komplexen Abhandlungen über den „Kausalnexus“ menschlichen Handelns über den Verlauf mehrerer Leben hinweg auch viele anekdotische Veranschaulichungen. Bereits kurz nach dem Tode Buddhas entstanden zahlreiche Legenden, die sich um sein Leben und seine Vorexistenzen ranken. Teilweise wird dabei auf frühere indische Vorlagen zurückgegriffen, denn der Glaube an Karma und Wiedergeburt existierte bereits in den frühen Hindu-Religionen. Über die Seidenstraße und auf dem Seeweg gelangten mit dem Buddhismus auch seine Karma-Episoden nach China, ein Land, wo Legenden und Mythen stets besondere Wertschätzung genossen. Sutrengeschichten wurden so Teil einer lebendigen volksbuddhistischen Tradition. Die Texte dieser Sammlung wurden aus dem Chinesischen übersetzt. Einige entstammen Originallehrreden des Buddha, andere den späteren Mahayana-Schriften und der historischen Überlieferung.

善有善報
惡有惡報
不是不報
時候不到
時候一到
一切全報
釋迦牟尼佛

Gutes Tun schafft gute Ernte
Böses Wirken schlechte Frucht
Ist die Zeit noch nicht dafür
Gibt es weder Frucht noch Ernte
Doch wenn die Zeit schließlich gereift
Ein jedes Handeln schlägt zurück

(Buddha Sakyamuni)

## Kaiser Han Ming begegnet im Traum dem wahren Buddha

Die Analen berichten, dass der Kaiser Han Ming[1] einst einen wunderbaren Traum hatte. In diesem Traum erschien ihm ein heiliges Wesen, das nach seinem Bericht wohl zwei Zhang[2] an Körpergröße maß. Eine unvorstellbare Würde und Erhabenheit ging von dieser Gestalt aus. Wie aus purem Gold war ihr Leib, während das Haupt von einer leuchtenden Aura umstrahlt wurde.

Am folgenden Morgen erzählte der Herrscher sogleich seinen Ministern von der nächtlichen Erscheinung und bat sie um eine Erklärung. Als Erster ergriff der Kanzler das Wort und sprach: „Westlich vom Reich der Mitte liegt ein Land mit Namen Indien, dort soll vor einigen Jahrhunderten ein heiliger Mann gelebt haben, den sie bis heute den Erleuchteten nennen. Es scheint, dass er es war, den Ihr in Eurem Traum erblickt habt."

Der Kaiser wollte vollständige Klarheit in dieser Frage gewinnen und schickte daher kurz darauf Abgesandte seines Hofes in das ferne Reich südwestlich von China. Dort angekommen, fanden diese tatsächlich überall Buddha-Bildnisse sowie zahlreiche Schriften, die von der Dharma-Lehre Zeugnis ablegten. Viele dieser Aufzeichnungen brachten die Kundschafter von ihrer langen Reise schließlich mit in die Heimat. Am Hofe studierten der Kaiser und die Hofleute diese Texte hingebungsvoll und mit großer Gründlichkeit. Alle waren zutiefst beeindruckt, auf welche Weise in den buddhistischen Sutren die großen Fragen von Leben und Tod behandelt wurden. Die Antworten, die sie dabei fanden, hatten sie niemals zuvor vernommen.

Nachdem die Abgesandten ihrem Herrscher auch verschiedene Bildnisse des Erhabenen gezeigt hatten, hegte Han Ming keinen Zweifel mehr, dass er in seinem Traum tatsächlich den wahren Buddha erblickt hatte. Da rief er die begabtesten Maler seines Reiches herbei und wies sie an, all diese Gemälde tausendfach zu vervielfältigen. Auch die Wände seines Palastes zierten fortan überall Bilder des Erleuchteten. Kurz darauf legte er in der Hauptstadt den Grundstein für den Bau eines großen Tempels, später ließ er daneben noch eine mächtige Pagode errichten. Wer ihre acht Stockwerke hinaufstieg, sah im Inneren auf jeder Ebene Wandmalereien, welche die Lebensgeschichte des Buddha darstellten und seine Lehre in Bilder fassten. Auf die noch freien Flächen ließ der König später weiße Pferde malen, auf deren Rücken die Abgesandten saßen, die in seinem Auftrag ins heilige Indien aufgebrochen waren. Um die Pagode herum standen Steintafeln, in die Lehrtexte sowie Schilderungen dieser Männer von ihrer großen Reise eingraviert wurden. Kaiser Han Ming hatte erkannt, dass, wer die Lehre verbreitet, große Verdienste erwirbt.

1 Han Ming (汉明) war der zweite Herrscher der Han-Dynastie und lebte von 28–75 nach Chr.
2 Zhang ist eine alte chinesische Maßeinheit und entspricht 3,33 Meter.

# Der Ursprung der Buddhafiguren

Einst weilte Buddha Sakyamuni eine Zeit lang im Reich des Königs Posni, einem treuen Anhänger der Lehre, der ihn mit allen verfügbaren Mitteln unterstützte und ihn gerne für immer in seinen Palast holen wollte. Aber der Erhabene hatte noch viele andere Aufgaben und Pflichten. So konnte er nicht die ganze Zeit in Posnis Nähe bleiben. Eines Tages stieg er in den neunten Himmel auf, wo seine Mutter residierte. Aus Dankbarkeit für die großen Wohltaten seiner Erziehung wollte er sie noch eingehender im Dharma unterweisen. Für neunzig Tage verweilte der Buddha in dieser höchsten Sphäre der himmlischen Welten. Währenddessen war König Posni sehr betrübt, denn der Erhabene war nun nicht mehr in seiner unmittelbaren Nähe und er vermisste seinen unablässigen Rat. Ohne diese Stütze verstrich die Zeit in großer Traurigkeit. Der König schlief schlecht, aß kaum noch etwas und ersehnte nichts heftiger als die Rückkehr des großen Barmherzigen.

Die Zeit der Abwesenheit Buddhas schien für Posni kein Ende nehmen zu wollen. Jeder Tag zog sich endlos lange hin. Trostlos verfloss Stunde um Stunde. In seiner Verzweiflung griff der König an einem Morgen einmal zu einem Stück Sandelholz und begann, in tiefer Sehnsucht aus diesem eine Figur nach dem Bilde des Erhabenen zu schnitzen. Mit großer Sorgfalt und unbeschreiblicher Ausdauer entstand so am Ende eine Statue, die wie kaum ein anderes von Menschen geschaffenes Werk den gütigen Augen, der warmherzigen Ausstrahlung und dem unerschöpflichen Mitgefühl des großen Buddha bildhaften Ausdruck verlieh. Jedes Mal, wenn Posni nun dieses Werk betrachtete, war ihm, als sei der Erhabene selbst gegenwärtig. In solchen Augenblicken spürte er, wie eine alles durchdringende und grenzenlose Barmherzigkeit ihn berührte. Vom Tag der Fertigstellung an war jedwede Trübsal aus des Königs Herz gewichen. Posni stellte die Figur auf den Platz, wo sonst immer der Buddha saß. Täglich verneigte er sich vor ihr, brachte Opfergaben dar und spürte auf dabei jedes Mal die Nähe des Erhabenen, wenngleich dieser weit fort an einem anderen Ort verweilte.

Nach neunzig Tagen war es schließlich Buddhas Mutter, die den Erleuchteten aufforderte, nun wieder in die irdischen Sphären zurückzukehren, damit die Wesen weiterhin in den Genuss der Dharma-Lehren kommen. So erschien er eines Morgens wieder im Palast des großen Herrschers Posni.

Als der Erhabene die königlichen Gemächer betrat, erblickte er sogleich die Statue auf dem Platz, den sonst er eingenommen hatte. Da geschah etwas sehr Seltsames: Die hölzerne Figur aus den Händen Posnis war durch dessen inbrünstige Verehrung so sehr mit Leben erfüllt worden, dass sie sich nun tatsächlich von ihrem Sitz erhob, sich andächtig vor dem wirklichen Buddha verneigte, tiefsten Respekt bezeugte und dann den alten Platz wieder für den Erhabenen freigeben wollte. Doch der Buddha wies dieses Ansinnen zurück und blieb einfach weiter stehen. Dann fiel sein Blick auf die in dem großen Raum versammelten Menschen und er sprach: „Wenn ich einst in das Nirvana eingetreten bin, so sollt ihr auch diese Statue als meinen Schüler betrachten, gleichsam den Mönchen und Nonnen und all meinen gelehrten Laienanhängern."

Nachdem der große Lehrer zu Ende gesprochen hatte, nahm die hölzerne Figur wieder ihren Platz ein. Alle Anwesenden spürten, dass in diesem geschnitzten Stück Holz der Geist der Buddhas aller Zeiten ruhte. Der Erleuchtete zog sich nach diesem Ereignis in eine kleine Klause zurück, nur zwölf Schritte von dem Sitz entfernt, den künftig allein die Statue einnahm. Fortan wurde auch sie von allen Menschen am Hofe Posnis verehrt.

Viele Jahre später verirrte sich an einem kalten Wintertag einmal eine kleine Ratte in den siebenstöckigen Königspalast. Weil das Tier furchtbaren Hunger hatte, knabberte es die brennende Kerze vor der Holzfigur an. Dabei stürzte der kleine eiserne Kerzenhalter um, wobei die Flamme sogleich die Brokattücher entzündete, auf denen er stand. Im Nu breitete sich das Feuer aus, nach wenigen Minuten war der ganze Palast ein loderndes Flammenmeer. Niemand war imstande, ein solch gewaltiges Feuer zu löschen. Zum Glück kam keiner der Bewohner zu Schaden, alle konnten noch rechtzeitig ins Freie fliehen.

Nachdem alles niedergebrannt war, schwelten die Glutreste noch mehrere Tage; daher glaubten die Palastangehörigen, dass in diesem Feuer auch die von König Posni handgeschnitzte Figur vernichtet worden sei. Doch als die Menschen später in den verkohlten Resten des einstigen Prachtbaus herumstocherten, entdeckte plötzlich einer der Hofleute den großen Sandelholzbuddha. Alle waren verblüfft: Die Statue war völlig unbeschädigt und hatte in dem vernichtenden Feuer auch nicht den allergeringsten Schaden erlitten.

Mit vereinten Kräften bauten die Menschen den herrschaftlichen Palast erneut auf und stellten den hölzernen Buddha später wieder an seinen alten Platz zurück. Alle in Posnis Reich wussten nun, dass der Buddha ihre Zuflucht ist und seine Lehre die Zeiten überdauert.

## Der König und das Schaf

Der wahre Heilspfad führt über das Leidensmeer des Samsara hinaus. Eine angenehme Wiedergeburt allein ist nicht erstrebenswert. Jedes neue Leben ist vor allem eine neue Aufgabe.

Im Sommer eines Jahres geschah es einmal, dass ein Mönch und ein Brahmane sich zufällig am gleichen Ort in einer Bergeinsamkeit zur Übung der Stille einfanden. Obwohl sie fortan für eine Zeit lang nahe beieinander lebten, war ihre Beziehung dennoch weder eng noch sonderlich vertraut. Der Brahmane fühlte sich dem Mönch von Anfang an ein wenig überlegen, denn er hielt seine eigene Übung für härter und selbstquälerischer. Allerdings kam er nicht umhin, schon nach nur kurzer Zeit die größeren Fortschritte des Anderen anerkennen zu müssen. Da stieg

Missgunst in seinem Herzen auf und seine Abneigung gegen diesen Menschen wurde noch stärker.

Eines Tages hörte er den Mönch wieder und wieder den gleichen Vers rezitieren:

Im Sonnenlicht der Bambus sprießt
Ein Schatten kommt und bald zerfließt
Doch wächst er oft bedrohlich lang
Gleich Ästen übern Mauerkamm
Wenn eng auch das Zusammenleben
An Abstand darf es doch nicht fehlen
Ganz mühelos die Zeit vergeht
Wenn diesen Grundsatz ihr versteht

Dem Brahmanen schien es, dass diese Worte nichts anderes ausdrückten, was eigentlich auch er im Inneren dachte und fühlte.

Eines Tages geschah es nun, dass der Mönch ihn einmal unerwartet in seiner Klause besuchte. Zunächst wechselten sie einige Höflichkeitsfloskeln, bis der Gast schließlich zur Sache kam: „Wenn ich Euch so sehe, bewegt mich stets die gleiche Frage: Jeden Tag übt Ihr mit gefalteten Händen lange Zeit und bringt der Sonne am frühen Morgen euren Gruß dar. Am Abend dann wälzt Ihr euren Körper in Asche und Staub, fastet mit großer Hingabe und esst nichts anderes als die trockenen Wurzeln der Gräser. Während andere Menschen schlafen, steht Ihr in der Nacht stundenlang auf einem Bein vor eurer Hütte unter dem kühlen Sternenzelt. Das ist wahrhaft strenge und schmerzvolle Askese. Was ich nun gerne wissen möchte: Warum tut Ihr das alles – was ist eigentlich euer Ziel?“

Der Brahmane freute sich über die an ihn gerichteten und scheinbar lobenden Worte, schob seine Brust nach vorne und erklärte mit stolzer Miene: „Durch diese harte und entschlossene Übung kann ich es erreichen, in meinem nächsten Leben als ein großer Herrscher wiedergeboren zu werden.“

Einige Tage nach dieser Begegnung wurde der Brahmane plötzlich krank. Eines Morgens konnte er nicht mehr aufstehen. In seiner Not rief er laut nach dem Mönch, der schnell herbeigelaufen kam und aus dem Tal dann einen Arzt holte. Nach sorgfältiger Untersuchung des Asketen stellte dieser schließlich die folgende Diagnose: „Guter Mann, Ihr seid nicht wirklich krank, sondern einfach nur erschöpft. Harte Übung und Mangel an Nahrung haben Euch völlig entkräftet. Euer Leib ist mittlerweile sehr schwach und anfällig geworden. Esst nur einmal richtig Fleisch, dann werdet Ihr bald wieder ganz in Ordnung sein.“

Nachdem der Heilkundige wieder fort war, sprach der Brahmane zu dem Mönch: „Ich bin zu schwach, um selbst zu gehen. Bitte seid so gut und geht zu dem Bauernhof in der Nähe und bringt mir ein wenig Fleisch herbei!“

„Jetzt ist die Zeit gekommen, ihn wahrhaft etwas zu lehren“, dachte sich da der Mönch. Dann verließ er die Klause des Mannes und zauberte ein Lamm herbei, das er an einem Baum in der Nähe festband. Kurz darauf trat er erneut ein und erklärte: „Was du begehrst, ist ganz in deiner Nähe!“

„Wo ist das Fleisch?“, fragte der Brahmane.

„Geh hinaus aus deiner Hütte, am Baum gegenüber wirst du es finden“, antwortete der Mönch und half dem Kranken aufzustehen. Kaum war dieser ins Freie getreten und hatte das friedlich grasende Tier erblickt, überkam ihn schäumende Wut: „Ich hatte dich um ein wenig Fleisch gebeten“, rief er, „aber nicht um ein lebendes Schaf. Wie schwer mein Leiden auch ist, niemals darf ich meine Gelübde brechen und einem anderen Wesen das Leben nehmen.“

Der Mönch ließ diesen Ärger über sich ergehen, schwieg eine Weile und begann sodann, ein kleines Liedchen aus dem Stegreif anzustimmen:

Erfüllt von Mitleid bist du jetzt mit diesem kleinen Wesen
Du willst es nicht verletzen, oh Bruder, das ist wahrhaft gut
Wild aber brennet dein Verlangen, ein großer Herrscher einst zu sein
Bedenke nun einmal, wenn du dereinst ein König bist
Von oben herrschst über Menschen und ein großes Reich
Wie oft fürs Festmahl dann, in deinem Namen sterben müssen
Unzählig Kuh und Schaf und Schwein und Huhn
Jäger mit Bluthunden werden in die Wälder ziehn
Zu stillen die Gaumenfreuden der Menschen im Palast
Sollten dich gar einst, Wut und Missgunst einmal plagen
Als Herrscher lässt du's einfach an deinen Untertanen aus
Auf deinen Befehl rollen Köpfe jederzeit
Dein Urteilspruch hackt ab den Dieben Hände und Füße
Sticht den Übertätern die Augäpfel aus den Höhlen
Heute fühlst du Mitleid mit diesem unschuldigen Lamm
Was aber, wenn du einst ein Reich beherrschst
Und Todesfurcht des Volkes, die eigene Regentschaft stützt?
Wenn du ein wahrhaft großer Barmherziger bist
Liegt da nicht arger Widersinn im König werden wollen?

Nachdem der Brahmane diese Worte vernommen hatte, musste er lange und tief nachsinnen. Er blickte zu Boden und schwieg zunächst einige Zeit. Dann erhob er sein Haupt und sprach: „Ihr habt völlig recht. Eure Worte erst haben mich zum Pfad der wirklichen Befreiung geführt. Weltliche Belohnung soll künftig nicht länger mein Ziel sein. Ruhm, Reichtum und Macht sind tatsächlich nicht erstrebenswert. Allein der Erlösungspfad kann uns retten, der zum großen Erlöschen führt.“

Von dieser Stunde an verband diese beiden Eremiten tiefe und immerwährende Freundschaft.

## Glücksspiel mit einem Dämon

Vor unvorstellbar langer Zeit lebte im Norden des alten Indien einmal ein Kanzler, der einen klugen Sohn hatte, der den Namen Bituhu trug. Schon in jungen Jahren war dieser Sprössling voller Tiefsinn und Weisheit. Bei vielen Gelegenheiten unterstützte er den Herrscher mit wohl überlegten Ratschlägen zur Führung des Landes. Der König und die ganze Familie nutzten liebend gern die Inspiration, die unentwegt von diesem außergewöhnlichen jungen Mann ausging. Im Lauf der Zeit schenkte ihm der ganze Hof nahezu grenzenloses Vertrauen, die Menschen schätzten seine Gutheit und sanfte Wesensart. Auch die einfachen Leute schauten zu ihm auf und bewunderten sein unglaubliches Geschick und großes Können. Selbst der Drachenkönig kam regelmäßig aus der jenseitigen Welt zu Besuch, um Unterweisung aus seinem Munde zu vernehmen. Einmal dauerte diese Lehrstunde beim Kanzlersohn viel länger als üblich. Da langweilte sich das Weib des Drachenherrschers. Auf einmal begannen sonderbare Gedanken durch ihren Kopf zu kreisen. Obwohl sie genau wusste, dass ihr Gatte keine Geliebte hatte, sondern während dieser Stunden in der Lehre des Buddha unterwiesen wurde, überkam sie plötzlich heftige Hassgefühle gegenüber Bituhu. „Oh dieser Jüngling, oh, ich möchte ihn töten und sein Blut trinken", sprach sie mit lauter Stimme zu sich, während ihre Augen wild funkelten.

Einige Tage später redete sie über ihr ungeheuerliches Verlangen mit einem der Nachtdämonen, den sie schon seit langem gut kannte. „Ihn zu töten ist die einfachste Sache der Welt", frohlockte die finstere Gestalt sogleich und sprach: „Wenn du es nur wirklich willst, so kann ich dir sein Blut bringen."

„Ja, tu es für mich", rief das Drachenweib voller Entzücken und stellte dem Dämon dafür reiche Belohnung in Aussicht.

Um seinen Plan wahr zu machen, bat dieser seine Auftraggeberin, ihm die Zauberwaffe des Drachenkönigs für ein paar Tage auszuleihen, jene geheimnisvollen Glücksperlen nämlich, die in der Schatzkammer des Drachenpalastes aufbewahrt wurden. Ohne zu zögern, wurde diese Bitte sogleich erfüllt. Anschließend verkleidete sich der Dämon als gewöhnlicher Perlenhändler und begab sich zu dem Königshof, wo Bituhu mit seiner Familie lebte. Dort beeindruckte er die Leute sogleich durch seinen außergewöhnlichen Erfolg beim Karten- und Würfelspiel. Schnell wurde der Herrscher auf ihn aufmerksam und wollte diesen Burschen einmal näher kennenlernen. So gelangte er in die königlichen Gemächer. Auch Bituhu nahm an dieser Audienz teil. Alle waren verwundert, ja mehr noch schockiert darüber, dass dieser Händler beim Glücksspiel niemals verlor. Die besten Spieler des ganzen Landes kamen regelmäßig in den Palast und beeindruckten bei ihren Besuchen den Hof mit ihren Künsten. Zwar gewannen sie stets die Mehrzahl ihrer Einsätze, doch das eine oder andere Mal mussten auch sie bittere Niederlagen einstecken. Dann freute sich der König jedes Mal wie ein kleines Kind, selbst wenn er zuvor tüchtig Federn gelassen hatte. Daher war er jetzt ganz darauf versessen, möglichst schnell auch auf dem Gesicht dieses gerissenen Händlers wenigstens ein einziges Mal die saure Miene eines Besiegten zu sehen. Dabei interessierte ihn gar nicht, welchen Preis er womöglich für diesen kurzen Anblick zu entrichten haben würde. Doch es war seltsam, der unbekannte Besucher verlor einfach keine einzige Runde. Nach und nach wanderten sämtliche Schätze des Reiches über den großen Spieltisch des Palastes und gelangten in den Besitz dieses erstaunlichen Mannes. Zu seinem Entsetzen musste der König im Morgengrauen feststellen, dass alles, was er besaß, fort war, während sein Gegenüber nicht ein einziges Mal verloren hatte. Da der verkleidete Dämon wusste, dass der König nun keine Kostbarkeiten mehr in der Hinterhand hatte, sprach er lächelnd zu ihm: „Majestät, Ihr braucht nicht als großer Verlierer dazustehen. Ihr habt doch Bituhu an Eurer Seite, den Sohn Eures Kanzlers, diesen kostbaren Schatz an Weisheit und Tugend. Gebt mir diesen jungen Burschen, auf dass ich mit ihm verfahren kann, wie es mir beliebt. Ich will Euch als Gegenleistung diese Glücksperlen hier vermachen, denen ich allein den Erfolg bei all meinen Spielen verdanke."

Der König zögerte zunächst einzuschlagen, denn er ahnte, dass den gutherzigen Kanzlersohn nichts Gutes erwartete, wenn er sich auf diesen Handel einließe. Doch wollte er vor sich selbst und seinem Volk nicht als der dumme Verlierer dastehen, der aus Torheit und Übermut den Wohlstand des ganzen Reiches verspielt hatte. So war er schließlich gewillt, das Ungeheuerliche geschehen zu lassen. In dieser Lage richtete Bituhu plötzlich von sich aus das Wort an seinen Herrscher: „Die Dinge sind nun leider einmal wie sie sind. Daher ist es am besten, wenn ich jetzt mit dem Gewinner fortgehe. Allerdings hinterlässt es bei den Menschen im Land keinen guten Eindruck, wenn Ihr nicht wenigstens einen Teil Eurer verlorenen Schätze zurückbekommt. Ein gewaltiger Respektverlust wäre ansonsten die Folge und Eure Untertanen würden Euch fortan nur noch mit Misstrauen und Argwohn begegnen."

Der König stutzte, diese Worte leuchteten ihm ein. Anschließend sprach Bituhu: „Wenn ich erst einmal diesem gerissenen Händler gehöre, wird mir gewiss Schreckliches widerfahren."

Eindringlich bat er daher seinen Herrscher, verbindlichen Schutz für sein Leben und seine Unversehrtheit zu verlangen. Der König wollte diese Forderung gerade vorsichtig vortragen, da polterte der verkleidete Dämon auch schon laut dazwischen: „Ich sage es ganz offen und frei heraus: Die Frau des Drachenkönigs verlangt, von seinem Blut zu trinken. Ihr diesen Durst zu stillen, ist mein Auftrag! Ich will allein sein Blut, daher mag der bleiche Leib hier verbleiben, wenn Euch das ein Trost ist." Während er so sprach, blickte er sein Opfer mit funkelnden Augen an.

Alle Anwesenden waren entsetzt, selbst der König wagte nichts zu erwidern: Nur Bituhu ergriff mutig erneut das Wort „Blut ist Blut und vom gleichen Rot! Bring mich lebend zu ihr! Wenn du mich jetzt tötest, wird sie am Ende womöglich gar nicht glauben, dass, was du ihr bringst, wirklich Blut ist, welches meinem Leib entströmte."

Dem Finsterling leuchtete diese Erklärung ein. „Ja, sie soll selbst sehen, dass er es wirklich ist und ihn dann mit ihren eigenen Händen ums Leben bringen“, dachte er sich.

So fand der widerwärtige Handel tatsächlich statt. Noch am gleichen Tag wurde Bituhu zur Residenz der Drachenherrscherin verbracht, während ihr Gatte von dem heraufziehenden Unheil nicht das Geringste ahnte, da er sich zu dieser Zeit wieder einmal in fernen Gefilden der jenseitigen Welt aufhielt. Als das fiese Weib den jungen Burschen erblickte, schrie und frohlockte es vor Entzücken.

„Leider musste ich die Glücksperlen als Belohnung fortgeben“, erklärte der Dämon, „denn ohne ihren Einsatz hätte ich dir das Objekt deines Verlangens nicht bringen können.“

„Das ist es mir wert“, erklärt die Drachendame und wandte sich dann sogleich Bituhu zu. Ohne abzuwarten griff sie nach ihrem diamantenbesetzten Dolch, um die grausame Tat zu vollziehen.

„Herrscherin der Drachenwelten, wartet noch einen Augenblick“, rief der zitternde Bituhu: „Erlaubt mir zuvor ein paar Worte über die erhabene Lehre des Buddha zu Euch und den Anwesenden zu sprechen, auf dass aller Hass aus meinem Herzen weiche und ich diese Welt friedlich und ohne jeden Groll auch gegen Euch verlassen kann.“

„Nun denn, sag, was du zu sagen hast, dieser letzte Wunsch sei dir gewährt“, sprach die Drachendame.

Da begann Bituhu, über die Macht der Liebe zu sprechen, darüber, wie das Gute alle Dinge wandelt, der Hass hingegen immer nur zerstört. Wie er so mit aufrechten Worten sprach und ganz ohne Ansehen seiner Person, wurde auf einmal das Herz der Drachenfrau tief berührt. Tränen rollten über ihr Gesicht und augenblicklich wich aller Hass aus ihrem Geist. Plötzlich sah sie alle Dinge klar. Auch alle Anwesenden spürten nun die Wahrheit dieser Worte. Niemand konnte diesen Menschen jetzt noch töten. Im Gegenteil, man belohnte ihn mit Perlen und Gold aus den Truhen des Drachenpalastes. So konnte Bituhu wieder unversehrt in den Königspalast zurückkehren. Dabei hegte er keinen Groll gegen seinen Herrscher, der seinen Tod zuvor billigend in Kauf genommen hatte. Ja, er teilte die empfangene Belohnung sogar noch mit ihm, denn er hatte wahrhaft verstanden: Das Mächtigste in dieser Welt ist die Kraft des Guten.

# Das Sutra der Retterin Guanyin

Im großen Wei-Reich lebte einmal ein buddhistischer Laienanhänger mit Namen Sun Jingde. Eines Tages schnitzte er im aufrichtigen Glauben an die Lehre des Buddha mit seinen eigenen Händen aus Sandelholz eine Statue der Bodhisattva Guanyin[3], die er dann in seinem Hause aufstellte. Täglich brannte er reichlich Räucherwerk ab und verneigte sich dabei jedes Mal ganz tief vor dem, was diese Figur verkörperte.

Aus Gründen, die im Einzelnen nicht überliefert sind, verleumdete eines Tages ein übler Zeitgenosse diesen edlen Menschen. So landete der gute Sun schließlich im Gefängnis. Leider glaubte die Staatsmacht den falschen Anschuldigungen und verurteilte den armen Mann zum Tode. Am darauffolgenden Morgen sollte ihm gleich in der Frühe der Kopf abgeschlagen werden.

Tief betrübt hockte er nun in seiner dunklen Zelle und sah dem baldigen Ende seines irdischen Lebens entgegen. Voller Verwirrung fragte er sich, warum gerade ihm solches Schicksal widerfahren sollte. Schließlich fiel er in einen unruhigen Schlaf, doch in der Mitte der Nacht hatte er einen Traum. Darin erschien ihm ein Mönch, den er sogleich flehentlich um Hilfe bat. Der Mönch antwortete und sprach: „Du kennst als treuer Laie doch das Sutra der Retterin Guanyin. Zitiere diese erhabenen Zeilen mindestens eintausend Mal, so wirst du morgen früh vom Tode ganz gewiss verschont bleiben."

In diesem Augenblick erwachte Sun und begann sofort mit leiser Stimme zu rezitieren. Stunde um Stunde seiner verbliebenen Zeit verfloss in inbrünstiger Anrufung.

Kurz vor Tagesanbruch holten ihn die Wärter aus seiner Zelle und führten ihn zur Hinrichtungsstätte, wo der Scharfrichter bereits auf ihn wartete. Unablässig fuhr der treue Sun fort, den Text der Großen Guanyin zu wiederholen. Sanft und leise traten erhabene Worte über seine Lippen, während er sich Schritt um Schritt dem Richtplatz näherte. In dem Augenblick, als er den Vollstrecker mit der schwarzen Kapuze erblickte und die Klinge des Schwertes aufblitzen sah, hatte er gerade die eintausendste Rezitation vollendet.

Ohne zu Zögern schlug der Scharfrichter mit voller Wucht zu, doch kaum hatte die scharfe Klinge Suns Hals gestreift, zersprang sie urplötzlich in drei Hälften. Entsetzt starrte der Henker auf die Schneiden im Sand, die jetzt im ersten Licht der gerade aufgehenden Morgensonne funkelten, während sein Opfer unverletzt neben ihm hockte. Es dauerte eine Zeit, bis sich die Anwesenden von diesem Schock erholt und wieder ein wenig gesammelt hatten. Schnell wurde ein neues Schwert

3 Die Bodhisattva Guanyin (观音菩萨) ist eine Manifestation des tausendarmigen indischen Bodhisattva Avalokiteshvara, der als die Verkörperung grenzenloser Barmherzigkeit gilt. In China verschwanden im Lauf der Zeit alle seine ursprünglich männlichen Züge und er wandelte sich zur weiblichen Guanyin, der weithin verehrten Großen Mutter des Mitgefühls.

gebracht und der Henker schlug noch einmal mit äußerster Kraft zu. Doch wie beim ersten Versuch zersprang die Klinge wiederum in drei Hälften und Sun blieb weiter unverletzt. Noch ein drittes Mal versuchte der Scharfrichter, das Urteil zu vollstrecken, doch auch dieser Versuch scheiterte. Der tugendhafte Laie Sun war noch immer am Leben. Lediglich an seinen Hals, wo die Klingen niedergegangen waren, konnte man drei helle Linien erblicken, die wie kleine Narben aussahen.

Endlich war auch dem Henker klar geworden, dass dieser Mann unter dem Schutz höherer Mächte stand. Von Furcht gepackt rannte er zum Palast und berichtete den hohen Beamten, dass dieses Urteil nicht vollstreckt werden könne. So wurde Sun Jingde begnadigt und konnte das Gefängnis als freier Mann verlassen.

Zurückgekehrt nach Hause praktizierte er mit noch größerer Hingabe und Entschlossenheit. Im Wissen um die rettende Macht der Buddhaworte verbreitete er in den verbliebenen Jahren seines Lebens die Lehre unter den Menschen. Wer die Worte der Lehre in sich aufnimmt und nach ihnen lebt, braucht nichts in dieser Welt zu fürchten.

## Der Tod des Königs der Vögel

Der König der Vögel war ein stolzes Tier. Mit seinen mächtigen, goldgelben Schwingen durchschwebte er den Himmelsraum. Hell und alles durchdringend ertönte sein Rufen weit in alle Richtungen. Daher wurde er auch *Klirrende Stimme* genannt. Dieser Herrscher über das Vogelreich war ein wahrer Lebenskünstler, der gutes Essen und Trinken schätzte und sich den ganzen Tag amüsieren wollte. Sein Appetit war enorm, wobei Himmelsdrachenfleisch aus der jenseitigen Welt sein Leibgericht darstellte: Jeden Tag verschlang er mindestens einen großen und fünfhundert kleine Drachen. Wenn er alle paar Tage einmal eine vom Leib befreite und durch die Himmelsräume schwebende Menschenseele erblickte, langte er jedoch ebenfalls gerne zu und schlang sie als besondere Leckerei genussvoll hinunter.

Die Jahre verstrichen und der Vogelkönig wurde – wie alle anderen Wesen auch – alt und schwach. Die einstige Stärke schwand und aus immer mehr Löchern lugte schon der Tod. Als er schließlich das achttausendste Jahr seines Lebens erreicht hatte, spürte er eines Tages, dass das Ende nun nicht mehr fern war. Längst konnte er die Drachen nicht mehr so blitzschnell ergreifen wie zuvor. Diese Langsamkeit hatte ihren Preis: Die meisten Drachen konnten den Krallen des mächtigen alten Vogels mittlerweile ausweichen und entkommen. Und diejenigen, die er ab und an noch erwischte, wehrten sich heftig. Bevor er sie zu Tode beißen konnte, hatten sie fast immer noch Gelegenheit, einen Strahl ihres zerstörerischen Giftes in das Gesicht des Angreifers zu spucken. So kam es, dass der goldgeflügelte Herrscher immer weniger zu fressen bekam und zudem noch unter dem Drachengift litt, das an seinem Körper haften blieb und ihm furchtbare Schmerzen verursachte.

In seiner Verzweiflung begab sich *Klirrende Stimme* schließlich auf den Goldzackenberg, weil er hoffte, auf dem höchsten Gipfel noch Nahrung zu finden. Aber auch dort blieb er weiter hungrig. Auf der gezackten Bergspitze verlor er in einem unachtsamen Augenblick das Gleichgewicht und stürzte hinab in die Tiefe. Mit größter Mühe gelang es ihm noch ein letztes Mal, seine Schwingen auszubreiten und sich wieder in die Lüfte zu erheben. Für ein paar Augenblicke war ihm kurzes Glück hold. Ein aufsteigender Wind trug ihn zur Bergspitze zurück. Allerdings gelang es ihm nicht, sich dort länger festzuklammern, und er stürzte so ein zweites Mal hinab. Ohne unterstützenden Wind besaßen seine Flügel nicht mehr die Kraft, ihn weiter durch die Lüfte zu tragen. Der Riesenvogel konnte nur noch widerstandslos hinabgleiten und stürzte schließlich ins Meer, wo sein Leben verlosch.

Als der letzte Atemhauch seinem Körper entströmte, entzündete sich plötzlich das noch überall anhaftende Drachengift auf seinen Federn. Helle Flammen schlugen empor, Funken sprühten zum Himmel hinauf und entfachten Blitze und Himmelsbrände. Im Nu breitete sich ein gewaltiges Feuer aus. Kurz darauf standen auch die zehn schönsten Berge der Erde, die Schatzberge, in Flammen. Beim Anblick des großen Brandes wurde der Herrscher des Drachenreiches von tiefem Mitgefühl mit den dort lebenden Wesen erfüllt. Um diese Berge vor der Zerstörung zu schützen, ließ er augenblicklich einen gewaltigen Regen auf die ganze Welt niedergehen, der so lange anhielt, bis alle Feuer erloschen waren.

Der auf dem Meer treibende tote Leib des Vogelkönigs fiel ebenfalls den Flammen zum Opfer. Gelöst vom Körper schwebte sein Geist zunächst über die Wasser und stieg dann erneut zum Goldzackenberg empor. Dort kreiste er sieben Male um den Gipfel herum, aber konnte nirgends Ruhe finden, denn das Karma des Tötens lastete schwer auf ihm.

Sein Gegenspieler, der Drachenkönig, hatte die Berge vor den Flammen gerettet, weil er durch seine Klarheit und große Entschlossenheit der Hilfe des Buddha gewiss war. Frei von Anhaftung und Verlangen war sein Geist einer leuchtenden Perle gleich. Der goldgeflügelte Vogelherrscher aber war ein Leben lang besessen von Gier und Verlangen; selbst nach der Vernichtung des Leibes konnte sein Geist keine Ruhe finden. Bis in unsere Zeit treibt ihn die Begierde weiter ziellos umher.

## Das Opfer eines edlen Prinzen

Es lebte einmal ein König mit Namen *Macht der Weisheit*. Dieser Herrscher war ein aufrechter Mensch, der seine Zuflucht zur Lehre des Buddha genommen hatte und gewissenhaft nach ihr lebte. In der Hauptstadt wohnte auch ein ehrwürdiger alter Mönch, der vom ganzen Volk geliebt und respektiert wurde. Schon lange verband diese beiden Männer eine innige Freundschaft. Der König wollte diesen Ordensmann stets in seiner Nähe wissen; wenn er ihn einmal auch nur einen einzigen Tag nicht sah, trübte sich sogleich sein Gemüt.

Eines Tages bildete sich am Oberschenkel dieses Mönchs ein eitriges und übelriechendes Geschwür, das einfach nicht mehr abheilen wollte. Die besten Ärzte des Landes wurden herbeigerufen und verabreichten ihm alle Arten von Arznei, doch es trat keinerlei Besserung ein. Der König, die Königin und alle Konkubinen machten sich ernsthafte Sorgen um die Gesundheit dieses Edlen.

Als der König in diesen Tagen wie gewöhnlich seinen Mittagsschlaf hatte, erschien ihm im Traum plötzlich ein Geistwesen, das er jedoch nur in groben Umrissen erkennen konnte. Die Stimme allerdings, die zu ihm sprach, konnte er deutlich vernehmen: „Wenn die Krankheit deines Freundes geheilt werden soll, so gibt es nur einen Weg: Jemand muss ihm vom Fleisch eines lebenden Menschen zu essen geben. Dann wird seine scheußliche Wunde schnell verschwinden."

Nach dem Erwachen war der König sehr betrübt; er dachte: „Diesem armen Mann geht es Tag um Tag schlechter, aber ihm vom Fleisch eines lebenden Menschen zu geben, wie soll nur das gehen?" Der König rief seinen gesamten Hofstaat zusammen und erzählte von der seltsamen Erscheinung in seinem Traum. Alle sollten einmal gründlich nachsinnen, wie man in dieser Lage helfen könne.

Am Abend dieses Tages trat nun der Sohn des Königs mit Namen *Höchste Weisheit* vor den Thron seines Vaters und sprach: „Seid frei von Sorge! Was zählt dieser vulgäre Fleischesleib schon? Das Wichtigste ist doch, stets im Erleuchtungsgeist zu leben und dem Dharma nicht zuwiderzuhandeln. Der Körper vergeht, eine gute Tat jedoch bleibt."

Diesen Worten konnte der König nur zustimmen.

Schweigend zog sich der Prinz danach in seine Gemächer zurück. Nachdem er sich eine Zeitlang gesammelt hatte, griff er zu seinem Dolch, schnitt ein ansehnliches Stück Fleisch aus seinem rechten Bein und brachte dem kranken Mönch die warme und noch bluttriefende Gabe dar. Dankbar aß dieser davon.

Kurz darauf verschwand sein schlimmes Leiden vollständig und ohne irgendwelche Spuren zu hinterlassen. Der ganze Körper des frommen Mannes gesundete wieder. Kurz darauf heilte wie durch ein Wunder auch die Wunde des Prinzen. Der König war hocherfreut vom Opfermut seines Sohnes und belohnte ihn mit all den Reichtümern des Landes. Es heißt, aus allen diesen Edlen seien später Buddhas geworden.

## Die Anrufung des Buddha

Ein Mann hatte fünf Söhne, die er alle mit großer Hingabe in der Lehre des Buddha erzog. Vier Söhne hatten ihre Zuflucht genommen, allein der fünfte war nicht bereit, die Gelübde zu nehmen. „Wozu mich mit Geboten beschweren?", fragte er sich und erklärte seiner Umgebung mit allzu forschen Worten: „Meine Freiheit ist mir das Wichtigste im Leben."

Doch der junge Bursche war abergläubisch, so ging er eines Tages zu einem alten Wahrsager und ließ sich einmal für fünf Kupfermünzen die Zukunft voraussagen.

Der alte Mann betrachtete die Gesichtszüge seines jungen Gegenübers für eine Weile. Dabei las er eingehend in der Chronik seiner vergangenen und künftigen Leben. Mit bedächtiger Stimme sprach er dann zu ihm: „In hundert Jahren wirst du als wohlhabender Adliger wiedergeboren, aber in den nächsten Tagen droht dir großes Unheil. Nur wenn du es abzuwenden vermagst, wirst du überhaupt weiter auf dieser Erde leben können."

Der junge Mann geriet in Panik, als er diese Worte vernahm, und wollte wissen, welche Gefahr denn genau drohe und wie ihr bloß zu entkommen sei. Der Wahrsager erklärte ihm, dass in dreizehn Tagen ein Wendepunkt in seinem Leben bevorstehe; ein neues Kapitel begänne, welches nicht nur das gewöhnliche materielle Leben betreffe. Mit gewöhnlichen Mitteln sei der drohenden Gefahr aber nicht beizukommen.

„Verliere keine Zeit", mahnte der alte Mann, „und gehe zum Buddha in die Berge, bei ihm wirst du Unterweisung und Schutz finden."

Mit brennender Furcht im Herzen suchte der junge Bursche noch am gleichen Tag den Buddha auf, verneigt sich vor ihm und erflehte seine Hilfe. Da sprach der Erhabene zu ihm: „In diesen Tagen reift bei dir gerade Karma aus vergangenen Leben heran. Frühere Gegenspieler sinnen auf Rache und trachten nach deinem Leben. Wenn du das drohende Unheil abwenden willst, so nimm Zuflucht zu meiner Lehre. Gelobe feierlich, in Zukunft die fünf Gebote strikt einzuhalten, die da lauten: kein anderes Wesen zu töten, nichts zu nehmen, was nicht gegeben wurde, nicht zu lügen und nicht Ehe zu brechen sowie keine Stoffe zu gebrauchen, die berauschen und den Geist vernebeln. In den nächsten dreizehn Tagen brenne Stunde um Stunde Räucherwerk ab, lese die Schriften, versenke dich und spüre die erleuchtete Natur, die tief in deinem Innern verborgen ist. Rezitiere unaufhörlich die Namen der großen Buddhas und erinnere dich ohne Unterlass deiner Zuflucht, so wirst du nach Ablauf des letzten dieser Tage gerettet sein."

Der junge Bursche kehrte wieder zu seiner Familie zurück und tat, wie ihm der Erhabene geheißen hatte. Entschlossen bekannte er sich zur Lehre des Buddha, entzündete Tag um Tag Kerzen und Räucherwerk, faltete seine Hände in Verehrungshaltung und erflehte Beistand und Schutz von allen erleuchteten Wesen.

In der letzten der dreizehn Nächte wehte draußen ein heftiger Sturm. Sand und kleine Steine prasselten an Türen und Wände. Plötzlich schlug das Fenster auf und ein kalter Wind wehte hinein, die Kerze flackerte wild und wäre beinahe erloschen. Da erscheinen tatsächlich zwei Todesdämonen und wollen dem Leben des Mannes ein Ende setzen. Doch drinnen brennt noch immer das Licht der Buddha-Lampe. Die beiden müssen mit anhören, wie ihr geplantes Opfer in tiefer Inbrunst die Wahrheiten der Schriften rezitiert. Jedes Mal, wenn der Name des Erleuchteten erklingt, packt sie Furcht und Schrecken. Unverrichteter Dinge suchen sie kurz darauf panikartig das Weite.

Beim Anbruch des neuen Tages trat der junge Mann ins Freie. Als die ersten Strahlen der Morgensonne sein Antlitz streiften, bekräftigte er seine Zuflucht zum Buddha, zur Lehre und zur höchsten Gemeinschaft. Ein Gefühl großer Freude und tiefen inneren Friedens erfüllte in dieser Stunde seinen Körper und seinen Geist. Dieser Mensch hatte den Buddha angerufen und seine Zuflucht zu ihm genommen. Welche Stürme der Welt brauchte er da noch zu fürchten?

## Die Geschichte des Prinzen, der zwei mächtige Reiche einte[4]

Es lebte einmal ein armer Bauer, der zur Saat im Frühjahr und zur Erntezeit im Herbst an einem jeden Tag auf seinem Feld arbeitete, das eine halbe Stunde Fußmarsch von seinem Haus entfernt lag. Mittags brachte ihm seine Frau oder eines seiner Kinder regelmäßig zwei Schalen mit Reis und Gemüse hinaus auf den Acker.

Eines Tages kam einmal am späten Vormittag ein Mönch vorbei und ließ sich am Feldrain für eine kurze Rast nieder. Der Edle war hungrig und fragte den Landmann, ob er ihm nicht ein wenig zu essen geben könne. Da bald Mittag war, bat ihn der Bauer, ein wenig zu warten, bis ihm seine Leute etwas brächten. Die Zeit verstrich, doch an diesem Tag kam niemand. So sprach der Mönch schließlich: „Sei's drum. Da wohl niemand kommt, muss ich mir wohl mit meinem eigenen Speichel die Kehle befeuchten; wäre es doch heute bloß nicht so heiß und trocken."

Nachdem der Buddhajünger diese Worte gesprochen hatte, holte der Bauer aus seinem Beutel drei Wasserbirnen hervor, die er am Morgen mitgenommen hatte. Er mochte diese Früchte über alles, denn sie waren das beste Mittel, wenn er nach schweißtreibender Feldarbeit seinen Durst stillen wollte.

Dankbar nahm der Feldgast diese Birnen entgegen und biss in sie hinein. Der spritzige Saft und die reichhaltige Mischung aus Säure und Süße ließen augenblicklich all seine Kräfte wiederkehren. Der freigiebige Bauer schenkte ihm noch ein paar Münzen, damit er sich später auf seinem Weg noch etwas Gutes zu Essen kaufen konnte.

„Dein Edelmut und deine Wohltaten für andere Wesen sind groß und unermesslich", sprach der so Beschenkte tief gerührt: „Leider habe ich nichts, womit ich es dir vergelten könnte. Die einzige Gunst, die ich dir erweisen kann, wäre, dass du bei mir deine Zuflucht zur Buddhalehre und die fünf Gelübde nimmst."

Der Bauer wurde blass bei diesem Angebot, da er sich noch nicht reif fühlte für ein Leben mit viel Gebet und Versenkung. „Eure Barmherzigkeit ist grenzenlos", sprach er zu dem Mönch, erklärte dann jedoch: „Ich bin ein einfacher Mann, der von seiner Hände Arbeit lebt, daher fürchte ich, als Laienanhänger keine allzu gute Figur abzugeben, so sehr ich die Lehre auch unterstütze."

---

4 Diese und die folgende Geschiche erzählen das gleiche Grundmotiv in zwei Variationen.

„Wenn Ihr die fünf Gelübde nicht alle nehmen könnt, so liegt großer Segen auch darin, wenigstens eins oder einige davon zu akzeptieren“, antwortete der Mönch.

„Nun“, versicherte der Bauer, „vom Töten anderer Wesen will ich in Zukunft wohl abstehen können.“

Der Edle lächelte und so nahm der Bauer vor ihm das erste Gelübde. Dann ging der Fromme weiter seiner Wege.

Mond um Mond verstrich und der Bauersmann hielt sein Versprechen sorgsam ein. Beim Pflügen der Felder, beim Einbringen der Ernte, bei allem was er tat, achtete er stets peinlich genau darauf, niemals einem lebenden Wesen zu schaden.

Sein tugendhaftes Leben führte dazu, dass er nach dem Tode als Prinz in einem großen Königreich wiedergeboren wurde.

Dieser Königssohn erlebte zunächst eine fröhliche und unbeschwerte Kindheit, doch dann geschah ein Unheil: Eines Tages nahmen ihn die Konkubinen zum Ufer des großen Flusses mit, wo sich die Damen beim Sandufer am seichten Spiel der Wellen erfreuten und das Wasser über ihre zarten Lotusfüße gleiten ließen. So entzückt waren sie davon, dass sie dem Knaben kaum noch Aufmerksamkeit schenkten, der nun übermütig auf einen Felsen am Ufer kletterte. In einem unbeobachteten Augenblick fiel er plötzlich ins Wasser. Noch bevor die Palastdamen hinterherlaufen und ihn wieder an Land ziehen konnten, kam ein großer Fisch vorbeigeschwommen, schnappte sich mit seinem riesigen Maul den Jungen und beförderte ihn mit einem einzigen kräftigen Würgen in seinen Bauch hinunter. Anschließend schwamm der Fisch weiter stromaufwärts in das Gebiet eines anderen Reiches. Das Schicksal wollte es, dass ihn dort kurze Zeit später zwei Fischer entdeckten und das riesige Tier mit ihren Netzen einfingen. Da die Preise für frischen Fisch in dem Reich am Oberlauf des Stromes höher waren, brachten die Fischer ihren mächtigen Fang auf einem Ochsenkarren kurz darauf in die Heimat des Prinzen. Am nächsten Tag wurde er dort auf einem Marktplatz zum Verkauf angeboten.

Inzwischen trauerten die Menschen überall um den Verlust des kleinen Königssohnes, den alle tot glaubten. An diesem Tag sollte nun das Trauermahl am Hofe stattfinden, auf dem traditionell kein Fleisch, sondern nur Fisch gegessen werden durfte. Als der Palastkoch den riesigen Fisch auf dem Markt sah, dachte er: „Der ist wohl angemessen für dieses Ereignis und groß genug, alle Trauergäste satt zu machen.“

Für fünf Silbermünzen erwarb er das Tier, das nun umgeladen und von einem Zweispänner zur Palastküche gebracht wurde. Als der Koch gerade das Messer ansetzen wollte, um den Fisch aufzuschlitzen, hörte er aus dem Innern plötzlich eine verzweifelt wispernde Knabenstimme: „Schneidet vorsichtig, ich lebe noch!“

Der Koch erschrak fürchterlich, doch trennte dann geistesgegenwärtig und mit äußerster Sorgfalt den Bauch des großen Tieres auf, denn er hatte diese Stimme sogleich erkannt. Der Knabe war oft bei ihm in der Küche gewesen. „Ein Geschenk des Himmels!“, riefen die Dabeistehenden, als sie sahen wie der kleine Prinz unverletzt aus dem Leib des Riesenfisches ins Freie kroch. Das ganze Reich am Oberlauf des Flusses feierte tagelang die Rückkehr des kleinen Königssohnes. Bald drang die Kunde von diesem Ereignis auch zum großen Gebieter am Unterlauf des großen Stromes. Voller Neid dachte er sogleich: „Solch ein Glückskind täte auch unserem Reich gut." Daher sandte er noch am gleichen Tag einen Adjutanten zum benachbarten Herrscher und machte nun geltend, dass dieses Kind ihm zustünde, da der Fisch auf seinem Gebiet gefangen wurde. So kam es zu einem Streit zwischen den beiden Reichen, der sich schnell aufschaukelte. Schon wurden die ersten Truppen zu den Grenzen entsandt, wo sich die Soldaten bald waffenklirrend gegenüberstanden. Der sich abzeichnende Krieg ließ den besorgten Herrscher eines dritten, benachbarten Königreiches auf den Plan treten, mit dem die Reiche am Ober- und Unterlauf des Flusses gemeinsame Grenzen hatten. Weil er den Frieden sichern wollte, bot er sich als Vermittler an und lud die verfeindeten Könige zu einem Gespräch an seinem Hofe ein. Beide reisten zwar zu dem Treffen, waren jedoch voller Widerwillen und wechselten die ganze Zeit kein einziges Wort miteinander. Nichtsdestotrotz versucht der vermittelnde Herrscher bei dieser Zusammenkunft, die streitenden Parteien zu versöhnen. Die Rechte und Interessen beider anerkennend sprach er: „Hätte die Königin am Oberlauf diesen Knaben nicht geboren, wie hätten die Fischer am Unterlauf ihn dann retten können?"

Die beiden anderen Könige kamen nicht umhin, dieser Aussage zuzustimmen. Dann fuhr der dritte König fort und sprach: „Hätten die Fischer am Unterlauf den großen Fisch allerdings nicht gefunden und ins Nachbarreich gebracht, wie hätte der Prinz heute noch am Leben sein können?" Da auch diese Feststellung nicht zu bezweifeln war, kamen beide Könige schließlich überein, den kleinen Prinzen zu ihrem gemeinsamen Nachfolger zu erklären. So schlug der Knabe ungewollt eine Brücke zwischen beiden Reichen, die später zu einem zusammenwuchsen. Aufrechte Übung und selbstloses Handeln trugen so am Ende reiche Frucht.

## Vakkula

In längst vergangener Zeit lebte einmal ein armes Ehepaar, die beiden waren ehrliche und rechtschaffene Leute. Jeden Tag ging der Mann hinaus auf die Straßen, um seinen Lebensunterhalt zu bestreiten. Er war ein guter Mensch und half anderen, wo immer er konnte. Die Frau blieb allein im Haus und verdingte sich als fleißige Schneiderin. Obwohl sie für andere die schönsten Kleider fertigte, trugen die Eheleute selbst nur schlichte Gewänder. Sie aßen nur die allereinfachsten Dinge, so war ihr Lieblingsgetränk ein Tee aus wilden Kräutern. Trotz der vielen Entbehrungen, hörte man sie niemals klagen; beide erfreuten sich am stillen Glück des einfachen Lebens.

Die beiden hatten einen Sohn mit Namen Vakkula, ein schlauer Junge, der seine Eltern aufrichtig liebte und ehrte. Als das Kind sieben Jahre alt war, zog sich die Mutter eine schwere Krankheit zu, von der sie sich nicht mehr erholen sollte. Kurze Zeit später verließ sie diese Welt. Nun trug der Vater allein Sorge für Vakkulas Gedeihen. Bald musste der ehrbare Mann erkennen, dass es bei seiner vielen Arbeit und den zahlreichen Verpflichtungen ohne Frau im Haus einfach nicht ging. So heiratete er kurze Zeit später erneut. Von nun an hatte der kleine Sohn eine Stiefmutter, die sich anfangs auch gut um ihn kümmerte. Schon nach weniger als einem Jahr stellte sich erneut Nachwuchs ein und zu Vakkula gesellte sich ein kleines Brüderchen.

Mit der Geburt dieses Kindes empfand die neue Frau den Sohn ihres Mannes aus erster Ehe nur noch als lästiges Übel. Obwohl der Junge ihr gegenüber stets freundlich und hilfsbereit war, stieß er auf keinerlei Gegenliebe mehr. Kaum ein Tag verging, an dem seine Stiefmutter ihn nicht beschimpfte und schlug. Wenn der Vater nicht zu Hause war, landeten beim Essen immer nur die allerkleinsten Brocken in seiner Schüssel. Keine Nacht verging, in der Vakkula nicht weinte. Immer öfter musste er voller Sehnsucht an seine leibliche Mutter denken, die ihn nun nicht schützen konnte.

Eines Morgens bereitete die Stiefmutter einmal frische Dampfbrote zu. Nachdem der Teig gut durchgeknetet war, rollte sie die kleinen Brotlaibe aus und schichtete sie in einem röhrenförmigen Bambuskorb zum Dämpfen übereinander. Schon beim Anblick des Teigs fühlte der kleine Vakkula schlimmen Hunger, denn er bekam nur selten so viel zu essen, dass er davon wirklich satt wurde. Als er ein paar Minuten später auch noch den Duft der garen Brote roch, da konnte sich der Junge einfach nicht länger zurückhalten; heimlich schlich er zur Kochstelle, nahm sich das kleinste davon und würgte es schnell hinunter. Dabei entdeckte ihn allerdings die böse Stiefmutter, in der sogleich unbändiger Zorn aufstieg. Mit einem schnellen Griff packte sie den ängstlich zappelnden Jungen und steckte ihn in das große Dämpfbehältnis zu den anderen Broten. Mit der linken Hand langte sie dabei schnell nach ein paar Holzscheiten und legte sie aufs Feuer, damit noch heißere Schwaden nach oben in den Korb strömten. Vakkula zappelte und stieß mit Wucht gegen den Deckel, um ins Freie zu gelangen. Doch die Frau presste ihn mit all ihrer Kraft nach unten, sodass der Junge im Korb gefangen blieb. Nach einer Weile ließ der Druck nach, daher glaubte sie, das Kind sei inzwischen tot, und hob den Deckel auf. Entsetzt musste sie jedoch feststellen, dass es noch immer am Leben war – ja, Vakkula war völlig unverletzt, weder war seine Haut rot oder verbrüht noch zeigte er sonst irgendwelche Schäden.

Beim Anblick seiner Peinigerin begann er nun sogar noch genüsslich ein weiteres kleines Dampfbrot zu verspeisen. Da geriet dieses Weib außer sich vor Zorn, packte den Jungen, hob ihn ins Freie und drückte ihn auf die glühende Ofenplatte, über der eben noch der Bambuskorb eingehängt war. Doch auch jetzt zeigte die Gluthitze des Ofens keinerlei Wirkung, so als sei die Feuerstätte von einem kalten magischen Schirm umspannt. Ihr kleiner Stiefsohn blieb unverletzt und kaute seelenruhig weiter an seinem Dampfbrot.

„Wenn das Feuer ihm nichts anhaben kann, muss ihn eben das Wasser ums Leben bringen“, dachte sich die Frau in ihrem überbordenden Hass. In umtriebiger Eile suchte sie nach dreckiger Wäsche im Haus und schnürte alle Stücke, die sie fand, zu zwei Bündeln zusammen. „Komm, hilf mir beim Waschen am Fluss“, fordert sie Vakkula auf. Gemeinsam sah man die beiden dann zum nahen Ufer ziehen. Der Frühling hatte gerade begonnen und die einsetzende Schneeschmelze die Fluten des Flusses mächtig anschwellen lassen. Selbst gestandene Männer wagten in diesen Tagen nicht, hinaus in die reißende Strömung zu treten. Kaum hatten die beiden den Fluss erreicht, fordert die Frau ihren kleinen Stiefsohn auf, an einem kleinen Steinvorsprung die Wäsche durchs eiskalte Wasser zu ziehen und anschließend auf dem Waschbrett zu reiben. Der Junge hatte gerade gewissenhaft mit seiner Arbeit begonnen, da trat das böse Weib unbemerkt von hinten an ihn heran und versetzte ihm einen so mächtigen Tritt, dass er weit über den Uferrand hinaus in den wilden Strom stürzte. Genau in diesem Augenblick kam ein riesiger Fisch vorbeigeschwommen, schnappte sich den kleinen Jungen mit seinem weit geöffneten Maul und würgte ihn auf einmal hinunter. In der sicheren Überzeugung, dass das ungeliebte Kind nun endlich tot sei, kehrte die Frau wieder ins Haus zurück. Man glaubte ihr, was sie allen erzählte, nämlich dass sich Vakkula zu weit in den Fluss vorgewagt hätte und dann von der wirbelnden Strömung mitgerissen wurde.

Sieben Tage später wurde die Trauerfeier abgehalten. Als die Gäste sich gerade zum Trauermahl niedergelassen hatten, da sprang von dem vorbeifahrenden Wagen eines Fischhändlers plötzlich ein riesiger, noch lebender Fisch herunter und landete direkt von Vakkulas Vater. Solch einen gewaltigen Fisch hatte noch nie jemand zuvor je mit eigenen Augen gesehen. Als der Mann voller Neugier noch näher herantrat, hörte er aus dem Innern des Tieres eine Stimme zu ihm sprechen: „Ich bin es, ich bin es, rettet mich aus dem Bauch des Fisches!“ Die Leute glaubten, ihren Ohren nicht zu trauen. Vorsichtig schnitt der Vater den Riesenfisch der Länge nach auf und tatsächlich – aus dem Fischleib kroch sein kleiner Sohn ins Freie, gesund und völlig unverletzt hatte er das alles überstanden. Der Buddha schützt alle, die seiner Lehre wahrhaft folgen.

## Die beiden Diener eines Königs

Im alten Indien lebte einmal ein König, der stets danach strebte, sich sein Leben so leicht und so bequem wie nur möglich zu machen. Jeden Tag nach dem Mittagessen hielt er für gewöhnlich ein ausgedehntes Nickerchen. Für die Zeit seines Schlafes musste dann stets ein Diener neben dem Bett bereitstehen für den Fall, dass der Herrscher irgendeinen Wunsch hatte.

An einem sehr heißen Sommertag befahl er einmal gleich zwei Diener zu seinem Ruheplatz, damit keiner seine Wünsche unerfüllt blieb. Einer musste am Kopfende des Bettes stehen und der andere am Fußende. Ihre einzige Aufgabe bestand darin, dem König mit großen Palmfächern unablässig Kühle zuzuwedeln. Wenn er den einen nun losschickte, um ihm etwas zu holen, wäre stets noch jemand zum Fächern dageblieben. Allerdings war an diesem Tag die Hitze so übermächtig, dass der König nicht einschlafen konnte und nur still vor sich hin döste. Von außen sah es jedoch so aus, als ob er fest schliefe. Daher begannen die beiden Diener nach einiger Zeit leise miteinander zu sprechen. „Sag einmal, was ist eigentlich die Stütze deines Lebens?", wollte der Oberdiener, der am Kopfende des Bettes stand, plötzlich von dem anderen wissen. „Die Gunst unseres verehrten Herrschers ist es, der ich alles verdanke und auf die ich baue", gab der andere zur Antwort.

Der König hatte die Frage nur im Dämmerschlaf mitbekommen und ihr keine weitere Beachtung geschenkt. Nun jedoch, da die Rede auf ihn kam, wurde er plötzlich aufmerksam und war im Nu hellwach, tat aber so, als läge er weiterhin im tiefen Schlaf.

Nun wollte der am Fußende Stehende wissen, auf was sich denn der andere in seinem Leben stütze.

„Ich glaube weder an die Macht des Himmels noch die Kraft der Erde", entgegnete sein Gegenüber, „und verlasse mich auf nichts und niemanden, außer auf mich selbst.

„Wie kann man denn leben, ohne an irgendetwas zu glauben oder sich auf jemand anderen zu stützen?", wunderte sich der am Bett unten Stehende, der auch in der Rangordnung am Hofe eine Stufe unter ihm angesiedelt war.

„Nun ja", antwortete der von oben weiter Kühle fächernde Diener und sprach: „Ich vertraue darauf, dass es das Schicksal gut mit mir meint. Wenn das nicht der Fall wäre, was sollte ich denn noch ändern können?"

„Was meinst du eigentlich mit dem Wort ‚Schicksal'", hakte der andere gleich nach.

Der so Angesprochene wollte gerade etwas erwidern, da wälzte sich der König in seinem Bett auf einmal unruhig hin und her, und so zog er es vor zu schweigen. Das Gespräch der beiden verstummte.

Der König aber hatte alles mit angehört und dachte sich nun: „Der am Kopfende ist mein Oberdiener und glaubt allen Ernstes, meine Gunst für ihn zähle nichts! Dieser forsche Bursche vermeint tatsächlich, das Schicksal allein habe die Dinge zu seiner Zufriedenheit geregelt. Mein Unterdiener hingegen sieht das Leben richtig, denn er weiß um die Wohltaten des Herrschers für seine Untergebenen."

Dann räkelte und streckte sich der König langsam, erhob sich aber noch nicht von seiner Schlafstatt. Ganz leise sprach er zu sich selbst: „Ich muss hier jemandem eine Lektion erteilen." Er schickte die beiden zunächst fort und ließ nach einem dritten Diener rufen. Nachdem dieser die königlichen Gemächer betreten hatte, ließ sich der Herrscher einige der Schatullen mit seinen kostbaren Schätzen bringen. Der König wühlte eine Zeitlang darin herum, nahm schließlich einige Sachen heraus und sprach zu ihm: „Geh zur Königin im Jadeflügel und übermittle ihr zunächst meine besten Wünsche, dann überreiche ihr diesen großen Beutel mit glänzenden Perlen und diese goldbestickten Tücher. Richte ihr aus, dass ich kurz darauf durch einen Diener noch ein Glas vom besten Wein bringen lasse. Sie soll diesem Diener eine kostbare Belohnung geben, denn er ist uns allen am Hofe treu ergeben und mir persönlich der Liebste. Ich will aber niemanden direkt bevorzugen, sodass kein Neid entsteht und daher durch dich, meine Gemahlin, ein Zeichen der Dankbarkeit setzen lassen."

Der dritte Diener nahm die Sachen in Empfang und verstaute sie in einer großen roten Schachtel. „Hast du auch genau verstanden, was deine Aufgabe ist?", hakte der König noch einmal nach. „Seid unbesorgt Majestät, ich werde tun, was Ihr mir aufgetragen habt", erwiderte der Bedienstete mit treuseligem Blick und machte sich auf den Weg zum Nebenflügel des Schlosses, wo die Königsfrau residierte.

Nachdem er seinen Befehl gegeben hatte, erhob sich der König endlich von seinem Bett, ging ein paar Schritte in seinem Schlafgemach auf und ab und geriet dabei erneut heftig ins Nachsinnen: „Dieser Bursche vermeint, von mir nicht abhängig zu sein? Wart's ab, dir werd ich's zeigen!" Der König grinste und rieb sich vor Freude die Hände, denn er hatte einen raffinierten Plan gefasst und glaubte fest daran, dass er auch aufgehen würde. Dann rief er den loyalen Diener aus dem zweiten Rang zu sich und sprach: „Siehst du das Glas dort auf dem Tisch, das ich halb leer getrunken habe? Stell es auf ein Tablett und bringe es der Königin!"

Der Unterdiener tat, wie ihm geheißen, doch während er nach draußen ging, fühlte er sich ein wenig unwohl mit diesem Auftrag: „Der König hat tausende Fässer mit guten Wein in seinen Kellern, warum muss ich da seiner Gemahlin ein nur halbvolles Glas bringen, das schon den ganzen Vormittag hier gestanden hat?" Wie er so intensiv nachdachte, achtete er nicht auf den Weg und rannte urplötzlich mit voller Wucht gegen eine Säule. Der Zusammenstoß war so heftig, dass seine Nase zu bluten anfing. Sein plötzlicher Aufschrei hatte den Oberdiener alarmiert, mit dem er vor Kurzem noch am Bett seines Gebieters gestanden hatte. Schnell kam dieser nun herbeigelaufen, um zu sehen was los war. „Sei so gut und bringe dieses Glas der Königin", bat ihn der Ärmste, während er seine Nase zuhielt, damit ihm nicht noch mehr Blut in den Ärmel tropfte. „Mach dir keine Gedanken, ich werde diesen Auftrag für dich erledigen", beruhigte ihn der andere, „sieh du nur zu, dass du schnell zur Hofapotheke kommst, damit sie dort deine Wunde versorgen."

Im Frauengemach wartete die Königin bereits auf den Wein. Als sie den Oberdiener erblickte, sprach sie: „Du kommst gerade richtig, mein Gebieter hat mich vorhin mit Perlen und kostbaren Stoffen reichhaltig beschenkt. Stell das Glas hier ab und richte dem König meinen tief empfundenen Dank aus. Der Mann wollte sich gerade umdrehen und wieder fortgehen, da fuhr die Königsgattin fort und sprach: „Warte, ich will auch dir eine Belohnung geben, für die du aber allein dem Herrscher deinen Dank aussprechen solltest." Dann gab sie ihm eine Handvoll der teuren Perlen und auch einige Bahnen der glänzenden Seidenstoffe, die der König ihr vermacht hatte.

Der Diener wunderte sich, warum er eine solch kostbare Gabe empfangen sollte und dachte in seinem Herzen: „Das Schicksal hat es wohl so vorgesehen für mich. Warum sollte ich diese Dinge da nicht annehmen?"

Als der König kurze Zeit später die Dankesworte aus dem Munde des Oberdieners vernahm, war er erschrocken, wie so etwas geschehen konnte. Sogleich rief er den zweiten Diener herbei. Dieser betrat nun mit verbundener Nase den Raum und erklärte ihm, was vorgefallen war.

Nachdem der Herrscher alles vernommen hatte, seufzte er laut und sprach: „Was dieser Mann vorhin mit ‚Schicksal' meinte, ist allein sein Karma, so wie der Buddha es gelehrt hat. Jeder erntet allein die Frucht seiner Taten und niemand ist imstande, dieses Gesetz je zu ändern. Selbst ein so mächtiger König wie ich vermag es nicht."

## Befreit von allen Beschwernissen erfährt ein treuer Pfau die allerhöchste Freude

Alles, was uns widerfährt, ist die Frucht unserer Taten. Am Geierberg im alten Indien hielt der Buddha einst eine Ansprache, in der er vor einer großen Ansammlung von Menschen die Lehre darlegte. Von den fernen Sandelholzbergen kam zu dieser Stunde ein Pfau herbeigeflogen und ließ sich zu den Füßen des Erhabenen nieder, als dieser gerade zu sprechen begann. Da unterbrach der Buddha seine Rede und richtete als Erstes an diesen farbenprächtigen Vogel das Wort, wobei er zu ihm sprach: „Weil du zu meinem Erscheinen in der Welt einst herzliche Glückwünsche überbrachtest und heute erneut kamst, sollst du in deinem nächsten Leben in einer höheren Welt wiedergeboren werden."

Die Anwesenden konnten diese Worte nicht deuten, doch der Pfau verstand, und nachdem der Erhabene seine Lehrrede beendet hatte, breitete er seine Flügel aus und erhob sich wieder in den Himmelsraum. Auf seinem Rückflug in die Heimat wurde dieser edle Vogel allerdings von einem gemeinen Adler angegriffen, der ihn noch in der Luft tötete, der tote Leib stürzte auf den Erdboden, wo der Räuber sein Fleisch dann gierig in sich hineinschlang.

Weil er dem Erhabenen so aufrichtige und tiefe Verehrung entgegengebracht hatte, nahm die Seele des Pfaus bald darauf durch einen Zeugungsakt neue körperliche Gestalt an. Neun Monate nach der Empfängnis gebar die Frau eines wohlhabenden Händlers einen Knaben, der schon als kleines Kind erkennen ließ, dass er ungewöhnlich schlau war und großes Wissen besaß. Bei seiner Geburt richtete die Kaufmannsfamilie ein großes Fest aus, auf dem das Kind einen ihm geziemenden Namen erhielt. Milch und Butter, Kuchen und süße Dinge wurden dort im Überfluss gereicht.

Im Alter von sieben Jahren trat dieser Knabe mit der Zustimmung seiner Eltern in den Orden des Buddha ein, wo er sehr schnell die Stufe der Heiligkeit erlangte.

Nachdem auf der soeben erwähnten Versammlung der Pfau fort war, hatte der Erhabene all den Anwesenden erklärt, was es mit diesem geheimnisvollen Tier auf sich hatte:

„Vor langer Zeit lebte im Lande der Hirschgärten einmal ein König, den die Menschen den *Monarchen des Hirschlandes* nannten. Nun regierte jedoch in der großen heiligen Stadt an der äußersten Grenze dieses Reiches ein weiterer Herrscher. Zwischen beiden Gebieten war es zu einem zunächst kleineren Konflikt um Macht und Einflussrechte gekommen, der sich im Lauf der Zeit jedoch verschärft hatte, weil keine der Parteien auch nur einen Deut nachzugeben bereit war. Aus vereinzelten Scharmützeln entwickelte sich schließlich ein grausamer Krieg, der am Ende von den Truppen des Stadtherrschers gewonnen wurde. Der König des Hirschlandes floh auf einem Pferd in die fernen Bergwälder, wo er sich versteckte. Weil er dort auf keinen anderen Menschen traf, nutzte er die so gewonnene Zeit, um die Kunst der Meditation zu erlernen.

Der geschlagene Herrscher legte sein Kriegskleid ab, hockte sich unter einen Baum und meditierte. Mit zunehmender Übung gelang es ihm, sich für immer längere Zeit von der sinnlichen Welt zu lösen. Je tiefer seine Versenkung wurde, desto umfassender gelang es ihm, die wahre Natur der Wirklichkeit zu schauen.

Eines Tages erblickte er in der Ferne eine Gruppe von Pfauen. ‚Wie einfach und ungezwungen diese Tiere doch sind', dachte er sich und beneidete die bunten Vögel um ihr freies und ungezwungenes Leben: ‚In Frieden und Eintracht verstreichen all eure Tage, Kampf und Krieg kennt ihr nicht. Ach, könnte ich doch auch so leben wie ihr edlen Pfauen!'

In diesem Wald hauste auch ein Einsiedler, der den Namen *Erwachen in der Einsamkeit* trug. Obwohl beide nahe beieinander lebten, hatte der König die Anwesenheit des heiligen Mannes bisher noch nicht bemerkt. Dieser Waldasket hockte nämlich die meiste Zeit versteckt unten dem dichten Laub der Bäume in vollkommener Meditation, dabei aß und trank er nur ganz wenig, und niemals entströmte seiner Kehle auch nur irgendein Laut, so war es kein Wunder, dass er unbemerkt blieb, selbst wenn jemand nur wenige Meter von ihm entfernt vorbeiging. Der in der Abgeschiedenheit Erwachte besaß die Gabe, die Gedanken des geflohenen Herrschers zu lesen. Liebend gerne mochte er seinen neuen Waldgefährten auf den Pfad des wahren Erwachens führen. Dabei scheute er vor ungewöhnlichen Methoden nicht zurück. Er wollte den Mann einmal heftig erschrecken, um ihn mit diesem Kniff zu einer plötzlichen, erleuchteten Einsicht zu verhelfen. Als der Geflohene wieder einmal in seiner Nähe saß, ohne ihn zu bemerken, hustete der Eremit urplötzlich ganz laut und aus voller Kehle. Der König, der sich völlig allein an diesem Ort wähnte, erschrak fürchterlich. Woher kam dieses menschliche Geräusch fast direkt neben seinem Ohr? Entsetzt sprang er von seinem Platz auf. Er glaubte, die Truppen des Feindes seien gekommen und würden ihn jetzt ergreifen und töten. Erst als er hastig fliehen wollte, erblickte er auf einmal den nur wenige Schritte von ihm entfernt sitzenden alten Eremiten, den er zuvor noch nie bemerkt hatte. Augenblicklich verflog alle Furcht und in seinem Herzen stieg große Freude auf. ‚Dieser ist ein wahrhaft Erwachter', dachte er bei sich. Er ging zu seinem Pferd und holte einen Beutel mit Reis aus den Satteltaschen, den er noch aus dem Palast mitgenommen hatte, um dem großen Lehrer ein Opfer darzubringen. Der Einsiedler nahm diese Gabe mit großer Freude an. Dann bot er eine Schau seiner magischen Kräfte. Mit einem Mal erhob er sich hoch in die Lüfte. Plötzlich stellte der Neu-Meditierende zu seiner größten Überraschung fest, dass er es ihm ohne Mühe gleichtun konnte. Er konnte es selbst kaum glauben: Auch er war solcher Künste fähig. Nur einer kurzen Anleitung hatte es bedurft, sie zu entfesseln. Seine eigene Versenkung hatte bereits solch hohe Stufe erreicht. In diesem Augenblick war er völlig frei."

Damit beendete der Erhabene seine Erklärungen und sagte zum Schluss noch: „Der Pfauenvogel, der eben hier war, das war der frühere Herrscher aus dem Lande der Hirschgärten."

## Den Laien Xu Yi trifft großes Unheil

In der Zeit der Qin-Dynastie lebte in einem Kreis mit Namen Gaolu der Laienanhänger Xu Yi, der als Mandarin in kaiserlichen Diensten stand. Xu Yi war ein tiefgläubiger Mensch und hatte unerschütterliches Vertrauen in die Buddhalehre. So hielt er die Gebote stets gewissenhaft ein und studierte mit großer Hingabe die Sutren.

Als es mit dem Qin-Reich schließlich zu Ende ging, entbrannten immer heftiger werdende Konflikte zwischen den regierenden Herzögen des Landes. Bald loderten überall die Feuer des Krieges. Marodierende Horden zogen raubend und brandschatzend durch Städte und Dörfer. Es dauerte nicht lange und auch das einfache Volk wurde zu den Waffen gerufen. Unermessliches Leid kam so über die Menschen. Unglücklicherweise fiel eines Morgens auch Xu Yi, als er gerade aus dem Haus ging, in die Hände eines umherschweifenden Soldatenhaufens. Die Männer erkannten den Mandarin sofort und wollten ihn als Vertreter der verhassten kaiserlichen Macht bestrafen. Zunächst fesselten sie ihn an Händen und Füßen und brachten ihn anschließend zu einem großen, einsam stehenden Baum in der Nähe ihres Feldlagers. Dort verknüpften sie seinen Zopf mit einem der tiefer herabhängenden Äste. Dann stellte sich der Anführer der Gruppe vor ihn, grinste breit und erklärte: „Heute um Mitternacht werden wir dir den Kopf abschlagen."

Der gefesselte Xu Yi blieb auch in dieser Lage ruhig und gelassen. Tief in seinem Herzen verweilte er in wahrem Gleichmut und innerem Frieden, weil er trotz allem auf den Beistand und Schutz der Bodhisattvas vertraute. Still rief er ihre Namen an und betete zu ihnen. Die Soldaten lagerten vor ihren Zelten, leerten Becher um Becher randvoll mit Wein und frönten dem Glücksspiel. Mit der Zeit überkam Xu Yi eine große Müdigkeit, trotz des drohenden Todes war er kurz vor dem Einschlafen. Während er so still vor sich hindämmerte, war es ihm, als spräche eine

Stimme zu ihm: „Deine Not ist groß, wie kannst du da jetzt in Ruhe schlafen?“ In diesem Augenblick war Xu Yi wieder hellwach. Er blickte in alle Richtungen und sah, dass es gerade dunkel wurde. Die Soldaten waren in ihrem Rausch allesamt fest eingeschlafen, auch die beiden jungen Burschen, die man zu seiner Bewachung abkommandiert hatte, schnarchten laut. Niemand beobachtete ihn, nur der Mondschein erhellte seine Wangen. Xu Yi nutzte diese Gelegenheit und versuchte, sich seiner Fesseln zu entledigen. Bald hatte er einen spitzen Stein entdeckt, mit dem es ihm mit allergrößter Mühe schließlich gelang, die Hanfseile durchzutrennen, die seine Glieder zusammenschnürten. Nachdem seine Hände und Füße wieder frei beweglich waren, löste er noch seinen langen Zopf aus dem Geäst und suchte leisen Schrittes schleunigst das Weite.

Am nächsten Morgen erwachten die Soldaten und mussten feststellen, dass ihr Opfer verschwunden war. Wütend suchten sie in allen Richtungen nach Spuren des Entkommenen. Als sie ihm dabei einmal gefährlich nahe kamen, verharrte Xu Yi mucksmäuschenstill im Schutz der hohen Gräser. So blieb er unentdeckt. Bald darauf zog der marodierende Haufen weiter.

Nachdem alles wieder völlig still geworden war, verließ der Glückliche sein Versteck. In tiefer Dankbarkeit für seine Rettung begab er sich unverzüglich in die Berge, um sich dort ganz dem Pfad zu widmen. In einem Bergkloster nahm er bei einem alten Abt die Gelübde und lebte fortan als Mönch.

## Der unbeugsame Pfadgänger

Vor langer Zeit lebte einmal ein König, welcher der buddhistischen Lehre treu ergeben war. Unermüdlich ermahnte er die Menschen in seinem Land, die fünf buddhistischen Gebote strikt einzuhalten und ihre Zuflucht zur Lehre des Erhabenen zu nehmen. Wer sich zum Dharma bekannte, den befreite der Herrscher von all den Arbeitsdiensten im Land, die seine Untertanen sonst zu leisten hatten. In dem Maße, wie die Menschen der vielen Vorteile gewahr wurden, die ein Anhänger des Buddha genießen konnte, bekannten sich immer mehr Menschen zu seiner Lehre. Überall im Land entstanden neue Tempel und Schreine. Von früh am Morgen bis spät in die Nacht zog der Duft feinen Räucherwerks durch die Straßen; wo man auch hinkam, an allen Orten hörte man helle und dunkle Stimmen Sutrentexte auf Sanskrit rezitieren. So blieb es nicht aus, dass sich bald auch eine immer größere Zahl von Heuchlern zur Gemeinschaft der aufrichtig Praktizierenden gesellte, die der Lehre allein aus engen und eigensüchtigen Motiven folgten.

Der König wurde dieser unerfreulichen Situation schnell gewahr und überlegte, auf welche Weise er wohl die echten Gläubigen von den falschen unterscheiden könne. Lange Zeit sann er über dieses Problem nach, bis ihm schließlich eine, wie er glaubte, hervorragende Lösung einfiel.

Da es ihm als Herrscher des Landes freistand, zu jeder Zeit jeden nur denkbaren Befehl zu geben, erließ er eines Morgens plötzlich die folgende Anordnung: „Alle Menschen im Land sind aufgefordert, ab sofort dem Dharma abzuschwören. Wer fortan weiterhin der Buddhalehre folgt und sie ausübt, wird unbarmherzig mit dem Tode bestraft."

Kaum hatten die Menschen voller Verwunderung diese Botschaft vernommen, da trennten sich die Heuchler augenblicklich und ohne zu Zögern von der buddhistischen Gemeinschaft. Allein die wahren Dharma-Anhänger dachten verzweifelt darüber nach, wie sie auch unter diesen Umständen ihren Überzeugungen treu bleiben können. Ein frommer alter Pfadgänger begann, auf folgende Weise nachzusinnen: „Wer den Weg der Wahrheit verlässt und im Leben den falschen Pfaden folgt, sich den Lockungen der Sinneswelt hingibt und Geld und Reichtum als seinen Gott anbetet, der fällt am Ende dennoch dem Tode anheim. Nichts wird ihn davor bewahren. So ich nun dem königlichen Dekret zuwiderhandelnd weiter nach der Lehre lebe und wie bisher die drei Juwelen verehre, wird mich dieses Schicksal lediglich ein wenig früher ereilen. Wenn ich dann bald im Flammenmeer des Todes vernichtet werde, scheide ich doch aufrecht und ohne Reue aus dieser Welt."

Getragen von dieser Überzeugung widersetzte sich dieser alte Bekenner mutig der Anweisung seines Herrschers. Wie immer rezitierte er jeden Tag mit lauter Stimme die Sutren und unterwies die Menschen seiner Umgebung in der Buddhalehre. Schnell wurden die Häscher des Königshauses auf ihn aufmerksam, ergriffen den Mann und sperrten ihn in ein Verließ. Dann berichteten sie dem König und dieser befahl sogleich: „Bringt ihn heute zur Mittagszeit auf die Hauptstraße vor dem Palast, wenn dort die meisten Menschen versammelt sind. Bereitet seine Hinrichtung vor und schickt mir von dort heimlich einen Abgesandten, der mir kundtun soll, wie sich dieser alte Mann verhält und welche Worte er spricht. Aber vollstreckt das Urteil auf keinen Fall eigenmächtig."

Als der Unbeugsame zur Hinrichtungsstätte geführt wurde, begleitete ihn sein Sohn. Wie der Ärmste nun dem Tod ins Auge sah, begann er mit er mit lauter Stimme zu sprechen: „Seit es Menschen gibt, sind es gar viele, die nichts anderes tun, als sich völlig berauscht den Freuden der Sinne hinzugeben. Doch für solche nimmt es kein gutes Ende. Erst seit dem Tag, da ich der Buddhalehre folge, weiß ich um die große Wahrheit, zu der ich mich in jedem Augenblick meines Daseins bekennen werde. Eher bin ich bereit, in den Tod zu gehen, als in der Lüge zu leben."

Als der Abgesandte dem König Bericht erstattete, geriet dieser in helle Freude: Solch ein ergebener Anhänger der Lehre lebte in seinem Land. Augenblicklich ließ er den Mann vor seinen Thron bringen. Vor seinem gesamten Hofstaat sprach er dann zu ihm: „Du bist ein würdiger Jünger des großen Buddha und ein Vorbild für die Menschen in unserem Land!" Dann ernannte er diesen Edlen zum Kanzler und stattete ihn mit großer Machtfülle aus. Künftig regelte dieser Aufrechte die Steuerangelegenheiten und öffentlichen Dienste des Reiches. Diese Fügung zu Gunsten des wahren Pfadgängers hinterließ bei all den Heuchlern und Doppelzünglern einen bleibenden Eindruck. Fortan gab es kaum noch Falschheit im Land und die

Frommen hatten ein weiteres Mal verstanden, dass der Pfad der Aufrichtigkeit und Treue niemals leicht zu gehen ist und auf dem Weg oft schwere Prüfungen warten.

## Das Opfer für einen Baumgeist

In einer wohlhabenden Familie lebte einmal ein alter Mann, der sein ganzes Leben darum bemüht war, den Reichtum der Seinen zu bewahren und weiter zu mehren. Selbst führte er jedoch ein sehr einfaches Leben und war sehr fromm. Niemals tötete er ein lebendes Wesen, aß kein Fleisch und betete täglich zu den Geistern, um deren Schutz und Beistand zu sichern.

Eines Tages stieg in ihm allerdings ganz plötzlich der brennende Wunsch auf, einmal vom Fleisch eines Tieres zu essen, doch wagte er nicht, dafür ein lebendes Wesen mit seinen eigenen Händen zu töten. Einen ganzen Tag und eine ganze Nacht überlegte er hin und her, wie er seinen Wunsch wohl erfüllen und dabei moralisch sauber bleiben könne. Schließlich kam ihm eine Idee.

Er rief seine Söhne am Rande des größten Feldes der Familie zusammen, deutete auf einen dort stehenden alten Baum und sprach: „Durch all die unablässigen Opfer und Gebete, die ich über viele Jahre dem hier lebenden Baumgeist darbrachte, ist unser Schicksal aufs Engste mit ihm verbunden. Damit wir auch künftig seines Segens gewiss sein können, müssen wir ihm unsere Treue mit einem Blutopfer bezeugen. Holt daher jetzt das fetteste Schaf aus unserer Herde und opfert es im Schatten dieser ausladenden Zweige."

Die Söhne brachten alsbald ein Schaf herbei und errichteten unter dem Baum eine kleine Opferstätte, die sie mit Zweigen und Blattwerk überdachten. Dann töteten sie das Tier, indem sie ihm die Kehle aufschnitten und den Leib ausbluten ließen. Anschließend verzehrten sie gemeinsam das frische Fleisch. Auf diese Weise kam der Vater schließlich in den Genuss dessen, nach dem er so heiß verlangte. Doch blieb es nicht bei diesem einzelnen Ereignis. Bald schon wurde das allmonatliche Opfer eines Tieres unter dem alten Baum zu einer festen Gewohnheit. Im Lauf der Zeit wuchs der kleine überdachte Opferplatz zu einem geräumigen Tempelbau heran, mit einem Herdfeuer in der Mitte und fellbespannten Sitzen an den Seiten.

Nach einigen Jahren starb der alte Mann. Aufgrund seiner Taten wurde seine Seele einige Monate später als Lamm in der Herde seiner Familie wiedergeboren. Das regelmäßige Schlachtritual wurde auch nach seinem Tod fortgesetzt. Als wieder einmal der Tag des Tieropfers gekommen war, fiel die Wahl auf eben dieses kleine Schäflein. Der Jüngste brachte es zu dem Baum, wo die anderen die rituelle Schlachtung vorbereiteten. Natürlich hatten sie nicht die leiseste Vorstellung, dass in diesem Leib die Seele ihres geliebten Vaters wohnte.

Als der Älteste gerade das Messer an der Kehle des gefesselten kleinen Schafes ansetzen wollte, begann das Tier plötzlich zu sprechen: „Oh, welcher Geist haust in diesem Baum? Ja, ich selbst bin schuld daran!"

Alle schauten entsetzt auf das Lamm, aus dessen Mund menschliche Worte kamen. So etwas hatte keiner je erlebt. Mit Tränen in den Augen schaute das kleine Wesen die Anwesenden an und fuhr mit blökender Stimme fort: „Unter diesen mächtigen Zweigen stiftete ich euch einst an, einem Wesen das Leben zu nehmen, allein um meine Gier zu stillen. Ihr alle aßt mit mir gemeinsam von seinem Fleisch. Warum aber muss allein ich heute den Opfertod sterben?"

Die Anwesenden hatten zwar alles verstanden, konnten sich jedoch keinen Reim darauf machen. Zum Glück kam gerade ein heiliger Mann des Weges, der sofort verstand, was gerade an diesem Ort geschah. Während die Söhne noch verständnislos dreinblickten, erklärte ihnen der Pfadgänger, dass ihr Vater gerade dem schlechten Karma ausgesetzt sei, das er einst selbst schuf. Nun begriffen auch sie es und befreiten das junge Tier von seinen Fesseln. Alle waren entsetzt und tief betrübt, dass ihrem teuren Vater keine bessere Wiedergeburt beschieden war. Fortan gab es keine Opferhandlungen mehr unter diesem Baum. Niemals mehr nahm einer aus dieser Familie einem anderen Wesen das Leben.

## Vatermord aus Machtgier

In längst vergangenen Zeiten gab es einmal ein Land, in dem das Volk in Wohlstand und Frieden lebte. Voller Glück und Eintracht verstrichen die Tage. Dieses Land wurde von einem wohltätigen Monarchen regiert, der alle Menschen in seinem Reich so liebte als wären es seine eigenen Kinder. Allerdings hatte dieser Herrscher einen Sohn, der von ganz anderer Art war. Der junge Prinz strebte nach nichts anderem als Macht und Geld und er war völlig brutal und rücksichtslos. Je älter er wurde, desto öfter sann er darüber nach, wie er seinen Vater am besten aus dem Weg schaffen könnte, um selbst den Thron zu besteigen. Der König spürte zwar die wölfischen Ambitionen seines Sprösslings, weil er ihn bedingungslos liebte, schenkte er ihm dennoch grenzenloses Vertrauen.

Eines Tages ritten beide gemeinsam mit den Hofleuten zur Jagd aus. In einem einsamen Bergwald erblickten sie plötzlich einen weißen Hirsch. „Komm, den holen wir uns!", rief der Vater und gab seinem Hengst die Sporen. Gemeinsam verfolgten sie das seltene Tier. Weil sie die schnelleren Pferde ritten, hatten die beiden ihre Begleiter bald abgehängt und drangen nun immer tiefer in den dunklen Wald vor. Im dichten Blätterkleid der Bäume verloren sie jedoch nach kurzer Zeit die Fährte ihrer Beute. Verärgert stiegen sie von ihren Rossen ab, um ein wenig zu verschnaufen. Der Prinz blickte schnell in alle vier Richtungen und stellte fest, dass sie ganz alleine waren. Jetzt sah er endlich die Gelegenheit gekommen, seinen lange gehegten, finsteren Plan in die Tat umzusetzen. Während der König gerade eine

Wasserflasche aus seiner Satteltasche nehmen wollte, zog der Prinz sein Schwert und stieß es mit aller Wucht von hinten in den Rücken seines Vaters. Vom Schmerz überwältigt sank der König wortlos zu Boden. Dunkles Blut strömte in den Waldboden, während die Seele des Königs seinen Leib verließ. Nur die Bäume und die Pflanzen zitterten still als einzige Zeugen dieser grausamen Tat. Der Mörder wartete nicht lange und zog den Leichnam in dichtes Gestrüpp, wo er ihn verscharrte. Am Tatort wühlte er mit seinem Schwert so lange die Erde um, bis keine Spur des gerade verflossenen Blutes mehr zu sehen war. Dann ritt er laut schreiend und Panik vortäuschend in Richtung der Hofleute; erst erweckte er den Anschein, ihm habe es die Sprache verschlagen, dann behauptete er, sie seien im Wald von einem Tiger angegriffen worden. Dieser habe seinen Vater vom Pferd gerissen und mit sich fortgeschleppt.

Die Bediensteten und alle Wachen nahmen sofort die Suche auf. Doch fanden sie natürlich weder die Spur eines Tigers noch den Leichnam ihres geliebten Herrschers. Traurig und voller Wehklagen kehrten sie am folgenden Tag wieder in den Palast zurück. Da das Reich nicht lange ohne Führung bleiben konnte, wurde dem bösen Prinzen einige Tage später die Regentschaft übertragen und die Königskrone aufs Haupt gesetzt.

Das Volk war voller Vertrauen und ahnte nichts von der gemeinen Tat ihres neuen Herrschers. Doch im Land lebte ein Arhat, ein wahrer Verwirklicher der Buddhalehre, der mit seinem Weisheitsauge erkennen konnte, was geschehen war, und der auch wusste, welche karmische Frucht dieser Mensch damit für sich selbst geschaffen hatte. Nichts unter dem weiten Himmel geschieht ohne Ursache und Grund. Nach einigen Jahren wurde der König über Nacht von einer schweren Krankheit befallen. Die besten Heilkundigen des Landes kamen an den Hof, doch keiner wusste, woher dieses unbekannte Leiden kam noch wie es geheilt werden konnte.

In dieser Stunde begab sich der Arhat zum Königspalast und ersuchte darum, in die Gemächer des kranken Monarchen vorgelassen zu werden. Man bat ihn herein und der heilige Mann trat ganz nahe an den Herrscher heran, der furchtbare Schmerzen hatte und unter ständigen Fieberanfällen litt. Wie er den kalten Schweiß des Vatermörders roch, sprach er ganz leise in sein Ohr: „Majestät, was Ihr heute erleidet, ist die Frucht Eurer eigenen Tat. In sieben Tagen müsst Ihr sterben. Es gibt keinerlei Medizin, die Euch noch weiter das Leben erhalten könnte. Wenn Ihr nichts tut, so werdet Ihr nach Eurem Tod in die Höllenwelten hinabstürzen, wo schlimmste und unvorstellbare Qualen auf Euch warten. Der einzige Weg der Rettung ist, wenn Ihr bis zur Stunde Eures Todes unablässig den Namen des Buddha anruft. Lasst nicht einen einzigen anderen Gedanken im Geist aufkommen!" Nachdem er diese Worte gesprochen hatte, verließ der Arhat den Palast und zog sich wieder in seine Klause zurück.

Nachdem der heilige Mann fort war, wurde der König von furchtbarer Panik ergriffen. Sein ganzer Körper zitterte. Er spürte, wie wahr die Worte dieses Weisen waren und dass seine Prophezeiung mit Gewissheit eintreffen würde. Mit letzter

Kraft erhob er sich von seinem Lager und nahm ein Bad. Dann ließ er sich von den Wachen frische Kleidung anlegen und feines Räucherwerk entzünden. Von dieser Stunde an tat er nichts anderes, als still in seinem Geiste den Buddha anzurufen und um dessen Beistand zu bitten. Während sein Leib Stunde um Stunde schwächer wurde, ließ seine geistige Anstrengung doch auch nicht einen Augenblick lang nach. Am siebten Tag starb der König, genauso wie es der Arhat vorausgesagt hatte.

Nachdem sein Geist den Fleischesleib verlassen hatte, stürzte er tief in die Höllenwelten hinab. Als er das Tor der großen Feuerhölle erreichte, sah er überall heiße Flammen lodern. Doch auch im Tode fuhr sein Geist mit unerschütterlicher Entschlossenheit fort, den Namen des großen Buddha zu rezitieren. Als die Insassen nun von draußen die Rezitation des Buddha-Namens hörten, glaubten sie in diesem Moment, der Erhabene selbst sei eingetroffen, um sie zu erlösen. Da begannen auch sie alle nach und nach, diese Worte zu wiederholen. Bald durchdrang ein gewaltiger Stimmenchor die gesamte Feuerhölle. Immer heftiger erschütterte eine an diesem Ort zuvor nie vernommene Rezitationswelle den weiten Raum: Da geschah ein Wunder. Auf einmal war die Hölle verschwunden, so als habe sie nie zuvor existiert. Alle Wesen waren gerettet und konnten in Zukunft die menschliche Wiedergeburt erlangen. Selbst dem Königssohn, der seinen Vater ermordet hatte, gelang nach vielen weiteren Erdenleben aufgrund seiner aufrichtigen Zuflucht zum Buddha schließlich ebenfalls der Aufstieg in die himmlischen Sphären. Die Menschen, die davon erfuhren, verstanden alle, dass tiefes Vertrauen in die Lehre und aufrichtige Reue jeden retten können, was immer er auch Schlechtes getan haben mag.

## Zwei goldene Buddhastatuen

Der Herrscher des Liang-Reiches war seit frühester Jugend ein aufrichtiger Anhänger der Lehre des Buddha. Regelmäßig studierte er die Sutren und folgte mit großer Hingabe dem buddhistischen Pfad. Nach seiner Thronbesteigung ließ er überall im Land große Tempel mit prächtigen goldenen Statuen errichten, zu denen er regelmäßig pilgerte, um Räucherwerk abzubrennen und den Erhabenen zu verehren. Als Ausdruck seiner Wertschätzung lud er an den Abenden oft ehrwürdige Mönche zu sich in den Palast ein und sprach mit ihnen über den Dharma. Nicht selten geschah es, dass solche Zusammenkünfte bis in die Morgenstunden des neuen Tages dauerten.

Eines Tages rief dieser König die besten Handwerker seines Landes zusammen und beauftragte sie, zwei riesige Buddhastatuen aus purem Gold zu fertigen. Die Arbeiter benötigten dafür ein ganzes Jahr und nach Fertigstellung fanden diese Kostbarkeiten schließlich ihren Platz in der großen Halle des Palasttempels, wo der Herrscher jeden Tag meditierte und dem Buddha seinen Respekt bezeugte. Fünfzig Jahre gingen so ins Land. Egal, ob es im Winter stürmte oder schneite, egal, wie heiß die Sonne im Sommer auch vom Himmel brannte, kein Tag verging, an dem der König nicht die große Tempelhalle aufgesucht hätte. So oft hatte er vor diesen beiden Figuren schweigend im Gebet gestanden, dass sich nach all den Jahren die Abdrücke seiner Füße in den harten Steinboden gegraben hatten.

Nach dem Tode dieses edlen Monarchen sollte ein neuer Herrscher den Thron besteigen; doch der Nachfolger war eine im Volk umstrittene Person und hatte viele Gegner. So brachen Machtkämpfe aus, die Lage im Land wurde immer verworrener. Vor seinem Ableben hatte der fromme Herrscher noch verfügt, dass solange kein Nachfolger regiere, der höchste Vertreter des Ordens alle wichtigen Entscheidungen zum Bestand des Reiches und zum Wohle der Menschen treffen solle. Dieser Obermönch – das Haupt der buddhistischen Gemeinschaft – versuchte zu vermitteln, um auf jeden Fall kriegerische Auseinandersetzungen zu vermeiden. Doch ohne einen von allen Bürgern anerkannten König an der Spitze konnte das Land nicht regiert werden. Der Obermönch schlug schließlich einen Kandidaten vor, von dem er glaubte, dass sich die streitenden Parteien auf ihn verständigen könnten. Doch die Auseinandersetzungen dauerten nichtsdestotrotz weiter an und nahmen sogar an Schärfe noch zu. Überall auf den Straßen zogen bewaffnete Reiter umher. Im Norden des großen Flusses, der das Land in zwei Hälften teilte, kam es zu ersten bewaffneten Kämpfen, die bald auch die Hauptstadt erreichten.

In dieser Lage griff das Haupt der Gemeinschaft erstmals aktiv in das Geschehen ein, indem er einen engen Verwandten namens Tu zum Befehlshaber der Truppen in der Hauptstadt ernannte. Das erwies sich jedoch schon bald als fürchterlicher Fehler. Tu war als Heerführer überall für seine Härte und Grausamkeit bekannt. Mit Entschlossenheit und Brutalität besiegte er zwar schließlich die meuternden Truppenteile, die sich in der Hauptstadt verschanzt hatten und denen es an einer erfahrenen Führung mangelte, doch schnell wurde klar, dass es ihm nur auf seine eigenen Interessen ankam. Nachdem seine Soldaten den alten Herrscherpalast eingenommen hatten, inspizierte er sogleich die Lage. Dabei ließ er als Erstes das Tor zur großen Tempelhalle aufbrechen. Beim Anblick der goldenen Buddhastatuen war er wie geblendet von dem leuchtenden Glanz, der von ihnen ausging. Im Nu erwachte eine unbändige und abscheuliche Gier in ihm. Dieses Gold wollte er unbedingt an sich bringen. Schnell rief er zehn seiner gewandtesten Krieger herbei und befahl ihnen, die Tempelwand hochzuklettern. Oben angelangt sollten sie den Figuren die Köpfe abschlagen und dann die Rümpfe nach und nach auseinandertrennen und zu Boden werfen. Kaum waren die Männer hinaufgeklettert und wollten ihr Zerstörungswerk beginnen, da spürten sie, wie ihre Arme urplötzlich völlig taub wurden. Mit gleichsam gelähmten Fingern konnten sie sich nicht mehr länger festhalten. Fast gleichzeitig stürzten die zehn Soldaten aus übergroßer Höhe allesamt auf die Erde hinab. In diesem Augenblick wurde auch Tu von einer ungeheuren Macht ergriffen und zu Boden geworfen. So sehr er sich auch mühte, er war nicht mehr imstande, sich aus eigener Kraft zu erheben. Ihm war, als würden von allen Seiten unsichtbare Peitschen auf ihn einschlagen. Nach wenigen

Minuten wurde sein Körper überall blau und rot, dann lösten sich gar erste Hautfetzen ab. Ohnmächtig sank er schließlich in sich zusammen und streckte alle seine Glieder von sich. Doch in seinem Herzen loderte die Gier noch immer. „Wie komme ich bloß an dieses Gold heran?", war sein einziger quälender Gedanke, sobald die Schmerzen einmal für einen kurzen Augenblick nachließen. Da war ihm plötzlich, als hätten sich nun auch die Statuen verwandelt und zeigten auf einmal ihre rasende, zornige Seite. Tu fühlte, wie die Stäbe ihn trafen, die sie in ihren Händen hielten. Bei diesen Berührungen zersprang sein Leib in tausend Stücke. Blut spritzte in alle Richtungen und tropfte nun überall von den Tempelwänden. Der grausame und gierige Heerführer war tot.

Diese Geschichte machte im Volk schnell die Runde. Fortan zeigten die Menschen großen Respekt vor den Bildnissen des Erhabenen, denn nun wussten sie alle: Der Buddha lebt in den Bildern und Symbolen, die ihn darstellen.

## Erlangen oder Verlieren ist kein Zufall

Neben einem schon seit Jahrhunderten verfallenen Tempel stand einmal eine große achtstöckige Pagode, die mit ihren festen Steinmauern dem völligen Untergang immer noch standhaft trotzte. In längst vergangener Zeit pilgerten einst zahlreiche Mönche zu diesem Heiligtum, um den dort ruhenden verstorbenen Meistern ihre Ehre zu erweisen. Mit seinen Tausenden von Laienbesuchern war dieser Tempel einst ein stets belebter Ort. Später wohnten dann nur noch ein paar alte Mönche mit ihrem Abt in dieser Ruinenstätte. Diese Ordensleute hausten in ein paar einfachen Klausen, die sie selbst notdürftig hergerichtet hatten.

Eines Tages kam eine Gruppe von fünfhundert Mönchen zu diesem Tempel. Überrascht von diesem Besuch hieß der Abt die vielen Buddhajünger auf das Herzlichste willkommen und bewirtete sie mit den wenigen guten Speisen, die im Tempel gerade noch vorrätig waren. Freundlich bat er sie, doch für immer zu verweilen. Die Mönche wollten die verfallene Stätte gern wieder richtig zum Leben erwecken und blieben daher an diesem Ort. Fortan ließ der Tempelvorsteher jeden Tag ein schlichtes Morgen- und Mittagsmahl für die vielen Gäste auftischen, das die Laienanhänger der Umgebung auf seine Bitte hin spendeten. Die Menschen waren alle froh darüber, dass der Segen des Buddha diesen Ort wieder berührt hatte. Gemeinsam mit den Tempelbewohnern wurde Tag und Nacht in den Schriften gelesen und Sutren rezitiert.

Einige Zeit nach Ankunft der Ordensleute zog einmal eine Karawane von fünfhundert Händlern an dem Pagodentempel vorbei. Die Rezitation der Mönche und Laien zog die Vorbeiziehenden schon von Weitem an, und so traten sie alle, tief bewegt von diesem erhabenen Gesang, durchs Tempeltor. Sie waren erstaunt, dort eine solch große Zahl von Robenträgern anzutreffen. Die Händler waren ebenfalls ausnahmslos Anhänger der Lehre des Erhabenen. Beeindruckt von der Hingabe dieser Edlen überlegten sie sogleich, auf welche Weise sie diese Mönche in ihrem segensreichen Wirken wohl unterstützen könnten.

„Was brauchen sie wirklich?“, fragten sich die Kaufleute. „Sie haben hier offensichtlich genug zu essen, dafür sorgen schon die frommen Laien, und Geld und Gut anzuhäufen ist nicht ihr Bestreben“, sprach einer von ihnen und schlussfolgerte: „Wir müssen ihnen etwas spenden, was für sie von bleibendem Nutzen ist!“ Da erhob der Älteste der Karawane seine Stimme und sprach: „Aus Indien haben wir doch diese kostbaren Mani-Perlen mitgebracht. Lasst uns sie den Mönchen hier vermachen.“

„Was können sie denn damit anfangen?“, hakte einer der Kaufleute nach. Der Älteste belehrte ihn und sprach: „Sieh nur, jede Nacht sitzen die Ehrwürdigen vor den heiligen Texten und rezitieren im dunklen Funzellicht ihrer Öllampen. Über die Jahre werden sie dabei ihre Augen verderben. Doch betrachte einmal diese Mani-Perlen. Wo immer du sie hintust, erstrahlt alles im hellen Licht, gleichsam als ob die Sonne vom Himmel schiene.“ Alle stimmten zu, dass dies eine geziemende Gabe sei und würdig diesen treuen Jüngern des Buddha.

Mit feierlicher Miene überreichte der Karawanenführer dem Abt in seiner kleinen Klause die fünfhundert Mani-Perlen und sprach: „Gebt diese leuchtenden Kostbarkeiten an alle eure Mönche, auf dass sie künftig auch in der Nacht im hellen Lichtschein die Texte der Sutren lesen und rezitieren können.“

Anschließend zog die Karawane weiter und die Händler gingen wieder wie gewohnt ihren Geschäften nach.

Einige Monate verstrichen und wie es der Zufall wollte, führte der Weg der Kaufleute sie wieder einmal am alten Pagodentempel vorbei. An diesem Tag war der Abt nicht in den heiligen Hallen, da er an einer feierlichen Zeremonie mit anschließendem Festmahl in einem Kloster in der Nähe teilnahm. Als die Händler mit den Mönchen im Tempelhof zusammentrafen, bemerkten sie, dass bei vielen der Ehrwürdigen die Augenlider rot und angeschwollen waren.

„Was ist denn los mit euch?“, wollten die Kaufleute wissen. Die Mönche meinten, dass ihre Augen wohl entzündet seien, weil sie in den langen Winternächten bei nur schwachem Kerzenschein die Sutren rezitierten.

„Aber warum benutzt ihr denn die Mani-Perlen nicht, deren Licht auch in dunkler Nacht hell erstrahlt und alles erleuchtet?“, wunderten sich die Besucher. Sie waren noch mehr verwundert, als ihnen die Mönche erklärten, dass sie von solchen Perlen noch nie gehört hätten, geschweige denn wüssten, dass sich solche in ihrem Tempel befänden.

Da war den Händlern sofort klar, was passiert war. „Dieser Gierhals von einem Tempelvorsteher“, schimpften sie voller Wut und berichteten den Mönchen von der kostbaren Spende, die sie bei ihrem letzten Besuch der Gemeinschaft übergeben hatten. Dann mussten sie jedoch schon wieder weiterziehen, weil draußen in der Welt dringende Geschäfte auf sie warteten. So konnten sie den Abt nicht selbst zur Rede stellen und ihr Missfallen zum Ausdruck bringen.

Als dieser am anderen Tag zurückkam, stellten ihn die Mönche sofort zur Rede. Doch der Klostervorsteher wehrte gleich ab und sprach: „Diese Gabe war allein für mich bestimmt! Wenn ihr leuchtende Mani-Perlen haben wollt, dann geht zur Latrine und sucht dort einmal gründlich in der Scheiße, vielleicht werdet ihr dort fündig." Kaum hatte er diese Worte gesprochen, schaute der fiese Geselle forsch in den Himmel und lachte laut.

„Hier ist jemand des Gewandes nicht würdig, das er am Leibe trägt", rief einer der Mönche und die anderen nickten stumm. Nach und nach verließen alle noch am gleichen Tag entrüstet diese Stätte. Auch die ursprünglichen Bewohner gingen ohne Ausnahme.

„Umso besser", dachte sich der Abt, „nun besteht keinerlei Zweifel mehr, wem diese Perlen gehören."

Kurze Zeit später bemerkte ein jeder, der in diesen Tempel kam, einen sehr unangenehmen, beißenden Geruch, der im Lauf der Zeit immer widerwärtiger wurde. Keiner wusste, woher dieser erbärmliche Gestank kam. Der Abt suchte überall im Tempel nach der Ursache, aber wohin er auch ging, es roch einfach überall entsetzlich. Schließlich bemerkte er, dass es in seiner eigenen Klause, dort, wo die Mani-Perlen lagen, am scheußlichsten stank. Da zog er den Ziegelstein aus der Wand heraus, hinter dem er die Schachtel mit den Kostbarkeiten versteckt hatte. Ein furchtbar stechender Geruch schlug ihm augenblicklich ins Gesicht. Mit zugehaltener Nase öffnete er die Schachtel und wollte die Perlen herausnehmen. Als er den Deckel abgenommen hatte, musste er entsetzt feststellen, dass sich die einst leuchtenden Perlen in kleine, bestialisch stinkende Kotkügelchen verwandelt hatten. Erst packte den bösen Mann nackte Wut bei diesem Anblick, dann überkam ihn unbeschreibliches Entsetzen. „Karma, Karma", jammerte er entsetzt, während er schluchzend auf dem Boden hockte.

Diese Geschichte verbreitete sich in Windeseile in der Umgebung. Jeder, der davon hörte, musste sich fast totlachen über diesen Abt.

## Ein Flicken für die Robe des Buddha

Buddha hielt einmal eine Lehrrede vor einer großen Ansammlung von Menschen. Dabei war ihm offensichtlich entgangen, dass am unteren Teil seiner Robe ein größeres Loch klaffte. Allen Anwesenden stach dieser Mangel an seinem Mönchsgewand allerdings sofort ins Auge. Doch niemand machte ihn darauf aufmerksam. Allein einer, ein junger Brahmane, rannte sofort in sein Haus, holte von dort ein Stück gelben Stoff und überreichte ihn dem Erhabenen. „Ehrwürdiger", sprach er, „dies ist eine kleine Gabe, um das Loch in Eurem Gewand zu flicken."

Buddha nahm den Flicken in seine Hände, betrachtete das Gewebe von allen Seiten, beugte sich dann zu dem Spender herab und erwiderte: „Edler und gutherziger Jüngling, für diese edle Tat wirst du nach zweihundert Kalpas einst selbst zum Buddha werden."

Das Herz des jungen Brahmanen war erfüllt von Freude. Er verneigt sich und ging zurück in sein Haus.

Die Versammelten wunderten sich über diese, wie sie fanden, ganz unangemessenen Worte des Buddha, einige murrten und grummelten gar. Schließlich erhob sich einer der Älteren von seinem Platz und sprach zu dem Erhabenen:

„Viele Edle leben in dieser Stadt, die Euch und die Gemeinschaft unablässig mit kostbaren Dingen bedenken. Dieser junge Mann gab gerade einmal ein kleines Stück schlichten Stoffes. Warum habt Ihr ihn dafür mit solch großer Rede gelobt, während Ihr für die wertvollen Spenden der treuen Laien, so scheint es uns, keine so überschwänglichen Worte fandet?"

Nachdem Buddha diese Kritik vernommen hatte, holte er weit aus und begann, über ein früheres Zeitalter zu sprechen, in dem ein anderer Buddha in dieser Welt weilte. Damals, so erklärte er, habe ein König mit Namen Bantou gelebt. An dessen Hofe führte ein Kanzler aus reichem Hause die täglichen Regierungsgeschäfte. Zu Beginn der neuen Regenzeit bot dieser nun dem Buddha an, die Gemeinschaft der Ordinierten mit seinen eigenen Mitteln für die kommenden drei Monate mit Nahrung zu unterstützen, sodass es in dieser Periode den edlen Mönchen an nichts fehlen sollte.

Mit großer Freude akzeptierte der Buddha das Angebot des großzügigen Kanzlers. Am gleichen Tag hatte jedoch auch der König eben diese Idee, ging zum Erhabenen vor den Toren der Stadt und entbot seine Hilfe. Da klärte ihn der Buddha darüber auf, dass er kurz zuvor bereits die Unterstützung des Kanzlers angenommen habe und diese Hilfe für die Gemeinschaft völlig ausreichend sei.

Zurückgekehrt in den Palast rief der König den Kanzler herbei und sprach: „Vom Erhabenen habe ich erfahren, dass Ihr ein wenig schneller wart als ich und ebenfalls Unterstützung leistet, was ich sehr schätze. Doch ist es wohl angemessener, wenn die Gemeinschaft diese Gaben aus meinen Händen empfängt. Daher bitte ich Euch, mir das Recht des Erstgewährens einzuräumen."

Der Kanzler antwortete und sprach: „Wenn Eure Majestät sicherstellen, dass der Buddha dauerhaft unter uns verweilt und der Frieden im Lande gewahrt bleibt, so will ich Euch mit Freuden den Vortritt lassen."

Der König hatte nicht mit einer so eindeutigen Antwort gerechnet und freute sich über das Entgegenkommen seines Kanzlers. Da er vermeiden wollte, dass dieser in der Öffentlichkeit nun möglicherweise als gedemütigte Person dastand, schlug er ihm vor, man solle die Mönche doch einfach gemeinsam unterstützen: „Ihr nährt sie und ich sorge für ihre Kleidung."

Der Kanzler freute sich über diese Geste seines Herrschers und so wurde dann auch verfahren.

Der König spendete dem Buddha ein dreiteiliges Gewand und stellte jedem der neunzigtausend Mönche im Land eine siebenfarbige Festrobe zur Verfügung, während der Kanzler die Gemeinschaften nach Kräften mit Nahrung versorgte.

Nachdem der Buddha diese Episode aus längst vergangener Zeit erzählt hatte, sprach er zu den Versammelten: „Ihr müsst nun wissen, dieser Kanzler war ich selbst in einer früheren Existenz, aber dieser wohltätige Monarch, das war dieser junge Brahmane, der mir gerade den Flicken für meine Robe überreicht hat."

Da verstanden die Menschen, dass Karma während sehr langer Zeit reift und auch über viele Leben.

## Das fromme Mädchen

Vor langer Zeit lebte einmal eine verheiratete Frau, die der Lehre des Buddha aus ganzem Herzen folgte. Diese Edle war dem Guten völlig zugewandt, hielt die Gebote gewissenhaft ein und tat niemals irgendetwas Schlechtes. Sie hatte eine kleine Tochter, die sie ebenfalls in dieser Geisteshaltung erzog. Dieses Mädchen war tugendhaft und rein. Durch seine Mutter erlangte es schon in jungen Jahren ein tiefes Verständnis der Schriften und große Weisheit.

Als sie schließlich zu einer jungen Frau herangereift war, kam auch für sie die Zeit der Eheschließung. Die Eltern hatten einen passenden Gefährten ausgesucht, den auch sie mochte. Nun stand die Hochzeitsfeier an. Am Abend vor der Heirat nahm sie der Vater zur Seite und sprach: „Morgen wirst du in das Haus deines Mannes einziehen, wo für dich ein neues Leben beginnt. Künftig musst du deinem Gatten dienen und dich um eure Hausangelegenheiten kümmern, später dann Kinder gebären und aufziehen. Da deine Aufgabe nun bestimmt ist, brauchst du dich künftig nicht länger um die Buddhalehre und ihre Gelübde zu kümmern. Betrachte dich nunmehr als von dieser Verpflichtung entbunden."

Die Tochter schüttelte energisch mit dem Kopf und wollte den Worten ihres Vaters ganz und gar nicht zustimmen.

„Dummes Ding", schalt dieser sie unüberlegt, „ein schönes Leben wartet auf dich. Oder willst du etwa lieber Nonne werden, eine von diesen Buddha-Bräuten, die so nutzlos sind wie golden glitzernde Kuhpisse?"

„So solltest du nicht sprechen!", empörte sich die Tochter und erklärte: „Wer eine Reise in weite Ferne unternimmt, der sollte genug Reis mit sich nehmen, damit er auch an Orten überleben kann, wo ihm niemand etwas zu Essen gibt."

Der Vater horchte für einen Moment auf und das Mädchen fuhr fort zu sprechen: „Wenn weltliche Begierden und Schmutz Oberhand gewinnen, dann beherrschen die finsteren Dämonen die Welt und wir sind alle in großer Gefahr. Allein das Einhalten der Gelübde ist uns ein sicherer Schutz, der niemals schwindende Proviant auf der Lebensreise. Darum werde ich unter allen Umständen der Lehre treu bleiben, was auch immer geschieht. Einem Edlen ist nichts unrein, er sieht die Schönheit auch in Dingen, wo andere nur Uringestank wittern."

Mit einer solchen Antwort hatte der Vater nicht gerechnet. Eigentlich war er in diesem Augenblick ein wenig stolz darauf, eine Tochter zu besitzen, die nicht allein wortgewandt war, sondern auch eine solche Entschlossenheit und Tatkraft zeigte. Daher beharrte er nicht weiter auf seinem Standpunkt, im Gegenteil, er überreichte ihr sogar noch die größte Buddhastatue, die sie in ihrem Hause hatten. Am nächsten Morgen begleitete er sie zum Wohnsitz ihres künftigen Gemahls.

Nach der Eheschließung fand diese Buddhastatue ihren Ehrenplatz auf einem kleinen Altar in der schönsten Ecke des neuen Hauses. Jeden Morgen und jeden Abend brannte die junge Frau Räucherwerk vor ihr ab und erflehte den Schutz des Erhabenen für sich, ihre Familie und all die Menschen in ihrer Umgebung. Ihr Ehemann war zwar kein Anhänger der Lehre, duldete aber das Tun seiner Frau, wenngleich er sie über die Jahre mit wachsendem Argwohn und zwiespältigen Blicken beäugte. „Glaubst du denn wirklich, dass deine aufopfernde Frömmigkeit irgendetwas bringt?“, fragte er sie eines Morgens, als ihm das alles wieder einmal ziemlich lästig erschien.

Die Frau war klug, überlegte einen Augenblick, bevor sie eine Antwort gab, und sprach dann in humorvoller Weise: „Der Buddha sorgt dafür, dass meine Haare niemals grau werden und ich für dich immer jung und schön bleibe. Er ist eine Wunderwaffe der Verjüngung.“

Und tatsächlich: Wie alt die beiden auch wurden, niemals konnte der treue Ehemann irgendein Verblassen der Schönheit seines Weibes erkennen. Daher war es nur folgerichtig, die Ursache dafür in der täglichen Verehrung des Buddha zu sehen. Mit der Zeit begann schließlich auch er, der Lehre aufrichtig zu folgen. Da diese Eheleute wohltätige Menschen waren, die an Almosen für die Bedürftigen niemals sparten, mehrten sie ihr gutes Karma unablässig. Nach ihrem Tode stiegen beide zu den himmlischen Sphären auf.

## Der Laie Fei Chongxian

Die euch etwas lehren können, sind stets mitten unter euch.

Im China der Song-Dynastie lebte einmal ein Laienanhänger mit Namen Fei Chongxian. Schon seit seinen Kindertagen folgte dieser Mann der Lehre des Buddha. Wann immer es ihm möglich war, suchte er Tempel auf, wo große Meister lebten, um ihren Belehrungen zu lauschen. Regelmäßig nahm er an buddhistischen Ritualen und Zeremonien teil. Schon in seinem Burschenalter war er nicht wie andere Jugendliche sinnlosen Vergnügungen nachgegangen, sondern hatte die Zeit genutzt und sich in der Kunst der Versenkung geübt. Die Erwachsenen um ihn herum waren einhellig der Meinung, dass es sich bei ihm um einen außergewöhnlichen jungen Menschen handelte.

Fei war noch keine dreißig Jahre alt, da hatte er bereits zahlreiche lange Meditationsklausuren in tiefer Abgeschiedenheit hinter sich gebracht. Im dritten Jahr der Herrschaft des Kaisers Qin nahm er schließlich die Bodhisattva-Gelübde. Für einen Zeitraum von vierundzwanzig Tagen wollte er sich aller festen Nahrung enthalten. Nachdem er mit dem Nahrungsentzug begonnen hatte, vertiefte er sich während der ersten beiden Nächte in die unablässige Rezitation der Sutren. Im Lotussitz auf der Strohmatte und mit einer Schale voll glimmendem Räucherwerk zwischen den gefalteten Händen vernahm er nichts anderes mehr als den Klang seiner eigenen Stimme. In der dritten Nacht erschien ihm plötzlich eine ungewöhnliche, erhaben wirkende Gestalt, die in eine schlichte Mönchsrobe gehüllt war. Die Erscheinung sprach kein einziges Wort, griff jedoch nach seinem Räuchergefäß, das wie eine Elster mit langem Schwanz geformt war, entnahm es seinen Händen und hob es in die Höhe. Fei sah plötzlich, wie der Rauch in immer wundervolleren Formen nach oben stieg, leicht und in buntschillernd schwebenden Spiralen, gleich geflügelten Kreisen und Traumwolken, wie er sie zuvor noch nie erblickt hatte und die weit jenseits seiner üblichen Vorstellungskraft lagen. Achtsam blickte er auf die geheimnisvolle Gestalt und die seinen Händen entschwobene Schale, zutiefst überzeugt, dass er sich in diesem Augenblick in der Gesellschaft eines höheren geistigen Wesens befand.

Dann ließ er den Blick an seinem Körper hinabgleiten, wobei ihm auffiel, dass seine Kleidung, obwohl er sie seit Wochen auf dem Leibe trug, wie frisch gewaschen wirkte und in einem strahlend hellen Licht leuchtete. Langsam schaute er sich im Raum um und das einzige Unreine, was er erblicken konnte, war der Spucknapf in der Ecke. Überwältigt von all diesen Eindrücken konzentrierte er sich für einen Augenblick mit aller Kraft, um seine Gedanken zu ordnen. Da bemerkte er, dass die Räucherschale sich plötzlich wieder in seinen Händen befand, ohne dass er wusste, wie dies geschehen war. Staunend dachte er sich: „Vielleicht hat dieses Wesen nur den Schatten des Gefäßes ergriffen und emporgehoben und jetzt sind beide wieder eins."

Schon lange vor seiner Fastenzeit hatte Fei die Leute seiner Umgebung immer öfter über den Meister Qin Ni aus dem *Tempel des fernen Glücks* sprechen gehört, die dessen Hingabe und hohe Verwirklichung dabei stets wortreich priesen. Daher hatte auch er gelegentlich den Wunsch gehegt, diesen verehrten Meister einmal zu besuchen, es bisher jedoch nicht zustande gebracht.

Ein paar Tage später, es war in der dritten Stunde der Nacht, wandelte Fei einmal im Freien umher, als er plötzlich glaubte, die geheimnisvolle Gestalt in ihrer schlichten Robe erneut vor sich zu erblicken. Für einen Augenblick blieb sie stehen und schien auf Fei zu warten, der jedoch zögerte, sich ihr zu nähern.

Nachdem die Fastenperiode zu Ende war, begab sich Fei Chongxian wie schon länger geplant endlich zum Tempel von Meister Qin Ni. Als er in dessen Klause eintrat, erschrak der Besucher aufs Heftigste. Die Gestalt, die er in den Fastennächten erblickt hatte, war niemand anders als dieser erhabene Mönch.

## Der Laie Shun Da lehrt seine Söhne

Im alten China lebte einmal ein sehr reicher Mann namens Shun Da. Trotz seines Reichtums blieb er stets ein ehrlicher und fleißiger Mensch, der anderen nur Gutes tat. Wann immer es ihm möglich war, zog er sich von den Geschäftigkeiten der Welt zurück, um sich der Übung der Stille zu widmen. Unter allen seinen Mitmenschen genoss dieser Pfadgänger des Buddha allerhöchste Wertschätzung und Verehrung.

Shun Da hatte drei Söhne, die allerdings waren von ganz anderer Art als er selbst. Ihr schlechter Lebenswandel bereitete dem armen Vater großes Kopfzerbrechen. Diese drei mieden nämlich jede anständige Arbeit wie die Pest, lungerten den ganzen Tag nur herum und verbrachten die Nächte in schlechter Gesellschaft. Alle waren sie der Trunksucht ergeben und gingen zwielichtigen Geschäften nach. Von ihren ausschweifenden Zechgelagen kehrten sie oft erst in den Morgenstunden nach Hause zurück.

Zutiefst betrübt, dass seine Söhne nicht verstanden, auf was es im Leben wirklich ankommt, war der Vater in großer Sorge um sie. Allein mit Mitgefühl und großem Einfühlungsvermögen hatte er stets versuchte, sie zu erziehen und ihren Lebensstil zu ändern. Oft erzählte er ihnen vom beispielhaften Leben edler und heiliger Menschen und der Vollkommenheit des Erwachens. Doch alle seine Bemühungen blieben fruchtlos.

Da entschloss er sich eines Tages, seine Erziehungsmethode von der Wurzel her zu ändern, um das Ziel der Läuterung seiner Nachkommen auf einem anderen Wege zu erreichen. Künftig sollte sie seine Strenge mahnen und auf den Weg der Tugend führen. Eines Nachts vergrub er heimlich alle Wertgegenstände seines Hauses an einem unbekannten Ort, einschließlich der teuren Kleider seiner Kinder. Am folgenden Morgen überreichte er ihnen dann einfache Lumpengewänder zum Anziehen, so wie sie die Wanderasketen auf ihren Leibern tragen. Als die Söhne nach Essen verlangten, ließ der Vater nur Bohnenhülsen und weichgekochte Weizenspreu auftischen. „Wir sind reiche Leute, warum sollen wir da diesen Dreck fressen?“, empörten sich die forschen Sprösslinge.

Der Vater blickte sie mit ernster Miene an und sprach: „Für solche, die Schlechtes tun, ist solche Nahrung mehr als gut genug! Wenn ihr so weitermacht und dann nach eurem Tode unvermeidlich in der Hölle schmort, werdet ihr noch sehnsüchtig solcher Speisen gedenken. Dort aber wird niemand sein, der euch lehrt, was wahrhaft zu tun ist!“

Die Söhne blickten betroffen auf die Speisen vor sich und lauschten den mahnenden Worten ihres Vaters. Keiner wusste, was er darauf hätte erwidern sollen. Nicht zuletzt, da sie die Entschlossenheit ihres Erzeugers spürten, künftig auf genau diese Weise mit ihnen zu verfahren, reifte in ihnen erstmals die Einsicht, ihr Leben wirklich ändern zu müssen. Schließlich ergriff der Älteste von ihnen das Wort und sprach: „Vater, wir danken Euch für diese Belehrung. Ja, wir haben wie die Schweine im Stall gelebt, warum sollten wir da erwarten, besser behandelt zu werden als diese."

Der Laie Shun freute sich über diese Worte und sprach: „Tut nichts Böses und haltet die fünf Gebote der Buddhalehre ein, handelt stets aufrichtig und seid fleißig, dann reist ihr auf dem richtigen Gefährt durch dieses Leben und werdet ohne große Schuldgefühle sterben können."

Als der Vater sah, dass es die Söhne ernst meinten und in der Folge ihr Leben wirklich änderten, holte er nach einiger Zeit sein Vermögen wieder aus dem Erdreich hervor und belohnte seine Nachkommen für ihre ersten richtigen Schritte auf dem Weg zum Guten mit dreitausend Unzen Gold.

Die Söhne folgten hernach alle drei dem Beispiel ihres Vaters. Eines Tages legten auch sie die feierlichen Laiengewänder an. Gemeinsam nahmen sie ihre Zuflucht zum Dharma. Als die Menschen den alten Mann nach dem Geheimnis seines Erfolgs fragten, antwortete dieser: „Du kannst anderen helfen durch liebende Güte, aber auch durch liebende Strenge. Doch lehrt andere vor allem durch die Macht des Beispiels eures eigenen Lebens."

## Ein Laie verliert seinen Status

Den wahren Verwirklicher der Lehre erkennt ihr an seinen Taten.

Es lebte einmal ein schlauer Hund, der ganz selbstbewusst seiner Wege ging, obwohl er zu einer Familie gehörte und einen Herrn hatte. Eines Tages rannte dieser Hund wieder einmal, wie er es oft und gerne tat, ziellos durch die Straßen der Stadt. Da erblickte er plötzlich ein Tor, das ein wenig offen stand, und so streckte er neugierig seinen Kopf durch den Spalt, um zu sehen, was es im Innern so alles gab. Sofort erspähten seine Augen ein paar stinkende Abfälle in einer Ecke, über die er sich sofort hermachen wollte. Kaum hatte er seinen Körper durch die Öffnung gezwängt, kam allerdings der Hausherr zurück, ein Laienanhänger der Lehre, der nur einmal kurz in ein Nachbarhaus gegangen war.

Wie er nun aus seinem Tor einen Hundeschwanz freudig hin- und herwedeln sah, überkam ihn sogleich nackte Wut. Schnell griff er sich einen in der Nähe liegenden Holzknüppel, schlich sich unbemerkt an der Hofmauer entlang und zog dann den Eindringling am Schwanzende mit einem kräftigen Ruck zurück auf die Straße. Dort setzte es arge Hiebe. Das arme Tier jaulte jämmerlich und humpelte mit schmerzgekrümmtem Buckel von dannen.

Der Hund war jedoch schlau und der menschlichen Sprache mächtig. So ging er am nächsten Tag zum lokalen Mandarin, um sich zu beschweren. „Dort unten wohnt ein buddhistischer Laie", sprach er und deutete in Richtung des Hauses, vor dem er so furchtbare Prügel hatte einstecken müssen: „Ich kam dorthin, um ein kleines Almosen zu erbitten, doch traf niemanden an. So war ich damit zufrieden, dass ich von den stinkenden Abfällen fressen konnte, die im Hof herumlagen.

Dann aber kehrte der Hausherr zurück und drosch mit einem Knüppel so brutal auf mich ein, dass ich am ganzen Leib blutete." Zu seiner Rechtfertigung sprach das Tier dann noch: „Ich habe kein Gesetz und keine Regel verletzt, alles was ich tat, war nichts anderes als das, was Hunde üblicherweise tun."

„Was sind denn die üblichen Verhaltensnormen für einen Hund?", wunderte sich der Mandarin.

Der Hund schaute ihn mit aufrichtigem Blick an und sprach: „Dort, wo ich lebe, kann ich jederzeit sitzen und liegen, wie es mir beliebt. Aber kaum, dass ich durchs Tor dieses Buddhisten trat, wurde ich brutal am Schwanz ins Freie gezogen und blutig geschlagen. Das war nicht angemessen."

Daraufhin rief der Mandarin den Beschuldigten zu sich und fragte ihn, ob er bloß wegen des Verzehrs von ein paar alten Abfällen den Hund verprügelt habe. Peinlich berührt bestätigte der Mann den Sachverhalt.

„Es war unnötig, diese Kreatur so zu demütigen", erklärte der Mandarin und fragte nun das Opfer, welche Strafe es für angemessen erachte.

„Erkennt ihm den Status als buddhistischer Laie ab, denn er ist dessen nicht würdig", forderte das Tier.

„Hmmh", wunderte sich Mandarin, „aber das ist doch nur ein formaler Akt und tut ihm nicht weiter weh."

„Es ist eine milde, aber angemessene Strafe", erwiderte der Hund und lieferte gleich eine Begründung dafür: „Ich war im früheren Leben selbst einmal ein bekannter und verehrter Laienanhänger der Buddhalehre. Doch auch ich lebte nicht nach ihr und tat viele schlechte Dinge. So wurde ich schließlich im Körper dieses Hundes wiedergeboren. Aber dieser Mann hier ist noch viel böser, als ich es früher je war. Wenn er jedoch jetzt ein klares Signal erhält und sich hernach ändert, muss er am Ende gar nicht in die Hölle wandern. Das ist das Beste, was Ihr für ihn tun könnt."

## Ein edler Prinz opfert sein Blut einem Kranken

Unter allen Tugenden ist die des Gebens die Höchste. Einst erzählte der Buddha seinem Jünger Ananda[5] die folgende Geschichte: Vor langer Zeit lebte einmal ein Mann, der dem Pfad in aller Stille folgte; aufrichtig studierte dieser Edle die Lehren und scheute dabei keinerlei Mühen. Nach seinem Tod wurde er schließlich als Sohn eines Königs wiedergeboren, wo er wohl umsorgt im Schutz des herrschaftlichen Palastes aufwuchs.

An einem hellen Sonnentag weilte dieser junge Prinz einmal in den schattigen Innenräumen seiner Gemächer, als er den Wunsch verspürte, plötzlich eine aufkommende Schwermut durch einen Spaziergang im Freien zu zerstreuen. Kaum

5 Chinesischer Name: A Nan Tuo – 阿难陀.

war er durchs Palasttor ins Freie getreten, sah er am Straßenrand einen Mann mit fahlem und blutleerem Gesicht liegen; alle Lebenskraft schien wie vollends gewichen von diesem Menschen. Vor Schmerz nur noch leise stöhnend, schien er am Ende seiner Kräfte.

Mitleidvoll beugte sich der Königssohn zu ihm herab. „Ihr leidet furchtbar", sprach er zu dem Mann mit sanfter Stimme: „Sagt mir nur, gibt es denn keine Medizin, die euch Heilung verschaffen könnte?"

Der am Boden Liegende blickte auf, seine Lippen begannen zu zittern, bis er mit kaum vernehmlichen Worten schließlich sprach: „Keine herkömmliche Arznei kann dieses Leiden von mir nehmen. Das Einzige, was mir noch helfen könnte, wäre das warme Blut eines Edlen."

Der Prinz überlegte nicht lange, öffnete seinen Gürtel und schnitt die Haut an der rechten Seite seines Unterleibs mit einem Messer einen Fingerbreit auf. Dann beugte er sich so über den Mann, dass dieser das hervorquellende Blut mit seinem Mund aufsaugen konnte. Dabei streichelte er ihm zärtlich über das Haupt.

Die Wunde schmerzte, doch das kümmerte diesen Edlen nicht. Im Gegenteil, er war erfüllt von Freude, dass er seinen Körper in den Dienst eines anderen Wesens stellen konnte. Das aus freien Stücken erbrachte Opfer verfehlte seine Wirkungen nicht. Der Kranke erholte sich alsbald vollständig von seinem Leiden.

Der Buddha sprach: „Ananda, du sollst wissen, dieser Prinz, das war ich selbst in einem früheren Leben. Durch diese Tat erlangte ich schließlich die Buddhaschaft. Das Wasser der großen Meere kannst du wiegen und ermessen, doch der Segen eines solchen Tuns ist wahrhaft unermesslich."

## Der helle Lichtschein des Buddha

Es lebte einmal ein reicher Mann mit Namen Joka, der so viel Geld besaß, dass er es schon gar nicht mehr zählen konnte. Über seine zahlreichen Güter hatte er fast den Überblick verloren. Aufgrund seines Wohlstandes konnte er sich mehrere Ehefrauen leisten, die alle von jadegleicher Schönheit waren. Sein Lebenswandel jedoch war unzüchtig und ausschweifend. Kaum ein Tag verstrich, an dem dieser Mann sich nicht dem Trunke und ungezügelten sinnlichen Vergnügungen hingab.

Eines Tages veranstaltete er wieder einmal ein wildes Gelage in einem schattigen Hain in der Nähe seines Hauses. Bis in die Morgenstunden vergnügte er sich mit seinen Frauen und vielen Freunden auf einer ausgelassenen Feier. Süßer Wein floss in Strömen. Am Ende fielen die Gäste unter den großblättrigen Feigenbäumen alle in tiefen Schlaf.

Es geschah nun, dass zu jener Stunde der Buddha an diesem Ort vorbeikam. Ergriffen von tiefem Mitgefühl ließ er sich in der Nähe der Schlafenden unter einem Baum im Lotussitz nieder und versank in eine tiefe innere Schauung. Als er schließlich in das klare Licht eintrat, aus dem alle Dinge kommen, leuchtete sein

Körper in einem goldenen Glanz, der in alle Richtungen strahlte und auch den Leib des schlafenden Joka umschloss. Daraufhin erwachte dieser und ihm war plötzlich, als bade er in einem alles reinigenden Tau. Im Nu schwand alle Berauschung aus seinem Kopf und alle Trägheit aus seinen Gliedern. Eine zuvor noch nie erfahrene Klarheit erfüllte auf einmal seinen Geist. Als Einziger unter den Schlafenden erhob er sich und ging zu dem Baum, unter dem der Buddha saß. Mit einer Geste tiefster Ehrerbietung verneigte er sich vor dem Erhabenen. Da kehrte der Buddha aus seiner Versenkung zurück, lächelte und sprach: „Es scheint, als sei Euch gerade klar geworden, was Leiden ist, woher es kommt und dass es einen Weg der Erlösung gibt."

„So ist es!", bestätigte Joka voller Freude: „Lasst mich Zuflucht nehmen. Ich will die fünf Gebote einhalten und in Zukunft meinen Lebenspfad auf rechte Weise beschreiten."

Unter diesen Umständen nahm Buddha dem neuen Laienanhänger die Gelübde ab. Während die Gäste noch ihren Rausch ausschliefen, kehrte der Mann wieder in sein Haus zurück. Noch am gleichen Tag versammelte er seine Frauen um sich und sprach: „Ich habe heute meine Zuflucht zum Buddha und seiner Lehre genommen. Daher bin ich entschlossen, mich zu ändern und künftig all mein Wirken in den Dienst des Guten zu stellen. Wenn ihr diesen Schritt ebenfalls vollziehen wollt, so lasst uns gemeinsam der Buddhalehre folgen und unsere Reichtümer mit allen Bedürftigen teilen. Solltet ihr dazu jedoch nicht bereit sein, so werde ich euch nicht zwingen. Zudem steht es jeder von euch frei, wieder zu ihrer Familie zurückzukehren."

Die Frauen schauten ihren einstigen Gebieter stumm an. Nach einer Weile ergriff als Erstes die Hauptfrau das Wort; diese hatte einen Geliebten, was fast alle im Hause schon seit Langem ahnten, worüber aber niemals je gesprochen wurde. Dieses Weib sah nun eine günstige Gelegenheit, ihren Galan zu ihrem rechtmäßigen künftigen Gatten zu machen und sich dabei beide zugleich mit Geld und Gütern vorteilhaft zu versorgen. „Gut", sprach sie und lächelte scheinbar zufrieden, dann platzte es auf einmal aus ihr heraus: „Was ist nun, wenn ein anderer Mann gewillt ist, mich zur Frau zu nehmen?"

Joka zögerte nicht, ging auf sie zu, griff mit seiner rechten Hand ihren linken Arm und führte sie in die Mitte seines großen Hofes, wo sie von allen gesehen werden konnte. Dann blickte er ihrem Liebhaber in die Augen, der in der vordersten Reihe stand, denn auch er selbst hegte schon lange einen Verdacht, der nun Gewissheit zu werden schien. Anschließend rief er mit lauter Stimme: „Wer diese Vornehme freien möchte, der soll hervortreten und ihre rechte Hand in die seine legen."

Der daraufhin von allen mit neugierigen Blicken Angestarrte begann furchtbar zu zittern, denn er spürte genau, dass jetzt nicht länger geheim war, was beide im Verborgenen trieben. Doch sein Verlangen nach der Geliebten war schließlich stärker als seine Angst. Entschlossen trat er aus der versammelte Menge nach vorne und sprach: „Auch wenn du mich dafür vielleicht töten wirst, Joka – ich will sie nehmen!"

Joka grinste friedlich, schwieg einen Augenblick und erklärte dann: „Ich nahm meine Zuflucht zur Lehre des Buddha. Niemals mehr will ich einem anderen Wesen schaden. Wenn ihr einander begehrt, dann soll es so sein, ich wandle von nun an auf dem Tugendpfad der Lehre und werde nicht derjenige sein, an dem euer Verhältnis scheitern soll."

Weil Joka der Lehre folgte, hatte er endlich Klarheit und inneren Frieden erlangt.

## Polis Ehefrau

Alle Schönheit der Welt zählt nichts gegen die Kostbarkeit des Dharma.[6] Vor langer Zeit lebte einmal ein Kaufmann mit Namen Poli. Mit einem Tross von fünfhundert weiteren Kaufleuten reiste er viele Jahre über die Meere. Eines Tages tauchte auf hoher See vor ihren Schiffen plötzlich eine riesige Gestalt aus dem Wasser auf. Die Kaufleute erschraken beim Anblick dieses furchterregenden, aber dennoch friedlichen Wesens, das von zischender Gischt umschäumt war. Es war der Gott des Meeres, der in seiner rechten Hand eine kleine Schöpfkelle hielt. Wie nun alle in einer Mischung aus Neugier und Furcht zu ihm aufblickten, deutete er auf das frische Wasser in der Kelle und sprach: „Was ist wichtiger: das Wasser aller Meere oder das in meiner Kelle? Wer von Euch ist imstande, diese Frage zu beantworten?"

Poli trat entschlossen nach vorne, schaute die Gottheit an und erwiderte: „Das Wasser, das Ihr in Euren Händen haltet, ist von größerem Wert!"

Seine Gefährten, die hinter ihm standen, blickten ihn unverständig und mit zweifelnden Mienen an. Die meisten von ihnen fuhren schon seit vielen Jahren über die Meere und hatten all ihre Reichtümer auf diesen Reisen erworben. Warum sollte eine kleine Schale mit Wasser so furchtbar wichtig sein, während sie doch der Seefahrt alles verdankten? – Poli gab sogleich eine Erklärung:

„Nur frisches Süßwasser kann einem Durstigen vor dem Tode retten, aber das Wasser der weiten Meere, obgleich unendlich viel, kann man nicht trinken. Unermesslich ist daher allein der Segen des Wassers in dieser kleinen Schale."

Der Meeresgott strahlte über das ganze Gesicht. „Wunderbar", rief er aus, höchst zufrieden mit dieser Antwort. Weil er Poli belohnen wollte, löste er aus seinem Gürtel die schönsten Stücke des dort eingefassten kostbaren siebenfarbigen Jadeschmucks, überreichte sie ihm und sprach: „Dies ist ein Geschenk für den Herrscher Eures Landes."

---

6 Dharma ist ein Sanskritwort für Buddhismus, die Lehre von den Grundlagen und höchsten Prinzipien der Wirklichkeit. Dem Begriff Dharma kommen zudem verschiedene kontextabhängige Deutungen zu. Überwiegend wird Dharma jedoch einfach als „Lehre des Buddha" verstanden, wie es im buddhistischen Bekenntnis „Ich nehme meine Zuflucht zu Buddha, Dharma und Sangha" zum Ausdruck kommt.

So plötzlich, wie sie aus ihnen aufgetaucht war, verschwand die Erscheinung wieder in den Fluten, und Poli segelte mit seinen Gefährten in die Heimat zurück. Dort begab er sich sogleich zum Palast seines Königs und übereichte ihm diese kostbaren Gaben. Der König betrachte voller Staunen die bizarren buntschillernden Steine. Voller Dankbarkeit nahm er das Geschenk entgegen. Erst wollte er diese wunderbare Jade in seinen dunklen Schatzkammern verwahren, doch dann hatte er plötzlich eine bessere Idee: Etwas Aufregendes sollte damit gemacht werden. „Solch edler Schmuck sollte einen schönen weiblichen Körper zieren“, dachte sich der Herrscher, „denn nur dort kann er seine ganze Anziehungskraft entfalten.“ Die schönsten Frauen seines Landes sollten im Palast erscheinen, ließ er verkünden. Allen sei erlaubt, diesen Schmuck für einige kurze Augenblicke auf ihrem Körper zu tragen. Welcher der Schmuck am besten stünde, der solle er fortan gehören. Viele tausend Mädchen und Frauen folgten seinem Ruf, zogen zum Palast und ließen sich den goldbesetzten Jadeschmuck anlegen. Allein Polis Eheweib, das überall wegen seiner Schönheit gerühmt wurde, machte von dieser Möglichkeit keinen Gebrauch.

„Warum nimmt denn Polis Goldstück nicht auch an diesem Wettbewerb teil?“, wollte der König wissen. „Sie hält gerade zehn Fastentage ab“, erklärten ihm die Diener, „und hat gelobt, wie es dem Brauch entspricht, während dieser Zeit nur schlichte weiße Kleidung und keinerlei Schmuck zu tragen.“

Der König wurde ärgerlich ob dieser Erklärung. „Ich habe angeordnet, dass alle Schönen des Landes kommen sollen. Da hat auch sie zu erscheinen, ob sie nun fastet oder nicht!“

Dreimal ließ der König nach ihr rufen, bis sie schließlich notgedrungen erschien. Den Leib umhüllte ein weißes Asketengewand, als sie den Thronsaal betrat. Durch das Fasten war ihre helle Haut jetzt von der gleichen bleichen Sanftheit wie der Glanz des Mondes. Doch wer nur ein wenig genauer hinsah, konnte erkennen, dass von dieser Edlen ein inneres Leuchten ausging, so als hätte sie im Morgenlicht der aufgehenden Sonne gebadet. Wer sie erblickte, war tief berührt von der unbeschreiblichen Feierlichkeit und Würde, die von ihr ausging. Selbst der König verneigte sich, begrüßte die Edle mit sanften Worten und sprach: „So anders bist du denn alle anderen Frauen in meinem Land; was für ein wild aufbäumender und zugleich doch sanfter Wind, der in diesem Augenblick diese Hallen durchweht.“

„Eigentlich bin ich ein unglückliches Wesen“, antwortete die so überschwänglich Gelobte und sprach: „Kurz ist das menschliche Leben und groß die Gefahr, jederzeit auf die bösen Pfade zu gelangen, die uns in das Reich der hungrigen Geister hinabstürzen lassen, in die Höllenwelt gar oder zu einer Wiedergeburt als Tier führen. Daher bin ich entschlossen, mein Verzichtsgelübde strikt einzuhalten. Vergängliche weltliche Freuden können nicht verhüllen, dass wir hier keine bleibende Statt haben.“

Der König war beeindruckt von diesen weisen Worten und wollte in diesem Augenblick den seltenen Jadeschmuck an die Edle überreichen. Doch diese wehrte entschlossen ab: „Majestät, mein Gelübde gestattet nicht, diese Zierde des Leibes heute anzulegen. Bitte erweist diese Gunst einer anderen."

Da schaute der König unwirsch drein und sprach: „Der schönsten Frau in meinem Lande wollte ich diesem Schmuck vermachen. Nur auf deiner zarten weißen Haut kann er nämlich seine vollendete Schönheit offenbaren. Wenn du ihn nun nicht willst, welchen Sinn hat es, dass mein Auge ihn noch länger betrachtet?"

„Seid nicht zornig, großer König", versuchte Polis Gattin den Herrscher zu besänftigen. „Doch bitte nötigt mich nicht, vor dem Buddha mit weltlichen Lockungen zu kokettieren. Liegt nicht ungleich größere Schönheit darin, die kostbaren Unterweisungen seiner Lehre zu vernehmen und sein Leben nach ihr zu gestalten?"

Jetzt erst zeigte der König Einsicht und bedrängte die aufrecht Gläubige nicht länger. Nach einer Zeit des Nachsinnes sprach er zu ihr: „Der Herrscher der Meere vermachte mir diesen seltenen Schatz; unter den Tausenden der schönen Frauen meines Reiches gibt es keine, die ihn nicht begehrt hätte. Doch die Einzige, die würdig gewesen wäre, ihn zu tragen und ihr eigen zu nennen, will ihn gar nicht besitzen. Ihr ist der Dharma wichtiger als alles Weltliche."

Das Beispiel dieser Frau beeindruckte den König so tief, dass er sich entschloss, künftig ebenfalls der Lehre des Erhabenen zu folgen. Als der Herrscher schließlich seine Zuflucht nahm, soll der Buddha diesen Vers gesprochen haben:

Kostbare Schätze und duftender Blumenschmuck
Solche Schönheit, die das Herz erfreut, ist kostbar
Doch erhabener ist der Hauch edler Tugend
Allein durch sie wird das Leben wahrhaft gut
Die wilden Gräser und die bunten Blumen
Niemals verströmt ihr Duft gegen den Wind
Die Guten und Aufrechten folgen dem Pfad
Unermesslich ist der Nutzen der Dharma-Lehren
Wer das fünffache Gelübde nimmt und einhält
Lebt an einem jeden Tag in der Wahrheit

## Die rothaarige Prinzessin mit der goldenen Haut

Es gab einmal ein schönes Land, das von einem tugendhaften Monarchen regiert wurde und in dem die Menschen alle in Glück und Wohlstand lebten. Dieser Herrscher hatte keine männlichen Nachkommen, sondern nur eine einzige Tochter, die er über alles in der Welt liebte. Die Prinzessin war nicht nur klug und gescheit, auch ihre äußere Erscheinung unterschied sich völlig von den übrigen Menschen. Ihre Haut war nämlich von goldener Farbe und erstrahlte selbst in der Dunkelheit der Nacht in einem hellen Licht. Auch besaß sie ganz ungewöhnliches Haar: Es leuchtete in einem tiefdunklen Rot und schien doch von so glänzender Frische wie Morgentau.

Tausendmal mehr als die allerkostbarste Perle der Welt, so sehr liebte der König seine Tochter. Nach ihrem sechzehnten Geburtstag wollte er für sie einen jungen Mann suchen, der sie zur Frau nehmen sollte. Die Prinzessin zeigte keinen grundsätzlichen Widerstand, als der Vater dieses Ansinnen an sie herantrug, doch sie stellte eine Bedingung: „Mein Zukünftiger muss eine Haut von eben solcher Farbe besitzen wie ich und auch sein Haar sollte von tiefdunklem Rot sein. Keinen anderen brauchst du auch nur zu erwägen!"

Der König ließ daraufhin überall in seinem Reich bekannt geben, dass er einen Schwiegersohn suche und wie der Auserwählte nach den Wünschen der Prinzessin beschaffen sein müsse. Viele Jahre verstrichen, doch nirgendwo fand sich jemand, der diesen Anforderungen auch nur annährend entsprochen hätte. So kam es, dass die Prinzessin schließlich ihren zwanzigsten Geburtstag feierte und noch immer kein passender Gemahl gefunden war.

Da kam eines Tages ein sehr wohlhabender Händler aus einem fernen Nachbarreich in die Hauptstadt, wo er bald von diesem Aufruf des Königs erfuhr. Kurz entschlossen begab sich der Mann zum Herrscherpalast und bat um eine Audienz. Freudig empfing ihn der König und erklärte noch einmal, wonach er schon seit einiger Zeit vergeblich suchte.

„Seid unbesorgt, Majestät", beschied ihm der Besucher, „in unserem Land lebt genau ein solcher Mensch."

Der König schenkte den Worten dieses Mannes Glauben und ließ augenblicklich eine angemessene Aussteuer zusammenstellen. Dann befahl er seiner Tochter, ein wenig zu warten und sich auf die baldige Reise in ein fernes Reich vorzubereiten.

Als alles wohl bereitet war, schrieb der Händler einen Brief an den Buddha. In diesem Brief beschrieb er die Schönheit der Königstochter in bewegten Zeilen. Sie sei von einer Erhabenheit und einem Edelmut, wie nur selten bei einem Menschen dieser Welt zu finden. Dann schlug er ihm vor, dass diese Edle die beste Weggefährtin sei, die er sich nur vorstellen könne.

Als dieser Brief im Heimatland des Händlers schließlich dem Buddha überreicht wurde, verweilte er gerade auf einer Versammlung mit Tausenden von Mönchen, die seinen Worten hingebungsvoll lauschten. Da der Buddha auch Dinge sehen konnte, die gewöhnlichen Menschen verborgen sind, erahnte er schon im Augenblick der Übergabe den Inhalt dieses Schriftstückes.

Kurze Zeit später schrieb er der Prinzessin eigenhändig einen Brief:

„Ein großes Leidensmeer ist dieses Leben, kurz und vergänglich seine Freuden und schönen Augenblicke. Schmerz und Kummer durchdringen die Zeit von der Geburt bis zum Tod. Zum Ende hin mehren sich die Krankheiten, der Tod jedoch schmerzt am meisten. Wenn wir so Leid und Freude aufwiegen, fällt die Waagschale des Leides doch deutlich tiefer."

Nachdem die Königstochter den Brief empfangen und genau gelesen hatte, musste sie lange und gründlich über diese Worte nachsinnen. Sie zog sich in ihre Kammer zurück und wollte diesen Ort der Abgeschiedenheit für gar lange Zeit nicht mehr verlassen. Nach einer Weile öffnete sich plötzlich ihr Geist und eine große, zuvor nie erfahrene Klarheit kam über sie. Plötzlich sah sie vor ihrem inneren Auge die Unbeständigkeit und Vergänglichkeit aller Dinge. Da erkannte sie die Nichtigkeit und Belanglosigkeit all der weltlichen Freuden, um die sich sonst ihr ganzes Leben drehte.

„Was ist das für eine Stimme, die mir diese Wahrheit kundtat?“, fragte sich die Edle und wollte den Buddha nun unbedingt selbst kennenlernen, um noch mehr von ihm zu lernen. So nahm sie Abschied von ihrem Elternhaus und zog in das ferne Reich, in dem der Erhabene weilte.

Als sie am Ende einer langen Reise dem Buddha schließlich gegenübertrat, lächelte dieser still. Der Prinzessin schien es, als sei sein Körper zu allen Seiten von unzähligen leuchteten Regenbögen umfangen. Nach einer Weile sprach der Erhabene zu Ananda, dem Jünger, der sie zu seinem Platz geführt hatte: „Diese Frau war in einem früheren Leben das Kind einer bitterarmen Familie. Als junge Frau wurde sie einst mit einem Mann verheiratet, der nach einiger Zeit schwer erkrankte und seine Gliedmaßen kaum mehr bewegen konnte. So musste sie fortan noch für einen Gelähmten sorgen. Das empfand sie als große Last. Ihr Leben war plötzlich hart und entbehrungsreich geworden. Die Frau war jetzt verbittert und nicht gewillt, noch irgendetwas mit anderen Menschen zu teilen. Niemals gab sie auch noch so geringe Almosen.

Zu ihren Lebzeiten wurde das Reich, in dem sie lebte, von einem Herrscher namens Djili regiert, der eine schöne Tochter besaß, die, wenn sie in den Tempel ging, stets eine Samtrobe mit feinsten Stickereien und Jadeschmuck trug. Eines Tages nun beabsichtigte die Frau des Gelähmten, einmal zur Altarhalle zu gehen, um den höheren Mächten ihr Leid zu klagen. Da sie nichts Besseres besaß, trug sie ihre völlig verschlissenen Kleider auf dem Leib. Vor dem Tempeltor stellten sich ihr jedoch ein paar Leute in den Weg und wollten sie wegen ihres Lumpengewandes nicht hineinlassen. ‚Warum soll ich nicht dürfen, was für alle Reichen selbstverständlich ist?‘, empörte sie sich. Weil sie hartnäckig blieb, wichen die Leute nach einer Weile zurück und sie konnte vor den Götteraltar treten. Hastig vollzog sie erst ein paar schnelle Verbeugungen und rief dann zu den hohen Statuen mit wehklagender Stimme hinauf: ‚Warum ist die Königstochter so reich und ich so arm – warum widerfährt gerade mir solch schlechtes Schicksal?‘

Eine Weile war es still, dann begann eine der Gottheiten zu ihr zu sprechen: ‚Die Prinzessin war im früheren Leben ein guter Mensch, gewissenhaft studierte sie ohne Unterlass die heiligen Texte, tat jeden Tag Gutes und unterstützte die Gemeinschaft. Durch solches Tun schuf sie die Grundlage für das Glück in ihrem gegenwärtigen Leben. Du aber hast in früheren Leben die heiligen Texte gemieden, warst geizig und nicht gewillt, mit anderen zu teilen. So erntest du in diesem Leben, was du im früheren sätest. Bedenke nun allerdings, dass du heute die Saat deiner Zukunft ausbringst.‘

Die Frau schwieg und verließ den Tempel. Auf dem Rückweg zu ihrem Haus ließ sie sich unter einem Baum nieder und sann lange Zeit nach. Da erwachte auch sie und änderte ihr ganzes Leben. Liebevoll sorgte sie fortan für ihren Gatten und gab Almosen von dem Wenigen, das sie besaß. Die heiligen Schriften wurden zur Richtschnur ihres Lebens. Indra, der Götterkönig, war gerührt von diesem tiefen Wandel und verhalf ihr schließlich zur Wiedergeburt im Körper eben dieser Edlen hier. Ihre Tugend und ihre Hingabe sind der Grund für diesen goldfarbenen Körper und die wunderschönen tiefroten Haare.“

## Eine Giftschlange opfert den Mönchen Gold

Es lebte einmal ein Mann, der mit Leib und Seele auf Gold versessen war. Dieses glänzende Metall hatte seinen Geist so vollständig in Besitz genommen, dass seine Gedanken um überhaupt nichts anderes mehr kreisten. Um seine Schätze unablässig zu mehren, verzichtete er sogar auf gutes Essen und warme Kleidung. Selbst im Winter sah man diesen Verblendeten in löchrige Lumpen gehüllt herumlaufen, für den Kauf eines guten Wollmantels hätte er ja seine Goldschätze anrühren müssen. Durch Geiz und Sparsamkeit war es ihm im Laufe der Zeit tatsächlich gelungen, eine solch große Menge an Goldstücken zusammenzutragen, dass er fünf große Krüge davon füllen konnte. Wie seine Augäpfel hütete er diesen Schatz. Am Tage ging er kaum noch aus dem Haus, damit er seinem geliebten Gold stets nahe war, während er des Nachts Schwierigkeiten hatte einzuschlafen aus Furcht, Diebe könnten sich unbemerkt einschleichen und ihn bestehlen. Die Gier, gepaart mit der ständigen Sorge, sein Eigentum zu verlieren, ließ den Mann in einem Zustand ununterbrochener Anspannung und Gereiztheit leben. So war es ganz unvermeidlich, dass er im Laufe der Jahre krank wurde. Abwechselnd litt er nun unter Angstzuständen und Verfolgungswahn, und auch sein Körper wurde schließlich in Mitleidenschaft gezogen. Ganz dünn geworden, fiel ihm das Gehen von Tag zu Tag schwerer. Am Ende konnte er sich nur noch mit größter Mühe aus eigener Kraft bewegen. Die Ärzte kamen, doch keiner wusste um die Arznei, die sein Leiden heilen konnte. Als dieser Bemitleidenswerte spürte, dass er bald sterben würde, vergrub er mit seiner letzten verbliebenen Kraft heimlich die fünf Krüge mit allen Goldschätzen darin an einer entlegenen Stelle in seinem Garten.

Bald darauf verschied er tatsächlich und seine Seele wurde als grüne Giftschlange wiedergeboren. Weil auch der Tod die Gier nicht gebrochen hatte, schlüpfte das kleine Reptil genau in dem Garten aus dem Ei, der einst dem Mann gehört hatte. Einer inneren Eingebung folgend wählte das Tier die Ecke mit dem vergrabenen Gold zu seinem ständigen Lebensraum. Gleichsam als folge sie einem höheren Auftrag glaubte die Schlange, diesen Ort gegen jedweden Eindringling verteidigen zu müssen. Nach ein paar Jahren starb auch sie, trat aber kurz darauf am gleichen Ort erneut als Reptil ins Dasein.

So ging es noch viele Male und erst nach unzähligen Wiedergeburten begann die Schlange, das erste Mal nachzudenken, was sie eigentlich auf diesem Flecken Erde tue und welchen Sinn ihre Existenz überhaupt habe. Immer öfter sann sie nun über diese Frage nach. Endlich war nicht mehr allein der Goldschatz ihr einziger Bezugspunkt. Je mehr sie sich nun in ihrer Versenkung von der Bindung an die äußere Welt und das Gold unter der Erde löste, desto tiefer wurden ihre Einsichten.

„Die Anhaftung ist die eigentliche Quelle meines Leidens“, erkannte das Tier in einem wachen Augenblick schließlich. Das war die Stunde, in der der Same des Erwachens zu keimen begann. Bald entschloss sich die Schlange, ihr Leben zu ändern und künftig nur noch Gutes zu tun. Da endlich begann ihre Tugend zu wachsen. Unter großer Mühe grub sie sich in vielen Tagen Arbeit bis zum ersten der Krüge hinunter, wickelte ihren Leib um ihn und zog das modrig gewordene Gefäß aus dem feuchten Erdreich hervor. Als kurz darauf ein Brahmane des Weges kam, richtete sich die Schlange vor ihm auf und sprach: „Edler, nimm diesen Krug und übergib ihn den Mönchen im Tempel.“

Der Brahmane nahm das Gefäß, wischte die noch daran haftende Erde ab, öffnete es und schaute hinein. „Das ist ja pures Gold“, rief er voller Entzücken. Zur Warnung zischte das Tier blitzschnell mit der Zunge in seine Richtung und rief: „Wage bloß nicht, irgendetwas davon an dich zu nehmen, sonst lernst du meinen Giftzahn kennen – und das würde eine einmalige und schreckliche Erfahrung für dich sein!“

Der Brahmane gelobte zu tun, wie die Schlange ihm geheißen hatte. Auf diese Weise gelangte das Gold noch am gleichen Tag in den Tempel, wo die Mönche davon als Erstes ein großes Festmahl für die Gemeinschaft ausrichteten, zu dem auch alle Armen der Stadt geladen wurden. Das nun dem Guten zugewandte Tier freute sich, als der Brahmane ein paar Tage später zurück zu ihr in den Garten kam, um zu berichten, was geschehen war, und dabei die Bitte der Mönche überbrachte, die wohltätige Spenderin möge künftig bei ihnen im Tempel leben.

Hungrige Waisenkinder und einsame alte Menschen waren durch diese große Spende seit langer Zeit wieder und manche gar erstmals in ihrem Leben in den Genuss edler Speisen gekommen. Sie hatten nicht nur gemeinsam gegessen und getrunken, sondern im Hause der Mönche auch die Worte der Lehre vernehmen können. Die Schlange nahm daher die Einladung der Mönche gerne an. In einem Bastkorb trug sie der Mann noch am gleichen Tag zu ihnen. Ermuntert vom Opfermut dieser Kreatur spendeten bald auch die Menschen der Umgebung diesem Tempel und den Bedürftigen im Land – viel, viel mehr als früher. Die meisten legten ihre Gaben zunächst vor der Schlange ab, weil sie glaubten, durch sie den Segen der höheren Mächte erlangen zu können. So wurde das weise Tier bald zu einem hochverehrten Wesen in der Mitte dieser heiligen Stätte, wo sonst nur den Göttern Opfer dargebracht wurden.

Inzwischen hatte die Schlange mit eigenen Augen erkannt, zu welchen unendlichen Wohltaten Reichtum gebraucht werden kann. Daher war es keine Frage, dass sie bald darauf auch die restlichen Krüge mit den Goldmünzen dem Tempel übergeben ließ. Durch die Überwindung ihres schlechten Karmas und ihr gutes Tun erreichte sie schließlich das große Erwachen. Nach ihrem Tod konnte sie so aus dem Tierreich direkt in den Trayastrimsa-Himmel aufsteigen.[7] Diese Geschichte beweist: Ein jedes Wesen ist der Wandlung fähig.

## Vier Drachenkönige gehen zum Buddha

Eines Tages kamen ungewöhnliche Besucher zum Buddha. Es waren vier Drachenkönige, die sich zunächst respektvoll vor ihm verneigten und dann sogleich ihr Anliegen vortrugen. „Barmherziger“, sprachen sie zu ihm, „überall auf der Welt sind die Drachen in größter Not und Bedrängnis. Bitte helft uns zu überleben!“

Dann erklärten sie ihre Lage: „Einst lebten in den großen Meeren unzählige Drachen, doch heute sind nur noch sehr wenige von uns übrig geblieben. Wir sind in großer Gefahr, bald vollständig ausgerottet zu werden. Die vier Arten von mächtigen Riesenvögeln mit goldenen Schwingen jagen und töten uns, wo immer sie uns erblicken. Drachen sind, wie Ihr wisst, die Lieblingsspeise dieser Monster der Lüfte.“

Dann warfen sich die vier Besucher vor dem Buddha auf die Erde und flehten ihn an: „Erhabener, gewähre uns Deinen Schutz und Beistand. Rette uns Drachenwesen vor der drohenden Vernichtung.“

Nachdem er alles angehört hatte, nahm der Buddha den unteren Teil seiner Robe ab und überreichte ihn den Besuchern. „Teilt diesen Stoff unter euren Mitbrüdern und Mitschwestern auf und seht zu, dass er euch nicht verloren geht. So seid ihr überall in den großen Meeren geschützt. Keiner der Riesenvögel wird es je wagen, euch anzugreifen, wenn ihr einen Teil meiner Robe auf eurem Körper tragt.“

Dankbar nahmen die vier Drachenkönige die Gabe des Buddha entgegen und zogen sich wieder in ihr Lebenselement, das weite Meer, zurück, wo sie sofort alle Wasserdrachen zusammenriefen. So viele ihrer Artgenossen wie möglich soll-

7 Der Trayastrimsa-Himmel (chin. daolitian – 忉利天) gilt als der Aufenthaltsort der Mutter Buddhas. In der Mahayana-Lehre gibt es 27 Himmel oder himmlische Sphären. Nach dieser Lehre gehören die Himmel 1–6 noch zur Welt der Begierden, die Himmel 7–23 zur Formenwelt und die Himmel 24–27 zur formlosen Welt. Eine weitere Lehre nennt jedoch 33 Himmel; diese geht auf Buddhas Lehre von den 33 edlen Göttern zurück. Die Hierarchie der Himmelssphären beginnt mit den Reichen der vier Himmelsherrscher (die an den Eingängen aller chinesischen Tempel stehen und von denen ebenfalls bereits im Pali-Kanon die Rede ist) und endet mit der Sphäre des „Jenseits von Denken und Nicht-Denken“, dem höchsten Zustand der formlosen Welt.

ten ein kleines Stück der Buddharobe bekommen. Daher zerrissen sie den Stoff in viele kleine Fetzen. Schnell wurde jedoch klar, dass es für alle längst nicht genug war. Während die Anführer noch überlegten, wer etwas bekommen sollte und welcher Drache leider leer ausgehen müsse, geschah etwas Seltsames: Die Robe wurde überhaupt nicht kleiner, obwohl die Drachenkönige ständig neue Stücke aus ihr schnitten; mit jedem Teil, das an einer Stelle entfernt wurde, wuchs ein neues an anderer Stelle nach. Die ganze Drachenwelt war außer sich vor Freude, denn so blieb keiner ohne schützendes Schild. In großer Dankbarkeit brachten alle großen und kleinen Drachen dem Buddha Opfergaben dar und priesen seine unermessliche Barmherzigkeit.

Die goldgeflügelten Riesenvögel gerieten in Panik, als sie feststellten, dass plötzlich alle Drachen den Stoff aus der Robe des Buddha auf ihrem Leib trugen. Jetzt war es mit dem leichte Beute machen vorbei. Verzweifelt fragten sie sich, wie sie künftig ohne Drachenfleisch überleben sollten.

In ihrer Not gingen nun auch die vier Herrscher über die Riesenvögel zum Buddha und verneigten sich respektvoll vor dem Erhabenen. Nun blieb ihnen nichts anderes übrig, als ebenfalls um Hilfe für das Überleben ihrer Gattung zu bitten. Der Buddha sollte ihnen genauso beistehen wie zuvor den Drachen.

Voller Mitgefühl lauschte der Erhabene auch ihren Worten. Dann erteilte er den Vögeln mit den großen goldenen Schwingen eine tiefe und eingehende Belehrung:

„Ernährt euch künftig auf rechte Weise“, sprach er zu ihnen: „Vier Arten von Nahrung gibt es, die denjenigen, der sie verzehrt in niedere Daseinsbereiche hinabstürzen lassen. Je nach Umfang und Schwere mag solche Nahrung zu einer Wiedergeburt in der Hölle, der Welt der hungrigen Geister oder dem Tierreich führen. Welche vier Arten von Nahrung sind daher zu meiden: erstens Nahrung von Wesen, die in Netzen gefangen wurden, um sie zu verspeisen oder von ihrem Blut zu trinken; zweitens Nahrung von Wesen, die in gleicher Absicht mit Waffen gejagt und erlegt wurden; drittens von solchen, gefangen mit Fallen aller Art, sowie viertens von Tieren, die in von Menschen in Ställen oder Käfigen oder sonst wie gehalten werden mit dem Zweck, sie später zu töten und ihr Fleisch zu verzehren.“

Niemals zuvor hatte jemand auf diese Weise zu den vier Herrschern über die Riesenvögel gesprochen. Tief beeindruckt von den Worten des Buddha fassten sie in diesem Augenblick gemeinsam den Entschluss, ihr bisheriges Leben zu ändern und künftig keinem anderen Wesen mehr das Leben zu nehmen. Einvernehmlich sprachen sie zu dem Erhabenen:

„Tief berührt sind wir von der tiefen Einsicht und großen Weisheit Eurer Worte. Wir bereuen aufrecht all unsere schlechten Taten der Vergangenheit. Gewährt uns Zuflucht und wir geloben, die fünf Gelübde stets einzuhalten.“

## Drachenschicksale

Ein jeder erntet, was er sät. In den Schriften ist von zwei Arten von Drachen die Rede. Die ersten sind die Glücksdrachen, deren Leben völlig ungezwungen und frei von Sorge ist. Keinerlei Not und Entbehrung müssen diese erleiden, haben stets gut und reichlich zu Essen und frieren auch im Winter nicht, da ihnen immer schöne, warme Kleider zur Verfügung stehen. Kostbare Achatsteine zieren das Rückgrat ihre gewundenen bunten Leiber.

Die zweite Drachenart sind die Unglücksdrachen, denen es alles andere als gut geht. Sie müssen Gegenden behausen, wo die Sonne das ganze Jahr heiß und unbarmherzig vom Himmel brennt. Tagein, tagaus sind sie dem heißen Gestirn ungeschützt ausgesetzt. Mit der Zeit vertrocknet so ihre Haut und platzt an vielen Stellen auf. Risse und schmerzhafte Abszesse überziehen ihre leidenden Körper. Mücken und andere Plagegeister kreisen dann Tag und Nacht um sie herum, fügen ihnen schmerzhafte Stiche zu und saugen von ihrem Blut. Kaum öffnen die Unglücksdrachen ihre Münder zum Trinken, schon stürzen von überall her angriffslustige Wespen herbei und stechen in ihre roten Lippen. Zur körperlichen Qual kommt noch das Ausgestoßensein. Kaum ein anderes Wesen mag diese elenden Kreaturen; wo immer sie erscheinen, setzt es sofort Stockschläge und Peitschenhiebe, noch schlimmer als herrenlose Straßenköter sie regelmäßig einstecken müssen.

So viel sie auch essen, nie weicht der Hunger aus ihren Mägen. Leid und Entbehrung ist alles, was sie in dieser Welt erfahren. Doch auch im Schattenreich suchen sie vergeblich nach Freude und Glück.

Die Glücksdrachen hingegen steigen nach ihrem irdischen Ableben in die himmlischen Sphären auf, wo ihnen die Feen aufwarten. Ohne Unterlass setzt sich ihr irdisches Glück auch dort fort. Nur vom Allerfeinsten ist ihre Nahrung. Völlig frei und ungezwungen leben sie in den irdischen wie in den höheren Welten.

## Der Bruch eines Gelübdes und die Folgen

Als der Buddha noch auf dieser Welt weilte, lebte einst eine Nonne, die dem Erhabenen bereits in einem früheren Leben begegnet war. Mit großer Inbrunst folgte diese Edle der Lehre. Durch viele Jahre ausdauernder Übung gelangte sie schließlich in den Besitz magischer Kräfte, von denen sie jedoch niemals Gebrauch machte. Am Ende erreichte sie so die Stufe der Heiligkeit.

Eines Tages wurde diese Ehrwürdige in das Haus eines Vornehmen aus der Hauptstadt eingeladen. Während sie dort am Tisch saß und mit den Gastgebern sprach, empfahl sie der hochrangigen Adelsfrau, einer tugendhaften und der Buddhalehre ergebenen Person, ebenfalls in den Orden einzutreten: „Ihr seid ein guter Mensch und voller Vertrauen in den Dharma. Das Beste für Euch wäre, wenn auch Ihr die Nonnengelübde nehmt.“ Doch die Edle wies dieses Ansinnen sogleich entschieden von sich: „Ich bin noch jung und in der Blüte meiner Jahre. Schaut einmal genau hin! So vielfältig sind doch die Verlockungen dieser Welt, ich wäre sicherlich nicht imstande, die zahlreichen Gelübde auch alle einzuhalten." Außerdem, so fügte sie hinzu, hätte sie große Schwierigkeiten, einsam und in völliger Abgeschiedenheit zu leben. Darüber hinaus fürchte sie, erklärte die Frau schließlich mit ein wenig bedrückter Stimme, und betonte, dass eigentlich und nur dies ihre Hauptsorge sei, wenn sie es dennoch täte, durch die dann gebrochenen Gelübde am Ende in furchtbare Höllenwelten hinabzustürzen. Daher zöge sie es vor, ein weltliches Leben zu führen.

Doch die edle Nonne wollte keinen dieser Einwände gelten lassen, vor allem den letzten Grund nicht: „Gelübde brechen! Gelübde brechen!", rief sie mit einem Unterton der Empörung laut in den Raum und erklärte dann, dass dies selbst bei solchen Menschen vorkomme, deren Entschlossenheit stark und fest sei. Zum Schluss verkündete sie mit einer Miene unerschütterlicher Gewissheit: „Selbst aus den finstersten Höllen gibt es am Ende doch immer einen Weg hinaus!"

Die Adlige musste über diese Worte lächeln, lehnte sich ein wenig zurück und sprach: „Ist es denn wirklich so?"

Daraufhin erzählte die Nonne ihre eigene Geschichte: „In meinem früheren Leben war ich einst eine Schauspielerin, die es liebte, schöne Kleidung und kostbaren Schmuck zu tragen. Wortgewandt und von graziler Anmut war ich in diesem Dasein, keine Verwandlungskunst gab es, die ich nicht beherrscht hätte. Im Sommer eines Jahres spielte ich auf der Bühne einmal eine Nonne. Bei dieser Aufführung war auch der Erhabene zugegen, der meine Bestimmung sogleich erkannte. Bei einem Gespräch nach der Aufführung riet er mir, allein diese Rolle zur Rolle meines Lebens zu machen. Doch damals besaß ich einen schönen Körper, ich war stolz und hochmütig und hatte auch Angst, in die niederen Daseinsbereiche herabzustürzen. Genauso wie Ihr heute, so fühlte ich mich damals. Auch ich dachte, einer solchen Aufgabe nicht gewachsen zu sein. Mir schauderte bei dem Gedanken an all die möglichen Qualen, die schmerzenden Peitschenhiebe, die heißen Feuer und einschnürenden Eisenfesseln, die in unzähligen Höllen auf denjenigen warten, der auf dem Pfad strauchelt. Doch der Buddha wies mir voller Barmherzigkeit den richtigen Weg und zerstreute so am Ende all meine Ängste und Bedenken. Auf diese Weise trat ich ein in den Strom der Befreiung. Obwohl ich Niederlagen und Rückschläge einstecken musste, erreichte ich schon im folgenden Leben die Stufe der Arhatschaft."

Die Adlige und ihre Familie lauschten den Erzählungen der Ehrwürdigen mit großem Interesse. Schließlich erzählte diese noch von einer weiteren Begebenheit:

„Der Buddha gab einmal in einem großen Tempel eine Belehrung, als plötzlich ein völlig betrunkener Brahmane in die Tempelhalle torkelte. Die Anwesenden blickten ihn peinlich berührt an. Doch das störte diesen Mann nicht, denn er hatte ein klares Ziel. Schwankenden Schrittes lief er auf den Buddha zu und lallte mit lauter Stimme, dass er hier und jetzt ebenfalls zum Mönch werden wolle. Der Buddha zögerte nicht lange, ließ dem Berauschten das Haupt rasieren und die schlichte gelbe Robe anlegen. Am anderen Morgen aber war der Mann wieder nüchtern, blickte an sich herab, betastete seinen kahlen Schädel und das raue Mönchskleid. Da war er furchtbar erschrocken über das, was er in seinem trunkenen Zustand veranlasst hatte und woran er sich jetzt nur in groben Zügen erinnern konnte. Voller Peinlichkeit ging er zum Buddha und gab ihm mit zum Boden gesenkten Blick das Mönchskleid wieder zurück. Kurz darauf traten die anderen Mönche an den Erhabenen heran. Ein wenig unwirsch wollten sie von ihm wissen, warum er diesem Betrunkenen denn überhaupt die Aufnahme in den Orden gestattet habe; es sei doch abzusehen gewesen, dass dies keine ernst gemeinte Absicht war. Man habe sich der Lächerlichkeit preisgegeben und das Ansehen der Gemeinschaft sei schwer beschädigt.

Der Buddha antwortete seinen Mönchen und sprach: ‚Während unzähliger Kalpas der Vergangenheit hatte dieses Mensch noch niemals den Wunsch gehegt, sein Leben zu ändern und in die Hauslosigkeit zu gehen. Doch als er gestern in seinem Rausch an diesem Tempel vorbeikam und die Worte der Lehre vernahm, da geschah es, dass in seinem Geist erstmals dieser Gedanke aufblitzte. Es war nur für eine kurze Zeit und bald schon verwarf er diesen Vorsatz wieder. Doch es war ein erster Schritt auf dem richtigen Weg, wenngleich er diesen Pfad wohl erst in einem künftigen Leben gehen wird.‘“

Andächtig hatten alle diesen Ausführungen gelauscht. Mittlerweile war es spät geworden und die Nonne musste nun gehen. So schloss sie ihren Besuch im Adelshause mit den Worten ab: „Unermesslich ist der Segen eines tugendhaften Lebens, und die besten Voraussetzungen dazu bietet der Orden. Doch über den Weg nachzudenken, heißt noch lange nicht, ihn auch wirklich zu beschreiten. Strebt daher unentwegt nach einem aufrechten und moralischen Leben, selbst wenn Ihr vermeint, es niemals verwirklichen zu können.“

Die Edle dankte für diese Belehrung und sann lange und gründlich über diese Worte nach, verblieb aber dennoch im weltlichen Leben.

## Eine Kerze setzt sich von selbst in Bewegung

Wunderbar ist die Frucht hingebungsvoller Übung. Im China der Tang-Zeit lebte einmal ein der Buddhalehre treu ergebenes Ehepaar. Da der Mann als Mandarin in den Diensten des Kaisers stand, hatten die beiden alles, was sie zum Leben brauchten. Ihr wahres Streben jedoch war dem Geistigen zugewandt. Besonders die Frau war ein Vorbild spiritueller Hingabe. Jeden Tag rezitierte sie mit großer Inbrunst die buddhistischen Schriften. Unermüdlich traten die heiligen Verse des Sutras von der Weisheit des Herzens über ihre Lippen, Worte, die ihr innere Kraft verliehen.

Mit der Zeit zehrte die fast pausenlose Übung allerdings an den Kräften der Frau, immer öfter schmerzten ihr nun Kopf und Glieder. Bald war sie ganz dünn, fahl und schwach geworden. Nachts konnte sie kaum noch einschlafen und tagsüber fiel ihr jede Bewegung schwer.

Eines Nachts überkam die Frau plötzlich große Furcht, sie würde nicht mehr lange am Leben bleiben. Die Fromme geriet in Panik, weil sie vermeinte, noch nicht genug rezitiert zu haben und auf das Sterben daher noch nicht richtig vorbereitet sei. Daher wollte sie zu eben dieser Stunde das Bett verlassen und vor dem kleinen Hausaltar gleich weiter rezitieren. Doch es war stockdunkel im Zimmer, denn in dieser Nacht schien der Mond nicht durchs Fenster. So rief sie laut nach der Dienerin, die nun mürrisch aus ihrer Kammer kam und wissen wollte, was los sei. Die Frau forderte sie auf, in die Küche zu gehen und ihr Feuerhölzer und eine Kerze zu bringen.

Die Bedienstete schlich in die dunkle Küche und suchte noch ganz schlaftrunken nach Kerze und Feuer, wurde allerdings nicht fündig. So blieb der Frau nichts anderes übrig, als selbst nachzusehen; wie sollte sie sonst ohne Lichtquelle die Texte lesen und rezitieren. Mühsam erhob sie sich mit schmerzenden Gliedern von ihrem Nachtlager.

Als sie die Küche betrat, erschrak sie heftig. Mitten auf dem Küchentisch leuchtete plötzlich ein helles Kerzenlicht, ohne dass es jemand entzündet hätte. Die Frau hielt inne und glaubte, ihren Augen nicht mehr trauen zu können: Denn plötzlich begann die Kerze, sich zu drehen, erst nur um ihre eigene Achse, dann erhob sie sich langsam in den dunklen Raum und schwebte in kreisenden, fast tänzelnden Bewegungen in Richtung des Hausaltars. Vor einem Stapel Sutren kam sie schließlich zum Stehen.

In diesem Augenblick überkam die Frau eine nie zuvor erlebte Klarheit und unbändige innere Freude. Die ganze Nacht las sie mit leiser Stimme die heiligen Texte, bis das erste Sonnenlicht durchs Fenster brach.

An diesem Morgen fühlte sie sich wie neugeboren. Alle Krankheit war aus ihrem Leib gewichen. Die Glieder schmerzten nicht länger. Aber was noch wichtiger war: Sie spürte, dass sie endlich den wahren Kern der Buddhalehre berührt hatte. Für einen kurzen Augenblick hatte sie die reine und unbefleckte Wirklichkeit geschaut.

Wurde später einmal irgendein Verwandter oder Freund krank, riet die Frau stets, Zuflucht zur Lehre des Buddha zu nehmen, die Sutren zu lesen und im Geist hingebungsvoll über diese heiligen Worte nachzusinnen. Die Frau wurde niemals mehr ernsthaft krank in ihrem Leben. Im Alter von achtzig Jahren trat sie schließlich in die große Verwandlung ein.

## Das goldene Kleid

In längst vergangener Zeit lebte einmal ein rechtschaffenes Ehepaar. Eines Tages stellte die Frau fest, dass sie mit einem Kind schwanger ging. Am gleichen Tag geschah etwas Sonderbares: Dem Mund der Schwangeren entströmte ein wunderbarer Duft, der erst das ganze Zimmer einnahm und sich dann über die Grenzen des Hauses bis weit hinaus ins Freie verbreitete. Bald schon konnte die ganze Stadt diesen unbeschreiblichen, zartsüßen Hauch vernehmen. Im Palast hoch über den Dächern der Häuser streifte er sogar die Nase des Königs. Tief berührt von der Erhabenheit dieses Duftes schickte er seine Kundschafter los, um festzustellen, wo sein Ursprung war.

Schon nach kurzer Zeit hatten die Kundschafter das Haus dieses Ehepaares als Quelle ausgemacht. Beim Eintreten durchs Tor erklärte ihnen der Mann, dass dieser edle Geruch unablässig dem Munde seiner Frau seit jenem Tage entströme, an dem sie ihrer Schwangerschaft gewahr wurde. Nachdem der Herrscher den Bericht der Kundschafter vernommen hatte, sprach er zu seinem Hofstaat: „Diese Frau wird gewiss einen einzigartigen Knaben gebären. Wenn es wirklich ein Junge wird, so soll er nach seiner Geburt in meinem Palast aufgezogen werden und die beste Erziehung bekommen, die nur irgend möglich ist."

Einige Monate verstrichen, bis die Frau niederkam. Allerdings gebar sie keinen Knaben, sondern ein Mädchen, ein Kind von ungewöhnlicher Schönheit und Vollkommenheit. Kaum war es aus dem Leib der Mutter getreten, stellten alle mit Verwunderung fest, dass dieses Neugeborene nicht nackt wie alle anderen auf diese Welt gekommen war, sondern ein feingewebtes, goldenes Kleidchen trug. Die Hebamme wollte es nun gleich von dieser Umhüllung befreien, doch kaum vom Körper des Kinder gestreift, erschien dieses wundersame Gewand wie von magischer Hand geführt im Nu wieder auf dem Leib des Säuglings. Nicht nur die Mutter war völlig erstaunt, auch alle anderen suchten nach einer Erklärung.

Kaum hatte die Frau das Wochenbett verlassen, begab sie sich zum Buddha und fragte ihn um Rat. Der Erhabene lächelte und sprach: „Ich will Euch eine kleine Geschichte erzählen. In der Vergangenheit lebte einmal eine ganz arme Frau, die der Lehre aufrichtig folgte, unermüdlich las sie in den Schriften, die sie zudem Tag und Nacht fleißig rezitierte. Trotz ihrer bitteren Armut unterstützte sie nach Kräften die Gemeinschaft. Als sie eines Tages auf dem Weg von ihrem Dorf in die große Stadt war, ging plötzlich ein heftiger Regenschauer nieder. Weit außerhalb aller menschlichen Ansiedlungen stand auf dem freien Feld nur ein einziger Baum, der ihr unter seinen ausladenden Zweigen ein wenig Schutz bot. Nachdem sie sich mit einem über den Kopf gespannten Tuch dorthin gehockt hatte, sah sie in dieser Einöde einen alten Mann herbeihumpeln, der ebenfalls dem Regen entfliehen wollte. Kurz vor dem Baum aber rutschte er auf dem matschigen Boden aus und fiel mitten hinein in eine tiefe Schlammpfütze. Dabei traf er unglücklicherweise mit seinem Knie auf einen spitzen Stein, verletzte sich und blieb aus dieser Wunde blutend am Boden liegen. Ohne zu zögern rannte die Frau zu ihm hinaus in das stürmische Unwetter und zog den Verletzten mit all ihrer Kraft unter den Schutz des Baumes. Mit frischem Regenwasser säuberte sie seine Wunde und verband sie mit einem Stück feinen Stoffes, den sie aus ihrem Unterkleid riss. Dann wusch die Gutherzige auch noch seine schmutzige Kleidung."

Nachdem der Buddha diese Geschichte zu Ende erzählt hatte, wollte die Mutter wissen, was dies denn mit ihr und ihrer kleinen Tochter zu tun habe. Der Buddha antwortete und sprach: „Dieser alte Mann war ein Buddha und die barmherzige Frau, die einst seine Wunde so sorgsam verbunden hatte, erlangte gerade ihre Wiedergeburt durch das Kind im goldenen Kleid, das Eurem Leib entsprang." Da hatte die Frau verstanden, dass jeder guten Tat irgendwann die karmische Belohnung folgt.

## Die Unzüchtigen

Wer der Unzucht frönt, schadet sich, seiner Familie und allen, die ihm lieb und teuer sind. Gar bald schon wird sein Denken von nichts anderem mehr als dem Geschlechtstrieb bestimmt.

Eine junge Frau ging einmal mit ihrem kleinen Kind auf dem Rücken und zwei Krügen in ihren Händen zu einem Dorfbrunnen, um Wasser zu schöpfen. Da sah sie am Brunnenrand einen unbekannten Jüngling sitzen, der verträumt auf einer Laute spielte. Der junge Bursche war von hohem Wuchs und ließ in dem jungen Weibe plötzlich unkeusches Verlangen aufsteigen. Erfahren in diesen Dingen erkannte er sogleich das lodernde Feuer in ihren Blicken und bezirzte sie mit lieblichem Saitenspiel und lockendem Gesang. Hingerissen von dem Schönling setzte die Frau das Kind achtlos am Brunnenrand ab und schritt kokettierend im Halbkreis vor ihm hin und her. Mit einer ausladenden Geste und einem schwungvollen Ruck warf sie dann den Eimer mit dem langen Seil daran in den Brunnen. Dabei entging ihr, dass sich beim unachtsamen Hinabwerfen dieses Seil um den Hals des Kindes gewickelt hatte, das im Nu das Gleichgewicht verlor und in den tiefen Schacht stürzte. Das Kind war auf der Stelle tot: Überwältigt vom Schmerz stand die Frau am Brunnenrand. Der junge Verführer hatte sich schnell aus dem Staub gemacht. Sie aber schrie und schluchzte, verfluchte ihr Verlangen und ihre Einfalt. Doch was geschehen war, das war geschehen und ließ sich nicht mehr rückgängig machen.

Später fand die Frau Trost in der Lehre des Buddha. Auf einer Versammlung mit Ordinierten und Laien vernahm sie eines Tages die einfachen und klaren Wahrheiten aus dem Munde des Erhabenen: „Das Feuer unzüchtigen Verlangens verbrennt alles Gute im Menschen. Es legt das Leben bloß bis auf die Knochen. So viel Leid und Unheil entspringen ihm. Um seinetwillen werden Väter und Mütter geopfert und Könige gestürzt. Und noch über den Tod hinaus reift die Frucht des schlechten Karmas in unzähligen leidvollen Wiedergeburten."

Alle Anwesenden stimmten den Worten des Erhabenen zu. Plötzlich stand einer von ihnen auf und begann, die folgende Geschichte zu erzählen: „Es lebte einmal ein junger Mann aus gutem Hause, der jedoch den Lockungen seines Geschlechtstriebes hoffnungslos verfallen war. Nachts schlich er durch die Straßen und drang in die Schlafkammern junger Mädchen ein, wo er sie mit seinem Dolch an der Kehle und zugehaltenem Mund gefügig machte. Niemand ist so feinfühlig wie eine Mutter gegenüber ihren Kindern, so ging seiner Gebärerin bald auf, was der Sohn in den Nächten Schlimmes trieb. Als er eines Abends wieder einmal aus dem Haus schleichen wollte, stellte sie ihn eindringlich zur Rede. ‚Ich weiß, was du tust! Hör auf damit oder es wird ein furchtbares Ende nehmen', flehte sie ihn verzweifelt an und erklärte: ‚Wenn du es weiterhin tust, werde ich dir künftig nicht mehr beistehen können.'

Wie er seine Mutter so sprechen hörte, geriet der junge Mann in rasenden Zorn. Wie von einem Dämon besessen zog er in Rage ein langes Messer aus seinem Gürtel und erstach die wehrlose Frau. Ohne jede Reue eilte er noch in gleicher Nacht zu dem abgelegenen Haus, wo er ein paar Nächte zuvor eine junge Frau missbraucht hatte, wobei er in seinen Gedanken tatsächlich wähnte, dass diese ebenfalls Gefallen daran gefunden habe. Doch in dieser Nacht hatte die Geschändete voller Angst Fenster und Tür ihres Schlafgemaches fest verschlossen. So rüttelte der junge Mann ein paar Mal kräftig an den Fensterläden und rief mit gedämpfter Stimme nach innen: ‚Mach auf, mach auf, ich begehre dich. Vor ein paar Stunden erst erstach ich meine eigene Mutter, nur damit ich dich besitzen kann.' Doch das Mädchen öffnete nicht und rief heimlich seine Brüder herbei. Während der Eindringling noch versuchte, das Fenster aufzubrechen, schnappten ihn die kräftigen Burschen von hinten und erschlugen ihn auf der Stelle. Nach seinem Tod landete er in der Avici-Hölle, der schlimmsten aller Höllen."

## Der unbeständige Pfadgänger

Es lebte einmal ein junger Mann, der einer vornehmen Familie entstammte. Als er eines Tages den Buddha auf einer Versammlung vieler Menschen sprechen hörte, bewegte ihn die Wahrheit seiner Worte so sehr, dass er sich auf der Stelle entschied, in den Orden einzutreten. Tief überzeugt, das Richtige zu tun, verließ er seine schöne junge Frau und führte fortan das einsame Leben eines Mönchs.

Zunächst erfüllte und beglückte ihn sein neuer Lebenswandel trotz des Verzichts und der vielen Entbehrungen, die ein Jünger des Buddha auf sich nehmen muss. Doch nach einigen Monaten geschah etwas, das in dem Mann einen neuerlichen Einstellungswandel verursachte. Seine verlassene junge Frau teilte ihm nämlich mit, dass sie nicht bis an ihr Lebensende gleich einer keuschen Witwe leben wolle, sondern vorhabe, einen anderen Mann zu heiraten und mit ihm eine Familie zu gründen. Obwohl er jetzt dem Orden angehörte, ließ ihn der Gedanke, dass sein einstiges Weib sich künftig mit einem anderen vergnügte, von nun an keine Ruhe mehr. Sein Vertrauen in die Lehre war noch nicht hinreichend gefestigt und die geistige Übung hatte bisher keine große Tiefe erreicht. So kam es, dass er kurz darauf zum Buddha ging und darum bat, ihn von seinen Mönchsgelübden wieder zu entbinden. Weil er sich nicht von den weltlichen Bindungen lösen konnte, kehrte er danach zu seiner Familie ins weltliche Leben zurück.

Nach seinem Fortgang rief der Buddha all die anderen Mönche und Nonnen zusammen und sprach zu ihnen: „Bewahrt geistige Ruhe, das ist das Wichtigste! Wer den Pfad der Loslösung gehen will, muss ausrotten alle Arten von Verwirrung und Befleckung. Das ist schwer und eine wahrhaft große Aufgabe. Dieser, euer Bruder, der uns heute verließ, war dieser Herausforderung noch nicht gewachsen. Doch glaubt mir, es mag lange, sehr lange Zeit dauern, doch eines Tages wird auch er wieder auf den Pfad zurückfinden und das große Erwachen erlangen."

Die Mönche hatten diese Worte wohl vernommen, doch der plötzliche Weggang eines der ihren hatte sie innerlich sehr aufgewühlt. Bei einigen kamen nun erstmals Zweifel auf, ob ihr Weg wirklich der richtige sei. Der Buddha spürte das Zögern und Zaudern seiner Jünger, schaute in ihre Augen und sprach: „Richtet euren Blick nicht nur auf dieses Leben. Ein jedes Wesen ist geprägt von Gewohnheiten und Verhaltensmustern, die aus vielen früheren Verkörperungen stammen. Das ist auch bei diesem jungen Edlen der Fall. Solche festgefügten Muster lassen sich nur selten im Laufe eines einzigen Tages ändern."

Dann erzählte der Buddha seinen Mönchen die folgende Geschichte:

„In längst vergangenen Zeiten lebte einmal ein König mit Namen Fang Dschi. Unzählbar waren die schönen und jungen Konkubinen, die diesem Herrscher zur Verfügung standen. Jeden Tag und jede Nacht gab er sich sinnlichen Vergnügungen mit ständig wechselnden Gespielinnen hin; unablässig suchte er nach immer neuen und stets wilderen Ausschweifungen. Am Ende beherrschte allein die geschlechtliche Begierde seinen Geist, fast alle seine Gedanken kreisten nur darum.

Eines Tages machte der König einmal einen Ausflug zu einem schönen Hain, weit fort von den Mauern seines Palastes. Am Fuße eines Berges erblickte er plötzlich einen Eremiten, der sich ihm mit den Worten vorstellte: ‚Mein Name ist *Frei von falschen Freuden*.' Der Mann stand so unvermittelt vor ihm, dass der König meinte, sein Gegenüber müsse gerade vom Himmel herabgefallen sein. Ohne auf eine Frage oder Aufforderung des Königs zu warten, begann der Bergheilige zu sprechen. Mit eindringlichen Worten warnte er den König vor den Gefahren seiner Vergnügungssucht und seines unbeherrschten Geschlechtstriebes.

Anschaulich beschrieb er ihm all die Qualen, die er mit Gewissheit erleiden müsse, wenn sein Leben keine neue Richtung nähme. Aber er zeigte ihm auch den Weg der Entsagung, der ihn zu wahrer und bleibender Freude führt. Im Orden des Buddha zu leben, das sei der beste Weg. Ein Mönch lerne, stark zu bleiben, auch in der Anfechtung.

Niemals zuvor hatte jemand so klar und unverblümt zu dem Herrscher gesprochen. Plötzlich fiel es ihm wie Schuppen von den Augen. In diesem Moment erkannte er all seine Verfehlungen. Mit grausamer Vorstellungskraft konnte er die Bilder seiner möglichen Zukunft schauen.

Der heilige Mann entschwand so unvermittelt wie er gekommen war. Der König aber entschied noch an diesem Tag, sein Leben von der Wurzel her zu verändern. Kurz darauf gab er den Thron auf und ging in die Hauslosigkeit."

Die Zuhörer fragten sich, was diese Geschichte mit dem Weggang eines der ihren zu tun habe. Aber der Buddha wartete nicht lange mit einer Antwort und sprach: „König Fang Dschi wurde als der Bruder wiedergeboren, der heute ins weltliche Leben zurückging, der Eremit aber, der ihn so eindringlich belehrte, das war ich selbst in einem früheren Leben."

## Ein Mann verwandelt sich für seine Frau in einen Wurm

Es lebte einmal ein Mann, der seine Zuflucht zur Lehre des Buddha genommen hatte. Gewissenhaft hielt er die Gebote ein, las jeden Tag in den Sutren und studierte Zeile um Zeile mit großer Gründlichkeit. Mit den Jahren erlangte dieser Edle ein tiefes und umfassendes Verständnis der Lehre. In der gleichen Stadt lebte auch ein Mönch, mit dem ihn eine tiefe und langwährende Freundschaft verband. Dieser Ordensmann hatte aufgrund seines völlig reinen Lebenswandels große Tugend erworben. Durch seine ausdauernde Übung war ihm sogar die Fähigkeit erwachsen, das Schicksal der Menschen seiner Umgebung vorhersagen zu können. Ohne Mühe konnte er in den Chroniken ihrer Wiedergeburten lesen. Oft saßen die beiden Freunde zusammen und studierten gemeinsam die heiligen Texte der Überlieferung.

Eines Tages brach eine furchtbare Epidemie über das Land herein. Überall erkrankten die Menschen an der Schwarzen Pest; eitrige und schmerzende Geschwüre überzogen die Körper der Befallenen, bis sie am Ende der Tod von den Qualen ihrer faulenden Leiber erlöste. Tag und Nacht hörte man in den Straßen die Schreie der Kranken und das Wehklagen der Hinterbliebenen. Auf den Leichenfeldern vor den Toren der Stadt türmten sich die Toten zu Haufen. Schließlich erwischte die Krankheit auch den edlen Laienanhänger, der inzwischen ein alter Mann geworden war. Seine Frau tat alles, was in ihrer Macht stand, um ihn doch noch zu retten. Zu jeder vollen Stunde gab sie ihm einen Sud aus Heilkräutern zu trinken und steckte zinnoberrote Pillen in seinen Mund, doch nichts von alledem half. Wie das arme Weib den geliebten Gatten so leiden und dem Tode nahe sah, überkam sie ein unbändiger Schmerz. Abwechselnd schluchzte sie still in sich hinein, heulte dann immer wieder laut und wehklagend auf, nicht bereit, Abschied von dem Mann zu nehmen, mit dem sie schon viele Jahrzehnte gemeinsam durchs Leben gegangen war. „Lass mich nicht allein in dieser Welt zurück", wimmerte sie in sein Ohr: „Wer soll künftig meine Stütze sein, auch die Kinder und Enkel brauchen dich noch. Bleib, bitte bleib und stirb jetzt nicht!"

Doch das Ende war unabwendbar. Obwohl der Mann den Tod eigentlich nicht fürchtete, fiel auch ihm in dieser Stunde der Abschied unendlich schwer. Wie gerne wäre er noch geblieben, vereint mit den Seinen. Doch verzweifelt musste er spüren, dass es kein Entrinnen gab. Als dann der letzte Atemzug aus seinem Körper strömte, nutzte der Mann all die Kraft, die er durch viele Jahrzehnte spiritueller Übung gewonnen hatte, und verwandelte sich im Augenblick der Loslösung in einen winzig kleinen Wurm. Während alle schreiend und schluchzend um den Toten standen, kroch dieser unbemerkt am Leib der Frau hoch und von dort in ihr rechtes Nasenloch. Der Verstorbene glaubte, seinem geliebten Weibe so auch über den Tod hinaus nahe sein zu können. Nachdem sich die Witwe nach einer Weile wieder ein wenig gefasst hatte, spürte sie plötzlich ein heftiges Jucken in ihrer Nase. Da bemerkte sie das kleine Tier und zog es ins Freie hinaus. Die Frau war entsetzt und schämte sich zugleich vor den anderen, die nun alle auf dieses sich zwischen ihren Fingern windende Würmchen starrten. Sie schleuderte das eklige Etwas auf die Erde und wollte es gerade tottreten. In eben diesem Augenblick trat der alte Mönch, der engste Freund ihres Mannes, dazwischen. Der Edle konnte mit seinem himmlischen Auge erkennen, was soeben geschehen war. „Halt, tut es nicht“, rief er mit entschlossener Stimme, „in diesem winzigen Lebewesen steckt die Seele Eures gerade verstorbenen Mannes.“

Die Frau schüttelte den Kopf und sprach: „Mein Mann hat in seinem Leben nur Gutes getan und nie einem anderen Wesen irgendeinen Schaden zugefügt, wie könnte er da eine Wiedergeburt im Tierreich annehmen?“

Der Mönch schaute der Frau ins Angesicht und flüsterte ihr leise zu: „Er tat es absichtlich, aus Liebe zu Euch und auch aufgrund der Anhaftung, die ihn noch an diese Welt bindet.“ Die Frau glaubte dem weisen Mann, fühlte sich aber zugleich ratlos und verwirrt.

Nach einer Weile beugte sich der Ehrwürdige zu dem Würmchen herab und sprach: „Du hättest erlöst werden können, aber statt in die himmlischen Sphären aufzusteigen hast du nun diese Gestalt gewählt. Doch wem hast du damit wirklich geholfen?“

Die Seele vernahm diese Stimme und bereute, dass sie ganz unüberlegt eine solche Wiedergeburt angenommen hatte. Da begriff sie, dass man im Tode bereit sein muss, alles fallen zu lassen, was einen noch an diese Welt bindet. Das kleine Würmlein aß und trank nun nichts und starb zwei Tage später. Nachdem es gestorben war, trat die Seele endlich durchs Tor der großen Befreiung.

## Erst im Tode vollendet sich der Pfad

In längst vergangener Zeit lebte einmal ein alter Wandermönch, der sein ganzes Leben auf dem Heilspfad gewandelt war. Dieser Edle besaß eine enorme Konzentrationskraft, die es ihm ermöglichte, überall und zu jeder Zeit in Zustände tiefster Versenkung einzutreten. Unvorstellbar lange Zeit konnte er dort verweilen. Auf dem Gipfelpunkt seiner Meditation verschwand die Außenwelt vollständig. Dann war er jenseits aller irdischen Lockungen und von den acht Winden völlig unberührt, die da sind: Verfall, Zerstörung, Ruhm, Name, Gewinn, Spott, Leid und Freude. Nichts von alledem bewegte seinen Geist dann noch länger.

Eines Tages nun kam dieser Mönch auf seiner Wanderschaft zu einem neuen Tempel, wo viele hundert Mönche lebten. Jeden Tag meditierten diese Edlen gemeinsam in einer großen Halle. Dabei hockten sie in ihren Roben so eng beieinander, dass es für einen Außenstehenden aussah, als bedecke ein einziges großes Stück Tuch den Boden. Auch der Besucher wurde gleich eingeladen, es ihnen gleichzutun.

Der alte Mönch hielt jeden Platz auf dieser Erde geeignet für die Übung der Stille und so auch diesen. Freudig gesellte er sich sogleich inmitten der anderen Meditierenden und trat wie immer Stufe um Stufe in seine immer tiefer werdende Versenkung ein. Schon nach kurzer Zeit war es ihm, als befände er sich bereits jenseits von aller Vergangenheit, Gegenwart und Zukunft.

Zur Mittagszeit schlug der Tempelvorsteher wie jeden Tag dreimal kräftig den großen Kupfergong an. Ein heller Klang versetzt die ganze Halle in Schwingung. Die anderen Mönche beendeten ihre Meditation und kehrten wieder in ihre gemeinsame Wirklichkeit zurück. Nachdem sie sich erhoben hatten, war auf dem Hallenboden jedoch noch der Schatten eines Meditierenden zu sehen. Der Neugekommene war einfach sitzen geblieben. Weder der Gongschlag noch das laute Fortgehen der anderen hatten ihn aus seiner Versenkung reißen können.

Man wollte ihn nicht stören und ließ ihn daher einfach gewähren. So kam es, dass dieser Mönch nicht nur für den Rest dieses Tages, sondern tatsächlich für volle drei Monate auf seinem Platz sitzen blieb, ohne sich auch nur ein einziges Mal zu erheben, weder zum Essen oder Trinken noch um seine Notdurft zu verrichten. Zumindest bekam kein Mensch davon etwas mit. An einem Morgen jedoch, als die Novizen mit dem ersten Licht der Morgensonne gerade die Halle betraten, da schlug der Meditierende plötzlich die Augen auf und schaute mit gütigem Blick in den Raum. Die jungen Mönche wollten angesichts dieses Ereignisses schnell die anderen herbeirufen und schlugen daher den großen Gong vor dem großen Buddhaaltar an. In dem Augenblick als der helle Klang den ganzen Tempel in Schwingung versetzte, trat der Ehrwürdige in die große Vollendung ein.

Wer meditiert, der muss unbewegt inmitten aller Bewegung sein, das hatte der alte Mönch seinen jungen Glaubensbrüder durch sein Beispiel noch vermitteln können.

# Nur aufrichtiger Dienst am Guten verdient Respekt

Es lebte einmal ein reicher Brahmane, dessen Schatzkammern bis zum Überquellen mit Gold und Silber gefüllt waren. Gleichzeitig war dieser Anhänger der Brahma-Lehre ein sehr vielseitiger Mensch, der nicht nur Mathematik und Sternenkunde beherrschte, sondern auch wegen seiner kunsthandwerklichen Fähigkeiten große Berühmtheit genoss.

In dieser Zeit gab es neben den Brahmanen auch viele buddhistische Wandermönche, die ihren Lebensunterhalt von den Almosen bestritten, die sie von wohlgesinnten Hausleuten empfingen. Im Gegenzug verbreiteten sie die Wahrheiten der Lehre; im Lauf der Zeit wuchs so überall im Land die Zahl ihrer Anhänger.

Mit großem Missfallen beobachtete dieser Brahmane nun, wie die Buddhalehre immer größere Verbreitung fand, während gleichzeitig der Brahmanenglaube an Einfluss verlor. Jedes Mal, wenn er mit den Buddhajüngern über die Lehre diskutierte, spürte er voll innerem Unbehagen, wie sehr er ihnen letztlich unterlegen war. Seine Argumente vermochten außer ihm selbst kaum jemand sonst zu überzeugen. Das machte den Mann unbeschreiblich wütend und so sann er auf Rache. Tag und Nacht überlegte er, wie er der Dharma-Gemeinschaft wohl schaden könne.

Erst dachte er an schwarze Mantras und ähnlichen magischen Zauber, doch da er von der Wirksamkeit solcher Dingen selbst nicht recht überzeugt war, nahm er schnell wieder Abstand davon. Schließlich vermeinte er, auf die beste aller Ideen gekommen zu sein: Er wollte die Anhänger des Buddha mit ihren eigenen Waffen schlagen, das heißt die Wahrheiten des Dharma gegen sie selbst einsetzen und so in ihren Wunden stochern. Wie kam er darauf? Die Mönche hatten ihm früher oft erzählt, dass, wer als Mönch Almosen in Empfang nimmt, ohne durch einen reinen Lebenswandel ihrer auch würdig zu sein, am Ende großen Schaden erleiden werde. Ein Ordinierter also, der von der Gemeinschaft mit Nahrung und anderen Gaben versorgt wird, dabei aber weder die Gelübde einhält noch dem Guten zugeneigt ist und sich auch nicht in der Versenkung übt, so sagten ihm die Mönche, werde nicht nur das Erlösungsziel verfehlen, sondern zudem nach seinem Tod als Pferd oder Ochse wiedergeboren. Dann habe ein solcher die Gelegenheit, am eigenen Leib die mühselige und harte Arbeit kennenzulernen, die hinter jeder guten Gabe steckt.

Der Brahmane dachte nun auf solche Weise: „Die meisten dieser Glatzköpfe in ihren safrangelben Gewändern wollen doch ohnehin nichts anderes, als den ganzen Tag faulenzen und sich ohne eigene Mühe satt essen. Ich habe genug Geld und will daher künftig jeden Tag ein opulentes Festmahl für sie im Tempel bereitstellen. Wenn sich diese Brüder ihre Wänste dann richtig vollgeschlagen haben, sind sie gewiss zu müde, um noch in ihren Klausen oder der großen Halle zu meditieren. So schwinden bald all ihre Verdienste. Was könnten diese unaufrichtigen Gesellen denn sonst tun, sich meiner großzügigen Gabe würdig zu erweisen? – Eigentlich gar nichts."

So dachte der Mann und ließ daraufhin Speisen für fünfhundert Mönche bereitstellen. In der großen Tempelhalle sollten künftig alle Tag um Tag reichlich und regelmäßig verköstigt werden. Seine unausgesprochene Hoffnung dabei war: „Ich füttere diese Burschen so lange, bis sie an Fettsucht oder was auch sonst immer dahinscheiden. Schlechte Wiedergeburt ist einem jeden von ihnen wohl sicher. Und mir als wohltätigem Gönner werden diese im nächsten Leben dann als Pflugochsen und Zugpferde zufallen. Das wird sich am Ende doppelt auszahlen für mich!"

Als nun das erste Mal die Speisen auf den Tischen standen, trat der Abt, ein verwirklichter Arhat, vor die Gemeinschaft und wollte an alle das Wort richten. Dieser edle Klostervorsteher hatte durch seine tiefe und beharrliche Übung ganz ohne Absicht die Fähigkeit erworben, auch die verborgensten Dinge zu sehen. Er war sogar imstande, die Gedanken seiner Mitmenschen zu lesen. Daher waren ihm die unlauteren Motive des vermeintlich großzügigen Gönners nicht verborgen geblieben. So begann er zu sprechen und blickte dabei vor allem den Brahmanen an, der auf einem gepolsterten Ehrenplatz am Kopfende des Tisches saß: „Wer aus reinem Herzen gibt, dem wird nur Gutes widerfahren. Doch wer finstere Absichten hegt, der muss achtgeben, dass er sich am Ende nicht ins eigene Fleisch schneidet."

Dem Brahmanen war ein wenig unwohl, als er diese doppeldeutigen Worte des alten Mönches vernahm. Doch damit nicht genug. Der Abt wurde auf diskrete Weise sogar noch ein wenig deutlicher. Dabei richtete er seinen Blick nun auch auf die anwesenden Ordensleute, die glaubten, allein angesprochen zu sein: „Ein reicher Geber beschenkt uns heute mit diesem Mahl und will dies künftig jeden Tag aufs Neue tun. Erweist euch dieser Gabe als würdig. Bevor wir zu speisen beginnen, richte jetzt ein jeder Gedanken wahren Mitgefühls und Wohlwollens auf unseren Spender am Kopf der großen Tafel. Nur wer ihm heute sein Almosen durch gute und aufrichtige Segenswünsche vergilt, kann sicher sein, nicht irgendwann einmal gar als Pferd oder Arbeitsochse wiedergeboren zu werden. Wer anderen nur Gutes wünscht, egal, wie sie sich ihm gegenüber auch verhalten, dessen Tugend wiegt alle Nahrungsspenden dieser Welt auf, selbst jene erhabenen Speisen, die allein auf dem Berg Meru wachsen."

Als er diese Worte vernahm, fühlte sich der reiche Brahmane ertappt und zutiefst beschämt. Der alte Abt hatte ihm jedoch nicht nur seine Niedertracht respektvoll vor Augen geführt, sondern ihm mit tiefem Mitgefühl zugleich ganz umsichtig auch den Pfad des Guten und Edlen gewiesen. Kurze Zeit nur musste der Brahmane nachdenken, da überkam ihn eine tiefe Einsicht: Wer Almosen gibt, der soll es aus reinem Herzen tun. Plötzlich wich alles Schlechte aus seinem Geist. So erwachte auch er zur Lehre des Buddha und nahm seine Zuflucht.

# Die erfolglose Intrige

Zu Lebzeiten Buddhas wuchs unaufhörlich die Zahl der Menschen, die aus tiefster Überzeugung seiner Lehre folgten. Von Königen über Minister bis zu Handwerkern, Bauern und Ausgestoßenen am Rande der Gesellschaft fanden bald immer mehr Menschen zum Dharma und nahmen Abschied von der alten Brahmanenlehre. Als Folge flossen der buddhistischen Gemeinschaft immer mehr Mittel in Form von Nahrung, Kleidung und anderen Gaben zu, die vorher allein den Brahmanen zugutegekommen war. Weil der Strom der Almosen für sie jetzt viel spärlicher floss, keimte unter diesen bald Hass und Neid auf. Zähneknirschend mussten sie Tag um Tag mit ansehen, wie sie überall an Macht und Einfluss verloren. Angesichts dieser Lage hockte sich eine kleine Clique unter ihnen zusammen und begann, einen finsteren Plan auszuhecken, um dem Buddha zu schaden. Selbst vor einem Menschenopfer schreckten diese Fieslinge dabei nicht zurück.

Im ersten Akt ihrer Verschwörung überredeten sie eine junge Frau, regelmäßig zum Buddha zu gehen und, wann immer es ihr möglich war, sich in seiner Nähe zu zeigen. Die Menschen im Land sollten beide möglichst oft zusammen sehen, damit schmutzige Gerüchte verbreitet werden konnten. Die ahnungslose Frau fiel auf die Versprechungen der Brahmanen herein und tat wie ihr geheißen. Nach einiger Zeit meinten ihre Auftraggeber, dass die Öffentlichkeit nun für den nächsten Schritt genügend vorbereitet sei. Jetzt schickten sie einen gedungenen Mörder los, welcher der Frau in einer einsamen mondlosen Nacht auflauerte. In der Dunkelheit ergriff er blitzschnell das wehrlose Opfer, hielt der schreienden Frau den Mund zu und erstach sie mit seinem scharfen Dolch. Anschließend verscharrte er die Leiche in einem Gebüsch.

Am Tag darauf gingen die Intriganten zum Palast des Herrschers und erklärten, dass die schöne junge Frau vermisst würde, welche in letzter Zeit ständig mit dem Buddha zusammen gewesen sei. Als der König gerade den Befehl erließ, nach ihr zu suchen, stürmte plötzlich ein Brahmane in den Thronsaal und erklärte, man habe ihre Leiche in einem Hain nicht unweit des Hauses gefunden, in dem der Buddha lebe. Zu dieser Stunde hatten einige willige Helfer der Brahmanen den leblosen Körper bereits auf eine Trage gepackt und trugen ihn kreuz und quer durch die Stadt.

„Seht nur, was mit der Gefährtin Buddhas geschehen ist", riefen sie dabei mit lauten und anklagenden Stimmen, die durch jede Gasse bis in die abgelegensten Winkel drangen.

Auf einmal waren die Menschen sehr verwirrt, fortan schwand das Vertrauen in den Buddha und seine Lehre. Die unmittelbare Folge war, dass kaum jemand seinen Jüngern noch Nahrung gab, wenn sie wie früher auf ihren Bettelgängen durch die Straßen zogen. „Ihr Heuchler", bekamen sie nun zu hören, „euer Anführer ist doch nichts als ein hinterlistiger Mörder!"

Die Mönche waren bestürzt und erschrocken, keiner wusste, was sie in dieser Lage tun sollten. Gemeinsam gingen sie zum Buddha, deuteten auf ihre leeren Almosenschalen und baten um seine Hilfe.

Der Erhabene lächelte nur und sprach: „Seid frei von Furcht. Ich wurde zum Opfer einer Intrige. Doch nach Ablauf von weiteren sieben Tagen, so könnt Ihr mir glaubten, wird dies alles vorbei sein."

In dieser Stadt lebte eine tugendhafte junge Frau, die dem Buddha und seiner Lehre weiterhin uneingeschränkt vertraute. Als diese Edle nun die Mönche hungrig vom Bettelgang zurückkommen sah, lud sie die Ehrwürdigen alle zu sich ein. Für die kommenden sieben Tage speisten sie in ihrem Hause. Jeden Morgen kochte diese Familie große Mengen an Brei für die Mönche und bewirtete sie wie ihre eigenen Mitglieder.

„Verleumdet und gedemütigt werden wir", sprach der Buddha in diesen schweren Tagen zu seinem Schüler Ananda und fügte hinzu: „Doch wir sind ohne Makel. Wer anderen Finsteres tut, muss es am Ende selbst ertragen. Das ist das Gesetz des Karma."

Der König dieses Landes war ein rechtschaffener Mann, dem sein Herrscheramt gelehrt hatte, nicht alles zu glauben, was ihm die Leute zutrugen. Daher ließ er durch seine Minister auch diesen Fall gründlich untersuchen; tatsächlich kam die Wahrheit nach Ablauf von sieben Tagen ans Licht. Das Ansehen des Buddha war wieder hergestellt und das der bösen Brahmanen tief gesunken. Viele Menschen hatten durch dieses Beispiel verstanden: Die wahren Siege erringt, wer nicht kämpft.

Die junge Frau, die auch in großer Not und Bedrängnis der Dharma-Gemeinschaft beigestanden hatte, erwarb durch ihr Tun unermessliche Verdienste.

## Eine Wiedergeburt als Käsemade

Achtet auf eure Gedanken, denn letztlich formen sie euer Schicksal.

In einem Tempel lebte einmal ein junger Mönch, der in einer Bauernfamilie aufgewachsen war, die eine große Kuhherde mit vielen Kälbern besaß. Eigentlich hätte der Sohn später den Hof der Eltern übernehmen sollen. Doch leider war der Vater hoffnungslos dem Glücksspiel verfallen und hatte im Laufe der Jahre Kuh um Kuh verspielt. Vergeblich blieben alle Versuche der Frau und der anderen Bauersleute, ihn von seinem Laster abzubringen. Am Ende geschah es, dass der Mann auch noch das letzte Muttertier verspielte, von dessen Milch die ganze Familie lebte und das ihnen sonst jedes Jahr ein neues Kälblein gebar. Nun gab es keine Milch mehr zu trinken und damit auch keinen Rohstoff mehr, um Butter und Käse herzustellen. Weil die Mittel zum Lebensunterhalt fehlten, blieb dem Sohn keine andere Wahl, als das Haus zu verlassen. Kurz darauf ging er ins Kloster und bereitete sich auf den Eintritt in den Orden vor.

Das Leben unter den Mönchen war einfach und entbehrungsreich. Anders als auf dem Bauernhof gab es niemals Milch zu trinken oder gar Käse zu essen. Mit den Jahren vergaß der junge Novize schließlich, wie solche Dinge überhaupt schmeckten.

Eines Tages jedoch, viele Jahren waren inzwischen ins Land gegangen und aus dem jungen Novizen war längst ein angesehener Mönch geworden, da erschien ein wohlhabender Unterstützer der Gemeinschaft und ließ für die Glaubensbrüder im Tempel ein großes Festmahl ausrichten. Als gerade feine Speisen und Getränke aufgetragen wurden, erschnupperte der Mönch plötzlich einen sehr angenehmen, ihm bekannten Duft, der ihn sogleich mit Wohlbehagen erfüllte, ohne dass er auf Anhieb hätte sagen können, um was es sich handelte. Doch als man dann eine große Schüssel mit köstlichem Joghurt vor seine Nase stellte, wusste er wieder, um was es sich handelte. Beim Verspeisen dieser Köstlichkeit geriet er in helles Entzücken. Sogleich kehrten schöne Erinnerungen an die Jahre seiner Kindheit zurück. Fünf Mal ließ er sich seine Schale davon füllen und verzehrte alles mit größtem Hochgenuss. Zum Schluss gab es auch noch ein winziges Stückchen Käse zu essen. „Das kann doch nicht wahr sein, das kann doch nicht wahr sein!“, rief er immer wieder: „Solch eine Köstlichkeit!“

Dem reichen Gönner war nicht entgangen, welch große Freude diese Opfergabe dem Mönch bereitete und dass sein Blick selbst noch an den leeren Schlüsseln klebte, wenn sie nach dem Mahl fortgetragen wurden. Jedes Mal, wenn er in Zukunft in den Tempel kam, spendete dieser Mann der Gemeinschaft Milch und Joghurt, und für seinen Lieblingsmönch hatte er stets noch ein kleines Stückchen Käse dabei. Wenn er dann dessen strahlende Augen und sein zufriedenes Lächeln sah, war auch der Almosengeber gestillt und ruhte in dem Gedanken, wieder einmal ein gutes Werk getan zu haben.

Die Zeit verstrich und aus dem auf dieses weiche Gold versessenen Buddhajünger war schließlich ein alter Mann geworden, dessen Lebensende nun nicht mehr fern war. Als schließlich die Stunde seines Todes kam, war sein letzter Gedanke der an ein gutes Stück Käse. Leider trieb diese Anhaftung seine Seele dazu, als eine Käsemade wiedergeboren zu werden. So erwachte er schließlich in eben jenem Tonkrug wieder zu einem neuen Leben, in dem der reiche Gönner ihm zu seinen Lebzeiten als Mönch stets den Joghurt und Käse in den Tempel gebracht hatte. Seine Narrheit für dieses Zeug schuf diesem ehemaligen Bauernjungen am Ende ein solch trauriges Los.

## Der Hirsch mit dem Regenbogenfell

Einst wurde der große Bodhisattva als Hirsch wiedergeboren. Allein um die Wesen vom Leid zu befreien, hatte er in diesem Leben die körperliche Gestalt eines Waldtieres angenommen. Ein wunderschönes Wesen, gutmütig und friedfertig und mit einem Fell, das in allen Farben des Regenbogens leuchtete. Das Haupt dieses edlen Tieres wurde von einem majestätischen Geweih gekrönt, das so hell und weiß wie frisch gefallener Schnee war. In Harmonie mit allen Wesen lebte dieser Hirsch am Ufer des Ewigen Flusses. Mit einem kleinen Vogel verband ihn dort eine enge und tiefe Freundschaft. Im Sommer eines Jahres ging für lange Wochen ein großer Regen unablässig über dem Land nieder. Bald waren die Wasser des Flusses stürmisch angeschwollen und überschwemmten viele kleine Orte. Während der Regen weiter vom Himmel strömte, äste der Hirsch eines Morgens wie immer am Flussufer, als er plötzlich laute Hilferufe aus dem Wasser vernahm. Er erhob sein Haupt und sah, dass gerade ein Mann in den Fluss gefallen war, der sich am Rande der reißenden Strömung an einem angetriebenen Baumstumpf festgeklammert hatte. In den wilden Fluten kämpfte er um sein Leben, mit letzter Kraft flehte der Verunglückte die Geister des Wassers und der Berge um Hilfe an. Obwohl die Wogen so heftig schlugen, dass selbst die großen Fische nicht gegen sie ankämpfen konnten, stürzte sich das edle Tier in den Fluss und schwamm auf den Ertrinkenden zu. „Halt dich an meinem großen Geweih fest und steig dann auf meinen Rücken“, rief der Hirsch. Zitternd vor Angst tat der Mann, wie ihm geheißen. So trug ihn der regenbogenfarbene Bodhisattva sicher ans rettende Ufer.

Nachdem der dem Tode Entronnene seine Kräfte wieder gesammelt hatte, verneigte er sich vor seinem Retter, umrundete ihn drei Mal ehrfurchtsvoll, warf sich dann auf den Boden und rief mit lauter, tränenerstickter Stimme in den Himmel: „Du hast mich vor dem sicheren Tode bewahrt. Als Dank bin ich bereit, dir bis zum Ende meines Lebens als Sklave zu dienen.“

Doch der Hirsch lächelte nur und sprach: „Das ist völlig unnötig. Ich bitte dich nur um eins: Erzähl niemandem von mir, denn es gibt viele, die mir wegen meines Felles nach dem Leben trachten.“

Der Mann schwor feierlich, über seine Rettung auf immer und ewig wie ein Toter zu schweigen. Anschließend ging er glücklich und zufrieden seiner Wege.

Einige Tage nach diesem Ereignis hatte die Königin des Nachts einen Traum, in dem sie eben diesen farbenprächtigen Hirsch mit seinem schneeweißen Geweih erblickte. Fortan war die Herrschersfrau von der Idee besessen, unbedingt in den Besitz dieses wunderschönen Felles gelangen zu müssen. Unablässig bedrängte sie nun ihren Gatten, er solle seine Soldaten aussenden und überall nach diesem einmaligen Tier suchen lassen. Der Herrscher war allerdings zunächst nicht recht gewillt, seine Streitkräfte für ein solches, wie er meinte, völlig aussichtsloses Unterfangen zu missbrauchen: die Suche nach etwas, was wohl nur in der Fantasie seiner Frau existiert. Doch die listige Königin ließ nicht locker. Sie stellte sich krank und drohte, das Bett nicht eher wieder zu verlassen, bis das bunte Hirschfell zu ihren Füßen liege. Um sich die Gunst seines Weibes nicht zu verscherzen, lenkte der König schließlich ein und ließ als erste Maßnahme überall im Land Aushänge anbringen, die demjenigen einen reichlichen Gold- und Silberlohn versprachen, der nützliche Hinweise zum Auffinden dieses Tieres geben konnte.

So geschah es, dass auch der Gerettete von dem brennenden Wunsch der Königsgattin erfuhr. Da sprach er, ohne lange nachzudenken, sogleich zu sich: „Nun ja, ein jeder muss selbst sehen, wo er bleibt. Letztlich ist dieser Hirsch doch nur ein gewöhnliches Tier, welchen Unterschied macht es da, ob er am Leben bleibt oder stirbt?"

Zielstrebig und mit funkelnden Augen, in denen nichts als all das versprochene Gold und Silber leuchtete, begab sich der Mann zum Königspalast, wo die Wachen ihn gleich in den Thronsaal führten, nachdem er sein Ansinnen vorgetragen hatte. Der Monarch war überrascht und gleichzeitig natürlich hocherfreut zu erfahren, dass das Wesen aus dem Traum seiner Gattin tatsächlich existierte.

„Ich führe Euch zu der Stelle, wo es am Ufer des Ewigen Flusses lebt", versprach der gemeine Verräter dem Herrscher. Dabei ermahnte er ihn, unbedingt eine große Zahl erfahrener Soldaten mitzunehmen, da dieses Tier stark, gefährlich und wohl auch äußerst kampfbereit sei.

Der Hirsch lag noch im Schlaf, als sich im Morgennebel des folgenden Tages der König mit einer gewaltigen Heerschar näherte. Oben aus den Wipfeln der Bäume sah der kleine Freund des Bodhisattva als Erstes die Truppe anrücken. Schnell flog der Vogel zu seinem Gefährten und schrie ihm ins Ohr: „Schnell, schnell, wach auf, die Häscher sind auf dem Weg, sie wollen dich ergreifen und töten!" Doch der Bodhisattva hatte einen so tiefen und festen Schlaf, dass er einfach nichts hörte. Erst nachdem der Vogel ihn mehrfach kräftig ins Ohr gepickt hatte, schlug er schließlich die Augen auf. Doch war es bereits zu spät. Angeführt von dem treulosen Verräter hatten die Soldaten ihn schon umzingelt.

Weil er die Jagdbeute gern mit eigener Hand erlegen wollte, rannte der König aus der Mitte seiner Truppe nach vorne, zog einen spitzen Pfeil aus dem Köcher und legte auf das Tier an. Da richtete der Hirsch das Wort an ihn: „Vergelte nicht Gutes mit Bösem", rief er. Erschrocken, dass dieses Wesen die menschliche Sprache beherrschte, wollte der Herrscher wissen, was er damit meine. „Ich rettete eben hier vor Kurzem einen Menschen Eures Landes vor dem Ertrinken!", erklärte das edle Tier.

Auf die erstaunte Frage, wer dieser Gerettete denn sei, antwortete der Hirsch: „Es war der, welcher Euch zu mir führte."

„Stimmt das?", wollte der König sogleich von dem Mann wissen. Dieser kam nicht umhin, die Worte des Tieres zu bestätigen, rechtfertigte sich jedoch und sprach: „Was macht das schon? Dieser Hirsch ist nur eine Jagdbeute wie jedes andere Tier auch. Außerdem ist es doch des Wunsches Eurer edlen Gattin wegen."

Der Monarch war ein tugendhafter Mensch und schalt den Mann heftig: „Du hast große Barmherzigkeit erfahren und antwortest darauf mit Hinterhältigkeit."

Wütend scheuchte er dann den gemeinen Burschen fort, ohne ihm eine Belohnung zu zahlen. Ungeachtet der Begehrlichkeit seines Weibes stellte der Herrscher noch am gleichen Tage alle Hirsche im Reich unter seinen besonderen Schutz. Jeder, der eines dieser edlen Wesen töte oder verletze, sei auf das Strengste zu bestrafen, ordnete er in einem königlichen Dekret an. So konnte der Bodhisattva in Hirschgestalt auch weiterhin am Ufer des großen Flusses leben. Der karmische Segen dieser guten Tat blieb nicht aus. Dem Volk dieses Land ging es fortan gut, die Menschen hatten stets reichlich zu essen und blieben von allem Unheil und auch schweren Krankheiten verschont. Vor allem hatten sie verstanden, welch schlimme Folgen Verrat und Hinterhältigkeit erzeugen. Unermesslich hingegen ist das Karma der Aufrichtigen und Barmherzigen.

## Ein Bergheiliger zieht einen kleinen Elefanten auf

Eine Elefantenkuh starb einst kurz nach der Geburt ihres Jungen. Überwältigt von Schmerz trauerte das Junge um den Verlust seiner Mutter. Obwohl der kleine Elefant schon laufen konnte, zog er nicht weiter, wie es die Herdentiere sonst tun. Stattdessen umkreiste er unaufhörlich den toten Leib seiner Gebärerin; völlig verzweifelt war das junge Tier und wollte am liebsten selbst auf der Stelle tot sein.

Wie er so traurig in den weiten Himmel trompetete, wurde ein in der Nähe lebender Eremit seiner gewahr. Mit großem Mitgefühl nahm sich der heilige Mann des jungen Tieres an und kümmerte sich liebevoll gleich einem Menschenkind um ihn. Der kleine Elefant fasste schnell Vertrauen zu diesem Menschen, der ihn mit köstlicher Nahrung fütterte und mit frischem Wasser tränkte. So wuchs er neben der Klause des Eremiten auf, stets dankbar für dessen Fürsorge. Erst nachdem er am Morgen den großen Hunger seines Schützlings mit frischen Gräsern und köstlichen Früchten gestillt hatte, nahm der Bergheilige selbst sein Essen zu sich. Als der Himmelssohn, der die neunte Sphäre der höheren Welten regiert, von diesem segensreichen Handeln erfuhr, erlaubte er der Seele dieses Mannes, bereits in sein Reich einzutreten, während sie noch in ihrem irdischen Leib verweilte.

Eines Tages fiel der kleine Schützling plötzlich um, als beide miteinander spielten. Dunkles Blut quoll auf einmal aus allen Körperöffnungen. Kurze Zeit später schien das Tier tot zu sein. In seiner Not rief der Eremit all die anderen heiligen Männer des Berges zusammen und bat die Gefährten inständig um Hilfe. Gemeinsam bildeten sie einen Kreis und übertrugen ihre angesammelten Tugenden auf das kleine Wesen. Kurz darauf schlug der Elefant wieder die Augen auf. In diesem Augenblick erschien der Himmelssohn vor den noch immer leise rezitierenden Bergheiligen und sprach: „Es war die Liebe dieses Edlen, die ihn wieder ins Leben zurückgerufen hat. Doch vergesst darüber nicht die Unbeständigkeit und den Kummer der irdischen Welt.“ In diesem Augenblick erlangten die versammelten Eremiten alle das große Erwachen.

## Der Grabprinz

Vor unvorstellbar langer Zeit existierte einmal ein riesiges Reich, das von einem Herrscher regiert wurde, der den Brahmanenstand sehr verehrte. Seine Verehrung ging so weit, dass er den höchsten Brahmanen zu seinem Kanzler und wichtigsten Berater am Hofe ernannte. Fortan traf dieser König keine wichtige Entscheidung mehr, ohne darüber zuvor mit seinem brahmanischen Ratgeber eingehend gesprochen und dessen Meinung eingeholt zu haben.

Im riesigen Palast dieses Königs lebten Tausende von Konkubinen, deren Schönheit selbst die Sonne und den Mond in den Schatten treten ließen. Eines Tages kam ein junges Mädchen dazu, das sich schon bald der besonderen Gunst des Monarchen erfreute. Weil sie nicht nur bezaubernd schön, sondern auch von messerscharfer Intelligenz war, sprach die Neue nicht allein seine körperlichen Sinne an. Mit ihr verbrachte der Herrscher fortan die Zeit, wenn er in den Frauengemächern weilte. Das schürte bald den Hass und die Missgunst der anderen Palastdamen. Doch da der König dieser jungen Konkubine vollständig verfallen war, hatte sie großen Einfluss auf ihn; so konnten die Neider zunächst nichts gegen sie ausrichten. Nach einigen Monaten geschah es nun, dass die junge Frau von dem Herrscher schwanger wurde. Wie groß war seine Freude, als er davon erfuhr, insbesondere weil es bisher noch keinen Thronfolger gab. Mit der Geburt eines Prinzen mussten die anderen ranghohen Haremsdamen erst recht fürchten, bald für immer ins zweite und dritte Glied zurückgesetzt zu werden. Nicht ohne Grund fürchteten sie daher um ihre künftige Stellung am Hofe. So begannen sie alsbald, einen finsteren Plan zu schmieden. Einer Handvoll von ihnen gelang es nun, den höchsten Brahmanen auf ihre Seite zu ziehen, auf dessen Rat der König stets viel gab. Sie bestachen ihn mit all dem Gold und Silber, welches sie im Laufe der Jahre als Geschenke ihres Gebieters angehäuft hatten. Jetzt zeigte sich, dass dieser Würdenträger in Wahrheit kein rechtschaffener Mensch war, sondern allein bestrebt, so viel Macht wie möglich auf sich zu vereinen. Gemeinsam mit ihm spann die kleine Gruppe der Frauen eine böse Intrige.

Eines Morgens knieten die Verschwörerinnen im Thronsaal vor dem Herrscher nieder und begannen schweigend, seinen Rocksaum zu küssen. Da der König nicht wusste, was diese Geste zu bedeuten hatte, bat er um eine Erklärung. Zunächst zierten sich die Damen scheinbar ein wenig, bevor schließlich eine von ihnen gut einstudiert mit leiser und stockender Stimme zu sprechen begann: „Majestät, Furchtbares ist geschehen und doch wagen wir kaum, Euch davon zu berichten."

„Was immer es sein mag, sagt es frei heraus!", forderte der König die Konkubinen auf. „Ja, wir werden sprechen", riefen diese, doch baten sogleich: „Bitte, bitte bestraft uns nicht, denn wir sind lediglich diejenigen, welche die Nachricht überbringen."

Der Monarch schüttelte den Kopf: „Redet endlich und kommt zur Sache!"

Nun ergriff die älteste der Palastdamen das Wort und sprach: „Das Kind im Leib Eurer Lieblingskonkubine ist nicht von Euch, dieses Weib geht mit einem Dämon schwanger; eine weise Magierin hat es kundgetan. Kürzlich in einer schwachen Stunde hat es Eure Gespielin uns schließlich selbst gestanden."

Zunächst wollte der Herrscher nicht glauben, was da an sein Ohr herangetragen wurde. „Redet keinen Unsinn und schert euch fort!", rief er ärgerlich. In diesem Augenblick trat sein Brahmanenkanzler auf den Plan und erklärte: „Bewahrt einen kühlen Kopf, Majestät, die Frauen haben leider recht, es ist genau so, wie sie gesagt haben. Daher müsst Ihr jetzt unbedingt handeln! Wenn Ihr erst wartet, bis das Kind geboren ist, wird das Volk bei seinem Anblick ganz gewiss in Aufruhr geraten. Die Menschen fürchten sich doch vor den Wesen aus der Unterwelt. Schnell werden sie diese Geburt als Zeichen sehen, dass die höheren Mächte sich gegen Euch gewandt haben und Eure Herrschaft würde schnell ein Ende finden." Der König erschrak. Doch noch immer blickte er ungläubig in die Runde, sich fragend, was er jetzt wohl tun solle.

„Es ist die erste Aufgabe eines Herrschers, Schaden vom Land und seinen Menschen abzuwenden", belehrte ihn sogleich der Oberbrahmane mit beruhigender Stimme, um ihn dann weiter einzulullen. „Ihr müsst dieses liederliche Weibsbild töten lassen, auch wenn es Euch furchtbar widerstrebt", forderte er von ihm, „auf dass der Fluch der Dämonen nicht über unser Land komme."

Der König antwortete nicht und zog sich schweigend in seine Gemächer zurück. Dann ließ er die schöne Konkubine zu sich rufen. Als sie von der Anschuldigen ihrer bösen Haremsschwestern erfuhr, schoss ihr die Zornesröte ins Gesicht. Erregt wies sie alles als frei erfunden zurück. Gerne mochte der König ihr glauben, doch erschreckte ihn jetzt der plötzlich vor Wut bebende Gesichtsausdruck der schwangeren Frau, während die Anschuldigungen der anderen durch die Ruhe und Sachlichkeit, mit der sie vorgetragen wurden, auf einmal unterschwellig an Glaubwürdigkeit gewannen. Ratsuchend ließ er nach dem hohen Brahmanenfreund rufen. Dieser begann nun, sein Denken mit scheinlogischen Argumenten weiter zu vernebeln: „Ein jeder Mann im Land kann nachvollziehen, warum Ihr der Schönheit dieses jungen Körpers verfallen seid; doch keiner würde verstehen, dass Ihr eines liederlichen Weibes willen die Zukunft unseres Landes gefährdet. Handelt daher mit weiser Voraussicht, wie es sich eines guten Herrschers geziemt."

Den Körper des Königs durchzog ein heftiges Schaudern, er dachte an das Kind im Leib der Frau und daran, dass er immer noch keinen Nachkommen hatte. Dann aber packte ihn die Angst, von seinem Thron gestoßen zu werden.

„Es ist eine schwierige Entscheidung, Majestät, aber Ihr müsst sie treffen", bedrängte ihn der hinterlistige Brahmane, der ganz genau spürte, was im Herzen des Mannes gerade vorging. Am Ende ließ der König sich von den Worten seines falschen Ratgebers blenden. So ordnete am Ende tatsächlich an, seine Lieblingskonkubine zu töten.

Um Mitternacht drangen die Häscher ins Frauengemach des Palastes und verschleppten die schwangere Frau. Fernab vom Königshaus schnitten sie ihr in rabenschwarzer Nacht die Kehle durch, legten die Leiche in eine Holzkiste und verscharrten sie in einem einsamen Wald, wo keine Menschen lebten. Niemand wurde Zeuge dieser grausamen Tat. Die Mutter war tot, doch das Kind in ihrem Leib wollte nicht mit ihr sterben. Verzweifelt schrie das kleine ungeborene Wesen um sein Leben und wand sich schließlich unter Aufbringung all seiner Kräfte aus dem toten Leib heraus. Als hätte die Mutter dieses Rufen vernommen und einen Rest von Kontrolle über ihren Körper behalten, geschah etwas Seltsames: Während sich die untere Körperhälfte der Toten schwarz verfärbte und allmählich zu verwesen begann, blieb der Oberleib unversehrt, ja, in die beiden Brüste begann plötzlich, Milch zu schießen, die unaufhörlich weiterfloss und den Säugling in seinem unterirdischen Verließ nährte. So blieb das Kind am Leben und gewann Tag um Tag neue Kräfte. Drei Jahre lebte der männliche Nachkomme im Sarg der Mutter, dann hatten Regen und ständige Nässe das Holz schließlich so sehr durchweicht, dass es einbrach und zusammenfiel. Durch die dadurch entstandene Öffnung kroch der kleine Junge nun einfach nach oben und wühlte sich durch das Erdreich ins Freie. Unter den Bäumen des Waldes aß er Beeren und Früchte, seine erste feste Nahrung. In den Nächten kroch er zu seinem Schutz stets in den Sarg seiner Mutter zurück, wo der Leichnam nun vollständig verweste und am Ende nur noch bleiche Knochen blieben. Drei weitere Jahre lebte das Kind an dieser Stelle des Waldes, wo die wilden Tiere bald seine besten Freunde wurden.

Eines Tages ging einmal der Buddha gehüllt in ein schlichtes Mönchsgewand durch diesen Wald. Dabei traf er auf den kleinen Knaben, der außer seiner toten Mutter bisher niemals ein anderes menschliches Wesen erblickt hatte. Zunächst zitterte das Kind vor Angst, doch als der Erhabene ihn fragte, ob er nicht mit ihm kommen wolle, da schwand augenblicklich alle Furcht aus seinem Herzen. Der Junge folgte dem Buddha und trat als Novize in den Orden ein. Nach nur sieben Tagen erreichte er die Stufe der Arhatschaft. Dieser schnelle Fortschritt war möglich, weil er in seinem bisherigen Leben nie etwas Unheilvolles getan hatte. Keine schlechte Prägung der Menschenwelt konnte seine spirituelle Entwicklung behindern, denn eine solche hatte er in seiner Erdgruft und in dem abgelegenen Wald nie erhalten.

Einige Jahre später geschah es, dass der inzwischen herangewachsene Novize mit einer Gruppe von Wandermönchen in die Hauptstadt des Reiches kam, in der sein Vater lebte. Die Ehrwürdigen wurden auch in den Palast eingeladen, wo sie der König persönlich am Eingang des Thronsaals empfing.

„Warum blickt Ihr so traurig?“, wollten die jungen Besucher von dem Herrscher wissen, als sie ihn das erste Mal sahen.

„Es ist, weil ich keinen Nachkommen habe, der meine Thronfolge antreten kann“, erklärte der König den Ordensleuten. Plötzlich erkannte der Sohn, der aufgrund seiner Übung den Klarblick besaß, seinen leiblichen Vater und musste leise lächeln. Der Monarch aber meinte, dieser Mönch lache ihn aus und wurde daher sehr zornig. Unfähig, seine innere Freude zu unterdrücken, lächelte der junge Mann nicht nur einfach weiter, sondern lachte jetzt sogar aus vollem Halse und strahlte dabei über das ganze Gesicht. Da wurde der König von nackter, grenzenloser Wut ergriffen. Er rief seine Leibwache herbei und befahl, diesem frechen Burschen augenblicklich den Kopf abzuschlagen. In diesem Augenblick machte der treue Buddhajünger von den magischen Kräften Gebrauch, die ihm als Frucht seiner demütigen und beharrlichen Übung zuteil geworden waren. Mit einem kräftigen Sprung erhob er sich hoch in die Lüfte und verharrte dann zwanzig Fuß über den anderen im Himmelsraum, während die Hofleute fassungslos und mit offenen Mündern nach oben starrten. Der König war auf das Heftigste erschrocken; er spürte, dass dieser Besucher ein heiliges Wesen war. „Verzeiht mir", rief er und warf dabei seinen Kopf in den Nacken, wobei er ehrfurchtsvoll in die Höhe schaute: „Ich habe in meinem Zorn äußerst dumm gehandelt." Kaum waren die Worte ausgesprochen, schwebte der Mönch wieder auf den festen Erdboden zurück. Dort gab er sich als Sohn des Herrschers zu erkennen. Kurz darauf erschien der Buddha und bestätigte die Wahrheit dieser Worte. Der König war erschrocken und zutiefst beschämt, als er erfahren musste, was sich zugetragen hatte. Nun wusste er für ein und allemal: Intrigen stiften schlimmen Schaden, doch am Ende triumphiert immer die Wahrheit.

## Der uns sicher ans andere Ufer führt

Einst wurde ein Bodhisattva als Steuermann eines großen Schiffes wiedergeboren. Viele Jahre fuhr dieser Mann über die weiten Meere, wo er allen Gefahren trotzend die heimatlichen Gefilde immer wieder sicher erreichte. Mit der Zeit entdeckten die Menschen, dass dieser Bootsführer über drei besondere Begabungen verfügte: Erstens kannte er wie kein anderer die Gestirne am Himmel und konnte ihre künftigen Bahnen vorhersagen. Selbst wenn dichte Wolken am Himmel waren, wusste er dennoch stets genau, welchen Kurs sein Schiff nehmen musste. Zweitens besaß er ein profundes Wissen um all die Lebewesen des Meeres. Er kannte die unzähligen Arten der Fische und der anderen Meerestiere. Wer immer ihn danach fragte, dem konnte er stets genau Auskunft geben, wo auf dem weiten Ozean zu welcher Zeit welche Wasserwesen anzutreffen waren. Fast ebenso gut war er mit den Geschöpfen der Erde und den Vögeln der Lüfte vertraut. Drittens schließlich besaß dieser Mensch ein schier unglaubliches Gedächtnis. Auch an Geschehnisse in fernster Vergangenheit, mochten sie auch noch so unbedeutend gewesen sein, konnte er sich stets bis in die feinsten Einzelheiten erinnern. Diese drei Fähigkeiten machten ihn zu einem hervorragenden Bootsführer, der die ihm anvertrauten Menschen und Dinge unter allen Umständen auf geradem Kurs sicher ans Ziel ihrer Reise brachte. Unter all den Menschen, die er über das Wasser fuhr, und den vielen Händlern, deren Waren er transportierte, genoss er allerhöchstes Ansehen. Aufgrund seines Geschicks und seiner Zuverlässigkeit wurde er von den Menschen respektvoll *Der uns sicher ans andere Ufer führt* genannt.

Im Lauf der Zeit war auch dieser Bodhisattva alt geworden und dachte nun immer öfter daran, die Seefahrerei aufzugeben. Doch die reichen Kaufleute wollten auf seine Dienste einfach nicht verzichten und so verblieb er notgedrungen weiter auf seinem Posten. Eines Tages stand wieder einmal eine große Fahrt zu einem fernen Goldhafen an. Es sollte über weite und stürmische Meere gehen, doch dieses Mal spürte der alte Seemann so deutlich wie nie zuvor eine bleierne Müdigkeit und das Schwinden seiner Kräfte. Für diese Reise wollte er die Verantwortung nicht mehr übernehmen, ein anderer sollte an seiner Stelle das Schiff auf rechtem Kurs steuern. Doch die Händler bedrängten ihn aufs Heftigste, wenigstens noch dieses letzte Mal mit ihnen auf große Fahrt zu gehen. Hernach werde man ihn auch nicht mehr behelligen. Da dieser gute Mann sein ganzes Leben Schwierigkeiten hatte, „Nein" zu sagen, gab er schließlich nach und entschloss sich zu diesem letzten großen Auftrag.

Als sie einige Tage später am frühen Morgen mit ihrem Schiff den Hafen verließen, war das Meer still und ruhig. Im klaren Wasser sah man die Fischlein fröhlich hin und her schwimmen. Doch schon am Nachmittag änderte sich auf hoher See das Bild: Immer mehr dunkle Wolken zogen auf, unsichtbare Strömungen und heftige Wirbel zogen das Schiff allmählich auf einen unbekannten Kurs. In der Nacht brach dann ein furchtbarer Sturm herein, der von Stunde zu Stunde immer stärker wurde. Von überall her ertönte ein unheimliches Heulen, unterbrochen nur von krachenden Donnern, denen hell leuchtende Blitze folgten. Die Menschen auf dem Schiff waren jedes Mal zu Tode erschrocken. Ängstlich klammerten sie sich an Masten und Reling und was immer sie zu fassen bekamen. Hoch wie Berge türmten sich die Wellen ringsumher. Allein der tapfere Bootsführer zeigte unerschütterliches Vertrauen und sprach mit lauter, aber beruhigender Stimme auf die Kaufleute und Besatzungsmitglieder ein: „Seid ohne Furcht, wir werden wieder ans sichere Ufer gelangen." Da kehrten alle wieder auf ihre Plätze zurück.

Bald brach der Morgen heran und der Sturm ließ ein wenig nach. Plötzlich erblickte einer der Matrosen ein seltsames Ding im Wasser, bauchig und nach oben gewölbt ragte in der Ferne etwas aus den Fluten, gleich einer unvorstellbar großen, silbernen Rüstung. Sofort rannte der Mann zum Bodhisattva und berichtete ihm von seiner Beobachtung. „Was du gesehen hast ist der Riesenfisch Lidaoman", antwortete dieser, nachdem er selbst zum Horizont geschaut hatte, „wir sind weit abgetrieben von unserem Kurs und sollten jetzt besser umkehren."

Die See war noch aufgewühlt, als die Matrosen die Segel neu ausrichteten. Doch obschon der Wind heftig blies, ließ sich die Fahrtrichtung des Schiffes einfach nicht ändern; eine rätselhafte Strömung zog es immer weiter fort von seinem Kurs. Ruck, zuck wurden die Matrosen an die Ruder befohlen, doch so sehr sie sich auch ins Zeug legten, auch mit vereinten Kräften konnten sie das Boot nicht mehr wenden, so ging es immer nur weiter in unbekannte Ferne.

Nach einigen Tagen sahen die Matrosen in der Ferne etwas Weißes schimmern. „Das ist das große Milchmeer", erklärte ihnen der Bootsführer. Es dauerte nicht lange und das Boot zog auf seinem unfreiwilligen Kurs durch schneehelle Wogen. Wie das Gefährt über diese Fläche aus endlosem Weiß glitt, ging den Reisenden auf einmal jedes Zeitgefühl verloren. Sie wussten nicht, ob es Tage, Stunden oder gar bereits Wochen waren, die sie schon auf dieser gefährlichen Fahrt verbracht hatten.

„Da ist etwas Rotes in der Ferne", rief plötzlich einer der Schiffsleute. „Jetzt haben wir das Feuermeer erreicht", sprach der Bodhisattva und steuerte das Schiff direkt darauf zu. „Es wird gefährlich", ließ er seine Mannschaft wissen. Dann ging es mitten durch leuchtend rote Fluten; doch nichts geschah. Schließlich zeigte sich in der Ferne ein kräftiges Leuchten, mal in gelbbraunen Tönen, gleich einem Bernstein, dann wieder in einem leuchtenden Blau, als verstrahle dort ein reiner Lapislazuli sein Licht. Beim Näherkommen verwandelten sich die Farben erneut. Nun sah das Meer vor ihnen aus wie eine endlose Steppe aus welken und trockenen Gräsern. „Das Trockengras-Sandmeer!", brüllte der Bootsführer mit fast versagender Stimme: „Wir sind in äußerster Gefahr!" Dann gab er noch einmal den Befehl, das Schiff zu wenden, doch was die Mannschaft auch tat, sie konnte den Kurs noch immer nicht ändern, weder durch das Neuhissen der Segel noch durch die Bewegungen der Ruder. Alle zitterten vor Furcht, doch zum Glück glitt das Boot ohne Schaden auch durch diese Wasser. Nach einiger Zeit, keiner wusste mehr, ob es nur Stunden oder schon viele Tage waren, leuchtete plötzlich etwas Smaragdfarbenes am Horizont.

„Das ist das grüne Bambusmeer", sprach der alte Seefahrer und erklärte mit einem mulmigen Gefühl im Bauch: „Wir haben jetzt den Weltenrand erreicht, über dieses Meer hinaus geht es nicht mehr weiter. Von dort ist die Rückkehr unmöglich." Alle starrten mit offenen Mündern auf ihren Anführer, das Entsetzen nahm ihnen die Worte.

In der folgenden Nacht durchstach das Schiff jedoch auch das grüne Bambusmeer. Die Wellen krachten bei jeder Berührung so laut an den Schiffsrumpf, als wäre es kein Wasser, sondern splitternder Bambus. In der dunklen Nacht gingen vom Himmel heftige Hagelschauer nieder, messerscharfe Eiskörner prasselten auf die hölzernen Planken. Überall in der Ferne ertönte ein Heulen und grauenhaftes Kreischen. Alle wurden von entsetzlicher Furcht gepackt. Doch es kam noch schlimmer. Auf einmal konnte jeder spüren, wie heftige Strudel das Boot erst in langsame und dann in allmählich immer schneller werdende, kreisende Bewegungen versetzten. „Was geschieht mit uns?", riefen die Menschen. „Womöglich werden wir von hier in das Zentrum des Ozeans gezogen und vernichtet", sprach der Bodhisattva, ohne sich seiner Sache wirklich sicher zu sein. Alle waren verzweifelt. „Wir sind verloren", riefen die Leute, und auch der erfahrene alte Seefahrer wusste für einen Augenblick nicht, was er tun sollte. Wie gelähmt schaute er auf das große grüne Wasser, scheinbar gewillt, das Ende sehenden Auges in Kauf zu nehmen.

Schließlich schrie ihn einer der Kaufleute an, die ihn seinerzeit so sehr bedrängt hatten, sie auf dieser gefährliche Reise zu führen: „Du bist der Erfahrenste unter uns und kennst die weiten Wasser wie kein anderer. Rette uns! Dich wird das große Meer schonen!"

Der Bodhisattva schloss die Augen und trat für einen Augenblick in tiefe Versenkung ein, dann rief er mit lauter Stimme: „Es gibt noch Hoffnung!" Alle blickten auf und schauten, was er tat. Plötzlich kniete er mit seinem rechten Bein auf den Planken, streckte Kopf und Brust nach oben und betete laut in Richtung Himmel: „Ihr Buddhas und Geister der himmlischen Welten erhört mein Rufen: Niemals nahm ich ein fremdes Leben, sprach stets nur Worte der Wahrheit, Tugend und Barmherzigkeit übte ich jeden Tag. So flehe ich euch an: Bewahrt uns davor, dass dieses Schiff in die Tiefe gerissen wird. Lasst uns alle wieder zum sicheren Heimatgestade zurückkehren!"

Kaum waren die Worte verklungen, geschah ein Wunder. Die magische Kraft, die das Boot vernichten wollte, war augenblicklich gebannt. Jeder konnte es spüren. Schnell richteten die Männer die Segel neu aus und schlugen kräftig die Ruder. Auf einmal ließ sich das Gefährt mühelos wenden und erstmals wieder auf rückwärtigen Kurs bringen. Die Kaufleute und die Matrosen brachen in helle Freude aus, überall auf dem Schiff ertönte ein nicht enden wollendes Jauchzen und Jubeln. Unter klarem Nachthimmel ging es in schneller Fahrt zurück. Am nächsten Tag leuchteten die hellen Segel vor einem weiten, blauen Himmel. Aber noch waren nicht alle Gefahren überstanden. Durch die schnelle Fahrt erreichte das Schiff in der folgenden Nacht die scharfen und spitzzackigen Todesklippen, wo unzählige böse Geister ihre Wohnstatt haben. „Seid achtsam!", rief der Bodhisattva, „wir sind an einem gefährlichen Ort und müssen noch das große Schlamm- und Schlickmeer durchqueren." Jetzt fuhr das Boot so langsam es nur konnte. Das Wasser an dieser Stelle war nicht tief. So forderte er alle auf, vom Schiff ins Wasser zu springen und die kleinen Kieselsteinchen einzusammeln, die hier überall herumlagen. Als die Leute vom Einsammeln müde wurden, trieb er sie weiter zur Eile an. Erst als das Boot so voller Kiesel war, wie es überhaupt tragen konnte, und der Rumpf gerade noch über die Wasserkante ragte, befahl er endlich, die Fahrt schnell fortzusetzen. Alle wunderten sich, warum er nur mit so viel schwerem und unnützem Ballast fahren wollte, eigentlich war man ja aufgebrochen, um Schätze aus fernen Ländern zu holen. Doch da sie dem Bodhisattva vertrauten, sprach keiner ein Wort. Die Reise dauerte noch einige Wochen und viele kleinere Gefahren waren noch zu meistern, bis das Schiff am Ende wieder den rettenden Heimathafen erreicht hatte. Bei der Ankunft im Morgengrauen war die See ganz ruhig geworden. Da stellten die Schiffsleute auf einmal fest, dass sich der schwere Kies über Nacht in unzählige Gold- und Silberkügelchen verwandelt hatte. Alle waren außer sich vor Freude über diesen unerwarteten Reichtum und lobten ohne Unterlass die Tugend und Weisheit ihres großen Steuermannes. Diese Menschen spürten nun tief im Herzen: Wer dem Pfad des Guten vertraut, der umschifft sicher alle Klippen im großen Ozean des Leidens.

## Ein achtjähriger Mönch voller Weisheit

In längst vergangener Zeit, als König Ashoka noch nicht zur Lehre des Buddha gefunden hatte, musste er aufgrund seiner schlechten Taten zahlreiche Höllen durchqueren. In einer von ihnen erlebte er unvorstellbar lange die Schmerzen der Geburt, ohne durch sie jedoch ins Leben zu gelangen, in einer anderen erfuhr er die Qualen des Sterbens, ohne dass der Tod je Erlösung brachte. Nichts als Marter und Pein hielten die Höllenexistenzen für ihn bereit. Doch nach unendlich langen Kalpas war die karmische Schuld schließlich getilgt und all das Leiden selbst erfahren, welches er anderen einst zugefügt hatte. Später erlangte er dann die Gnade einer königlichen Geburt. Eines Tages geschah es, dass in seinem Reich die Pest ausbrach. Tausende von Menschen erkrankten daran und starben. Da Ashoka fürchtete, die Krankheit könne auch in seinen Palast eindringen, ließ er alle Tore fest verschließen und ordnete an, dass niemand mehr den königlichen Hof verlassen oder in seine Residenz eintreten dürfe, solange draußen die Seuche grassierte. Noch am gleichen Tag wurden überall in den Palasthallen Heilkräuter und Räucherwerk abgebrannt. Draußen vor den Toren aber darbte das Volk. Am Abend versammelten sich die Menschen um Ashokas Palast und flehten den König um Hilfe an.

„Am besten Ihr ruft irgendeinen der alten, heiligen Mönche in die Stadt", rieten die Hofbeamten, „selbst wenn er wohl nicht helfen kann, so wird seine Gegenwart die Leute zumindest ein wenig beruhigen." Das leuchtete Ashoka ein. Kurz darauf vernahm die Ordensgemeinschaft diese Bitte des Königs und schickte einen der ihren, um die Not des Volkes zu lindern.

Doch wie erstaunt war der König, als dieser Abgesandte am nächsten Morgen eintraf und ihm die Höflinge seine Ankunft berichteten. Die Ehrwürdigen hatten nämlich keinen alten Mönch, sondern einen achtjährigen Knaben geschickt. Ashoka war verärgert und wollte das Kind zunächst gar nicht empfangen. Auf seine Nachfrage ließen die Buddhajünger den Herrscher wissen, dass dieser kleine Mönch mit Namen Miao Yan einer der besten und treuesten Schüler des Buddha sei und trotz seiner jungen Jahre bereits die Stufe der Arhatschaft erreicht habe. Unvermittelt stand er Stunden später plötzlich in der Thronhalle, so als sei er vom Himmel gefallen.

Während der König ihn noch aus einigem Abstand misstrauisch beäugte, fand seine Gemahlin sogleich Gefallen an dem Jungen, sie war ganz hingerissen von den vollen roten Lippen und den schneeweißen Zähnen, die bei jedem Lächeln seine Jugend und Unschuld verrieten. Kaum hatte das noch nicht einmal tischhohe Knäblein seinen Gruß entboten, trat sie schon auf ihn zu, umarmte ihn, herzte und küsste seine Wangen und drückte seinen zarten Leib dabei fest an ihren Busen. Doch der kleine Mönch wollte sich nicht auf diese Weise berühren lassen und wehrte diese Liebkosungen energisch ab.

Diese barsche Zurückweisung empörte die Königin; unfähig, ihren Zorn zu unterdrücken, schalt sie ihr junges Gegenüber: „Du bist doch noch ein Kind! Wie sollte da so etwas ein Problem sein!"

Der junge Miao Yan aber ließ diese Worte nicht gelten: „Aus einem Funken kann schnell ein Steppenbrand entstehen", erwiderte er: „Ein Mönch – ganz egal welchen Alters – muss die Gelübde bedingungslos einhalten und allen Anfängen wehren." Durch diese Belehrungen fühlte sich die Königin nun erst recht gekränkt. Dass ein so junges Bürschlein ihr beibringen wollte, was sich geziemt und was nicht, schien ihr schier unerträglich. Ein Wort wechselte das andere. Der König, von diesem lauten Gespräch angelockt, erhob sich von seinem Thron und schritt eilends auf die Streitenden zu. Ihm gefielen die klaren, gesetzten Worte des klugen Kindes ebenso, wie ihn der aufschäumende Zorn seiner Gattin belustigte. Eigentlich fand der Herrscher, dass der Knabe recht hatte, denn wenn korrekte Prinzipien nicht grundsätzlich immer und überall gelten, welchen Sinn hätte es dann, sie überhaupt aufzustellen. Es war nur ganz natürlich, dass auch er als Lenker eines mächtigen Reiches so denken musste. „Du hast wohl der Sache nach recht", sprach er zu dem Jungen, „aber sieh es doch nicht allzu verbissen. Unser Sohn ist im gleichen Alter wie du und auch ihn berührt meine Gattin ohne jeden Hintergedanken."

Doch auch gegenüber dem Landesherrscher Ashoka wollte der Mönchsknabe nicht im Geringsten einlenken. „Großer König", erwiderte er, „Wir Buddhajünger folgen alten, wohl gesetzten Regeln und unsere Strenge hat einen guten Grund. Da wir um die Unterschiede zwischen den Geschlechtern und die aus ihr entspringenden Fallstricke der Begierde wissen, müssen wir Tag und Nacht auf der Hut sein. Nicht umsonst gilt auch in der Menschenwelt: Achtjährige Jungen dürfen nicht mehr in den Betten ihrer Mütter schlafen." Der König schaute das wortgewandte Knäblein erstaunt an. „Ist es nicht so", fuhr der Junge fort, „dass, wer durch einen Obsthain wandert, nicht nach oben greifen, und wer entlang eines Feldes mit Wassermelonen geht, sich nicht tief bücken soll – allein damit kein falscher Verdacht aufkomme?"

Der Herrscher war beeindruckt von so viel Weisheit, die aus dem zarten Mund eines Kindes sprach. Bald war er felsenfest davon überzeugt, dass es sich bei Miao Yan um einen wahrhaft heiligen Menschen handeln musste. So ließ er ihn frei gewähren. Einige Tage später nahmen Ashoka, seine Frau und all ihre Nachkommen Zuflucht zur Lehre des Erhabenen. Kurz darauf wurde auch die Pest überall im Land besiegt.

## Ein Affe gelangt auf den Erlösungspfad

Der Buddha weilte einmal in einem großen Bambushain am Rande der königlichen Residenz. Eine große Versammlung sollte dort stattfinden. Zwölfhundertfünfzig Mönche und einhundert Bodhisattvas, darunter auch ein bekannter Heiliger mit Namen Potjümido, waren gekommen, um den Worten des Erhabenen zu lauschen. Potjümido war eine ganz sonderbare Gestalt. Wohin er auch ging, zog er sofort alle Blicke auf sich. An diesem Tag aber benahm er sich noch auffälliger als sonst.

Wie von großer Unruhe getrieben, lief er ständig zwischen den größten Bambusstämmen hin und her, kletterte am Ende gar auf einen hohen Baum und kreischte dort oben gleich einem Affen. Zurück am Boden, begann er dann lautstark und unbefangen wie ein Kind mit den kleinen Glöckchen zu spielen, die ihm ein anderer Teilnehmer zuvor geschenkt hatte.

Schnell stand dieser Bodhisattva im Mittelpunkt der Aufmerksamkeit aller Versammelten. Als er bemerkte, dass alle nur noch auf ihn starrten, fühlte er sich plötzlich peinlich berührt. Um der Situation zu entkommen, kletterte er flink auf einen anderen hohen Baum. Dort brüllte er irgendetwas Unverständliches über die Wipfel und ruck, zuck kamen plötzlich vierundachtzigtausend Goldäffchen herbeigesprungen. Wild durcheinander kreischend ließ sich die riesige Horde in dem Hain nieder. „Was für ein komischer Vogel ist das bloß!“, empörten sich die Menschen über das Gebaren dieses Heiligen. Einige vermeintlich Scharfsinnige mutmaßten: „Weil ihn niemand mehr respektiert, bleibt ihm nichts anderes, als wilde Affen um sich zu versammeln!“

Von dieser Stunde an änderte sich das Bild, das die Menschen von ihm hatten; jetzt sprachen die Leute abfällig und voller Spott über Potjümido. Noch am gleichen Tag hatte dieses Gerede auch den königlichen Hof erreicht und kam so auch dem Herrscher zu Ohren. Er rief die Ältesten herbei und wollte wissen, was es denn mit diesem Mann auf sich habe. Aus allen Mündern bekam er da viel Tadel zu hören, den er wohl nachzuvollziehen vermochte. Trotz allem wunderte sich der König über Potjümidos rätselhaftes Geschick: „Welche Art von Zauberkünsten beherrscht er nur, dass sich auf nichts als einen einzigen Ruf von ihm Zehntausende dieser kleinen Äffchen um ihn herum versammeln? – Vielleicht weiß der Buddha etwas darüber.“

Einer der Ältesten antwortete und sprach: „Potjümido ist unzähliger Wandlungen fähig. Dieser Mensch vermag, die wilden Tiere herbeizurufen, und sie sind sichtlich glücklich, wenn sie sich nur um ihn scharen dürfen. Ja, mehr noch, als die Affen kamen, regnete es plötzlich überall Blüten vom Himmel. Aber warum es geschehen ist, das kann auch ich nicht erklären.“

Neugierig geworden begab sich der König daraufhin zum Bambushain, um den Erhabenen zu treffen und ihn selbst zu befragen. Kaum hatte er den Buddha erblickt, spürte er sogleich, wie von dessen Leib unvorstellbar helles Licht in alle vier Richtungen ausging. Die ganze Umgebung erstrahlte in goldenem Glanz. Plötzlich sprangen auch hier viele kleine Äfflein herbei und überreichten dem König bunte Blumensträuße. Der Herrscher durchschritt die Goldaffenschar und ging dabei an Potjümido vorbei, der ihn ehrfurchtsvoll grüßte. Als er schließlich vor dem Buddha stand, verneigte sich der Herrscher drei Mal und entbot ihm seinen allerhöchsten Respekt. Dann richtete er an den Erhabenen das Wort: „Welche Verdienste haben diese Affen hier, dass ihnen die Natur erlaubt, ein goldenes Fell zu tragen, wie es sonst nur den reichen und mächtigen Männern dieser Welt vorbehalten ist? Welches Karma warf sie in dieses Dasein, so sie dennoch die Wiedergeburt als Tier annehmen mussten? Und was ist mit diesem Bodhisattva hier?“, dabei deutete der König mit seinem rechten Zeigefinger auf Potjümido: „Was sind die Verdienste und was die Schwächen dieses Edlen, der die Kreaturen der Wildnis zu seinen engsten Freunden erwählt hat und dessen Ansehen dieser Tage so arg gelitten hat? Das alles interessiert mich. Ich bitte den Erhabenen daher um Belehrung in all diesen Fragen."

Während der Buddha zu sprechen begann, schloss der König die Augen, damit er seinen Worten noch konzentrierter lauschen konnte. „Vor unzähligen Zeitaltern lebte einmal ein Buddha mit Namen *Brennende Flamme*", begann der Erhabene seine Erklärung, sammelte sich einen Augenblick und fuhr dann fort: „Als dieser Buddha in die große Stille erlosch, verblieben die Mönche, die ihm gefolgt waren, in den Bergen und verharrten dort weiter in der geistigen Übung. Wie ein Mensch seinen Augapfel hütet, so gewissenhaft hielten diese Edlen ihre Gelübde ein. Schlicht und entbehrungsreich war ihr Leben, ihre Behausungen aus Lehm und Stroh. Aufgrund ihrer Hingabe wurden sie am Ende alle zu heiligen Männern und erreichten schließlich die Frucht der Pfadverwirklichung. Zu dieser Zeit lebte auch ein wilder Affe in den Bergen, den es eines Tages in den Strohtempel unter den Gipfeln verschlug, wo er einen der Mönche bei der Versenkung beobachtete. Vor dem Meditierenden lag ein Teil seines Obergewands, das er zuvor auf dem Boden abgelegt hatte. Kaum hatte der Affe den Stoff erblickt, griff er blitzschnell zu, schnappte sich den gelben Fetzen und wickelte ihn geschickt um seinen Oberkörper, wobei er die rechte Schulter gleich einem wirklichen Mönch entblößte. Nach einem Augenblick stillen Verweilens griff er nach dem Räuchergefäß, das die ganze Zeit am Boden feinen Dufthauch verströmte, und umrundete dann ein paar Mal ganz langsam den Meditierenden, wobei er das Gefäß festumschlossen zwischen seinen haarigen Affenhändchen hielt. In diesem Moment kehrte der Edle wieder langsam aus der Versenkung zurück. Als er sah, wie dieser putzige kleine Bursche ihn so kühn umkreiste, musste er unwillkürlich lächeln. ‚Neuer Pfadgänger', rief er ihm zu, ‚reinige deinen Geist und lebe fortan nach der Lehre!' Da stellte der Affe die Weihrauchschale wieder auf den Boden, faltete seine Hände in Verehrungshaltung und sprach: ‚Ehrwürdiger, ich nehme meine Zuflucht zu den drei Juwelen.'

Voller Freude nahm der Mönch dem neuen Buddhajünger die Gelübde ab. Anschließend forderte er ihn auf, seine schlechten Taten aufrichtig zu bereuen. Nachdem der Affe alles Unreine geläutert hatte, sprach der Edle zu ihm: ‚Nun wandelst du wahrhaft auf dem Pfad des Erwachens, gehe fortan als ein Bodhisattva durch diese Welt.'

Das Tier dankte für die ihm erwiesene Wohltat, rannte dann sofort los und kletterte, ohne noch einmal zurückzuschauen, auf den höchsten Baum des Waldes. Dort beendete es durch einen Sprung in die Tiefe seine irdische Existenz. Tief ergriffen brachte der heilige Mann augenblicklich ein Loblied auf diesen neuen Pfadgänger zu Papier. Der Affe wurde hernach in den himmlischen Sphären wiedergeboren. Von dort nahm er erneut zu dem Mönch Kontakt auf, als dieser in tiefer Versenkung weilte. Dabei sprach er zu ihm: ‚In früheren Leben beging ich viele schlechte Taten, so kam es, dass ich als ein wilder Affe wiedergeboren wurde. Doch mir war das Glück hold und ich begegnete Euch, so gelangte ich in die höheren Welten.' Die aufgestiegene Seele wollte nun wissen, wie sie auf immer an diesem wunderschönen Ort verweilen und eine erneute Wiedergeburt im Tierreich vermeiden könne. Der heilige Mann antwortete mit einer kleinen Geschichte: ‚Vor unendlich langer Zeit lebte einst ein Mönch, der den Namen *Lotusspeicher* trug. Doch dieser Mensch war ein schlechter Pfadgänger, der kein einziges der Gelübde einhielt und in seinem Erdenleben unzählige grausame Schandtaten verübte. So landete er nach seinem Tod zunächst in der Avici-Hölle, der schlimmsten aller Höllen, wo er unsägliche Qualen erleiden musste. Doch nach vierundachtzigtausend endlos langen Äonen gelang es ihm schließlich, in das Reich der hungrigen Geister zu gelangen. Auch dort erging es ihm schlecht, wenngleich wesentlich besser als in der allertiefsten Hölle, aus der er gekommen war. Hier gab es wenigstens etwas zu trinken, allerdings bestand die einzige Nahrungsquelle nur aus flüssigem, heißem Kupfer. Noch einmal verstrich eine gleich lange Zeit, bis alles schlechte Tun so weit getilgt war, dass er zumindest im Tierreich wiedergeboren werden konnte.

Fünfhundert Leben verbrachte er so zunächst als Hund und Schwein, dann als Ochse und schließlich als ein Affe. Dieser schlechte Mönch, der vor unvorstellbar langer Zeit lebte, und der Affe in deinem letzten Leben, das ist die Spur deines Karma! Da du mich trafst, die Gelübde nahmst und aufrichtig Reue übtest, kannst du fortan in den himmlischen Sphären verweilen.'"

Mit diesen Worten beendete der Buddha seine Erklärungen. Der König hatte dieser Geschichte voller Spannung gelauscht. Nie hätte er geglaubt, dass schlechtes Karma solch verheerende Folgen haben würde. Tief bewegt bereute auch er in dieser Stunde all sein schlechtes Tun der Vergangenheit, verbunden mit der Hoffnung, gleich diesem Affen später ebenso in höhere Welten aufsteigen zu können.

Der Buddha war hocherfreut über diesen Wandel, ermutigte den Herrscher und sprach zu ihm: „Obwohl dieser Affe ein wildes Tier war, kam er mit der Lehre in Berührung und konnte so nicht nur seiner niederen Existenzform entkommen, sondern sogar in die himmlischen Sphären gelangen, wo er viele Buddhas und Bodhisattvas traf, die ihn auf dem Pfad der Reinheit weiterführten. So wird er nie mehr in die niederen Bereiche zurückfallen. Heute nun, so sollt Ihr alle wissen, weilt er unter uns in Gestalt eben dieses Bodhisattva Potjümido."

Der Herrscher war tief ergriffen, als er dies vernahm. Tränen rollten über seine Wangen. So deutlich wie nie zuvor spürte er jetzt den aufrichtigen Wunsch, in der Zukunft einen heiligen Lebenswandel zu führen.

Anschließend erklärte der Buddha noch, was es mit den vierundachtzigtausend Goldfelläffchen auf sich hat: „Einst lebten diese als Mönche in zwei Königreichen, keiner von ihnen hatte jedoch die Gelübde eingehalten und ihr Verhalten war schlecht und unmoralisch. Als Folge wurden sie im folgenden Leben zu diesen Affen. Doch zum Glück war der Funke des Erwachens noch nicht erloschen in ihren Herzen. So bedurfte es nur eines winzigen Anstoßes, um zum rechten Lebenswandel zurückzukehren. Eines Tages kam ein Edler mit Namen Shan Anyin und unterwies diese zappeligen kleinen Burschen erneut in der Lehre. Schnell fanden sie wieder auf den alten Pfad zurück und entfalteten den Geist der großen Barmherzigkeit aufs Neue in ihren Herzen. Als Folge begann ihr Fell in dem goldenen Lichterglanz zu erstrahlen, den ihr heute noch sehen könnt."

Ergriffen von diesen Worten fragte der König, wie er den Höllen entkommen und sein eigenes Leben künftig führen solle.

„Wie Ihr seht", antwortete ihm der Buddha, „währen auch die schlimmsten Höllen nicht ewiglich, kein einziges Wesen gibt es dort, das sie am Ende nicht auch wieder verlassen könnte." Dann ermahnte er den Herrscher: „Achtet unaufhörlich auf die drei Tore: Körper, Rede und Geist. Solange Ihr in der Achtsamkeit lebt, wird Euch unablässig der Nektar des Erwachens durchströmen. Wer Falsches getan hat, der soll Reue üben, das ist es, was Ihr von diesem Edlen und der Affenschar hier lernen könnt. Alle Wesen tragen in sich die Fähigkeit, zu den höheren Sphären aufzusteigen."

Da erkannte der König, dass die Erleuchtung allgegenwärtig ist und auch die Insassen der schlimmsten Höllen sie erlangen können.

## Das Leid von fünf Müttern

In einer reichen Familie wurde nach vielen Jahren vergeblichen Wartens endlich ein Knabe geboren. Schon vom Tag der Geburt an wurden in diesen Sprössling große Hoffnungen gesetzt. Reich und berühmt sollte er einmal werden, wünschten sich die Eltern. Das Ansehen ihres Clans sollte er mehren, hofften die Verwandten, dabei konnte das Kind noch nicht einmal laufen. Schon in den ersten Lebensjahren zeigte sich, dass der Junge ein helles und aufgewecktes Bürschlein war, zugleich von tadelloser Pietät und im Benehmen stets tugendhaft. Doch der Wunsch seiner Eltern sollte sich nicht erfüllen. Das Kind fühlte sich nämlich allein zur Buddhalehre hingezogen. Sein liebster Ort war ihm die große Tempelhalle, wenn dort der Weihrauch leise abbrannte und der Hauch des Heiligen den Raum erfüllte. An seinem siebten Geburtstag eröffnete der Sohn seinen Eltern, dass er Mönch werden wolle. Zunächst war der Vater ganz strikt dagegen und auch die Mutter zeigte sich betrübt, doch nach einer Weile erkannten sie, wie inbrünstig ihr Sohn der Lehre ergeben war, und so willigten sie schließlich ein.

Kurz darauf erklärte sich ein alter Meister bereit, den Jungen zu sich in seinen kleinen Strohtempel in den fernen Bergen zu nehmen und dort zu unterweisen. Fortan musste er sich Tag und Nacht einer äußerst strengen spirituellen Praxis unterziehen. Mit nichts anderem als Versenkung und Studium verstrichen von nun an die Tage und Nächte. Aber die harte Übung schreckte den Knaben nicht. Auch wenn er noch so müde und erschöpft war, sein Geist blieb stets klar und von tiefer innerer Freude erfüllt. Kamen einmal Besucher in die abgelegene Klause, so sprach der Meister nichts als Worte des Lobes über ihn: „Noch nie habe ich solches erlebt.

Dieses Kind hat eine tiefe innere Verbindung zum Buddha, die wohl über viele Leben gewachsen sein muss.“

Nach nur einem Jahr in der Abgeschiedenheit hatte der Knabe bereits vier übersinnliche Fähigkeiten erlangt: Er konnte Dinge sehen, die anderen verborgen waren, sowie die Stimmen von Menschen hören, selbst wenn diese viele Meilen weit fort waren. Feste Gegenstände waren ihm nicht länger ein Hindernis: Er konnte durch Mauern und Wände gehen, ja sich mit seinem Leib sogar in die Lüfte erheben. Schließlich hatte er das Wissen um den Ursprung des Lebens erlangt. In geläuterter Klarheit sah er in seinem Geist den Aufstieg und Verfall aller Dinge.

Eines Tages blickte er einmal auch auf seine eigenen Existenzen in der Vergangenheit zurück. Da sah er nacheinander vier Frauen, die in früheren Leben alle seine Mütter gewesen waren. Imstande ihre Gefühle zu erspüren, überkam ihn eine tiefe Traurigkeit, aber nach einer Weile begann er sanft zu lächeln. Was mit ihm los sei, wollte der alte Meister wissen, als er in das sich wandelnde Antlitz seines Schülers blickte.

Der Knabe kehrte aus seiner Versenkung zurück und begann, nun langsam zu sprechen: „Ich erinnerte gerade meine vergangenen vier Erdenleben. In jeder dieser Existenzen holte mich der Tod schon in früher Kindheit, einmal lebte ich nur einen einzigen Tag, in den anderen nur wenige Jahre. Soeben konnte ich gerade die furchtbaren Schmerzen meiner Mütter nachvollziehen, in dem Augenblick, da sie ihr Liebstes verloren. Doch dann musste ich an das Glück meines jetzigen Lebens denken, an die tiefe Freude, die ich erfahren durfte, da ich nunmehr dem Pfad des Erhabenen folge. Unwillkürlich zog da ein leises Lächeln über meine Lippen als Ihr gerade meiner gewahr wurdet. Leider ist auch meine jetzige Mutter voller Schmerz, da ich nicht mehr an ihrer Seite verweilen kann. Ach, wie tragisch ist das doch: Alle diese Menschen waren voller Schmerz und Trauer, weil sie rein gar nichts wussten über Wiedergeburt und Erlösung. Was aber das Schlimmste ist: Überall leiden die Menschen, obwohl der leidfreie Zustand so nahe ist. Ich aber lebe durch meine Übung heute völlig frei von Kummer und Sorge, weil Hass, Neid und Missgunst keinen Platz mehr in meinem Herzen haben. Reinheit und Stille sind die Quellen meines Glücks.“

„Gut hast du gesprochen“, lobte ihn der alte Meister, „denn du hast erkannt: Das wahre Glück liegt im Loslassen.“ Dann sprach er einen Segen: „Mögen alle Wesen zu diesem Zustand erwachen.“

# Alle Schätze kommen aus der Großen Leere

Es lebte einmal ein reicher Mann mit Namen Schutika. Das Haus dieses Mannes war so groß wie ein Palast und mit unzähligen Schätzen von den Kellern bis zu den Dachräumen gefüllt. Schutika war nicht nur wohlhabend, sondern auch einer der angesehensten Minister des Königs und genoss daher allseits große Verehrung. Hunderte von Dienstboten lasen ihm und seiner Familie Tag und Nacht jeden Wunsch von den Augen ab. Den hohen Herrschaften sollte es an nichts fehlen.

Eines Tages geschah nun etwas, das die Menschen verstehen ließ, warum es das Leben so gut mit diesem Mann meinte. Schutikas Diener hatte am Morgen eine wunderschöne Decke aus der reinsten Wolle kleiner und weißer Lämmer vor dem Haus zum Trocknen aufgehängt. Nach einigen Stunden kam plötzlich ein ungewöhnlich heftiger Windstoß und riss das kostbare Stück von der Leine. Diese Windbö war so heftig, dass die Lammfelldecke hoch in die Lüfte erhoben wurde und schließlich genau im Innenhof des Herrscherpalastes wieder zu Boden schwebte.

Der König war gerade in einer Beratung mit anderen Ministern, als er ein weißes Gebilde vom Himmel herabgleiten sah. „Oh, ein glückverheißendes Zeichen!“, rief er laut. „Ja“, stimmten seine Hofschranzen ein, „gewiss wohl eine Gabe des Himmels an Euch.“ Schutika hatte den Verlust jedoch bemerkt und war derweil seinem entschwebenden Wollstoff hinterhergerannt. Da er ein Minister war, ließen ihn die Wachen vor dem Schloss ohne weiteres vor. Im Nu stand er im Thronsaal und rief mit lauter Stimme: „Majestät, lasst Euch von niemandem etwas einreden, dieser Stoff gehört zu meinem Haus. Ein starker Wind hat ihn von der Leine gerissen und, wie der Zufall es wollte, in Eurem Palast wieder zur Erde herabschweben lassen.“

Da musste der König laut loslachen.

Ein paar Tage später wehten plötzlich Hundertausende wohlduftender Blüten vom Himmel herab. Wiederum orakelten die Minister, dass dies ein Zeichen der Götter sei. Kurz darauf erschien Schutika erneut und erklärte, diese Blütenpracht entstamme allein den Bäumen seines Gartens. Der Herrscher musste grinsen und sprach: „In deiner Residenz scheint ja wirklich alle Schönheit dieser Welt versammelt zu sein. Die Menschen unserer Hauptstadt und auch ich selbst würden deine zahlreichen Schätze gern einmal mit eigenen Augen sehen. Außer dir und den deinen sollten sich auch andere einmal daran erfreuen können. Was meinst du dazu?“

Schutika fühlte sich geschmeichelt und erklärte, dass seine Türen der Königsfamilie und allen redlichen Menschen des Landes jederzeit offen stünden. Am Tag darauf kam der König mit zwanzigtausend seiner Untertanen tatsächlich zu Schutikas riesiger Prachtvilla. Nachdem der Hausherr die gewaltige Gästeschar freudig willkommen geheißen hatte, traten die Leute einer nach dem anderen neugierig über die Schwelle. Wohin das Auge auch schaute, überall erblickten die Besucher mit Blattgold und Silber überreichlich drapierte Wände und kostbarste Möbelstücke mit feinsten Verzierungen. Schutika deutete auf seine Tische und Regale, auf denen feingeschliffene Gläser und wunderschöne Kristalle standen. Dann öffnete seine Frau die Schränke und Truhen der Familie. Überall, wo nun Deckel und Türen aufsprangen, quollen wertvollste Seiden- und Brokatstoffe hervor. Als der König für einen Augenblick in der Nähe von Schutikas Frau stand, begannen aus deren Augen plötzlich helle Tränen zu fließen. „Was ist los mit Euch?", wollte der Herrscher wissen. Die Frau erschrak und antwortete nicht. Zunächst wagte auch kein anderer zu sprechen, doch dann erklärte der Hausherr ohne Umschweife: „Es ist wohl, weil das Gewand Eurer Majestät so sehr nach altem Ruß riecht und dieser Geruch ihre empfindlichen Augen reizt." Der König schaute ungläubig drein: „Aber alle unsere Gewänder riechen doch so, das kommt einfach von den funzligen Öllampen, die wir in den Nächten entzünden, um unsere Räume zu beleuchten." Dann zuckte er unwirsch mit den Schultern.

„Es gibt viel besseres als Öllampen", belehrte ihn Schutika und erklärte: „Wir nutzen allein das reflektierte Licht der klarsten Perle der Welt; aufgehängt in der großen Empfangshalle beleuchtet sie alle Räume, jede Ecke und jeden Winkel unseres riesigen Hauses. Dieser wunderbare Leuchtkörper spendet Licht ganz ohne Feuer und daher ohne jedweden Geruch. Weil es noch Tag war und durch die Fenster jetzt vor allem der Sonnenschein die Räume erhellte, konnte der König in diesem Augenblick das Perlenlicht nicht deutlich erkennen. „Eine der Übertreibungen meines reichen Ministers", dachte er sich daher.

Inzwischen drängten die Gäste zu den Terrassen und Außenanlagen der Prachtvilla, so viele dort eben Platz fanden. Von hier aus bot sich ein herrlicher Blick über die Hauptstadt. Die Familie reichte süßes Obst und andere Köstlichkeiten, die allen vortrefflich schmeckten. Am Abend zog die Gästeschar wieder fort. Staunend sprachen die Menschen über all die wundervollen und prächtigen Dinge, die sie im Hause dieses Edlen gesehen hatten. Dem König aber gefiel es dort so gut, dass er noch einen ganzen Monat in Schutikas Haus verweilte. In den Nächten war auch er nun ganz verzaubert von dem magischen Licht der klaren Perle, welches nicht nur den Raum erhellte, sondern auch die Seele eines jeden, der in seiner Nähe weilte. An jedem dieser Tage versetzte ihn dieser unglaubliche Reichtum um ihn herum erneut ins Staunen. Wie ärmlich wirkte sein eigener Herrscherpalast gegen das alles hier! Die Minister hatten alle Mühe, ihn am Ende wieder auf seinen Thron zu locken. Aber er musste zurückkehren, denn am Hofe gab es dringende Angelegenheiten, die seine Anwesenheit erforderten. Zum Abschied schenkte ihm Schutika noch reichlich Gold und Silber sowie einen ganzen Pferdewagen vollbeladen mit kostbarsten Seiden- und Brokatstoffen.

Nachdem er wieder in seiner Residenz war, kam sich der König ganz ärmlich und verlassen vor in seinen weitläufigen Hallen und Zimmern, die er früher mangels eines Maßstabes immer für die schönsten Räume der Welt gehalten hatte. „Warum ist dieser Schutika bloß um so viel reicher und wohlhabender als ich?", fragte er zunächst nur sich selbst, da er keine Antwort wusste, bald auch seine Berater und schließlich den gesamten Hofstaat. Der reiche Schutika war seinen Kabinettsgefährten schon lange ein Dorn im Auge, so nutzten die anderen Minister nun diese Gelegenheit, beim Herrscher gegen ihn Stimmung zu machen. Es schien, als ob ihr Plan aufging und sich der König von seinen Beratern einwickeln ließ. „Euch, dem Herrscher, stünde eigentlich der Reichtum dieses Mannes zu", flüsterten sie ihm von allen Seiten ein: „Ihr müsst ihn Euch einfach nur nehmen!"

Am folgenden Tag ließ der König seine gesamte Streitarmee zusammenziehen. Kurz darauf war der Hügel, auf dem Schutikas Haus stand, von Hunderttausend bis an die Zähne bewaffneter Soldaten umstellt, die, bereit zum Angriff, nur noch auf ein Signal ihres obersten Befehlshabers warteten. Schutika weilte in diesen Stunden gerade in der Himmelswelt. Dort wurde ihm zugetragen, was in der Hauptstadt geschah, schnell kam er in seiner Kutsche aus den höheren Sphären zum Ort des Geschehens herbeigeflogen. „Was treibt ihr euch hier herum?", brüllte er aus dem Wolken herab die Soldaten an und forderte sie auf zu verschwinden. Doch die bewaffnete Heerschar hörte nicht auf diese Worte, sondern zog den Umlagerungsring um sein Anwesen noch enger. Entschlossen stürmten jetzt die ersten Krieger auf die Villa zu. Da sprangen plötzlich die Wachen Schutikas mit goldenen Stäben in ihren Händen aus dem Inneren ins Freie. Blitzschnell schwangen sie ihre magischen Waffen ein paar Mal hin und her, und im Nu lagen die hunderttausend tapferen Kämpfer auf der Erde. Durch magischen Zauber gebannt, waren sie nicht imstande, sich wieder vom Boden zu erheben. Noch nicht einmal vorwärts zu kriechen waren sie imstande. Alle wurden von unbeschreiblicher Furcht gepackt. Nach ein paar Minuten löste Schutika mit einem heftigen Augenaufschlag den Bann. Im Nu sprangen die Männer auf und liefen in wilder Panik in alle Richtungen fort.

Trotz der Niederlage wühlte in der Brust des Königs noch immer heftigster Zorn. Auf Anraten wohlmeinender Freunde begab er sich schließlich zum Buddha. Als er auf den Erhabenen traf, brach es sogleich aus ihm hervor: „Warum bloß ist Schutika, der doch als einer meiner Minister im Rang weit unter mir steht, um so viel reicher und wohlhabender als ich?"

Der Buddha lächelte und sprach: „Weil er ein Mensch von großer Tugend ist." Dann erzählte er eine Geschichte: „Auf einer seiner vielen Reisen traf ein Kaufmann, dessen Geschäfte immer gut gelaufen waren, einmal auf einen schwerkranken Wandermönch. Es schien, als sei dieser arme Mann dem Tode nahe. Da wurde das Herz des Kaufmanns plötzlich von großem Mitleid erfüllt. Er ließ den Pfadgänger auf einer Bahre in sein Haus tragen, kaufte Arznei für ihn und verband mit eigener Hand dessen eitrige Wunden. Seine treusorgende Frau bereitete das Essen für den Kranken und pflegte ihn, bis er seine Gesundheit wiedererlangt hatte. Als der Mönch schließlich weiterzog, beschenkten sie ihn reichlich mit Geld und Gaben."

Anschließend blickte der Buddha dem König ins Angesicht und sprach: „Dieser Händler wurde nach seinem Tod als Euer Minister Schutika wiedergeboren, der kranke Mönch aber, das war ich selbst in einem früheren Leben." Da verstanden die Anwesenden, dass allein die Taten bestimmen, wie man heute und künftig lebt.

## Ein Elefant tötet den goldenen Riesenkrebs

Am Fuße des höchsten Gebirges der Welt lag einst ein großer See, der war so weit und tief wie ein ganzes Meer. Im feuchten Schlick seines Grundes lebte ein riesiger Krebs. Der Rücken dieser Wasserkreatur maß die Fläche eines ganzen großen Reisfeldes. Obwohl sein Panzer schon seit Jahrzehnten überall von Algen und anderem Grünzeug überwuchert war, schimmerte unter dieser Patina der Leib noch immer so hell hervor als wäre er aus reinem Gold. Doch in seinem Inneren loderte die Gier. So war dieses Tier ständig hungrig und auf der Suche nach Nahrung. Was immer am Ufer entlangzog und in seine Nähe kam, im Nu hatte das gefräßige Monster zugeschnappt. Sekundenschnell verschwanden dann kleine Vögel genauso wie große Säugetiere in seinem gewaltigen Rachen. Seine besondere Leibspeise aber waren Elefanten. Vom fetten Fleisch dieser Dickhäuter konnte der Riesenkrebs einfach nicht genug bekommen. Angst und Furcht packte ein jedes dieser großen Tiere, wenn es sich zum Wassertrinken ans Ufer begeben musste.

In dieser Zeit wurde in der Nähe des großen Sees ein Bodhisattva als Elefant wiedergeboren. Seine Mutter war die Gemahlin des Anführers einer großen Elefantenherde. Aus Furcht hielten sich diese Elefanten vom Seeufer stets so weit entfernt, wie sie nur konnten.

Die Zeit verfloss und der kleine Elefantenprinz wuchs zu einem starken und klugen Tier heran, würdig und imstande, eines Tages die Nachfolge seines Vaters anzutreten. Als seine Geschlechtlichkeit erwachte, nahm er eine schöne Elefantenkuh zum Weibe; verbunden in inniger Liebe führten die beiden ein glückliches Leben. Leider mussten sie oft Durst und Entbehrung erleiden, weil sie aus Furcht vor dem Ungeheuer im See die Nähe des Wassers zu meiden hatten. So wuchs in dem jungen tapferen Elefanten allmählich der Wunsch, selbst das Äußerste zu tun, damit seine Herde und all die anderen Tiere in Sicherheit leben konnten. „Ich werde dieses Monster töten!", verkündete er eines Tages voller Kühnheit. Sein Vater war erschrocken über diese lautstarken Worte und mahnte den Sohn ängstlich zur Vorsicht: „Dieses Wesen ist von übermächtiger Stärke, brutal und voller Schliche. Du besitzt einfach nicht die Kraft, es zu vernichten. Bedenke nur, wie viele von uns schon ihr Leben verloren!" Doch den Elefantenprinz beeindruckten diese Warnungen nicht.

Am anderen Morgen begab er sich zum See, während seine Herde in respektvoller Entfernung folgte. Angekommen am Ufer, wollte er den mächtigen Feind nach einem zuvor wohl durchdachten Plan vernichten. „Geht an den Wasserrändern vorsichtig auf und ab und lockt das Monster dadurch an", rief er, „sobald es hier erscheint, stürme ich nach vorn und werde ihm blitzschnell den Todesstoß versetzen." Ängstlich folgte die Herde der Weisung ihres Anführers. Bald darauf tauchte der goldene Riesenkrebs tatsächlich aus der Tiefe auf. Helle Gischt schoss in alle Richtungen. Da rannte die Gefolgschaft auch schon in Panik fort. Nur der Elefantenprinz stürmte als Einziger entschlossen nach vorn. Doch schneller als er denken konnte, hatten ihn die gewaltigen Zangen des Ungeheuers gepackt und an sich gerissen. Allein sein treues Weib war in der Nähe geblieben und schrie bei diesem Anblick entsetzt auf. Jeden Moment drohte ihr geliebter Gatte zwischen mörderisch scharfen Zähnen zermahlen zu werden. Die Gefährten hatten alle längst das Weite gesucht. Verzweifelt schrie der kühne Kämpfer um Hilfe, doch außer wütenden Trompetenrufen aus der Ferne kam keine weitere Unterstützung. Niemand eilte herbei, um ihm beizustehen. Gerade wollte das Untier die Beute in sein großes Maul schieben, da erblickte es die Elefantenkuh ganz nah am Ufer, die sich in diesem Augenblick ehrfurchtsvoll vor ihm niederkniete und mit tränenerstickter Stimme rief: „Du, mächtigstes Wesen des Großen Sees und des Ewigen Flusses, zeige doch nur ein einziges Mal in deinem Leben Barmherzigkeit und gib mir meinen über alles geliebten Gatten zurück. Die Götter würden dir solchen Großmut auf ewig danken."

Auf diese Weise hatte noch nie jemand mit diesem gefährlichen alten Räuber gesprochen. Für einen Augenblick lösten diese Worte eine seltsame Starre aus. Den Krebs überkam ein unheimliches Fühlen und er begann, auf einmal tief nachzusinnen. Durch diese Worte fühlte er sich geschmeichelt und zugleich enorm in seiner Wichtigkeit bestärkt. Über das geneigte Nachsinnen vergaß er für einen kurzen Moment, seine gewaltigen Zangen fest in das Fleisch seines Opfers gepresst zu halten. Der Elefantenprinz spürte diesen Moment des nachlassenden Drucks, schüttelte sich einmal kräftig und entkam so wieder in die Freiheit. Das mächtige Tier hatte noch nicht recht begriffen, was geschehen war, da stand der Elefant auch schon auf seinen Hinterbeinen und versetzte mit einem seiner Vorderhufe dem Riesenkrebs einen tödlichen Tritt gegen die einzige Stelle seines Körpers, an der er verwundbar war: das weiche Halsgelenk, welches den harten Panzer mit dem betagten Kopf verbindet. Augenblicklich sank der Riesenkrebs in sich zusammen. Kaum, dass er ausgestreckt im Wasser lag, kamen geschwind die anderen Elefanten herbeigelaufen und zerrten ihn mit der vereinten Kraft ihrer Rüssel ans Ufer. Dort trampelten sie so lange auf dem Kadaver herum, bis sie ihn zu einem unappetitlichen Brei zermahlen hatten. Auch den Panzer brachen sie in Stücke, allein die scharfen langen Beißzangen konnten sie nicht zerstören. Die nächste große Flutwelle trug diese harten Überbleibsel wieder in den See zurück. Irgendwann landeten sie so am Ufer des Ewigen Flusses. Dort schnappte sie sich ein böser Dämon und fertigte aus ihnen den Rumpf einer gewaltigen Trommel, deren Donnern alsbald Himmel und Erde erschütterte. Bei einem Streit mit den Himmelswesen wurde dieser Dämon viele Jahre später besiegt und seines Kunstwerkes beraubt. Die Himmlischen schenkten die Trommel schließlich Indra, der sie seither ständig an seiner Seite trägt. So kam der Götterkönig zu seiner Trommel.

## Das Buddhakind

Es lebte einmal ein Ehepaar, das sich nichts sehnlicher wünschte als ein Kind. Doch obwohl sie schon lange miteinander verheiratet waren, wollte sich kein Nachwuchs einstellen. Jeden Tag opferten die beiden Räucherwerk und beteten dabei inbrünstig zum Buddha, er möge einen kleinen Nachkommen in ihr Leben treten lassen. Am Ende erhörte der Erhabene schließlich dieses Flehen und so geschah es, dass die Frau schwanger ward und einen Knaben gebar. Voller Dankbarkeit gelobten die Eltern am Tag der Geburt, dass aus ihm später einmal ein Mönch werden solle. Der Mann und die Frau liebten ihr Kind abgöttisch. Keine Minute wollten sie seine Gegenwart missen, jeden Wunsch lasen sie ihm von den Augen ab. Doch noch nicht einmal ein Jahr verging und das gemeinsame Versprechen war vergessen. Jetzt träumten sie davon, dass aus ihrem Sohn später einmal ein kaiserlicher Beamter oder auf jeden Fall ein reicher und angesehener Mann würde.

Es geschah am siebten Geburtstag des Sprösslings, als sich die Mutter zum ersten Mal wieder an das Gelöbnis erinnerte. Da schämte sie sich, weil sie so undankbar gegenüber der ihnen erwiesenen Gnade war. Kurz entschlossen nähte sie schnell eine gelbe Robe für ihren Sohn und begab sich mit ihm zum Haus des Buddha. Als Gabe für den Weltverehrten hatte sie eine Schale voll feiner Almosenspeise sowie eine Flasche mit klarem Quellwasser mitgebracht.

„Nehmt meinen Sohn als Jünger in den Orden auf!“, sprach sie, als sie in der großen Tempelhalle vor ihm stand.

Der Buddha öffnete die Flasche, denn er wollte, dass sich der Knabe selbst mit diesem Wasser rituell reinigt. Kaum war der Pfropfen herausgezogen, stiegen aus dem Inneren des Gefäßes plötzlich neun kleine Drachen in die Lüfte, die alsdann in kreisförmigen Bewegungen über ihnen schwebten. Auf einmal schien die Tempelhalle wie mit geheimnisvollem Leben erfüllt. Hell und rein wie Edelsteine leuchteten die Wände und Decken des Klosters. Überall auf den Löwenthronen hatten sich Bodhisattvas niedergelassen. Der Buddha öffnete seinen Mund und lächelte sanft. Zwischen seinen Zahnreihen brachen sogleich regenbogenfunkelnde Lichtbündel hindurch, die den ganzen Raum mit einem geheimnisvollen Glanz erfüllten. Nach wenigen Augenblicken leuchteten Lichter auf und zogen wie von magischer Hand gelenkt zu dem Knaben hin, wo sie seinen Leib mit einer Aura umhüllten, die ganz offensichtlich nicht von dieser Welt war.

In diesem Augenblick spürte die Mutter, dass allein hier der richtige Ort für das künftige Leben ihres Sohnes war, seine wahre Bestimmung. Erfüllt von innerer Freude war sie gewillt, ihn an diesem Tag ziehen zu lassen. Ein Mönch kam herbei und schor das Haupt des Jungen. Als die Haare zu Boden fielen, weinte die Frau. Doch es waren weder Tränen der Trauer noch des Schmerzes, in dieser Stunde erkannte sie die vollkommene Schönheit des Loslassens. Als sie schließlich aufbrach, um allein zurückzugehen, da gab ihr der Buddha die Schale mit der Almosenspeise zurück, die er nicht angerührt hatte. „Esst davon“, sprach er zu ihr, „diese wunderbare Speise ist jetzt verwandelt, sie wird euch künftig auf immer nähren und dabei doch niemals weniger werden."

## Das Drachenmädchen sucht einen Gefährten

Vor langer Zeit gab es im fernen Süden einmal ein riesiges Reich, das ein gewaltiger Strom in zwei Hälften teilte. Überall in den beiden Teilen des ausgedehnten Landes hatten die Bauern ein weit verzweigtes Netz von Kanälen angelegt, sodass die Wasser des großen Stromes an fast jedem Ort auf ihre Felder gelangen konnten. Als Folge waren die Ernten stets reichlich und die Menschen lebten in Fülle und Überfluss.

In einem Jahr jedoch brach auf einmal eine furchtbare Trockenheit über das Land herein. Zwar fielen an manchen Tagen noch ab und an ein paar Tropfen Regen vom Himmel, doch der große Fluss trocknete nahezu vollständig aus. Auf die Felder gelangte jetzt kaum noch Wasser. Überall riss die ausgetrocknete Erde auf und brach in eckigen Schollen auseinander. Gleich dem Panzer einer Schildkröte waren nur noch harte Lehmquader zu sehen, wo aus feuchtem Boden einst üppiges Grün gesprossen war. Auf den Halmen verdorrte die unreife Frucht, kein neuer Sämling schob sich noch aus dem Erdreich. In allen Teilen des Landes hungerten nun die Menschen und schon bald raffte der Tod die ersten der Alten, Schwachen und Kranken hinweg, die dem quälenden Nahrungsmangel nicht standhalten konnten.

Der König rief den Hofstaat und alle seine Berater aus den nahen und fernen Provinzen des Reiches zusammen. „Was ist der Grund, dass gerade uns diese Trockenheit widerfährt?", wollte er verzweifelt wissen. „War ich etwa kein guter und gerechter Herrscher, den der Himmel heute auf diese Weise straft?" Die Berater steckten ihre Köpfe zusammen und begannen zu tuscheln. Nach einer Weile trat einer nach vorne und sprach: „Majestät, Ihr seid ein großer und edler Monarch, Eure Tugend ist ohne jeden Tadel. Und genau wie wir, so wissen auch die Himmlischen darum."

Niemand konnte eine Erklärung geben. Da trat aus der Menge der Ratlosen plötzlich ein Zauberkundiger nach vorne und erklärte: „Der Grund für die Trockenheit ist in Wirklichkeit folgender: Die Drachen im Fluss sind verrückt geworden und halten die Wasser zurück."

„Was können wir dagegen tun?", wollte der König wissen. Der Zauberkundige und die Berater zogen sich für eine Nacht zurück. Am nächsten Morgen erteilten sie dann gemeinsam einen Rat: „Errichtet am Flussufer einen großen Opferaltar. Wenn wir die Wasserwesen dort mit Gaben beglücken, wird sie das wieder auf den richtigen Weg zurückführen."

Ohne zu zögern rief der König sogleich seine besten Handwerker herbei und ließ sie an einer Biegung des Flusses einen großen Altar aus Steinen errichten. Zur

Einweihung kamen von überall her, aus der Hauptstadt ebenso wie aus den abgelegensten Provinzen, die Menschen an diesen Ort und brachten ihre Opfergaben dar. Die angesehensten Priester und Schamanen beschworen die Drachen, den Fluss endlich wieder fließen zu lassen. Die Maßnahme schien Erfolg zu haben, denn noch am gleichen Tag schwoll der Fluss wieder an. Dann aber bemerkten die Menschen ein seltsames Phänomen: Das Flussbett war zwar wieder randvoll gefüllt, doch die Wasser ruhten wie zu Eis erstarrt, obwohl es mitten im Sommer war. Es gab keinerlei Fließen, nichts bewegte die Wasser auch nur einen einzigen Zoll, weder vorwärts noch zurück. Kein einziger Tropfen konnte so in das weit verzweigte Kanalsystem strömen. Die Felder der Bauern blieben weiterhin knochentrocken. Ratlos und verzweifelt blickten die Menschen auf den völlig unbeweglichen Fluss.

Plötzlich erschien aus den Fluten eine riesige weibliche Gestalt mit smaragdgrüner Schuppenhaut und wilder, zottiger Haarpracht. Alle wussten, dass dies kein Mensch, sondern das Drachenmädchen war, welches die Wasserwelten behauste. Mit tieftrauriger Miene blickte dieses Wesen nun auf die zahllosen Menschen am Ufer und begann dann, laut zu schluchzen. Nach einer Weile, während alle erwartungsvoll auf sie blickten, richtete die Wasserfrau schließlich das Wort an den König, der vor seinem Volk am Ufer bis zu den Knien im Wasser stand und es dennoch nicht in Bewegung zu setzen vermochte. „Herrscher der Menschenwelt", redete sie ihn an, „ich bin zutiefst traurig und verzweifelt. Nur Ihr könnt mir noch helfen. Ihr seid meine letzte Hoffnung und ich würde Euch Eure Hilfe mit fließendem Wasser vergelten."

„Was ist es, das ich für Euch tun könnte?", wollte der König sogleich wissen.

„Vor langer Zeit starb mein geliebter Gemahl", erzählte nun das Wasserwesen. Tränen kullerten über ihre Wangen, während sie fortfuhr und sprach: „Seither fühle ich mich so einsam und verlassen wie sonst niemand auf dieser Welt. Inzwischen fühle ich mich wie gelähmt und bin ich ganz unfähig, überhaupt noch irgendetwas zu tun."

Schnell kam das Drachenmädchen sodann zur Sache: „Schaut nur", rief sie, „so viele schöne und edle Männer leben an Eurem Hofe. Gebt mir einen dieser feinen Burschen zum Manne. Ich will ihn mit mir in die Tiefe nehmen und noch in der gleichen Stunde, da er mein ist, werden die Wasser des Flusses wieder überreichlich strömen."

Der König zögerte mit einer Antwort. Schweigend stand er am Ufer, denn er spürte, dass, wen immer er schickte, dieser niemals wieder zurückkehren würde. Vermutlich war der Ärmste dem Tode geweiht.

„In genau drei Tagen werde ich an dieser Stelle wieder aus den Fluten auftauchen. Entscheidet bis dahin", verabschiedete sich die Drachenbraut und verschwand mit einem gewaltigen Zischen wieder genauso schnell in den Fluten, wie sie daraus aufgetaucht war.

Nun hatte der König die schwere Aufgabe, über ein Menschenopfer zu entscheiden, eines höheren Zieles willen. „Ich will niemanden zwingen, sein Leben zu geben", sprach er zu der Menge. Dann fiel er vor seinem Volk auf die Knie: „Doch ihr alle wisst, wenn kein Einziger von euch bereit ist, sein Leben zu geben, wird die Dürre noch viele Jahre andauern. Schon jetzt sind alle Vorräte aufgebraucht. So viele Kinder und Greise sind schon in den Tod gegangen. Und ihr alle werdet am Ende folgen, wenn nichts passiert. So appelliere ich an alle tugendhaften und furchtlosen Männer meines Reiches, sich in drei Tagen an dieser Stelle zusammenzufinden. Das Drachenmädchen wird einen von euch zu ihrem Gemahl erwählen, und wer sich ihr hingibt, der wird in unseren Herzen immer und ewig unvergessen bleiben."

Die Menge zerstreute sich und niemand konnte sagen, wer oder ob überhaupt jemand nach drei Tagen wieder an diesen Ort kommen würde. Ein jeder, der sich angesprochen fühlte, ging tief in sich und sann lange gründlich nach. Am Morgen des dritten Tages hatten sich allerdings wider Erwarten Abertausende von Männern am Ufer eingefunden, alle bereit, das höchste Opfer zum Wohle der Menschen des Landes zu erbringen.

Es dauerte nicht lange und bald brausten und zischten die Wasser. Wie angekündigt tauchte das Drachenmädchen erneut aus den Fluten empor.

„Die edelsten Männer unseres Landes sind vor deinen Augen versammelt", rief der König ihr zu: „Wähle nun einen von ihnen zu deinem Gemahl, auf wen immer deine Wahl fällt, jeder der Versammelten hier ist bereit, dir in die Tiefe zu folgen."

Die Wasserprinzessin zögerte nicht lange und deutete mit dem Finger geradewegs auf einen der hochgewachsenen Burschen, der ihr gegenüberstand. Hin und her geworfen zwischen Angst und Pflichterfüllung trat der junge Mann vor seinen König und sprach: „Majestät, ich bin bereit."

Voller Respekt näherten sich die Leibdiener des Königs und legten dem Jüngling feine weiße Seidenkleider an. Dann brachten die Stallknechte einen großen Schimmel, den er entschlossen bestieg.

„Hast du noch einen letzten Wunsch?", wollte der König wissen.

„Baut einen Opfertempel an diesem Ort", sprach der Weißgekleidete, bevor er mit seinem Pferd langsam in Richtung des Drachenmädchens ritt. Kaum hatten die beiden einander berührt, begannen die Wasser des Flusses urplötzlich wieder zu fließen. Im Nu füllten sich die großen und kleinen Kanäle wie früher mit unbändig strömenden Wassermassen. In der Freude über das Ende des so lange währenden Unheils hatten die Menschen gar nicht bemerkt, wie der junge Bursche und das Drachenmädchen in den Fluten verschwanden. Beide wurden niemals wieder erblickt. Noch im gleichen Jahr ließ der König an dieser Stelle einen großen Tempel errichten, der auch heute noch dort steht. Allein der Grund seiner Errichtung ist längst in Vergessenheit geraten.

## Der Edelmut eines Lastenträgers

Vor langer Zeit gab es einmal einen armen Mann, der in einer zerschlissenen alten Strohhütte hauste. Hart und entbehrungsreich war das Leben dieses Menschen. In kalten Wintern, wenn stürmischer Wind durch alle Ritzen blies, fror er fürchterlich, während in den Sommermonaten die Hütte kaum Schutz vor der brennenden Hitze bot. Seinen Lebensunterhalt bestritt dieser Bemitleidenswerte allein durch Bettelei. Seine Mitmenschen sahen ihn nur in Lumpen gekleidet umherlaufen. Doch dieser Mann besaß eine ganz besondere Gabe, über die auf der Welt nur sehr wenige verfügen: Er beherrschte die Sprache der Vögel. Egal, ob es die Rufe der Schwalben, das Gurren der Tauben oder das Gekreische der Hausspatzen war, er verstand die Stimmen all der gefiederten Gesellen und wusste so stets, was sie einander mitteilten.

Eines Tages endlich war auch ihm das Glück ein wenig hold. Ein reicher Kaufmann suchte einen Lastenträger, und da er von kräftiger Statur war und richtig zupacken konnte, stellte der Händler ihn kurz entschlossen ein. Fortan verdingte er sich mit dem Transportieren schwerer Lasten. Jeden Morgen trug er große und schwere Körbe mit Waren vom Haus des Reichen zu den verschiedenen Marktplätzen, auf denen sie dieser verhökerte. Was nicht verkauft wurde, musste er dann am Abend wieder zurückschaffen. Der Händler war ein raffgieriger Mensch. Unablässig trieb er ihn bei der Arbeit an. Als beide einmal an einem heißen Mittag am Ufer eines Flusses vorbeikamen, erlaubte er seinem Träger endlich, ein wenig zu ruhen und sich an dem frischen Wasser zu erquicken. Plötzlich begannen überall aus den Weidenbäumen die Krähen laut und schrill zu rufen. Der reiche Mann erschrak für einen Moment, denn er wusste, dass diese Rabenvögel eigentlich erst abends munter werden, an heißen Tagen jedoch nur müde auf den Zweigen hocken und ihre schwarzen Flügel träge herabhängen lassen.

„Was hat das zu bedeuten?“, wandte er sich an seinen Träger, denn er wusste, dass dieser der Vogelsprache mächtig war. Doch der so Angesprochene lächelte nur, sagte aber nichts. Die Krähen bemerkten, wie der Träger in ihre Richtung schauend seine Mundwinkel kühl verzog, erhoben sich augenblicklich in die Lüfte und flogen fort.

Gemeinsam zogen die beiden anschließend zum Marktplatz und kehrten nach getätigten Geschäften erst spät am Abend nach Hause zurück. An diesem Tag hatte der Händler gute Einnahmen erzielt und daher fiel die Vergütung für den Lastenträger ein wenig üppiger aus als sonst. In seiner guten Laune fragte der Reiche nun erneut: „Sag einmal, was war heute eigentlich am Fluss los, warum schrien die Vögel plötzlich so schrill und erhoben sich dann auf einmal schon am hellen Mittag in den Himmel? Das hat mir irgendwie – ich weiß nicht warum – einen furchtbaren Schreck eingejagt.“

„Die Krähen haben aus dem Geflirr der Bäume zu mir gesprochen“, antwortete der Bedienstete. „Was haben sie dir denn gesagt?“, wunderte sich der Händler. „Sie sprachen über Euch“, klärte der Lastenträger ihn auf, „sie riefen nämlich: ‚Versteckt unter der Kleidung deines reichen Meisters hängt überall kostbarste weiße Jade. Hab nur Mut und schlag diesen Kerl einfach tot. Dann ist es mit deiner Armut auf immer vorbei. Mach dir keine Gedanken, teurer Freund, niemand wird deine Tat je entdecken. Sieh nur, wie viele tausend Vögel wir hier sind, versammelt im Geäst der Uferbäume. Wenn dein Opfer erst einmal leblos am Boden liegt, dauert es nicht mehr als eine Stunde, bis all sein Fleisch in unseren Mägen verschwunden sein wird. Nur bleiche Knochen werden bleiben, an denen ihn niemand je wieder erkennen kann. Los nun, zögere nicht, du und wir haben doch nur Vorteile davon!‘ Durch mein kühles Lächeln zeigte ich ihnen jedoch sogleich, dass ich nicht gewillt war, mitzuspielen. Da flogen sie hastig fort."

Der Händler wurde leichenblass: „Warum hast du es nicht getan? In der heißen Mittagsstunde war außer uns beiden tatsächlich kein Mensch am Fluss. Niemand wäre dir je auf die Schliche gekommen. Und die Vögel hatten recht, ich trug tatsächlich überall kostbarste Jade an meinem Körper. Keine Ahnung, woher die Krähen davon wussten. Sie müssen es wohl gerochen haben."

„Meister", antwortete ihm der Bedienstete, „wisst Ihr, warum ich in diesem Leben ein so armer Schlucker bin? Es ist, weil ich in einem früheren Dasein ein gemeiner Dieb und Räuber war, der andere schonungslos ausgeplündert hat. Meine Gier kannte keine Grenzen. Die heutige Armut ist die Frucht früherer Taten. In diesem Leben will ich endlich den Bann des bösen Karmas brechen."

Der reiche Mann war tief beeindruckt von diesen Worten. Nun hatte auch er erkannt, dass wirklich niemand den Folgen seiner Handlungen entkommen kann.

## Die Pagode der sieben Schätze[8]

In längst vergangener Zeit lagen am Gestade des Ozeans landeinwärts noch einmal drei riesige Seen. Zwischen ihren weiten Wassern erstreckte sich eine Landmasse von der Größe eines ganzen Kontinents, in deren Innerem es wiederum eine große Wasserfläche gab, die Ütschama genannt wurde. Ein flacher Damm teilte über eine Länge von fünfzig Li Ütschama in zwei Hälften von gleicher Größe. Die Menschen nannten diese Strecke *Die Straße des heiligen Königs der Wandlungen*. Obwohl zu beiden Seiten von tiefen Wassern umbraust, war der Weg selbst völlig trocken. Rechts und links erhoben sich nämlich hohe Mauern, an deren Seiten mächtige Bäume wuchsen, die vor den anwallenden Fluten Schutz boten. Sieben Arten von Kostbarkeiten konnte man zwischen dem Blattwerk dieser Kolosse erblicken.

8 Die „sieben Schätze" sind vermutlich ein symbolischer Ausdruck für die sieben Erleuchtungsglieder (bojhangha), die zum geistigen Erwachen führen: Achtsamkeit, Ergründung, Bemühung, Verzückung, Gestilltheit, Sammlung und Gleichmut. Sie gelten als das Heilmittel, das alle Krankheiten zum Verschwinden bringt.

Das war nicht immer so. Eine alte Legende erzählt, wie diese völlig trockene und geschützte Schneise einst inmitten des feuchten Elements entstehen konnte. Eines Tages, so heißt es, begann das gewaltige Reservoir an diesem Ort langsam auszutrocknen. Monat um Monat sank der Wasserstand und mit jedem Meter, den er zurückging, zeigten sich am Grund seltsame Dinge. Jeder, der genau hinsah, konnte unter den Schlammmassen nun wunderbare und geheimnisvolle Paläste erkennen, die wohl schon seit vielen Jahrtausenden unentdeckt im Schoße der dunklen Fluten ruhten. An dem Tag, als die letzten Wasser vollends verdunstet waren, erschien urplötzlich der Heilige König der Wandlungen auf der völlig ausgetrockneten und schon verkrusteten Fläche. Dieser Monarch regierte einst über das Riesenreich Yanfuti, zu dem auch der große See und die Länder um ihn herum gehörten. In längst vergangener Vorzeit fuhr dieser Herrscher mit seiner von weißen Rossen gezogenen Kutsche über die Welt und inspizierte die große Ordnung der Dinge. So stellte er ohne Unterlass sicher, dass die Völker überall in Frieden und Eintracht miteinander lebten.

Wohin er bei seinen Reisen auch kam, überall schlugen ihm mächtige Wogen der Verehrung und des Respekts entgegen. Kaum tauchte sein herrschaftliches Gefährt irgendwo auf, liefen von überall her die Menschen herbei, um ihn von ganzem Herzen willkommen zu heißen. So auch an jenem Tag, als er zu dem großen See kam, aus dem gerade alles Wasser verschwunden war. „Fahrt langsamer, fahrt langsamer", riefen die Menschen seinem Kutscher zu, denn sie wollten ihrem geliebten Monarchen kostbare Opfergaben überreichen. Doch der König lächelte nur und sprach: „Behaltet eure Schätze besser selbst, ich habe mehr als genug davon!"

Das Reich von Yanfuti gedieh prächtig unter der Herrschaft dieses wohltätigen und barmherzigen Monarchen. Überall im Land grünte die Erde und das Land erblühte in den herrlichsten Farben der Natur. Hell und klar rauschten die Wasser der Flüsse und Bäche. Jahr um Jahr trugen die Bauern üppige Ernten ein. Mehr noch: An den Rändern der Felder standen Duftbäume, die ganz ungewöhnliche Frucht trugen. Auf ihnen wuchsen neben Orangen und Persimonen auch richtige Kleider und sogar Harfen und andere Musikinstrumente. Himmel und Erde waren in wunderbare Schwingung versetzt von den Wohltaten und Tugenden dieses einmaligen Herrschers.

Als der König bei seiner Inspektionsreise die gerade ausgetrocknete Seefläche entdeckte, ward er sehr traurig, weil dieser Teil der Erde nun für immer auszutrocknen drohte. Sein Mitgefühl mit den dort lebenden Wesen übertrug sich augenblicklich auf den Drachenkönig, den großen Herrscher der Zwischenwelten, zu der auch Ütschama gehörte. Von tiefer Rührung ergriffen, zog der oberste Regent zwischen der diesseitigen und der jenseitigen Welt am Himmel über Ütschama sogleich gewaltige Wolkenmeere zusammen. Dann blies er kräftig in sie hinein und in Nu gingen heftigste Regenfälle über diesem Flecken Erde nieder, die viele, viele Monate anhielten.

Der barmherzige Monarch von Yanfuti folgte stets der Lehre des Erhabenen. Daher brachte sein Wirken den Menschen unablässig nichts anderes als Freude und Glück. An jenem Tag in Ütschama ging jedoch auch sein Leben zu Ende. In der Stunde seines Todes verschwanden mit ihm sein weißer Elefant und seine Seidenpferde von dieser Erde. Nach seinem Ableben stieg er vollständig zu den himmlischen Sphären auf. Das Volk bettete seinen Leichnam in einen Goldsarg, dem tagelang nichts als anhaltender Wohlgeruch entströmte. Um künftig ihrem König zu gedenken, bauten die Menschen an seiner Grabstätte eine schöne Pagode. Rechts und links des langen Weges, der zu ihr führt, errichteten sie hohe Schutzmauern. Als durch den lang andauernden Regen die Wasser schließlich zurückkamen, blieb der gerade errichtete Schutzweg völlig trocken. Es dauerte nicht lange und an seinen beiden Seiten wuchsen glücksverheißende Bäume aus der Erde. Auf diese Weise blieb die Erinnerung an diesen tugendhaften Herrscher über viele Jahrhunderte im Volk erhalten. Sein Handeln hatte die Menschen etwas Wichtiges gelehrt: Wohltätigkeit schafft Glück und Reichtum für die Gebenden wie für die Nehmenden.

## Ein König wird Mönch

Es lebte einmal ein König mit Namen Pingschau. Dieser Herrscher war ein edler und vornehmer Mensch. Schon bevor er den Thron bestiegen hatte, kultivierte er als junger Prinz unablässig fünf erhabene Bestrebungen in seinem Herzen, die die feste Richtschnur seines Lebens waren: Erstens trachtete er schon in seiner Jugend danach, ein gerechter und wohltätiger Monarch zu werden, zweitens wünschte er nichts mehr, als dass die Menschen im Land den Buddha ehren und respektieren, drittens wollte er den Erhabenen so oft wie möglich in seiner Nähe wissen, viertens verlangte er inständig nach dem Wissen und der Weisheit der heiligen Texte und schließlich fünftens, strebte er nach der Frucht der Pfadverwirklichung und wollte daher noch in diesem Leben den vollkommenen Zustand erlangen. Sein aufrechtes Bemühen, die stete Übung und der Edelmut dieses Menschen waren es, die ihn schließlich auf den Königsthron hoben und auch der Erleuchtung näher brachten.

Eines Tages unternahm Pingschau einmal eine Reise zu einem befreundeten Königreich im Norden. Dort regierte ein weiterer, vornehmer Monarch mit Namen Kaschau. Diese Könige folgten beide dem Buddhapfad und spürten schon bei ihrer ersten Begegnung, dass sie völlig eins waren in ihrem Denken, Fühlen und Streben. Auch nach Pingschaus Rückkehr in die Heimat blieben sie einander eng verbunden.

Eines Tages geschah im Reich von König Kaschau ein kleines Wunder: An einem Morgen erblühte auf seinen Palastteich wie aus dem Nichts plötzlich ein riesiger Lotus, ein Gebilde von einer Schönheit und Vollkommenheit, wie es die Welt noch nie zuvor erblickt hatte. Genau eintausend Blütenblätter zählte diese Pflanze und sie waren alle aus reinem Gold. Doch erst in der folgenden Nacht offenbarte sich das wahre Geheimnis dieser Blüte: In alle Richtungen strahlte sie Myriaden von Licht aus, die den ganzen Palast, ja das halbe Königreich in einen wunderbaren Glanz hüllten.

Nichts wünschte Kaschau sehnlicher, als seinen königlichen Freund an dieser Offenbarung teilhaben zu lassen, damit er auf dem Pfad noch schneller vorankomme. So ließ er die geheimnisvolle Lotusblume auf einen großen Wagen verladen und sie ihm durch einen Abgesandten überbringen.

„Wie einmalig, welch seltene und erhabene Kostbarkeit", rief Pingschau aus, als ihm diese Gabe überreicht wurde. Kurz darauf schrieb er an Kaschau einen Brief: „Teurer Freund, ich danke Euch für dieses unschätzbare Geschenk. Doch so schön diese Blüte auch ist, sie soll nicht in erster Linie der Entzückung meiner Augen dienen, es ist auch nicht das kostbare Gold, was ich an ihr schätze und das nun die Reichtümer meines Landes mehrt; nein, was mich zutiefst berührt, ist die wahre Bedeutung dieser Gabe aus Deiner Hand. Was Du mir sandtest, ist das Symbol der Buddhaschaft, ich betrachte die Blüte und erblicke durch sie die zweiunddreißig Merkmale eines Vollendeten. Worte vermögen nicht auszudrücken, was mir eine solche Geste sagt."

Als Kaschau diesen Brief in seinen Händen hielt, freute er sich zunächst über die Worte seines Seelenverwandten. Doch dann erfüllte ihn auf einmal eine merkwürdige Unruhe, die lange Zeit nicht mehr aus seinem Herzen wich. Sein Freund hatte ihm etwas sagen wollen, das allein zwischen den Zeilen stand, das spürte er ganz genau. Um die quälende Umtriebigkeit zu überwinden, versuchte Kaschau zu meditieren, doch wollte sich zunächst keine rechte Geistesruhe einstellen. Auf einmal kam ihm ein alles erhellender Gedanke: „Wenn Wolken den Himmel bedecken, so ist es der Wind, der sie schließlich zerstreut und so das helle Licht der Sonne allen sichtbar werden lässt. Auch mein eigener Geist ist von solch dunklen Wolken bedeckt. Da ich voller innerer Unruhe bin, will ich daher meine Achtsamkeit auf meinen Atem richten, auf das mein Geist klar werde."

Auf diese Weise sann der König noch eine ganze Weile nach. Dann trat er über die Beobachtung seines Atems schließlich immer tiefer in die Versenkung ein. Unablässig vertiefte er seine Übung und ließ sich durch nichts, aber auch gar nichts mehr ablenken. Es dauerte nur einige Wochen, da erfuhr er um Mitternacht plötzlich die große, vollkommene Stille. In dieser Stunde trat sein Geist durchs Buddhator und erkannte vollständig die Nichtigkeit und Vergänglichkeit der manifesten Welt. Jetzt erst hatte er die Botschaft seines Freundes wirklich verstanden. Kurz darauf schrieb er ihm einen Brief, in dem er seinen Entschluss darlegte, die Königsherrschaft aufzugeben. Noch im gleichen Jahr ging dieser Herrscher den vornehmsten aller Pfade, nämlich den der Weltentsagung. Er ließ sich das Haupthaar scheren, legte Krone und königliche Gewänder ab und wurde zu einem Mönch.

## Die Zwillinge Doppeltes Glück und Zweifache Tugend

Klagt nicht über Euer Schicksal, denn ihr habt es selbst geschaffen.

In einem abgelegenen Bergdorf wurden in einer armen Familie einmal Zwillinge geboren. Die beiden Knäblein hatten große, wache Augen und runde, strahlende Säuglingsgesichter von der Art, wie sie im Volksglauben Glück und Freude für die Zukunft verheißen. Auf Anraten der Verwandten entschieden sich die Eltern, ihren Sprösslingen die Namen *Doppeltes Glück* und *Zweifache Tugend* zu geben. Die Kinder waren gesund und munter, nahmen rasch zu und entwickelten sich überhaupt viel schneller als andere in ihrem Alter.

Genau am sechzigsten Tag ihrer Geburt geschah es nun, dass der Vater am Nachmittag früher als sonst vom Hüten der Kühe zurückkehrte. Er war einfach müde geworden und wollte sich ein wenig hinlegen. Während die Mutter noch draußen war und Brennholz sammelte, streckte er sich erschöpft auf dem Bett aus. Die Zwillinge hatten sein Kommen gar nicht bemerkt. Während der Mann langsam in einen dämmrigen Halbschlaf versank, glaubte er seinen Ohren nicht zu trauen, denn plötzlich vernahm er, wie die beiden Säuglinge miteinander sprachen:

„So ein Mist!“, rief plötzlich der eine: „Wir waren in der Wahl unserer Eltern nicht vorsichtig genug. Bei diesen armen Leuten hier gibt es nicht viel und schon gar nichts Gutes zu essen.“ – „Ja“, erwiderte der Bruder, „da hast du wohl recht. In unserer letzten Existenz hingegen lebten wir in Fülle und Überfluss und genossen dazu auch noch Ruhm und Ansehen. Damit wird es wohl dieses Mal nichts werden.“

Darauf entwich dem anderen ein Seufzer: „Wir wissen ja beide nur zu gut, dass das Leben kurz und leidhaft ist, aber wenigstens ein klein wenig Freude möchten wir ab und an dann doch einmal genießen.“ Sein Brüderchen fand diese Worte ein wenig forsch und bemerkte: „Vergiss aber die alte Lehre nicht, dass nämlich der Leidende die Ursachen selbst erzeugt hat. Alles folgt dem Gesetz des Karma, kein Grund also, jetzt Klagelieder anzustimmen! Der Einzige, über den du ein Recht hast, unzufrieden zu sein, das bist letztlich du selbst.“

Der Vater hatte im Halbschlaf die letzten Worte nicht mehr deutlich vernommen. Wohl aber dämmerte ihm, dass der Nachwuchs ihn und seine Frau gedemütigt und beleidigt hatte. „Was für kleine Dämonen habe ich da bloß gezeugt?“, sprach er zu sich selbst, „wagen sich darüber zu beklagen, dass wir ihre Eltern sind! Ich sollte ihnen einfach die Hälse umdrehen. Dann hätten wir wieder unsere Ruhe.“

Kurz darauf kam die Mutter aus dem Wald zurück und der Vater erzählte ihr, was sich zugetragen hatte. Die Frau aber wollte ihm nicht so recht glauben und sprach: „Du hast alles sicherlich nur geträumt, diese Winzlinge können doch noch nicht einmal Mama und Papa sagen, geschweige denn ganze Geschichten erzählen.“

Doch der Mann ließ sich nicht beschwichtigen und wollte, dass die Frau es mit eigenen Ohren hörte. Am folgenden Tag taten daher beide nur so, als ob sie das

Haus verließen und fortgingen, stellten sich aber in Wirklichkeit unter das offene Fenster, um zu hören, was drinnen geschah. Tatsächlich dauerte es nicht lange, bis die beiden Kinder erneut zu sprechen begannen. Genau wie am Vortage ging es wiederum um ihre Eltern. *Doppeltes Glück* klagte über die widrigen Lebensumstände und die schlechten Zukunftsaussichten. *Zweifache Tugend* meinte, es sei zwar nicht schön, aber man müsse die Dinge halt nehmen, wie sie sind, schließlich folge alles nur dem Karma-Gesetz. Jetzt fühlte sich auch die Mutter durch diese Worte tief verletzt und weinte. In dieser Stunde sah sie all die großen Hoffnungen schwinden, die sie bisher in ihre Kinder gesetzt hatte. Wo gestern noch Glück und Zuversicht regierten, war plötzlich alles wie in dunkle Wolken gehüllt.

Dem Erhabenen, der alle Dinge mit dem großen Auge allumfassender Weisheit sieht und gerade in den höheren Sphären weilte, war nicht entgangen, was da in dieser Familie vorging. In den Herzen der Eltern wuchs schlimmer Hass. Um drohendes Unheil abzuwehren, stieg er augenblicklich zur Erde herab. Die beiden frechen Knäblein mussten in ihre Schranken verwiesen und wieder auf den rechten Pfad der Pietät und Tugend zurückgeführt werden. Bei der Herabkunft des Buddha begannen überall in den Bergen die Blumen zu erblühen. Freudig sahen die beiden Kinder, wie sich eine Lichtgestalt ihrem Haus näherte. Dann erblickten auch die Eltern den Buddha, der plötzlich vor ihrer Tür stand. Ehrfurchtsvoll verneigten sie sich vor ihm. Der Mann richtete als Erstes das Wort an den Erhabenen: „Nichts brauchen wir in dieser Stunde so dringlich wie Eure Hilfe. Bitte erklärt uns einmal: Was sind das bloß für Dämonen, die durch den Schoß meines Weibes in unser Haus gelangten. Wäre es nicht das Beste, sie an Ort und Stelle zu töten, sodass sie kein weiteres Unheil anrichten?“

„Es sind eure eigenen Kinder!“, erklärte der Buddha und sprach: „Seht doch nur, was für fröhliche und reizende Wesen es sind, wie könnt ihr da nur solch furchtbare Gedanken aussprechen!“

Da erschraken die Eltern über die Ungeheuerlichkeit ihrer eigenen Worte. Der Buddha lächelte und sprach: „Mit euren kleinen Söhnen verhält es sich so: *Doppeltes Glück* und *Zweifache Tugend* waren im früheren Leben einst zwei ehrbare Mönche, denen es gut ging und die überall Ruhm und Ansehen genossen. Beide Männer verband eine enge und unverbrüchliche Freundschaft. Doch eines Tages – keiner weiß warum – änderten die beiden ihren Lebenswandel. Plötzlich wandten sie sich ganz und gar den weltlichen Freuden zu. Bald darauf legten sie ihre Roben ab, um sich ihren sinnlichen Genüssen ohne jede Einschränkung hingeben zu können. Fortan war ihnen die Befriedigung ihrer Wünsche und Begierden das Wichtigste im Leben. Mit der Zeit zerbrach dabei auch ihre Freundschaft, weil ein jeder nur seinen eigenen Vorteil und Nutzen im Kopf hatte. Nichts Höheres trieb sie mehr an. Nach ihrem Tod wurden die beiden dann als Zwillinge in eurem Hause wiedergeboren.“

Zunächst erstaunt, dann aber tief berührt starrten die Eltern und auch die beiden Knaben auf den Mund des Erhabenen, der nun fortfuhr und sprach: „In dieser Existenz müssen sie erneut lernen, dass die Welt nicht nur Freude und Vergnügungen bereithält, sondern alles Vergängliche von Leid und Schmerz durchdrungen ist. Die beiden sollten ihre einstige spirituelle Freundschaft wieder aufnehmen, so können sie nicht nur die Abhängigkeit und Verbundenheit aller Wesen miteinander besser verstehen, sondern auch erneut den Pfad entdecken, der zur Befreiung aus jedweder Verstrickung führt."

Der Vater und die Mutter waren tief berührt. Aufrichtig gelobten sie, *Doppeltes Glück* und *Zweifache Tugend* auf ihrem Weg mit aller Kraft zu unterstützen. Niemals zuvor hatten die Eltern so deutlich gespürt, dass allein Liebe und Zuneigung die Kraft der inneren Wandlung besitzen. Auch nachdem der Erhabene längst fort war, übertrug sich, was er in den Herzen der Eltern entzündet hatte, noch immer auf die beiden Knaben. In wenigen Jahren war ihr Geist erneut so rein und geläutert wie einst. Als sie acht Jahre alt waren, traten sie in den Orden des Buddha ein. In diesem Leben erreichten beide die Stufe der Arhatschaft.

## Die fromme Suman

Die Ehe eines ehrwürdigen Laien war viele Jahre kinderlos geblieben. Erst als er schon ein recht fortgeschrittenes Alter erreicht hatte, gebar ihm seine Frau eine Tochter. Das kleine Kind erhielt den Namen Suman und war für die Eheleute der größte Schatz ihres Lebens. Abgöttisch liebten die beiden ihr Töchterlein. Da der Vater wollte, dass Suman so früh wie möglich mit dem Pfad in Berührung kam, nahm er sie einmal auf eine seiner Reisen zum Buddha mit. Schon bei ihrer ersten Begegnung konnte das Mädchen augenblicklich tief in das Herz des Erhabenen blicken. Die junge Tochter sann sogleich darüber nach, wie sie dem Buddha wohl eine Freude machen könnte. Von ihrer Mutter hatte sie zu ihrem letzten Geburtstag ein kleines Fläschlein mit wohlriechendem Öl geschenkt bekommen, das sie seither Tag und Nacht bei sich trug. Ohne zu zögern, verstrich sie nun mit ihren kleinen Patschhändchen die feine Essenz so lange über die Wände der Buddhaklause, bis auch nicht ein einziger Tropfen Flüssigkeit mehr übrig war. Sekunden später durchzog ein erhabener Duft den Raum und es schien, als wolle er dort auf ewig verweilen. Danach streifte sie noch den kostbaren Jadereif von ihrem Arm, den sie sonst wie ihren Augapfel hütete, und überreichte ihn der Gemeinschaft als Opfergabe.

Beim Abschied erwiderte der Buddha die Gabe des Mädchens mit einem großen Brocken allerfeinsten Weihrauchs. „Wenn du dieses Stück mit einem Mörser staubfein zermahlst, kannst du selbst für winzigste Mengen davon überall auf den Märkten wohlfeile Geldmünzen bekommen, denn diese Essenz ist einmalig in der Welt, nichts kommt diesem Duft je gleich."

Nachdem es wieder zu Hause war, tat das Mädchen, wie ihm der Buddha geheißen hatte. Kaum hatte Suman den Mörserstab das erste Mal aufgeschlagen, zersprang der Weihrauchbrocken augenblicklich in unzählige kleine Stücke. Im Nu wurden die Nasen aller im Raum von einem unbeschreiblichen Duft berührt, der nicht nur ihr Haus und die enge Nachbarschaft, ja bald die gesamte Stadt einhüllte und die Herzen der Menschen verzauberte. Der Laie und seine Tochter verkauften hernach das feingemahlene Räucherwerk in der Hauptstadt und auf den großen Marktplätzen des Landes.

Zu dieser Zeit ritt einmal ein junger Prinz aus einem anderen Reich durch die Stadt, in der die Familie lebte. Angelockt von dem unglaublichen Wohlgeruch zog es ihn sogleich zu dem Stand hin, wo das Mädchen den Weihrauch des Buddha verkaufte. Kaum hatte er es erblickt, war er wie betört von der makellosen Reinheit, die es ausstrahlte. Sein Auge konnte sich kaum mehr lösen von ihm. Da das Mädchen viel zu jung war, konnte er es noch nicht zur Frau nehmen. Doch ihr Bild hatte sich in seinem Herzen tief und unauslöschbar eingebrannt. Zurückgekehrt in sein Land kreisten in den folgenden Jahren seine Gedanken um nichts anderes mehr als um diese junge Schönheit. Im Lauf der Zeit reifte das Kind zwar zu einer jungen Frau heran und wäre alt genug gewesen für eine Eheschließung, allerdings hatte der königliche Vater andere Pläne mit dem Prinzen. Nach seinem Willen sollte sein Thronfolger eine Gemahlin aus keinem anderen denn dem eigenen Volk auswählen. Der Sohn aber leistete erbitterten Widerstand und erklärte: „Wenn ich dieses Mädchen, das ich zum ersten Mal sah, als es noch ein Kind war, nicht heiraten kann, dann hält dieses Leben keinen Sinn mehr für mich bereit. Lieber sterbe ich, als jemals eine andere zur Frau zu nehmen."

Der König jedoch war zunächst nicht bereit, auch nur im Geringsten nachzugeben. Erst als der Prinz alle Nahrung verweigerte und der Vater mit ansehen musste, wie sein Sohn Tag um Tag mehr litt, immer kränker und schwächlicher wurde, lenkte er schließlich ein. Denn er wusste wohl um die Entschlossenheit seines Sprösslings und dass selbst der Tod ihn nicht schreckte. Widerwillig sandte er daher am Ende seine Abgesandten aus und ließ Suman in sein Reich bringen. So fand am Ende doch noch eine königliche Hochzeit statt. Niemand auf der ganzen Welt war in dieser Stunde so glücklich wie die junge Braut und ihr Prinzgemahl.

Es dauerte nicht lange und Suman wurde gewahr, dass sie mit einem Kinde schwanger ging. Am Tag ihrer Niederkunft gebar sie allerdings keinen gewöhnlichen Säugling, stattdessen schoben sich nach und nach zehn große Eier aus ihrem Leib. Die Dabeistehenden waren verwundert, einige gar entsetzt. Kurz darauf platzten auf einmal die harten Schalen und zehn runde Knäblein kamen zum Vorschein. Die Kinder waren gesund und legten schnell an Gewicht zu. Alle von ihnen wuchsen mit den Jahren zu starken und tapferen Kämpfern heran, denen es auch an Bildung und Wissen nicht mangelte. Allerdings frönten sie einer schlimmen Leidenschaft, die ihre Mutter überhaupt nicht schätzte: Die zehn waren allesamt begeisterte Jäger, die bei jeder sich bietenden Gelegenheit im Wald den wilden Tieren nachsetzten und die armen Geschöpfe mit ihren Pfeilen und Speeren erlegten.

Die Mutter unternahm alles in ihrer Macht stehende, um ihre Sprösslinge von diesem unheilvollen Tun abzubringen. „Gedenkt der karmischen Folgen", sprach sie zu ihnen mit mahnender Stimme, „und vergesst nicht, dass ihr alles, was ihr je einem anderen Wesen antut, am Ende am eigenen Leib erfahren müsst!“ Doch die jungen Burschen schüttelten nur mit den Köpfen und entgegneten: „Woher willst du denn das eigentlich alles so genau wissen?“

„Der Buddha hat es mich gelehrt“, erwiderte die Mutter und erzählte dann von ihrer ersten Begegnung mit dem Erhabenen. Unter Tränen berichtete sie, wie tief sie seinerzeit in ihrem Herzen berührt wurde. Auf diese Weise hatten die Söhne ihre Mutter noch nie sprechen gehört. Im Nu erwachte durch diese Geschichte eine große Neugier in ihnen; wer denn dieser Buddha sei, wo er lebe und um was es in seiner Lehre gehe, das wollten sie jetzt alles sehr genau wissen. Nachdem die Mutter ihren Kindern noch mehr vom Erhabenen und seinem segensreichen Wirken berichtet hatte, nahm sie ihre Sprösslinge schließlich mit auf eine Reise zu ihm.

Der Buddha lächelte sanft, als die zehn Söhne der frommen Suman vor ihm standen. Beim Anblick der Würde und Erhabenheit, die von seiner Erscheinung ausging, waren die jungen Männer augenblicklich in Bann geschlagen. Nicht allzu vieler Worte bedurfte es, bis auch die Söhne allesamt die Wahrheit des Dharma begriffen, denn in ihren Herzen waren sie gute Menschen, die bloß ihre eigene erleuchtete Natur noch nicht verstanden hatten. In Buddhas Gegenwart konnten sie plötzlich das Leid und den Schmerz all der Tiere spüren, die sie in der Vergangenheit ums Leben gebracht hatten. Sie hörten die Rufe der Fasanen, die nach ihren Jungen schrien, ebenso wie das Weinen der Rehe und Hirschkühe, deren Gefährten sie mit ihren scharfen Speeren getötet hatten. Da gelobten sie, fortan auf immer von der Jagd zu lassen.

Hernach gingen sie noch oft zum Erhabenen, dessen Lehre sie zur Richtschnur ihres Lebens machten. Nach einigen Jahren wurden alle zehn Mitglieder in seinen Orden. Auch nachdem der Buddha in das Nirvana eingetreten war, blieben sie dem Dharma weiter treu und verbreiteten als Wandermönche überall im Land Tugend und Barmherzigkeit.

An dem Ort, wo Buddha diese Welt verlassen hatte, stürzte kurz darauf eine Pagode ein. Einige Jahre später zerfiel das ganze Königreich. Da die zehn Nachkommen des Königs ja alle Mönche geworden waren, strebten sie nicht länger nach weltlicher Macht. Daher bestieg niemand von ihnen den Thron in diesem Land und die Herrschaft dieses Monarchengeschlechts fand ein Ende. Jahrzehnte vergingen und die alte Ordnung verfiel. Kaum ein Stein blieb auf dem anderen.

Niemand kümmerte sich fortan um die eingestürzte Pagode. Der Ort, wo einst die Lehre erblühte, wurde zu einer Ruinenstätte. Eines Tages jedoch sah man dort ein altes Mütterchen Stein um Stein zusammentragen. Die betagte Frau wollte tatsächlich die zerstörte Pagode wieder neu aufbauen, ganz allein und mit nichts als ihren eigenen Händen. Die Kunde von dieser unerschütterlichen Alten verbreitete sich im Land. So kam sie auch den zehn Wandermönchen zu Ohren, die einst aus hartschaligen Eiern in diese Welt gekommen waren. Kurz entschlossen begaben sie sich gemeinsam zum Ort ihrer Herkunft, um dieses gewaltige Werk zu unterstützen. Wie groß war die Freude, als sie dort auf ihr eigenes, inzwischen uraltes Mütterlein trafen. Mit vereinten Kräften schufen sie eine neue, noch schönere Pagode, ein lebendiges und bleibendes Zeugnis von der alles durchdringenden Kraft der Buddhalehre.

## Die wundersame Auferstehung eines Toten

Es lebte einmal ein junger Mann, der in seinem Leben viele schlechte Dinge getan hatte, doch von einem Tag zum anderen änderte er sich völlig und nahm seine Zuflucht zur Lehre des Buddha. Zuvor hatte er allerdings oft ehrliche Mitmenschen betrogen und manch einfache Bürger um ihr Hab und Gut gebracht. Viel Leid war durch sein Handeln auch über Menschen gekommen, die ihm sehr nahe standen. Nachdem er zum Dharma gefunden hatte, änderte er von einem auf den anderen Tag sein ganzes Leben. Zutiefst bereute er all sein schlechtes Tun und gelobte, künftig allein dem Pfad der Tugend zu folgen. So wurde aus ihm ein guter und mildtätiger Mensch, der die Gemeinschaft mit all seinen Kräften unterstützte.

Viele Jahre nach diesem Wandel zum Guten befiel ihn eines Tages ganz plötzlich eine schwere Krankheit, wohl eine Folge seiner üblen Taten der Vergangenheit. Über Nacht wurde sein Atem kurz und keuchend, innerhalb weniger Tage fielen die Wangen ein, er verlor rasant an Gewicht und konnte sich bald nicht mehr aus eigener Kraft von seinem Krankenlager erheben. Die Heilkundigen wurden herbeigerufen, doch keiner konnte helfen. Welche Arznei sie auch verabreichten, nichts brachte Besserung. Tag und Nacht weinten die Eltern neben seinem Bett, denn alle spürten den nahenden Tod. In dieser Stunde überkam den jungen Mann eine seltsame Vorahnung. Mit leiser, fast versagender Stimme sprach er zu den neben seinem Sterbebett Stehenden: „Begrabt mich nicht zu früh, sondern erst sieben Tage nachdem meine Seele den Körper verlassen hat." Dies waren seine letzten Worte. Dann verlosch sein Atem. Die ihn liebten, aber auch viele derer, die er einst hintergangen hatte, alle weinten sie um diesen jungen Mann, der so früh aus dieser Welt scheiden musste. Abwechselnd wachten die Eltern und Geschwister neben dem Toten. Am Morgen des achten Tages drängten die Verwandten allerdings darauf, den Leichnam nun endlich zu bestatten. Doch da noch keinerlei Verwesungserscheinungen sichtbar waren, wollten die Eltern lieber noch einen weiteren Tag warten.

Während die Familie über das bevorstehende Begräbnis sprach, geschah etwas, das alle furchtbar erschreckte. Plötzlich schlug der Tote die Augen auf. Die Dabeistehenden waren wie gelähmt vor Entsetzen. Zunächst geschah nichts Weiteres, die Augäpfel blieben glasig und unbeweglich, kein anderer Teil seines Körpers zeigte irgendeine Regung. Am folgenden Morgen jedoch bewegten sich erstmals die Finger ein wenig und nun waren auch leichte Bewegungen der Augen erkennbar. Am Abend geschah es dann schließlich: Mit einem Ruck erhob sich der Mann von der Totenbahre. Alle starrten ihn sprachlos an. Langsam und mit stockenden Worten begann er nun zu erzählen, was ihm im jenseitigen Reich widerfahren war.

„Kaum dass mein Atem erloschen war“, sprach er, „da erschienen plötzlich zwei Dämonen und legten mich in Ketten. Durch einen dunklen Wald führten sie mich zu einer furchterregenden Festung, die von hohen und schroffen Eisenwänden umgeben war. Am Eingangstor standen zwei Höllenhunde, die bei meinem Anblick Feuer ausspien. Als ich hineingeführt wurde, sah ich hohe Wände, die alle mit einer dicken Rußschicht überzogen waren. Dann ging es wieder hinaus in einen Innenhof. In der Mitte dieses Hofes fesselten mich die Dämonen an einen alten Baumstumpf. Dann begannen die Torturen. Zwei Folterknechte kamen und schnitten mit einem Messer große Fleischstücke aus meinem Körper, die sie anschließend schmatzend verspeisten. Unter grauenhaften Schmerzen rissen sie mir anschließend die Gedärme aus dem Leib.

Irgendwann endeten die Torturen und ich wurde in die große dunkle Halle geführt, in welcher der Höllenfürst residiert. Mit gelb funkelnden Augen schaute er mich an und wollte wissen, wie ich mein Leben als Mensch verbracht hätte. Wahrheitsgemäß berichtete ich von all meinen bösen Taten, meinen Lügen und Diebstählen und all den Gemeinheiten, die ich begangen hatte, bevor ich zur Lehre des Buddha fand. Anschließend erzählte ich ihm aber auch, wie sehr sich mein Leben zum Guten gewandelt hatte, seit ich dem Pfad des Erhabenen folgte. Bei diesen Worten horchte der Höllenfürst erstaunt auf. Während er bei den Schilderungen meiner schlechten Taten richtig mitgegangen und jedes Mal wütend gezischt und gefaucht hatte, wurde er plötzlich sehr nachdenklich. Dann wandte er sich an die Wächter und Dämonen, die um ihn herum standen: ‚Er ist ein Jünger des Buddha, warum habt ihr ihn zu mir gebracht?‘

Die finsteren Gestalten begannen miteinander zu tuscheln. Auf einmal wurde die ganze Halle von großer Unruhe erfasst. Offensichtlich waren die Höllenwesen für ein paar Augenblicke allesamt ratlos. Irgendwer brachte schließlich ein großes schwarzes Buch herbei, aus dem beim Aufschlagen rote Flämmlein züngelten. Alle blickten sofort neugierig hinein.

‚Ein Versehen, Herrscher der Dunkelheit‘, sprach schließlich eine der Gestalten, die eine Amtsrobe trug und offensichtlich so etwas wie ein Chronist des Karma war.

‚Was ist geschehen?‘, fragte der Höllenfürst. Da gab der Chronist eine Erklärung: ‚In seinen Jugendjahren war dieser Bursche ein ganz schlechter Kerl, doch dann trat etwas ein, womit niemand gerechnet hatte: Er fand zur Lehre des Buddha und gestaltete sein Leben völlig neu. Dadurch begann er, sein Schicksal nunmehr in seine eigenen Hände zu nehmen. Aber wir haben nun leider vergessen einzutragen, dass ihm aufgrund dieses Wandels mindestens zwanzig Erdenjahre gewährt werden müssen, damit er die Gelegenheit erhält, all sein böses Handeln noch in dieser Daseinsspanne durch gute Taten auszugleichen. Aufgrund unseres Versäumnisses haben ihn die Dämonen dann zu früh aus dem irdischen Dasein geholt.‘

‚So ein Mist‘, schimpfte da der oberste Herr des Höllenreiches und sprach: ‚Schafft diesen Burschen schnell wieder ins Leben zurück, ich kann hier nichts weiter mit ihm anfangen!‘ Kurz darauf befand ich mich wieder zurück in meinem Körper.“

Alle waren von der Schilderung des Jünglings zutiefst bewegt. Überall herrschte große und überschwängliche Freude über seine Rückkehr. Am nächsten Tag gingen die Verwandten und Freunde, ja der gesamte Ort, in den Tempel und dankten dem Buddha. Fortan widmete der junge Mann sich mit all seiner Kraft der Übung des Pfades. Später, als die Zeit seines irdischen Daseins wirklich zu Ende war, stieg er in die himmlischen Sphären auf. Sein Beispiel zeigte den Menschen, dass Karma oft Zeit benötigt, um zu reifen. Viele vordem noch Schwankende fassten daraufhin den Vorsatz, ihre begrenzte irdische Existenz auf rechte Weise zu nutzen, um gute Voraussetzungen für das Künftige zu schaffen.

## Das Fleisch eines Königs

Es gab einmal ein Land, das den Namen *Fleckenloser Meru* trug. Viele Buddhas lebten dort und seine Bewohner wurden zumeist über hundert Jahre alt. Der König, der dieses Reich regierte, hatte zahlreiche Frauen und Hunderte von Kindern, die alle der Lehre folgten.

Der Herrscher des Nachbarreiches blickte voller Bewunderung und Neid auf dieses wunderbare Land. Er selbst hatte sechs Söhne, doch kein einziger von ihnen folgte dem Pfad, geschweige denn wäre je bereit gewesen, ein asketisches Mönchsleben zu führen. So sehr der alte Monarch seine Sprösslinge auch drängte, nach der Lehre des Erhabenen zu leben, bei keinem fielen seine Worte auf fruchtbaren Boden.

Aus gutem Grund zögerte er daher, einen von ihnen zu seinem Nachfolger zu bestimmen. Da die Söhne nicht ohne Grund glaubten, am Ende allesamt leer auszugehen, hockten sie sich eines Tages zusammen und berieten miteinander: „Unablässig setzt uns der Vater mit seinen Forderungen nach einem tugendgefälligen Leben zu. Wenn wir nicht bald irgendetwas unternehmen, wird er uns am Ende gar noch alle verstoßen“, äußerste dabei der Älteste. Die anderen stimmten zu, denn auch sie teilten diese Befürchtung. So kamen die sechs überein zu handeln. Schon am folgenden Tag sprachen die Prinzen gemeinsam beim König vor und erklärten: „Wir sind in uns gegangen und haben gründlich nachgesonnen. Ja, wir werden die Lehre annehmen und nach ihr leben, aber wir verlangen als Gegenleistung, dass Ihr das Reich in sechs Fürstentümer aufteilt und jeden von uns zum Herrscher über eines dieser Teile macht.“

Der König freute sich über dieses vermeintliche Zeichen der Einkehr, wenngleich ihm die Erfüllung dieser dreisten Forderung überhaupt nicht behagte. Dennoch willigte er ein, weil er annahm, dass ein solcher Preis für eine Wende zum Guten eben entrichtet werden müsse und daher zu vertreten sei. Doch in diesem Punkt hatte er sich schwer getäuscht. Kaum waren aus den Prinzen mächtige Fürsten geworden, glaubte nun jeder der sechs, dass gerade er zu wenig vom Ganzen abbekommen habe. Der eine behauptete, sein Land sei das unfruchtbarste von allen, der andere beklagte sich über den schlechten Zustand der Wege und Straßen, ein weiterer über die zu geringe Zahl guter Handwerker auf seinem Gebiet und so weiter. Jeder meinte, dass ihm von den anderen etwas rechtmäßig zustünde: ein wenig mehr fruchtbares Land, eine freie Durchgangsstraße ohne Maut und Zölle, ein Kontingent schöner Konkubinen oder eine Heerschar erfahrener Krieger. Es dauerte nicht lange und die Söhne begannen, gegeneinander zu kämpfen. Statt das Land zu entwickeln, stellten sie mächtige Heere auf, die sie in blutige Schlachten trieben. Nach nur wenigen Jahren waren die sechs Fürstentümer des einst blühenden Königreiches völlig verwüstet.

Weil man die Bauern mit Zwang in die Armee gepresst hatte, lag die Landwirtschaft überall völlig am Boden. Unzählige Männer waren auf dem Schlachtfeld geblieben und so bebaute kaum noch jemand die Felder. Immer größer wurde die Not des Volkes, in allen Teilen des einst wohlhabenden Landes hungerten jetzt die Menschen.

Verzweifelt musste der gute König mit ansehen, wie seine pietätlosen Söhne in nur kurzer Zeit das ganze riesige Reich völlig zugrunde richteten. Voller Mitgefühl blickte er auf seine leidenden Untertanen; jeden Tag wuchs die Zahl derer, die an Hunger und Entbehrung starben. Da sprach der König: „Ich will und muss jetzt ein Zeichen setzen!"

Einen ganzen Tag und eine ganze Nacht lang sann er nach, was er in dieser Lage wohl tun könnte. Dann erkannte er, dass nur um den Preis seines Selbstopfers die Probleme zu lösen waren. Nicht einen Augenblick länger zögernd, handelte er sofort. Durch seine ausdauernde Übung der Tugend und Versenkung hatte er übernatürliche Fähigkeiten erworben, von denen er nun erstmals Gebrauch machte. Allein mit der unermesslichen Kraft seines Willens gelang es ihm, seinen Körper in wenigen Stunden gewaltig anwachsen zu lassen. Über Nacht verwandelte sich dieser Mann in einen unvorstellbar riesigen Berg aus Fleisch, der sich über viele Dutzende von Li erstreckte. Alle Wesen konnten nun ihren Hunger an diesem gewaltigen Leib stillen. Von überall her strömten die Menschen zusammen. In ihrer tiefen Verzweiflung nahmen die Leidenden diese Opfergabe dankbar an. Unzählige Leben wurden so gerettet. Bald kamen auch die Tiere und aßen vom Leib dieses wohltätigen Herrschers, selbst solche wie Rehe und Vögel, die sonst nie Fleisch zu sich nahmen. Auch diese litten große Not, denn überall waren die Felder ausgetrocknet. Fast alle Männer, die früher die Bewässerungsanlagen instand gehalten hatten, waren ja im Krieg gefallen.

Noch ein weiteres Wunder geschah in dieser Zeit: Kaum war ein Teil des königlichen Fleisches verzehrt, wuchs an den Rippen, den Händen und Füßen sofort wieder neues nach. Während die Seele des Königs bereits die himmlischen Sphären bewohnte, existierte sein Fleischesleib noch zehntausend Jahre, und alle, die von ihm zehrten, wurden nicht nur satt, sondern fanden durch diese Opferspeise auch Gestilltheit und inneren Frieden.

## Ein großer Fisch opfert sich für hungernde Menschen

Einst wurde ein Bodhisattva in einer ganz armen Familie wiedergeboren. Mit jungen Jahren fand er eine Anstellung als Gehilfe eines Händlers. Die Eltern waren froh, dass sich durch ihn die Lage der Familie nun ein wenig verbesserte. Durch seinen Beruf kam der Gutherzige auch an das weite Meer, an dem er zuvor noch nie gewesen war. Dort sah er erstmals das ewige Spiel der blauen Wogen. Voller Erstaunen beobachtete er, wie diese – gekrönt von weißen Schaumkronen – sich am Ende auf dunklen Felsbrocken verloren, bevor das große Meer ihr Wasser wieder in sich zurückströmen ließ. Die Gischt zischte und spritzte und für Bruchteile von Sekunden entstanden wunderbare Formen, die in ihrer Schönheit an die herrlichsten Blumen des Sommers erinnerten. In diesem Augenblick fühlte der junge Mann zum ersten Mal eine unermessliche Weite und Grenzenlosigkeit in seinem Herzen. Wie eins fühlte er sich mit den Wogen des gewaltigen Ozeans. Dabei schaute er tief hinein in die klaren Wasser und beobachtete das Leben der Fische, doch was er dort erblicken musste, ließ ihn aufschrecken. Erfüllt von Widerwillen musste er mit ansehen, wie die großen Fische den kleinen nachjagten und die armen Geschöpfe gierig verschlangen, sobald sie ihrer habhaft wurden.

„Alle Wesen sollten in Frieden und Harmonie miteinander leben", dachte sich der Wiedergeborene. Das Dasein in der Welt der Konkurrenz und der wechselseitigen Vernichtung erfüllte sein Herz mit tiefer Traurigkeit. Im Stillen dachte er: „Eigentlich sollte es die Aufgabe der Großen sein, den Schwachen Schutz und Beistand zu bieten, nicht aber sie zu vernichten."

Von tiefem Mitleid bewegt stürzte sich der junge Mann in die Fluten, rief die großen Fische herbei und bot ihnen seinen Körper zum Fraß an, auf dass sie dafür ihre Artgenossen verschonten. Das ließen sich die Raubfische nicht zwei Mal sagen. Gierige Mäuler bissen augenblicklich zu und schlangen sein Fleisch in großen Brocken rasch herunter, bis nur noch Haare und Knochen übrig waren. So fand dieser Edle den Tod, indem er sein Leben zum Schutz der kleinen Fische opferte.

In seinem nächsten Dasein wurde er als ein ganz kleiner Walfisch wiedergeboren, der aber schnell an Gewicht und Größe zulegte. Im Lauf nur weniger Jahre wurde er riesengroß, mit einem dicken Bauch und gewaltigen Fettpolstern. Schließlich hatte dieses Meerestier eine Länge von vielen hundert Metern erreicht.

In dieser Zeit brach über viele Länder eine furchtbare Dürre herein. Allerorts hungerten die Menschen. Als es schließlich überhaupt nichts mehr zu essen gab, töteten die Verzweifelten erst ihre Haustiere und schließlich auch alte und schwache Mitmenschen, um von ihrem welken Fleisch zu zehren. Obwohl er in den Tiefen des Ozeans lebte, bekam der große Walfisch mit, was an Land geschah. Entsetzt von dem Leid und der Grausamkeit der Menschen war er entschlossen, in dieser Situation sein Leben erneut zum Wohle aller Wesen zu opfern. Mit einem gewaltigen Sprung erhob er sich aus den Fluten und landete mit weithin vernehmbarem Klatschen auf dem sandigen Meeresgestade. Anstatt einander länger zu töten, sollten die Menschen besser von seinem Fleisch zehren. Die Ausgemergelten ließen sich nicht lange bitten. Männer, Frauen und Kinder kamen herbei und schlangen unaufhörlich das fette Walfleisch in sich hinein. Da geschah etwas Seltsames: Der große Fisch blieb trotz allem weiter am Leben. Allein weil sein Mund unaufhörlich Worte des Trostes und der Ermutigung zu ihnen sprach, verschonten die Menschen seinen Kopf.

Als der Himmelsherrscher sah, was dort am Meeresufer geschah, stieg er hinab zu dem barmherzigen Wal. „Du musst doch furchtbare Schmerzen haben, warum stirbst du nicht endlich?", wollte die Gottheit wissen. Der Bodhisattva sprach: „Wenn ich jetzt stürbe, so würde mein Fleisch innerhalb weniger Tage verfaulen. Keiner der Hungernden könnte dann noch davon zehren." Die höchste Gottheit war tief gerührt von diesem unbeugsamen Opferwillen im Angesicht allerschlimmster Schmerzen. Nach einigen Wochen war der Hunger der Menschen im Großen und Ganzen gestillt. Einige Leute jedoch hatten immer noch Appetit und aßen zum Schluss sogar den Kopf des Wales. Jetzt erst starb das edle Tier.

In ihrem nächsten Leben wurde die Seele des Bodhisattva als Sohn eines Monarchen wiedergeboren. Schon früh zeigte sich, dass dieser Prinz ein kluger und mitfühlender Mensch war. Auch in diesem Leben galt den Armen im Land seine besondere Fürsorge. Nach einigen Jahren, der Königssohn war bereits herangewachsen, brach erneut eine furchtbare Dürre über das Land herein. „Wie könnte ich mich jetzt noch satt essen, während draußen im Reich die Menschen darben?", sprach er und dachte nach, wie er wohl in dieser Lage sein Leben opfern könnte.

In dieser Stunde erschien der Buddha vor ihm, der tief bewegt vom Edelmut dieses Menschen, ihm Hilfe und Beistand gewähren wollte. Fünfhundert Mönche erschienen in seinem Gefolge. Hocherfreut sprach der Prinz zum Erhabenen: „Seit Jahren fiel in unserem Land kein einziger Tropfen Regen; überall vertrocknen die Bäume, auf den ausgelaugten Feldern wächst nicht mehr ein einziger Halm Reis."

Der Buddha hörte alles achtsam an, dann sprach er zu dem Bodhisattva: „Ihr seid ein Wesen von alleredelster Tugend. Bittet, so wird Euch zuteilwerden. Doch nutzt auch Euren Verstand und denkt nach, was in solcher Lage zu tun ist. Weil schlimme Dürren regelmäßig über Euer Land kommen, müssen sich die Menschen in Zukunft besser vor ihren Folgen schützen."

Es dauerte nicht lange, da hatte der kluge Prinz durch eifriges Nachsinnen eine Lösung gefunden. Dabei erinnerte er sich, dass in normalen Zeiten in jedem Frühjahr heftige Regenfälle über das Land kamen, dieses viele Wasser jedoch einfach im Boden versickerte oder von den großen Flüssen zum Meer fortgetragen wurde. Genau das musste verhindert oder zumindest eingeschränkt werden. So fasste er den Plan, mit seinen fähigsten Leuten überall im Land große Wasserspeicher anzulegen. Weit verzweigte Bewässerungskanäle sollten während künftiger Dürreperioden die angesammelten Wassermassen dann dorthin strömen lassen, wo die durstigen Menschen und trockenen Felder dringend nach ihnen verlangten. Auf sein Geheiß legte das ganze Volk Hand an, fleißige Bauern schufen künstliche Teiche und gruben große wie kleine Kanäle. Innerhalb weniger Jahre entstand so ein ausgeklügeltes System von Wasserbauten mit Aquädukten, deren Gefälle genauestens bemessen war. Fortan gehörten die schlimmen Dürrezeiten der Vergangenheit an. Nach seinem Tod stieg dieser Prinz in die himmlischen Sphären auf.

## Die Kraft eines Buddhamönchs

Auf Wunsch des Buddhajüngers Ananda begab sich der Mönch Śāṇavāsa[9] einst in das Reich Modjülo, um dort die Lehre zu verbreiten. Auf der Reise in das ferne Reich musste der Ordensmann einen tiefen Wald durchqueren. Mitten in diesem Wald sah er in der Abendstunde zwischen den Baumwipfeln unerwartet die Spitze einer Pagode. Kurz darauf erblickte er auch den kleinen Tempel, zu dem dieses Bauwerk gehörte. Dort angekommen, traf er schließlich auf zwei Mönche, die gerade in einen heftigen Disput verwickelt waren. „Verletze niemals auch nur ein einziges der buddhistischen Gebote – das ist der Königsweg!", verkündete dabei einer der beiden Robenträger. Der andere wollte sofort etwas erwidern, da trat Śāṇavāsa hinzu und sprach: „Ihr habt recht gesprochen."

Augenblicklich verstummten die beiden Mönche und sahen den Hinzugekommenen verdutzt an. Ohne weiteren Gruß oder sich vorzustellen begann dieser sogleich, eine Geschichte zu erzählen: „In einem meiner früheren Leben war ich einst ein Händler. Gemeinsam mit fünfhundert anderen Kaufleuten fuhr ich Jahr um Jahr über die weiten Meere. Auf einer dieser Reisen trafen wir auf einen Pratyekabuddha[10], der an einer schweren Krankheit litt. Wir halfen sofort und kauften gute Arznei für ihn, der Edle besaß ja kein eigenes Geld. Auch schenkten wir ihm neue Kleider, denn er war in nichts anderes als in schmutzige Lumpen gehüllt. Es dauert nicht lange und dieser Buddha gesundete und aß wieder. Einige Zeit später trat er allerdings in die große Verwandlung ein. Unsere segensreiche Tat jedoch schuf gutes Karma für mich und die anderen Kaufleute."

In diesem Augenblick erkannten die beiden Mönche, dass es auf der ganzen Welt eigentlich nichts gibt, worüber sich ein Streit wirklich lohnen würde. Freudig bewirteten sie ihren Gast, der dann am anderen Morgen wieder in Gelassenheit weiter seines Weges zog.

Am Abend des folgenden Tages erreichte Śāṇavāsa schließlich den Fuß des Mantuo-Gebirges, wo das Reich Modjülo begann. Gleich hinter der Grenze ließ er sich auf einem Felsblock in der Nähe eines rauschenden Baches zur Meditation nieder. An diesem Ort lebten allerdings zwei wilde Drachen, die sich augenblicklich an der Gegenwart des heiligen Mannes störten und ihn sofort wieder vertreiben wollten. Im Nu ließen sie in Berg und Tal überall heftig die Erde erzittern. Obwohl der Boden unter ihm bebte, blieb der Meditierende einfach weiter unbewegt weiter auf seinem Stein sitzen. Als sie merkten, dass sie auf diese Weise nichts

9 Chinesischer Name: She Na Po Si – 舍那婆私, auch als Shang Na He Xiu – 商那和修 bekannt.
10 Ein Pratyekabuddha (辟支佛) ist ein zum Buddha erwachter Mensch, der jedoch nicht lehrt und in der Zurückgezogenheit lebt.

ausrichten konnten, bliesen die beiden so heftig sie konnten Luft aus ihren mächtigen Nüstern. Durch den damit erzeugten Wind beschworen sie einen furchtbaren Sturm herauf, dem sogleich ein heftiger Regen folgte. Doch auch diese Urgewalten waren nicht imstande, die Versenkung des Mönchs auch nur im Geringsten zu stören. Wütend griffen die zwei Übelwollenden nun zu ihrer letzten Waffe: Sie erhoben sich in die Lüfte und trieben von überall her dunkle Wolkenmeere am Bergrand zusammen. Kurz darauf krachten markerschütternde Donner über die schroffen Felswände, grelle Blitze zuckten zeitgleich vom Himmel und entluden sich ins Erdreich, ganz in der Nähe des Mönchs. Erst jetzt schlug Śāṇavāsa kurz die Augen auf, um zu sehen, was um ihn herum eigentlich vorging. Augenblicklich ließ der Edle mit der Kraft seines Willens die Blitze erstarren und verzauberte das gefrorene Licht sogleich in wunderschöne Regenbögen. Anschließend verwandelte er den dunklen Regen in bunte Blumen, die sanft und leise vom Himmel herabschwebten. Alles Unheilvolle hatte er im Nu in Segen und reine Freude verwandelt. Schnell waren all die Gewitterwolken fort und von den kalten Schneebergen strahlte das Licht der Sonne wieder hell und wärmend herab.

Was auch immer geschah, dieser Edle blieb stets frei von Hass, Groll und Übelwollen. Fest verankert in der Klarheit der Buddhalehre konnte ihn selbst das heißeste Feuer nicht verbrennen. Kein Unheil gab es, an dem er hätte wirklichen Schaden nehmen können. Entsetzt mussten die Drachen feststellen: All unsere furchtbaren und dämonischen Kräfte bewirken bei diesem Menschen überhaupt nichts. Geschlagen und wohl auch gleichzeitig ein wenig neugierig geworden, traten sie jetzt erstmals an den Mönch heran und fragten ihn, was er an ihrer Heimstätte eigentlich wolle.

„Dies ist ein guter Ort, um einen Tempel zu errichten", antwortete dieser. Die Drachen aber wandten ein, dass hier allein ihr Lebensraum sei, auf dem kein Fremder etwas verloren habe.

„Die Welt ist groß genug und es gibt Platz für uns alle", sprach der Buddhajünger. Geduldig erklärte er den beiden die Lehre des Erhabenen. Achtsam lauschten sie seinen Worten. Es dauerte nicht lange und Śāṇavāsa hatte sie tatsächlich überzeugt. Von tiefer Ehrfurcht ergriffen, rollten sich die beiden schließlich demütig zusammen. So entstand ein Tempel an diesem Ort und die zwei Drachen wurden zu seinen furchtlosen Beschützern. Wer auf dem heiligen Pfad geht, der vermag alle Dinge zu verwandeln.

## Buddhatugenden

In einem Reich lebten einmal zwei Kaufleute, wobei der eine ein guter und wohltätiger, der andere jedoch ein gemeiner und hinterhältiger Mensch war. Der Gutherzige folgte der Lehre des Erhabenen, er sah im Buddha den größten aller Könige und unterstützte täglich die Gemeinschaft der Mönche und Nonnen. Der Böse aber dachte: „Dieser Buddha ist doch nichts als ein dummer Ochse“, seine Jünger nannte er oft „nutzlose Lumpengestalten“ und machte sich bei jeder Gelegenheit über ihre Glatzen und schlichten Gewänder lustig. Die beiden Männer hatten hin und wieder geschäftlich miteinander zu tun. Über Fragen ihres Glaubens hatten sie dabei allerdings nie miteinander gesprochen. So wusste auch keiner von den Überzeugungen und Lebenseinstellungen des anderen. Eines Tages geschah es, dass sie einmal zufällig an einer Weggabelung zusammentrafen. Dabei stellten sie fest, dass sie auf denselben fernen Markplatz wollten, und beschlossen so nun, gemeinsam dorthin zu ziehen. Am Abend dieses Tages kehrten sie in einer Herberge ein, nahmen ein üppiges Mahl zu sich und tranken ein paar Becher Wein, bis sich dann ein jeder in sein Schlafgemach zurückzog.

Was keiner von beiden wusste: An diesem Ort trieben böse Dämonen ihr Unwesen. In dieser hellen Vollmondnacht wollten die Finsterlinge den Menschen in der Herberge wieder einmal kräftig zusetzen. Als Erstes traten sie an das Bett des Gutherzigen heran, der friedlich schlief. Bei seinem Anblick war ihnen sogleich klar: Diesem Menschen konnten sie nichts anhaben, das Karma guter Handlungen hatte sich wie ein undurchdringliches Schutzschild um ihn gelegt; daher kümmerten sie sich nicht weiter um ihn. Der Böse hatte derweil in seiner Schlafkammer für sich allein kräftig weitergezecht und war nun ein williges Opfer für diese übelwollenden Nachtgestalten. Sein Rausch hatte ihn vollends wehrlos gemacht. So veranlassten sie durch ihre magischen Kräfte, dass er das Bett verließ und hinaus auf die Straße torkelte. In diesem Augenblick kam eine späte Kutsche vorbeigerauscht. Dem Wagenlenker blieb keine Zeit mehr, sein Gefährt rechtzeitig zum Stehen zu bringen, und der Mann wurde überfahren. Zwei schwere Eisenräder rollten über seinen Körper und er war auf der Stelle tot.

Der Gutherzige wurde durch den plötzlichen Lärm aus dem Schlaf gerissen und sah nun völlig erschüttert, was seinem Händlerkollegen gerade widerfahren war. Beim Aufbruch am Morgen sprach er angesichts der vor der Herberge zusammen aufgeschichteten Waren der beiden zu sich: „Am besten lasse ich angesichts dieses Vorfalls auch meine eigenen Sachen restlos hier. Wir sind zusammen hergekommen und ich will nicht, dass die Leute womöglich denken, ich wäre auf den Besitz dieses Mannes erpicht oder hätte ihn gar auf dem Gewissen.“

Daher zog er nun allein und ganz ohne Gepäck weiter. Als mittelloser Wanderer ging er dann Hunderte von Li des Wegs, bis er schließlich in ein anderes großes Reich kam. Dort war wenige Tage zuvor der König verstorben. Dieser Herrscher hatte keine Nachkommen hinterlassen. Der ganze Hofstaat war verzweifelt, weil niemand wusste, wer das riesige Land in Zukunft regieren sollte.

„Was für ein edler Mensch unser König war“, sprachen die Minister zueinander. „Jedes Mal, wenn er aus seinen Gemächern ins Freie trat, verneigten sich sogar seine Rosse vor ihm und gingen aus Ehrerbietung immer tief in die Knie.“

Um einen neuen Herrscher zu finden, machte einer aus der Runde schließlich einen Vorschlag: „Wir wollen von überall her die Edlen und Tapferen an diesen Ort rufen und sie an den Pferden unseres verstorbenen Monarchen vorbeiziehen lassen.

Sollten die Tiere bei einem der Männer deutliche Zeichen von Ehrerbietung zeigen, so wollen wir diesen als unseren künftigen Monarchen ansehen."

Schnell erging ein Aufruf an alle Männer des Landes und auch bis weit über die Grenzen des Reiches hinaus. Tausende kamen, die sich berufen fühlten, die Königskrone auf ihrem Haupte zu tragen. Alle wurden sie an den herrschaftlichen Rossen vorbeigeführt, doch während des stundenlangen Aufzugs zeigte nicht eines der Tiere auch nur die allergeringste Regung. Die Prozession der Thronanwärter war gerade vorüber und die Pferde sollten wieder in ihre Ställe zurückgeführt werden, da kam zufällig der zerlumpte Händler des Wegs und wollte am Palasttor vorbei in die Stadt gehen. Kaum hatten die Tiere ihn erblickt, verneigten sie sich vor dem fremden Mann und berührten mit ihren rechten Knien ohne Ausnahme respektvoll den Boden. Augenblicklich brach unter dem Hofleuten und dem versammelten Volk unbändige Freude aus: „Wir haben wieder einen neuen König!", riefen die Menschen und jubelten laut. Der Händler aber war nichts als verwirrt. Kurz darauf verbeugten sich auch noch die Minister vor ihm und erklärten den Mann zum künftigen Herrscher ihres Reiches. Der so überschwänglich Geehrte wurde sehr verlegen und wusste nicht, was er nun tun sollte.

„Nein, nein, ich werde die Königswürde nicht annehmen", verkündete er sogleich mit lauter Stimme. Doch da hatten die Hofschranzen schon feinste Seidengewänder gebracht, die Gardesoldaten zögerten nicht lange, hoben ihn auf ihre Schultern und trugen den noch immer ein wenig Widerborstigen in die königlichen Bäder, wo die Konkubinen seinen Leib erst mit feinster Seife wuschen und dann mit den besten Ölen und Duftwässerchen des Landes einrieben. Der Händler zauderte jedoch noch immer.

In der folgenden Nacht versenkte er sich in eine tiefe Meditation. Erst in der Versenkung erkannte er, dass dies das Wirken des Erhabenen war. Jetzt blickte er erstmals sorgfältiger auf dieses Land und seine Bewohner und erkannte sehr schnell, warum es hier kein Fortkommen gab: Die Menschen wussten einfach nicht um die Lehre des Buddha. Nur ganz wenige hatten ihr Leben dem Guten geweiht, Barmherzigkeit und Mitgefühl galten gemeinhin als Schwäche. In dieser Stunde erkannte er seine Bestimmung und entschloss sich, die ihm zuteil gewordene Aufgabe anzunehmen und künftig in diesem Land den Dharma zu verbreiten. Vor allem anderen gelobte er, durch eigene Rechtschaffenheit ein leuchtendes Beispiel zu geben. Alle diese Menschen wollte er auf den Weg des Guten führen.

Kaum hatte der Pfadgänger diesen Entschluss gefasst, erschien plötzlich der Buddha in seiner Nähe, um den künftigen Untertanen des neuen Herrschers ein weithin sichtbares Zeichen zu setzen. Mit seinem Erscheinen war das ganze Land in ein alles durchdringendes goldenes Licht gehüllt. Alle, die es erblickten, gerieten in Erstaunen und Verzückung. Von diesem Zeitpunkt an wurde die Lehre auch in diesem Reich verbreitet. Durch das Wirken dieses frommen Monarchen, der einst ein schlichter Händler war, regierte fortan in allen Dingen die Menschlichkeit. Schnell kam Wohlstand auch über dieses Volk und der Segen des Buddha strahlte weit hinaus in die Nachbarländer.

## Die geheimnisvolle Buddhastatue

Am Ende der Sui-Dynastie an der Wende vom sechsten zum siebten Jahrhundert war das chinesische Reich in große Unordnung geraten. Zu dieser Zeit regierte ein grausamer Herrscher das Land, der zudem einen unzüchtigen Lebenswandel führte. Überall herrschte Aufruhr, in den Städten und Dörfern kämpften die Menschen für bessere Lebensverhältnisse. Auch Teile seiner Armee rebellierten gegen den Kaiser. Allein in der Stadt Xiangyang kämpfte der General Dou Lubao noch mit aller Entschlossenheit, bereit, mit seinen Soldaten in den sicheren Tod zu gehen. In dieser verzweifelten Lage mischte sich Xuan Fa, der Abt des Stadttempels, in das Geschehen ein. Um weiteres Blutvergießen zu vermeiden, forderte er Dou Lubao eindringlich auf, mit seinen Truppen die Stadt zu verlassen. Doch dieser weigerte sich, dem Ansinnen des Meisters zu folgen. Bewegt von nichts außer dem Wunsch, dem Volk weiteres Unheil zu ersparen, ließ Meister Xuan dem König des Nachbarreiches eine geheime Mitteilung zukommen. Eindringlich bat er ihn darin, allein zum Schutz der Menschen in die Kämpfe einzugreifen und die kaiserlichen Truppen zu vertreiben. Tatsächlich entsandte dieser Monarch mit Namen Tang sogleich eine Streitmacht von hunderttausend bis an die Zähne bewaffneter Soldaten mit Pferden und Kriegswagen. Doch der Abt hatte die Entschlossenheit Dou Lubaos und seiner Männer unterschätzt, denn diese leisteten weiterhin erbitterten Widerstand. Tangs Truppen belagerten die Stadt zwar von allen Seiten, konnten sie jedoch nicht wie erwartet im Handstreich erobern.

Zornig über Xuan Fas vermeintlichen Verrat schickte der Armeeführer seine Männer in den Tempel und ließ den angesehenen Mönch töten. Bevor ihm die Soldaten den Kopf abschlugen, rief der alte Meister seinem engsten Schüler Su Manlou noch die folgenden Worte zu: „Dein Vater und ich erblickten einst gemeinsam die Statue des goldenen Buddha, die inzwischen schon lange Zeit zerstört ist. Du als ein Nachgeborener hast sie schon nicht mehr gesehen. Im Angesicht des Todes bitte ich dich flehentlich: Errichte dem Erhabenen eine neue Statue!“

Die Worte waren kaum verklungen, da hatte schon ein Schwerthieb dem Leben von Meister Xuan ein Ende gesetzt.

Die Kämpfe um Xiangyang zogen sich noch vier lange Jahre hin. Am Ende musste Dou Lubao schließlich doch vor den Tang-Truppen kapitulieren, die die Stadt ohne jedes Schlupfloch unentwegt umzingelt gehalten hatten. Da bereute der General seine grausame Tat, die nun nicht mehr ungeschehen zu machen war.

In diesen Tagen geschah es, dass Su Manlou sich entschloss, die Robe abzulegen und künftig ein weltliches Leben zu führen. Als er den Tempel verließ, nahm er das Mönchsgewand und die wenigen verbliebenen Gegenstände des alten Abtes mit sich. Obwohl jetzt ein Laie, wollte er dennoch dessen letzten Wunsch in die Tat umsetzen. Da die Belagerung vorbei war, konnte er die Buddhastatue endlich anfertigen lassen. Xuan Fas lange verwahrtes Gewand sollte dann den Bronzeleib umhüllen, als eine Geste des Respekts dem alten Meister gegenüber. Nachdem er durch die Almosen vieler Spender schließlich die notwendigen Mittel zusammengetragen hatte, gab er das Werk in Auftrag. Nach zwei Wochen war die Form fertig. In eben der Stunde, in der sie im Tempelhof mit flüssigem Metall ausgegossen werden sollte, ging unerwartet ein heftiger Regen über dem Land nieder, der viele Wochen anhielt und so alle Arbeit zum Erliegen brachte.

Während der endlos lange Regen fiel, kam Su Manlou ins Nachsinnen. Immer wieder kam ihm der Gedanke, dass der Meister es eigentlich verdiene, eine viel größere Statue und eine aus reinem Gold zu bekommen. Als Laie war er in weltlichen Belangen schnell schlau und geschäftstüchtig geworden. So verwandte er in der Folgezeit alle Mühe und Anstrengung darauf, die gewaltigen Mittel herbeizuschaffen, ohne die sich ein solches Vorhaben nicht verwirklichen ließ. Oft erschien ihm in seinen nächtlichen Träumen Meister Xuan, der ihn ermutigte und bei diesen Gelegenheiten wichtige Weisungen gab. Im vierten Jahr der Herrschaft des neuen Kaisers Wu De hatte er es endlich geschafft. In der Morgenfrühe eines Sommertages sollte im Fanyun-Tempel die neu geschaffene, sage und schreibe neunundfünfzig Fuß hohe Statue des Zukunftsbuddha Maitreya enthüllt werden. In genau dem Augenblick, als mit einem kräftigen Ruck die Tücher von dem Werk aus reinem Gold gezogen wurden und alles in hellem Glanz erstrahlte, da ging vom Himmel plötzlich ein wunderbarer Blütenregen nieder. Wie in purpurnes Licht gehüllt leuchteten auf einmal die Wolken am ganzen Firmament und himmlische Töne erfüllten den weiten Raum. Überall knieten die Menschen nieder und priesen die gewaltige Kraft der Buddhalehre, die in allen Dingen wirkt.

## Das Opfer

Es gab einmal ein Land, in dem – einer angestammten Tradition gehorchend – jede große Familie eine öffentliche Pflicht zu erfüllen hatte. Während einige das Privileg besaßen, Münzen und Siegel zu prägen oder die königlichen Maße und Gewichte auf ihre Korrektheit zu prüfen, war es die vornehme Pflicht eines dieser Familienverbände, die Scharfrichter zu stellen und den verurteilten Verbrechern als Vollstrecker des Volkswillens die Köpfe abzuschlagen.

Allerdings war der regierende Monarch ein wohlwollender und barmherziger Mensch, daher war die Todesstrafe seit vielen Jahrzehnten nicht mehr vollstreckt worden. Mörder wurden zwar zum Tode verurteilt, aber der König ließ hernach stets Gnade walten, und so kamen diese Verbrecher lebenslang in den Kerker oder mussten bis zu ihrem Tode Zwangsarbeit leisten. Selbst unter den ältesten Einwohner konnte sich niemand erinnern, jemals Zeuge einer öffentlichen Hinrichtung geworden zu sein. Die achtköpfige Familie der Scharfrichter führte daher ein ganz normales Leben, man ging einem gewöhnlichen Handelsgewerbe nach und bestritt damit den Lebensunterhalt. Die Eltern waren fromme, der Lehre des Buddha treu ergebene Leute, die sechs Söhne hatten. Unter großer Mühe versuchten sie, alle zu guten und tugendhaften Menschen zu erziehen. Fünf der Söhne machten auf diesem Weg große Fortschritte. Weniger Erfolg hatten sie hingegen mit ihrem Jüngsten, dieser Bursche war dem Bösen arg zugeneigt, dabei grob und ungehobelt und oft sehr gemein zu seinen Mitmenschen.

Eines Tages starb der gute König und der älteste Prinz übernahm die Herrschaft über das Reich. Kurz darauf wurde ein gemeiner Mörder zum Tode verurteilt. Doch anders als sein Vater wollte der neue Monarch von seinem Gnadenrecht keinen Gebrauch machen. Entschlossen rief er den ältesten Sohn des Scharfrichter-Clans zu sich und sprach: „Ein gemeiner Verbrecher ist heute von unserem höchsten Gericht zum Tode verurteilt worden. Jetzt ist es deine Aufgabe, morgen früh beim Aufgang der Sonne das Urteil zu vollstrecken."

Der Sohn war zutiefst erschrocken über diesen Auftrag und sprach: „Großer König, ich folge der Buddhalehre und kann noch nicht einmal eine Ameise töten, wie sollte ich da einen Menschen ums Leben bringen können? Verzeiht Majestät, aber diesen Befehl kann und werde ich nicht ausführen."

Diese rebellischen Worte ließen den König furchtbar zornig werden: „Du sprichst damit dein eigenes Todesurteil, denn es ist deine Familienpflicht, die dich bindet. Ich dulde weder Widerspruch noch Widersacher in meinem Reich."

Der älteste Sohn senkte sein Haupt und sprach: „Dann wird es so geschehen. Ich füge mich meinem Schicksal."

Augenblicklich rief der Herrscher die Wachen herbei, die den Mann vor das Palasttor führten und nur wenige Minuten später seinen Leib mit ihren Schwertern durchbohrten. Das Blut dieses Aufrechten war noch nicht im Erdreich versickert, da ließ der König den zweitältesten Sohn der Familie zu sich rufen und beauftragte nun ihn, am anderen Morgen das ausgesprochene Todesurteil zu vollstrecken. Doch auch dieser treue Anhänger des Buddha weigerte sich, seine Gelübde zu brechen. Genauso wie sein Bruder wurde er nur eine Stunde später vor dem Herrscherpalast getötet. So erging es nun auch dem dritten, dem vierten und dem fünften Sohn dieser Familie, deren Vertrauen in die Lehre ebenfalls unerschütterlich war und die ihre Standhaftigkeit alle mit dem Leben bezahlen mussten. Schließlich wurde der jüngste Sohn in den Palast gebracht, wobei er zuvor an den Leichen seiner Brüder vorbeiziehen musste. Auch ihm gab der Herrscher den Befehl, am nächsten Tag das Todesurteil zu vollstrecken. Er vermeinte nun, dieselbe Antwort wie die seiner Brüder zu hören, doch der Jüngste der Familie war nicht wie diese. Ohne zu zögern sprach er: „Dieser Aufgabe komme ich gerne und mit ausgesprochener Freude nach."

Nun war für den neuen Monarchen die Welt wieder in Ordnung. Allerdings erschien kurz darauf völlig aufgebracht die Mutter vor dem Thronsaal und bat, vorgelassen zu werden, was die Wachen ihr sogleich gestatteten. Inbrünstig warf sie sich vor dem Herrscher auf den Boden und flehte ihn an, ihren jüngsten Sohn von dieser furchtbaren Pflicht zu entbinden.

Der König schaute sie ungläubig an und sprach: „Fünf deiner Söhne habe ich heute nacheinander töten lassen und für keinen von ihnen hast du bei mir um Gnade gefleht. Jetzt aber, da dein Jüngster gehorsam seine Pflicht erfüllen will und ich ihm kein einziges Haar gekrümmt habe, kommst du und verlangst, dass ich eine alte und gesatzte Regel breche. Warum hast du denn deine anderen Söhne nicht unterstützt, sind sie dir etwa weniger lieb als dein jüngster Spross?“

Die Mutter antwortete und sprach: „Das ist nicht der Grund, Majestät. Meine fünf Söhne, die Ihr ums Leben brachtet, haben selbst im Tod nichts zu verlieren, denn sie wandelten ihr ganzes Leben auf dem Erlösungspfad. Ihr Opfertod lässt sie gewiss die vollständige Heiligkeit erlangen. Doch ist mein sechster Sohn leider nicht von ihrer Art. Wenn er morgen früh Eurem Befehl folgt, so bricht er seine Gelübde; und findet er am Ende gar Gefallen am Töten, so stürzt er noch viel tiefer in die Höllenwelten hinab. Davor will ich ihn mit aller Kraft bewahren.“

Diese einfachen und klaren Worte ließen den König heftig aufschrecken. Wie ein Lichtblitz durchzuckte es ihn. Plötzlich erkannte er alle seine Fehler. In diesem Augenblick schämte er sich zutiefst, dass er fünf heilige Männer sinnlos geopfert hatte. Große Reue stieg in ihm auf. Noch am gleichen Tag schaffte er überall im Land die Todesstrafe endgültig ab. Er hatte erkannt, dass man auch die schlechten Menschen schützen soll, denn sie fallen gar schnell dem Unheil anheim.

## Die Löweninsel

Vergeben zu können, ist eine große Kraft und eine Stärke, die unbesiegbar macht. Die Hartherzigen aber werden kein gutes Ende nehmen.

Eine Legende erzählt vom Ursprung des alten Namens für Ceylon, genannt die Löweninsel. Einst wollte ein südindischer König seine Tochter mit dem Prinzen seines Nachbarreiches verheiraten. Auf der Reise der Königstochter zu ihrem künftigen Gemahl geschah jedoch ein schlimmes Unheil. Plötzlich stellte sich der Sänfte mit der Braut ein riesiger Löwe in den Weg. Von Furcht gepackt, suchten die Wachen und Begleiter sofort das Weite und ließen das Gefährt mit dem Mädchen schutzlos zurück. Der Löwe riss die Tür der Sänfte auf und blickte in das erschrockene Antlitz der Prinzessin. Betört von ihrer Reinheit wollte er diese junge Frau unbedingt besitzen. Voll heißer Begierde ergriff er sie und verschleppte sie in die fernen Berge, wo er die meiste Zeit des Jahres lebte. Von diesem Tag an betrachtete dieses wilde Tier das menschliche Wesen als seine Lebensgefährtin. Jeden Abend brachte ihr der Räuber frisches Hirschfleisch, oft sammelte er auch wohlschmeckende Früchte, um seine Gefangene zu nähren.

Es dauerte nicht lange und die Prinzessin ward von dem Löwen schwanger und gebar ihm einen Sohn, bald darauf auch noch ein Mädchen. Die Kinder hatten zwar menschliche Gestalt und erinnerten rein äußerlich in keiner Weise an ihren Erzeuger, doch besaßen sie beide die Kräfte und das Temperament eines Löwen. Als der Sohn herangewachsen war und sein menschlicher Verstand sich entwickelte, begann er als Erster sich zu wundern, dass die beiden Wesen, deren Begegnung er seine Entstehung verdankte, von so unterschiedlicher Art waren. Doch lange Zeit gab die Mutter auf seine Fragen nur ausweichende Antworten. Erst auf sein unablässiges und hartnäckiges Drängen hin erzählte die Mutter ihren Kindern schließlich, was seinerzeit geschehen war, wobei ihre Stimme bei jedem ihrer Worte vor Angst zitterte.

„Lass uns von hier fliehen“, sprach der Sohn, „denn Menschen und gemeine Raubtiere können auf Dauer nicht miteinander leben.“ Doch die Mutter wollte nicht und schüttelte den Kopf: „Kurz nachdem ich hierher verschleppte wurde, versuchte ich mehrmals zu entkommen, aber es ist mir nie gelungen. Dieser Dschungel ist dicht und undurchdringlich.“ Das wollte der tapfere und schlaue Junge aber nicht gelten lassen. Forsch erwiderte er, dass er mit seinem Vater schon alle Winkel des Bergwaldes durchstreift habe und die Wildnis fast genauso gut kenne wie dieser.

Als der alte Löwe kurz darauf allein zur Jagd aufbrach, flohen die drei tatsächlich und erreichten unter der klugen Führung des Sohnes bereits am anderen Morgen die sicheren Täler, wo die Felder der Bauern lagen. Ein paar Tage später trafen sie dann in dem Herrschaftspalast ein, von wo aus die junge Frau vor vielen Jahren einst ins Nachbarreich aufbrechen wollte. Bevor sie durchs Tor traten, schärfte die Mutter den Kindern mehrmals nachdrücklich ein, niemanden je von ihrer Herkunft zu erzählen. „Die Menschen würden euch verachten und Schaden zufügen, wo sie nur können“, sprach sie mit tief besorgter Stimme. Zurückgekehrt im Palast mussten sie nun erfahren, dass der alte König schon lange nicht mehr lebte und seine Dynastie mittlerweile zerfallen war. Viele Jahre schon regierte ein neuer Herrscher das Land. Dennoch wurden die drei Rückkehrer am Hofe herzlich in Empfang genommen. Die älteren Hofleute konnten sich natürlich noch gut an die schöne Königstochter erinnern.

Als der Löwe am nächsten Tag von seinem Streifzug mit reicher Beute zurückkehrte, musste er entsetzt feststellen, dass seine Gefährtin und die geliebten Kinder fort waren. Von unbändigem Zorn gepackt, rannte er aus dem Dschungel in das nächste am Berghang liegende Dorf und tötete dort den ersten Menschen, auf den er traf. Dann zog er hinaus zu den Feldern und griff auch dort die Bauern an. Die Leute der Umgebung brauchten einige Zeit, bis sie sich gesammelt hatten und mit Speeren und Schwertern die Verfolgung dieses Menschenfressers aufnahmen, der jedoch bald wieder im dichten Dschungel verschwand. Die Nachricht, dass ein wilder Löwe Menschen angegriffen hatte, verbreitete sich schnell bis in die Hauptstadt, wo der König sogleich anordnete, diese Bestie zu finden und zur Strecke zu bringen. Wer ihm das Fell dieses Löwen überreiche, der sollte eine üppige Belohnung bekommen.

Da sprach der Sohn zu seiner Mutter: „Du hast an diesem Hof mittlerweile keinen Status mehr; zwar werden wir zurzeit geduldet, doch du wirst womöglich nicht immer hier bleiben können. Von was sollen wir dann leben? Wir brauchen vor allem Geld und Reputation, um in der großen Stadt unser Dasein fristen zu können. Ich will mich daher an dieser Jagd beteiligen.“

„Lass es", flehte ihn die Mutter an, „es ist gefährlich und außerdem ist er trotz allem dein Vater." Der Sohn aber ließ keinen Einwand gelten: „Dieser Löwe ist ein wildes Tier, verschon mich mit Mitleid und falscher Moral. Ich werde ihn finden und töten."

Stolz und siegessicher brach er kurz darauf zu dem Bergdschungel auf, in dessen undurchdringlichem Dickicht er aufgewachsen war und den kein anderes menschliches Wesen auch nur annährend so gut kannte wie er. Dort angekommen folgte er sogleich den alten Jagdpfaden und so dauerte es nicht lange, bis er auf den Löwen traf. Als dieser seinen Sohn erblickte, rannte er ihm wütend entgegen. Der Junge schoss sofort zwei Pfeile ab, die ihr Ziel nicht verfehlten. Das mächtige Tier geriet zunächst ins Straucheln und brauchte einen Augenblick, um sich zu orientieren. Doch es war zu spät. Blitzschnell rannte der Sohn herbei und stieß seinem Erzeuger einen langen, scharfen Dolch in die Brust. Mit tieftraurigen Augen starb der Löwe.

Das ganze Volk feierte bald darauf diesen jungen Helden. Zurückgekehrt zum Königshof wollte der neugierige Herrscher sogleich wissen, woher der siegreiche Jäger denn diesen undurchdringlichen Bergwald so gut kenne und die Bestie daher so schnell entdecken konnte. In diesem Augenblick vergaß der junge Mann, was seine Mutter ihm bei der Ankunft am Palast so nachdrücklich eingeschärft hatte. Stolz und überschwänglich verkündete er, dass dieser Löwe sein leiblicher Vater gewesen sei. Dann erzählte er in allen Einzelheiten, was seiner Mutter einst zugestoßen war und wie sie alle drei gemeinsam mit dem alten Löwen im fernen Dschungel gelebt hatten.

Als der Herrscher diese Worte vernahm, schlug seine Bewunderung augenblicklich in Abscheu und Empörung um: „Dieser pietätlose Mensch hier", rief er laut in den Thronsaal, „tötete seinen eigenen Vater allein einer Belohnung willen. Das kann und darf kein Beispiel für unser Land sein!"

Der König zahlte zwar die versprochene Belohnung, beendete jedoch sofort das Gastrecht für ihn und seine Schwester. Allein die Mutter konnte bleiben. Noch am gleichen Tag ließ er beide Geschwister mit dem Blutgeld, einem Fass frischem Wasser und reichlich Reis und Trockenfleisch versehen auf ein Floss ohne Ruder packen und mit der Flut hinaus aufs offene Meer treiben.

Nach einer Reise, die viele Wochen dauerte, landete das Boot schließlich an den Gestaden des heutigen Ceylon. Dort angekommen tötete der Löwensohn alle dort lebenden Männer, auf die er traf, und zeugte anschließend Kinder mit jeder Frau, der er habhaft werden konnte.

## Barmherzige Tiere folgen der Lehre

Vor unendlich langer Zeit entstanden einst die vier großen Meere dieser Welt: das Ostmeer, das Südmeer, das Westmeer und das Nordmeer. Das größte dieser vier ist das Nordmeer. Aus dem Ostteil dieses Ozeans erhebt sich bis heute ein Berg mit Namen *Wogengebirge*, dessen Gipfel leuchten, als wären sie aus reinstem Glas oder Kristall geschaffen. Unzählige Kostbarkeiten birgt dieser Ort inmitten der weiten Wasser. Weit oben am Berg und nahe dem Gipfel sind drei Höhlen in den Fels gehauen. Vor vielen Jahrhunderten lebten hier einst drei Bodhisattvas. Die erste dieser Höhlen trägt den Namen *Unendliche Vielfalt der Formen*, heute lebt dort eine Giftschlange, die der Lehre folgt. In der zweiten Höhle mit Namen *Unsterblichkeit* verweilt ein Pferd in der geistigen Übung. Die dritte Höhle hatten die Bodhisattvas einst *Ort des ewig verweilenden Guten* genannt, hier meditiert jetzt ein Schaf. Dann gibt es noch unzählige Baumgeister auf diesem Berg, die alle den gleichen Namen tragen, nämlich *Unbesiegbar*. Mitten unter ihnen lebt noch eine gute Fee.

Im Süden des Nordmeeres erheben sich weitere gewaltige Felsen aus dem Wasser, die den Namen *Gespaltener Berg* tragen. Auch hier gibt es drei Höhlen, in denen einst heilige Männer lebten. Heute werden sie von Tieren bewohnt, die gleich ihren Vorgängern an diesem Ort ihr Leben ebenfalls der geistigen Übung gewidmet haben. In der ersten Höhle mit Namen *Erhabene Form* lebt ein Rhesusäfflein, in der zweiten, die von den Bodhisattvas einst *Feierliches Gelübde* genannt wurde, meditiert heute ein Huhn. In der dritten Felsenbehausung, der *Stätte des Dharma* schließlich, übt in der Jetzt-Zeit ein Hund die Kunst der Versenkung. Außerdem gibt es viele Feuergeister auf diesem Berg sowie eine Fee, die einem jedem erscheint, der laut „Klarblick“ in den Raum ruft.

Reisen wir vom Süden zum Westen des Nordmeeres, so stoßen wir dort bald auf den *Großen Silberberg*, der auch den Namen *Erleuchtungsmond* trägt. Auch unter seinen Gipfeln gibt es drei Höhlen. Die erste ist die *Diamant-Höhle*, wo ein Schwein nach der Lehre lebt, die zweite trägt den Namen *Duft der Tugend*, dort folgt eine Ratte dem Pfad, die dritte schließlich heißt *Tugendlohn* und wird von einer still und unablässig meditierenden Kuh bewohnt. Daneben behausen noch alle Arten von wilden Geistern diesen Ort sowie einer Fee, die sich selbst *Schutzlos* nennt.

Wer von dort weiter nach Norden fährt, erblickt noch ein weiteres Gebirge. Aus dem nördlichen Teil des Nordmeeres erhebt sich der *Große Goldberg*, den manche auch das *Gebirge des guten und rechten Handelns* nennen. Auch hier liegen um die Gipfel herum drei Felshöhlen, in denen einst Bodhisattvas lebten und wo heute Tiere deren Vermächtnis weiterleben. In der ersten mit Namen *Heller Stern* hat ein Löwe dem weltlichen Dasein entsagt, ein Hase fand in der zweiten, genannt *Pfad der Reinheit*, den Ort seiner Übung, und ein Drache schließlich übt in der dritten Höhle, die er selbst *Verweilende Freude* nennt. Außerdem leben dort noch Wassergeister sowie eine Fee, die den Namen *Übung der Scham* trägt.

Bis auf den heutigen Tag senden diese barmherzigen Tiere jeden Tag und jede Nacht großes Mitgefühl in alle Richtungen zu den Wesen dieser Welt. Alles, was in ihren Kräften steht, unternehmen sie, um die Unwissenden und Verwirrten auf den Pfad der Lehre zu führen.

Das Nordmeer und die Kontinente an seinen Gestaden sind heilige Orte und so ganz verschieden vom Rest der Welt. Wer unter den Menschen die Hilfe dieser zwölf Wesen braucht, wer nach Weisheit und Wissen strebt oder den Pfad der Tugend gehen will, der kann ein einfaches Ritual durchführen, um mit ihnen in Verbindung zu treten. Aus heller Erde soll er einen Klumpen von der Form eines Berges erzeugen, der mindestens zwölf Klafter Höhe haben, sieben Klafter Durchmesser besitzen und eine Grundfläche von zwanzig Fuß Breite bedecken muss. Die Spitze dieses Gebildes muss dann mit wohlriechenden Essenzen durchtränkt und mit Blattgold überzogen werden. Obenauf soll er ein Messinggefäß stellen, dessen Boden mit Blüten zu bedecken ist. Um dieses Behältnis herum müssen dann Opfergaben wie Kuchen, Öl, Honig oder Früchte in einem Kreis ausgelegt werden. Wer den Pfad der Tugend wahrhaft gehen will, muss sich zuallererst gewissenhaft reinigen und dann die Gelübde ablegen. Voller Ehrfurcht soll er dann jeden Tag in nur drei Fuß Entfernung von diesem Opferberg eine Weile stehend verharrend, und dies über einen Zeitraum von mindestens fünfzehn Tagen.

Wenn er nach Abschluss dieser Übung dann in einer Vollmondnacht hinaus ins Freie schaut, kann er im Glanz des Mondlichts diese zwölf heiligen Wesen erblicken. Ein Mensch jedoch, der mit liebendem Herzen übt und im Geist tiefer Entsagung lebt, ein solcher braucht noch nicht einmal diese fünfzehn Tage. Wer die Lehre wahrhaft erfasst hat, der erreicht das Ziel auch ohne all diese Hilfsmittel. Ein solcher erblickt die Bodhisattvas stets und in jedweder Gestalt, in der sie sich zeigen. Aus wahrer Versenkung erwächst große Kraft. Tatsächlich sind die Bodhisattvas überall und allgegenwärtig.

Als ein menschliches Wesen die Lehre zu vernehmen, sie zu verbreiten und die Buddhaschaft zu erlangen, ist schon sehr schwer. Doch welche Bewunderung erheischt es erst, wenn dies einem Geschöpf in der Gestalt eines Tieres gelingt!

## Gewalttätige Herrschaft währt niemals lange Zeit

Es lebte einmal ein kluger Herrscher, der es stets verstanden hatte, weltliche Macht und geistige Autorität geschickt miteinander zu verbinden. Dieser Monarch besaß das Mandat des Himmels und regierte sein großes Reich mit Gerechtigkeit und Weitsicht. Seine Generäle und Soldaten waren ohne Ausnahme loyal und ihrem König treu ergeben. Überall im Land lebten die Menschen in Glück und Wohlstand. Aber dann geschah etwas Unerklärliches: Eines Tages verschwand auf einmal das Himmelsrad, das Symbol der Rechtmäßigkeit seiner Herrschaft. Keiner konnte sagen, warum es plötzlich fort war. Obwohl die Leute überall nach ihm suchten, war das heilige Rad nirgends zu finden.

Da sprach der König: „Es ist dies wohl ein Zeichen der höheren Mächte, dass meine Regentschaft erlischt und ich bald sterben werde." Einige Tage später übergab er daher die Herrschergewalt an seinen Sohn und bestimmte ihn zu seinem rechtmäßigen Nachfolger. Plötzlich tauchte das Himmelsrad wieder auf. Doch nur sieben Tage nach Weitergabe der Königswürde verschwand es erneut.

Voller Sorge fragte der neue König daraufhin seinen Vater, was er jetzt unternehmen solle. „Tue immer nur Gutes, heute und in aller Zukunft. Wer dem Dharma nicht folgt, der geht verloren im Getriebe der Welt", sprach der alte Mann und ermahnte den Sohn: „Vergiss nicht, an jedem Fünfzehnten eines Monats deine Gelübde zu erneuern, faste regelmäßig und reinige deinen Geist, indem du dich der Versenkung widmest. Ist dein Handeln wahrhaft, so wird das Himmelsrad bald wieder auftauchen." Dann erinnerte er ihn noch daran, in der Mitte eines jeden Fastenmonats an zwei Tagen die Armen zu speisen, alle Fragen der Brahmanen entsprechend der Lehre richtig zu beantworten und, wenn er auf einen Bettler treffe, stets ein Almosen zu geben.

So tat der Sohn denn auch und tatsächlich war einige Wochen später das himmlische Symbol wieder da. Allen, die es erblickten, schien es, als erstrahle dieses Gebilde in einem reinen überweltlichen Licht. Das Volk sah darin ein Zeichen der Rechtmäßigkeit des neuen Herrschers. Als der alte König kurze Zeit später verstarb, lag fortan alle Macht allein in den Händen seines Sohnes.

Leider hielten dessen gute Vorsätze nicht lange an. Schon bald befolgte er die Ratschläge des Vaters nicht mehr und begann, die Vorrechte seiner Macht nach allen Regeln der Kunst auszukosten. Es dauerte nicht lange und er war der Genusssucht hoffnungslos verfallen. Schönen Frauen, gutem Essen und süßen Weinen galt seine alleinige und ungeteilte Aufmerksamkeit. Da verschwand das Rad erneut. Aber dieses Mal bereitete sein Verschwinden dem Herrscher kein Kopfzerbrechen mehr. „Was soll's", erklärte er den ängstlich dreinblickenden Hofleuten, „das Land regiert sich auch ohne dieses Symbol!" Und er setzte seinen unreinen Lebenswandel einfach weiter fort.

Weil er nichts anderem mehr als seinen Genüssen nachging, bahnte sich bald großes Unheil an. Genauso wie sich der Herrscher verhielt, so taten es auch seine Beamten und Hofschranzen. An allen Orten im Reich breiteten sich Vergnügungssucht und in der Folge die Bestechlichkeit mit rasanter Geschwindigkeit aus, während das Volk immer ärger an Hunger und Entbehrung litt. Die Minister ermahnten ihn, endlich zu handeln: „Wenn Ihr weiterhin so zügellos seid, werden Euch immer mehr Menschen auf dem Pfad der Tugendlosigkeit folgen und bald wird jeder nur noch an sein eigenes Wohl denken. Wir bitten Euch eindringlich, Majestät: Kehrt zur Tugend zurück!"

Aber der König lächelte nur mitleidig. Was er denn nach Meinung seiner Berater tun solle, wollte er mit einem Achselzucken wissen. Auf diese Frage schickten die Minister einen weisen Mann vor, der zu ihm sprach: „Großer König, die Lage zu ändern, liegt allein in Euren Händen. Macht ein Ende mit Verschwendung und Vergnügungssucht, tut stattdessen einfach Gutes, handelt umsichtig und vorausschauend. Und vor allem: Wartet nicht länger damit. Begebt Euch noch heute zum Ostpalast, legt die Gelübde ab und haltet sie fortan gewissenhaft ein. An jedem fünfzehnten Tag eines Monats erneuert diese Gelübde regelmäßig, um Eure Entschlossenheit zum Guten unablässig zu bekräftigen. Auf diese Weise werdet Ihr das Mandat des Himmels bald wieder erlangen."

Doch der zügellose Herrscher verzog nur unwillig die Mundwinkel und spottete: „Wenn Gutes zu tun das Wichtigste wäre, um König zu sein, dann könnte ja jeder Trottel zum Herrscher werden – aber ganz offensichtlich ist dem ja nicht so! Hört mir daher auf mit diesem hohlen Gerede und Euren dämlichen Ritualen."

Auch der Rat eines weisen alten Mannes war fruchtlos geblieben. Nichts änderte sich und der König machte weiter wie zuvor und so auch seine Frau, seine noch jungen Kinder, fast der gesamte Hofstaat und auch die Beamten überall in dem riesigen Land. Das Volk verarmte immer mehr. Diebstahl und Raub nahmen erschreckend Überhand. Eines Tages wurde einmal eine Diebesbande gefasst. Die noch jungen Verbrecher wurden dem König vorgeführt, auf dass er sie bestrafe.

„Warum stehlt ihr?", wollte er von den Männern wissen. „Majestät", antworteten diese, „überall im Land herrscht Armut und das Volk hungert. Wir taten es, weil wir besser leben wollen als die gewöhnlichen Leute."

Da dachte sich der König in seiner Einfalt: „Ich muss mich in erster Linie vor Aufständen und Rebellion schützen. Das ist die größte Bedrohung für meine Herrschaft. Wenn diese jungen Burschen etwas Geld und ein paar Dinge besitzen, werden sie gewiss nicht in den Reihen meiner Gegner zu finden sein. Am besten ist daher, wenn ich sie einfach weiter gewähren lasse." So verzichtete er nicht nur auf eine strenge Bestrafung dieser Verbrecher, sondern ließ sie ganz ohne jedwede Maßnahme einfach wieder laufen.

Dieser Vorfall sprach sich im Land schnell herum. Mit solcher Aussicht auf Straffreiheit nahm die Zahl der Diebe und Räuber sprunghaft zu. Die Königsherrschaft war in ihren Grundfesten erschüttert, allerorts drohte das Land in Brutalität und Chaos zu versinken. Als er endlich erkannte, welche Gefahr drohte, schlug das Handeln des Monarchen plötzlich ins Gegenteil um. Jetzt ordnete er an, jeden gefassten Dieb ohne viel Federlesen einfach am nächsten Baum aufzuknüpfen. Neben dem allgegenwärtigen Raub und Diebstahl wurde nun ein noch viel schlimmerer Kreislauf blutiger Gewalt in Gang gesetzt. Das Himmelsrad tauchte nie mehr auf. Aufgrund des von ihm erzeugten schlechten Karmas fand dieser Herrscher gar bald den Tod.

## Das Selbstopfer eines betrogenen Königssohns

In längst vergangener Zeit weilte einst ein in der Abgeschiedenheit Erwachter mit Namen Vipaśyin[11] auf dieser Erde. Damals lebte auch ein kluger und tugendhafter König, der von seinem ganzen Volk geliebt und respektiert wurde. Aber dieser Herrscher hatte keine Nachkommen, was ihn sehr betrübte. Zwölf Jahre betete er jeden Tag unermüdlich zu den Göttern, bis er ihre Gunst gewonnen hatte und ihm seine Frau schließlich doch noch einen Sohn gebar. Von der ersten Stunde seines Lebens konnte man im Lächeln dieses Neugeborenen die Güte und Barmherzigkeit eines vollendeten Bodhisattvas erspüren. Schon in früher Kindheit ließen sein Gesichtsausdruck, seine leuchtenden Augen, ja sein ganzes Gebaren die äußeren Anzeichen eines edlen Menschen erkennen.

Sämtliche Minister huldigten einvernehmlich diesem Thronfolger und sahen in ihm den Boten einer glückverheißenden Zukunft.

Als der Prinz schließlich das Erwachsenenalter erreicht hatte, zeigte sich, dass die frühen Anzeichen nicht getäuscht hatten; er war tatsächlich ein wohltätiger und barmherziger Mensch. Alle liebten ihn, bis auf eine Ausnahme: Am Hofe gab es einen üblen Neider, der von glühender Eifersucht erfüllt auf nichts anderes aus war, als den jungen Prinzen zu vernichten.

Eines Tages ward der alte König schwer krank. Die Heilkundigen kamen und berieten lange Zeit miteinander, doch keiner konnte helfen. Welche Kräuter und Tinkturen sie auch verabreichten, nichts zeigte Wirkung. Im Gegenteil, die Krankheit verschlimmerte sich von Tag zu Tag. Schließlich sprach der Älteste der Ärzte: „Nur die geheimste aller Arzneien, wenn vermischt mit rotem Zinnober eingenommen, kann jetzt noch das Wunder der Heilung bringen. Doch sie zu erlangen, das ist nahezu unmöglich und ich kann auch gar nicht sagen, aus was sie eigentlich besteht."

Der junge Prinz fiel in Ohnmacht, als er diese aussichtslos klingenden Worte vernahm. In dieser Stunde trat nun der üble Neider an ihn heran und sprach: „Ich weiß um die geheime Rezeptur, von der dieser Heiler sprach und kann Euch in der Tat sagen, wie Euer Vater mit Gewissheit zu retten ist. Bereitet ihm eine Arznei aus den Augen und den Knochen eines vollkommen tugendhaften Menschen. Das ist genau die Medizin, um die es geht, was aber niemand auszusprechen wagt."

„Ja", erwiderte der Königssohn, „ich habe verstanden und weiß doch zugleich, dass ich niemals einen anderen Edlen ums Leben bringen darf, sondern allein mein Selbstopfer dem Vater vor dem sicheren Tode bewahrt."

So ging er zu dem kranken König, dessen Atem bereits schwach geworden war und der nur noch röcheln konnte. „Teurer Vater" sprach er zu ihm, „haltet aus und habt nur noch ein wenig Geduld, ich kenne die Arznei, die Ihr braucht und werde sie für Euch bereiten. Rettung ist nicht mehr fern." Der Monarch war kaum noch

11 Chinesische Name: Pi Po Shi Fo – 毗婆尸佛.

bei Bewusstsein und verstand nicht, was sein Sohn genau vorhatte. So nickte er nur stumm. Alle seine Hoffnung ruhte nun auf dem jungen Prinzen.

Kurz darauf rief der treue Königssohn den besten Apotheker des Landes herbei und gab dem Mann einen Auftrag: „Macht mir aus meinen beiden Augen, den Knochen meiner Beine und meines linken Arms eine Arznei, reichert sie mit rotem Zinnober an und verabreicht dieses Gemisch dem todkranken Herrscher."

Der Heilkundige erschrak ob dieses ungeheuerlichen Auftrages, doch bevor er überhaupt etwas erwidern konnte, hatte der Prinz sein Schwert schon aus der Scheide gezogen und sich mit eigener Hand beide Beine abgeschlagen, dann mit einem weiteren kräftigen Hieb den linken Arm abgetrennt und mit der verbliebenen rechten Hand und dem Dolch aus seinem Gürtel schnell auch noch beide Augäpfel ausgestochen. Der Apotheker war wie gelähmt vor Entsetzen. Dann aber erkannte er den Zweck und ging gewissenhaft an die Arbeit. So geschwind es ging, bereitete er die geheime Rezeptur. Noch in der gleichen Stunde wurde sie dem König verabreicht. Das Wunder geschah: Schon am anderen Morgen war der Herrscher nahezu völlig genesen.

„Woher kommt diese wunderbare Medizin?", wollte er nun wissen. „Von Eurem edlen Sohn", ließen ihn der Apotheker und die Minister wissen. Sogleich verlangte der König, ihn zu sehen. „Majestät, er ist schwer verletzt und wird nicht mehr lange am Leben sein", erklärten ihm daraufhin die Hofleute mit Tränen in den Augen. Erschrocken erhob sich der König von seinem Lager, um nach dem Prinzen zu sehen. Aber wie er in die Kammer seines Sohnes trat, fiel sein Blick nur noch auf dessen toten und verstümmelten Körper. Der König weinte und schrie, klagte sich selbst heftig an; fortan machte er sich Vorwürfe ohne Unterlass. Voller Schuldgefühle ließ er eine Pagode mit sieben Stockwerken für den edlen Bodhisattva errichten, der in diesem Erdenleben sein Sohn gewesen war.

## Ein gutherziges Mädchen verwandelt sich in einen Mann

Hingabe und Vertrauen sind urmächtige Kräfte und imstande, alle Dinge zu wandeln.

Es lebte einmal ein aufrichtiger Anhänger der Lehre. Eines Tages gebar ihm seine Frau eine Tochter, der sie den Namen *Rechtes Vertrauen* gaben. Dieses Mädchen war ganz anders als die Gleichaltrigen seiner Generation. Pietätvoll gegenüber den Eltern, sorgte es sich liebevoll um seine jüngeren Geschwister. Schon in jungen Jahren ließ diese Gutherzige große Weisheit erkennen und zeigte in allen Lebensdingen ein umsichtiges Gebaren. Jeden Tag studierte sie eifrig die Schriften.

Im Alter von fünfzehn Jahren war sie fest davon überzeugt, die Bestimmung ihres Daseins erkannt zu haben. Weltliche Vergnügungen waren ihr eine Last und sie hielt sich stets von ihnen fern. Stattdessen sann sie unentwegt über die großen Fragen des menschlichen Lebens nach.

„Alles ist vergänglich" – schon früh erkannte sie diese Wahrheit in all ihrer Tragweite. Oft dachte sie dann: „Die grünen Felder genauso wie die Menschen, nichts bleibt ewiglich bestehen. Auch Glück und Schönheit verweilen niemals lange. Wie nichtig ist doch dieser Fleischesleib, der letztlich nur Leiden bereithält. Je mehr wir in die Dinge verstrickt sind, desto größer die Gefahr, später in den Höllenwelten zu landen." So ging dem jungen Mädchen kaum etwas anderes als die Frage der richtigen Lebensführung durch den Kopf: „Wir wissen nicht, woher wir kommen, noch wohin wir gehen. So bedrückt macht es mich, wenn ich all die Menschen um mich herum sehe, wie sie in der täglichen nichtigen Geschäftigkeit der Welt verloren gehen. Wie können sie so jemals inneren Frieden finden?"

In dieser Zeit entschloss sich das Mädchen, Nonne zu werden, um die Staubwelt für immer zu überwinden. Inbrünstig flehte sie die höheren Mächte um Beistand an. Aber sie dachte dabei auch voller Sorge an ihre Eltern, die ja in diesem Fall kein Brautgeld für sie bekommen würden.

Während sie so unablässig nachsann, erschien in der Nacht plötzlich ein himmlisches Wesen in ihrer Schlafkammer. Ergriffen fiel das Mädchen vor ihm auf die Knie. Da sprach die Erscheinung zu ihr: „Im Westen liegt das Paradies der reinen Formen. All die Guten und Barmherzigen finden dort Einlass und sind höchst willkommen."

Mit diesen Worten verschwand sie wieder. *Rechtes Vertrauen* war tief bewegt. Nachdem sie am nächsten Morgen ein Bad genommen hatte, erschien ihr beim Ankleiden das himmlische Wesen erneut und erteilte ihr eine wichtige Unterweisung: „Wiederhole unaufhörlich den Namen des Buddha Amithaba, so wirst du mit Gewissheit die Frucht des Pfades erlangen."

Das Mädchen folgte dieser Aufforderung und nahm endgültig seine Zuflucht zur Lehre des Erhabenen. Hingebungsvoll und ohne Unterlass gab sie sich von nun an ganz der Übung hin. Am Tage und in den Nächten, egal ob sie müde oder wach war, selbst wenn sie krank daniederlag, niemals ruhte ihre unermüdliche Rezitation.

Diese seltene Beharrlichkeit bewegte bald auch den Himmelsherrscher. Doch wollte der König des Götterreiches die Übende zunächst einer ernsthaften Prüfung unterziehen. So verwandelte er sich in einen neunzehnjährigen Jüngling von geradem, aufrechtem Wuchs und einem schönen Antlitz mit strahlend weißen Zähnen. Lächelnd näherte sich dieser junge Bursche dem frommen Mädchen und stand ihr kurz darauf in prächtige Seidengewänder gehüllt gegenüber. Nachdem er sich mit ihr ein wenig vertraut gemacht hatte, wurde er schnell recht deutlich: „Ich begehre dich. Nimm mich zum Mann und dir wird es im Leben an nichts fehlen", so sprach er zu ihr, während er eine mit Gold und Silber verzierte Perlenkette zwischen seinen Fingern hindurchgleiten ließ.

„Danke für Eure schmeichelnden Worte, Edler", antwortete *Rechtes Vertrauen*, „aber ich folge dem Pfad des Erhabenen, der allein mich zu wahrem und bleibendem Glück führt, das in dieser Welt des ewigen Wandels nicht zu finden ist."

In diesem Augenblick nahm der junge Bursche wieder die Gestalt des Himmelsherrschers an. „Groß sind deine Verdienste, treue Anhängerin der Lehre", sprach der König der Himmelswelten zu ihr: „Was immer du verlangst, lass es mich wissen!"

„Vollständige Zuflucht zur Lehre des Erhabenen ist mein einziges Begehren", antwortete die fromme Laienanhängerin.

Der Himmelsherrscher versprach ihr, dass dieser Wunsch Wirklichkeit werden würde. Anschließend stieg er wieder zu den höheren Sphären auf, während die junge Frau Räucherwerk entzündete, um in Dankbarkeit den Stifter der Lehre zu ehren. Es dauerte nur wenige Augenblicke, da erschien ihr der Buddha mit einer großen Heerschar seiner Mönche. Der Erhabene lächelte, als er der frommen Anhängerin in die Augen blickte. Licht in den Farben des Regenbogens strahlte von seinem Körper in alle Richtungen und erhellte den weiten Raum. Die Edle faltete ihre Hände und umrundete den Buddha ehrfurchtsvoll einhundert Mal. Anschließend nahm sie die vierundzwanzig Gelübde. In dem Augenblick, als der Buddha mit seiner Jüngerschar wieder verschwunden war, hatte sich das Mädchen in einen Mann verwandelt. Da freuten sich die Eltern, dass sie nun einen Sohn hatten. Noch entschlossener folgten sie hernach alle voller Hingabe dem Buddhapfad.

## Der Buddha und die Blumen

Es gab einmal ein wunderschönes Land voll dichter grüner Wälder und durchströmt von drei großen Flüssen. Leider wurde dieses Reich von einem launischen und unberechenbaren Monarchen regiert, der nichts außer seinem eigenen Wohlergehen im Sinn hatte. Östlich seines luxuriösen Herrscherpalastes lag ein hoher Berg. Zur Frühlingszeit blühten dort auf den Bergwiesen unzählige bunte Blumen. Jeder, der zu diesem Ort aufstieg, kam aus dem Staunen gar nicht mehr heraus und war wie berauscht von diesem tausendfarbigen Gemälde. Der Blütenberg war der Stolz des ganzen Landes.

In einem Jahr wurde der König von einer anhaltenden Frühlingsmüdigkeit befallen, sodass er keine Lust verspürte, selbst auf den Berg hinaufzusteigen, wie er sonst immer tat. Zugleich wollte er sich aber den Anblick dieser Blumenpracht nicht entgehen lassen. So gab er eines Abends folgenden Befehl an sein Volk: „Hiermit verpflichte ich alle meine Untertanen, morgen in aller Frühe hinauf auf die Almen zu ziehen, dort sämtliche Blumen zu pflücken und mir bis zum Untergang der Sonne ohne Ausnahme zu bringen. Kein einzige Blume darf von mir ungesehen an den Berghängen stehen bleiben!" Nur er allein wollte sich in seinem Palast daran erfreuen können. Am nächsten Tag taten die Untertanen, zwar unwillig, doch widerstandslos, wie ihnen geheißen. Schon am Abend durfte gemäß dem königlichen Befehl keine einzige Blume mehr außerhalb der Herrscherresidenz erblühen. Nachdem sie am frühen Morgen zu den Berghängen aufgestiegen waren, trafen die Menschen auf ein einmaliges, in diesem Frühling besonders schön und üppig blühendes Farbenmeer. So betört waren sie von all den wunderbaren Düften, dass sie für einen Augenblick alle Sorgen des Alltags vergaßen.

Zu dieser Stunde zog auch der Erhabene mit seinen Mönchen über diese Berghänge. Innerlich gereinigt durch die Zauberkraft der Frühlingsblumen, erblickten die Menschen den Buddha erstmals in seiner wahren, übermenschlichen Gestalt. Auf einmal sahen alle das helle, reine Licht, das von seinem Leib in alle Richtungen strahlte. Plötzlich konnten sie auch die Güte und Barmherzigkeit spüren, die von diesem heiligen Mann ausging und die einen jeden berührte, der seine Nähe suchte. Von dieser Begegnung zutiefst ergriffen, schenkten die Leute dem Auftrag ihres Monarchen keinerlei Beachtung mehr; nicht eine einzige Blume wurde noch gepflückt. Stattdessen vernahmen sie die Lehre aus dem Mund des Erleuchteten. Alle erkannten in ihren Herzen die tiefe Wahrheit dieser Worte und nahmen an diesem Tag ihre Zuflucht.

Erst bei Untergang der Sonne ging ihnen auf, dass es Zeit war, wieder hinab ins Tal zu steigen. Mit leeren Händen und dennoch überglücklich kehrten sie zurück. Als der König nun den großen Strom von Menschen ohne eine einzige Blume in den Händen sah, wurde er augenblicklich furchtbar zornig. Sofort schickte er Soldaten aus und ließ alle Einwohner vor dem Palasttor zusammentreiben.

„Respektiert ihr euren Herrscher etwa nicht, ihr Nichtsnutze?“, schrie er und schäumte dabei vor Wut: „Ich werde euch lehren, den Tod zu fürchten!“

Doch die sonst so überängstlichen Untertanen blieben völlig gelassen. Mit einer solchen Reaktion hatte der König in keiner Weise gerechnet. Was war da bloß geschehen? – Der Herrscher war aufs Heftigste erschrocken.

„Seid ihr etwa alle berauscht?“, brüllte er die Leute in der vordersten Reihe an.

Da berichteten ihm die Menschen von der Begegnung mit dem Buddha und seinen Jüngern hoch oben auf dem Berghang. Der König wollte diesen Worten zunächst keinen Glauben schenken. Voller Zweifel blickte er in die Augen der Versammelten. Noch einmal bedrohte er alle mit dem Tode. Doch niemand geriet in Panik, kein einziger erschrak. Diese Gelassenheit der Menschen im Angesicht drohender Vernichtung bereitete dem Herrscher urplötzlich große, weil unerklärliche Angst. Ein unheimliches Gefühl überkam ihn: Hier ging etwas vor, was er nicht im Geringsten kannte und ganz und gar nicht einzuschätzen vermochte. Unverrichteter Dinge kehrte er zurück in seinen riesigen Thronsaal und ließ die Massen ungeschoren abziehen. In dieser Nacht fand er keinen Schlaf.

Am anderen Morgen aber stieg er beim Aufgang der Sonne einer inneren Eingebung folgend selbst in die Berge hinauf, um den Buddha zu treffen. Auch er war tief beeindruckt, als er zum ersten Mal vor dem Erhabenen stand, von dem er wohl schon viel gehört, dem er aber noch nie begegnet war.

„Die Menschen in Eurem Land wandeln auf dem richtigen Pfad“, sprach Buddha zu ihm, „dem Pfad des Guten.“

Bei diesen Worten spürte der König erstmals in seinem Leben tiefe Scham. Mit einem Mal erkannte er all seine Verfehlungen. Aufrichtig bat er um Verzeihung für all seine schlechten Taten der Vergangenheit.

„Gut so“, erwiderte der Buddha, „wer um seine Fehler weiß, der soll sich einfach ändern.“

Das tat der König dann auch.

## Der nur einmal nachlässige Monarch

Ein Bodhisattva wurde einmal als König eines mächtigen Reiches wiedergeboren. Während der Zeit seiner Herrschaft respektierte er die drei Kostbarkeiten und lebte nach den Paramitas[12], den zehn edlen Tugenden. Sein Edelmut strahlte weit hinaus bis in jeden Winkel seines Reiches. In diesem Land regelten sich die Dinge fast im Selbstlauf und stets ohne jegliche Gewalt. Niemals wurde ein Todesurteil vollstreckt, die Menschen lebten alle in Frieden und Eintracht miteinander. Getreide und andere Nahrung gediehen im Überfluss. Handwerk und Kunst entwickelten sich prächtig. Im Reich dieses Herrschers gab es weise Lehrer und sehr viele Bücher. Alle Einwohner waren des Lesens und Schreibens kundig.

Während der Zeit seiner Herrschaft lebte in der Abgeschiedenheit der Berge auch ein Eremit. Jeden Tag meditierte dieser heilige Mann ganz allein in der Stille des Waldes. Alle weltlichen Dinge hatte er schon lange weit hinter sich gelassen. Bei einem Spaziergang vorbei an den Feldern der Talbauern überkam ihn eines Tages ganz plötzlich großer Durst. Da trank er ein wenig Wasser aus dem Lotusteich eines der Dorfbewohner. Erst als er getrunken hatte, kam ihm zu Bewusstsein, dass dies ja kein öffentlicher Weiher war. Erschrocken über sein Tun begab er sich sogleich zum Palast des Königs und bekannte sich des Diebstahls von Wasser aus dem Teich eines anderen für schuldig.

Der Monarch war ob dieser Selbstanklage sehr erstaunt: „Das war doch bloß ein Schluck Wasser, warum diese Aufregung?“

„Ich nahm etwas, ohne den Besitzer zuvor um Erlaubnis zu bitten“, bekannte der Bergeinsiedler mit beschämter Miene.

Der König reagierte mit Kopfschütteln: „Das ist doch nun wirklich eine völlige Belanglosigkeit und der Aufregung nicht wert. Zudem habe ich jetzt Wichtigeres zu tun. Wenn Ihr wirklich eine Entscheidung von mir wollt, so wartet eine Weile draußen im Palastgarten, bis ich wiederkomme.“

12 Paramita – chin.: Shidizhu, Shifazhu, Shixinzhu oder Boluomi – bedeutet das Erreichen des anderen Ufers. Als Paramitas werden die buddhistischen Vollkommenheiten oder transzendentalen Tugenden bezeichnet, die durch beharrliche Übung täglich zu kultivieren sind wie Gebefreudigkeit (dana), Einhaltung der Gelübde (sila), Geduld (khanti), Entsagung (nekkhamma), Willenskraft (viriya), Weisheit (panna), Wahrhaftigkeit (sacca), Standhaftigkeit (adhitthana), Liebe, Freundlichkeit (metta) und Gleichmut (upekkha). In Mahayana-Texten (zum Beispiel dem Lotussutra) wird oft nur von sechs Paramitas gesprochen, die jedoch auch die Versenkung (dhyana) beinhalten.

Dann widmete sich der König weiter seinen Amtsgeschäften, während der Eremit im Palastgarten unter einem alten Zedernbaum hockte und seines Herrschers harrte. Doch der Monarch hatte viel zu tun und diese Angelegenheit über all die anderen Dinge des Tages einfach vergessen. So kam es, dass der fromme Mann dort draußen geschlagene sechs Tage ausharrte und immer noch vergeblich wartete.

Bei einem morgendlichen Blick aus dem Fenster fiel dem König schließlich eine ausgemergelte Gestalt unter einer großen Zeder auf. Erst in diesem Moment erinnerte er sich, wer dieser Mann war und dass er ihn geheißen hatte, im Palastgarten auf eine Entscheidung von ihm zu warten. Beschämt rannte er schnell zu ihm hinaus und sah nun voller Bestürzung, wie schlecht es diesem Menschen ging, denn er hatte die ganzen Tage weder gegessen noch getrunken. Der Atem des Einsiedlers war schwer und keuchend. Wenn er nicht gleich Stärkung bekäme, würde das Ende nicht mehr fern sein. Der König war zutiefst erschrocken und klagte sich selbst auf das Heftigste an: „Alles ist allein meine Schuld!"

Die Königin musste lächeln, als sie ihren Gatten auf diese Weise sprechen hörte. Unverzüglich ließ sie Essen bringen und für den vergessenen Gast ein Bad bereiten, der dann schnell wieder zu Kräften kam. Nach diesem Vorfall legte der König einen Schwur ab: „Endlos ist der Kreislauf von Leben und Tod. Ich will ihm entkommen."

Einsicht ist der Weg, der zur Befreiung führt. Sechs Jahre lebte er hernach in der Entsagung und hielt die Gelübde stets gewissenhaft ein.

## Der ungezogene Hund

Buddha wollte einmal das Haus eines Laienanhängers besuchen, der einen großen weißen Hund besaß, den er abgöttisch liebte und dem er alle nur erdenkliche Fürsorge zukommen ließ. Nur auf samtweichen Decken schlief dieser Rüde und das Futter wurde ihm in goldenen Näpfen gereicht. Als der Erhabene nun durch die geöffnete Pforte dieses Hauses trat, fing der Hund auf einmal an, ihn laut und wild anzukläffen. „Hör auf mit diesem verrückten Bellen, ich nehme dir doch nichts weg und eine Opfergabe hast du offensichtlich nicht anzubieten", sprach da der Buddha. Das Tier erschrak, als es diese Worte vernahm, plötzlich bekam es furchtbare Angst und rannte durch das Tor hinaus ins Freie. Am Straßenrand blieb der Hund dann laut schnaufend und nach Luft hechelnd sitzen.

Weil er den Mann nicht angetroffen hatte, ging der Buddha kurz darauf wieder fort.

Eine Stunde später kehrte der Laie nach Hause zurück und sah nun, wie sein Hund immer noch verängstigt am Straßenrand hockte und dabei am ganzen Körper zitterte. Ein Nachbar berichtete ihm sogleich, was vorgefallen war. Aufgewühlt ging der Mann zu dem Park, in dem der Erhabene zu dieser Zeit seine vorübergehende Wohnstatt hatte. Als der Buddha ihn kommen sah, sprach er zu seinen

Mönchen: „Im Herzen dieses Menschen brennt großer Hass, wenn er nicht achtgibt, droht ihm eine Wiedergeburt auf schlechtem Pfade." Kaum waren die Worte verklungen, stand der Laie schon vor ihm. „Was habt Ihr mit meinem geliebten Hund gemacht?", wollte er wissen, während er am ganzen Körper vor Wut zitterte: „Das war nicht gut!", platzte es dann gleich noch aus ihm heraus.

„Eure Worte sind unangemessen", erwiderte der Erleuchtete, „denn ich tadelte das Tier aus gutem Grund."

„Warum? – Es kann doch nichts dafür", hakte der Mann sogleich nach, worauf Buddha entgegnete, dass man den Vorfall besser als erledigt ansehen solle. Doch damit wollte der Laie sich nicht zufriedengeben. Im Gegenteil, jetzt ließ er erst recht nicht locker.

„Dieses Tier war im früheren Leben einst Euer Vater", erläuterte der Erhabene daraufhin dem Mann, der auf diese Auskunft nun noch empörter reagierte: „Mein Vater war in seinem Leben stets ein guter Mensch, wie könnte er da als Hund wiedergeboren werden?"

„Es war sein Hochmut, der ihn in diese Wiedergeburt warf", erwiderte der Buddha. Der Laie schüttelte nur ungläubig mit dem Kopf.

„Wenn Ihr es wirklich nicht glauben wollt", erklärte ihm nun der Buddha, „dann geht zurück in Euer Haus und fragt den Hund einmal mit lauter Stimme: ‚Wo ist der Schatz vergraben, wo ist der Schatz vergraben?' Fragt wieder und wieder, falls er nicht sofort reagiert."

Der Mann war erschrocken. Woher wusste der Buddha bloß von dieser Sache? Seit dem Tode seines Vaters war nämlich dessen große Sammlung von Goldmünzen spurlos verschwunden. Alle hatten damals tagelang verzweifelt danach gesucht, mussten die Suche aber schließlich ergebnislos einstellen. Unwirsch ging der Mann wieder nach Hause. Dort rief er als Erstes den Hund zu sich, umfasste den Kopf des Tieres mit beiden Händen, blickte ihm tief in die Augen und rief ein paar Mal: „Wo ist der Schatz vergraben?" Aber er brauchte sich gar nicht weiter zu wiederholen, denn das kluge Tier hatte schon beim ersten Mal verstanden, was sein Herr wollte. Schnurstracks lief der Hund um das Haus und blieb hinter dem Fenster stehen, wo einst der Vater seinen Schlafraum hatte. Dort wühlte er mit der Schnauze im Erdreich und wedelte dabei heftig mit dem Schwanz.

Der Mann holte einen Spaten und grub schon nach wenigen Zoll Erde den Goldschatz frei, den der Vater vor seinem Tod hier vergraben hatte. Da bereute er seine groben Worte gegenüber dem Weltverehrten. Nun hatte er verstanden, dass Karma über viele Leben wirkt und hütete sich künftig vor schnellen Schlüssen.

# Die treue Hirschkuh

In längst vergangener Zeit lebte in einem stillen Bergwald einmal ein Hirschrudel, an dessen Spitze ein starker und kluger Hirschbulle stand. Dieser weitsichtige Anführer geleitete seine Schutzbefohlenen stets zuverlässig zu den grünen Weiden und hellen Lichtungen, wo satte Gräser im Überfluss wuchsen. Die Tiere dieser Herde lebten glücklich und zufrieden. Alle liebten und respektierten ihren Oberhirsch, dem sie uneingeschränkt vertrauten.

An einem Sommertag kam einmal ein Jäger in diesen Wald und legte überall seine Fangschlingen aus. Unglücklicherweise geschah es nun, dass der Hirschkönig, der seiner Herde wie immer voranging, sich in einer dieser Schlingen verfing. So sehr er sich auch mühte, er konnte sich aus dieser Lage nicht mehr befreien. In Panik waren die anderen Hirsche sofort in alle Richtungen geflohen. Allein sein Eheweib, die gute alte Hirschkuh, blieb auch in dieser Lage bei ihrem Gefährten.

„Komm, ich befreie dich aus den Fallstricken, bevor der Jäger kommt“, sprach sie zu ihm. Aber diese Schlingen waren aus zähem Rindsleder gemacht und so sehr sie sich auch mühte, es wollte ihr nicht gelingen. Kurz darauf sah sie in der Ferne schon den Jägersmann, der sich ihnen schnellen Schrittes näherte. „Lauf fort und rette dich“, rief der Hirschbulle, „für mich ist es zu spät.“ Doch das treue Tier blieb. Als der Jäger vor ihnen stand, schaute ihm die Hirschkuh in die Augen und rief: „Tötet mich zuerst und lasst dafür den alten Hirsch noch ein wenig länger am Leben.“

„Was ist das für einen Gefährtin!“, dachte sich der Jäger voller Erstaunen, „so etwas habe ich ja in der Menschenwelt noch nie erlebt.“ Plötzlich überkam ihn ein tiefes Fühlen und er konnte Tränen der Rührung nicht länger zurückhalten. „Treue ist stärker als der Tod“, das spürte er in diesem Augenblick. Kurz entschlossen zerschnitt er mit seinem Messer die Schlingen und ließ den alten Hirsch und seine Gemahlin wieder unbeschadet ihres Weges ziehen. Beim Abschied sprach der König der Hirsche zu dem Mann: „Edler, Ihr habt wahrhaft ein mitfühlendes Herz, ich danke Euch zutiefst für Eure Tugend und Euren Großmut.“

# Die Händler und ihr Hündchen

Es lebte einmal eine Gruppe von Händlern, die ihre Geschäfte durch viele ferne Länder führte. Weil sich die Männer auf ihren langen Reisen oft einsam fühlten und manchmal auch ein wenig langweilten, hatten sie immer ein kleines Hündchen dabei, das durch sein anmutiges Wesen unentwegt für ein wenig Abwechslung sorgte. Natürlich sollte es die Kaufleute auch vor Dieben warnen, die sich bisweilen in den Nächten anschlichen und es auf ihre kostbaren Waren abgesehen hatten. Eines Tages musste die Gruppe einmal eine karge Wüstenei durchqueren. Nirgendwo war auch nur irgendeine Spur von Leben zu entdecken. Heiß brannte die Sonne von einem wolkenlosen Himmel und weit und breit war kein Baum, der Schatten spendete. Zur Zeit der größten Mittagshitze waren die Händler müde und wollten ein wenig ruhen. Da spannten sie ein paar große Tücher auf in Richtung der sengenden Sonne, in deren Schatten sie alsdann ein wenig schlummerten. Sobald die kühleren Abendstunden kamen, wollten sie dieses unwirtliche Gebiet so schnell wie möglich wieder hinter sich lassen.

Weil sie nicht allzu viele Vorräte dabeihatten, mussten sie sehr sparsam mit ihnen umgehen. So wagte in dieser Stunde niemand, etwas zu essen, ohnehin hatte die glühende Hitze allen Hunger vertrieben. Allein dem Hund knurrte sein kleiner Magen und er bettelte um ein wenig Futter. Allerdings hatte in dieser Stunde niemand die Muße, sich jetzt auch noch um dieses kleine Kerlchen zu kümmern. Doch der Hund war nicht dumm und wusste sich zu helfen. Während die Männer träge vor sich hin dösten, stibitzte er in einem unbeobachteten Augenblick ein Stück Trockenfleisch aus einem der Vorratssäcke und würgte den Brocken schnell herunter. Hinter einem großen Stein glaubte er vor den Blicken der Händler sicher zu sein. Da täuschte er sich leider. Einer der Männer hatte ihn entdeckt, während er einmal kurz die Augen aufschlug. Sofort schrie er laut auf und im Nu waren alle wieder hellwach. Wie sehr die Kaufleute ihr Maskottchen sonst auch mochten, das Tier hätschelten und tätschelten, doch nun, wo es um ihre Vorräte ging, da schlugen ihre Gefühle blitzschnell ins Gegenteil um. „Du Mistvieh“, schrien sie laut, griffen zu Knüppeln und Stöcken, und dann setzte es furchtbare Prügel. Einer der Männer brach dem Tier durch seine brutalen Schläge beide Hinterbeine. Jetzt konnte das arme Hündlein nur noch auf dem Bauch kriechen und blieb nach wenigen Metern kraftlos liegen. Weil die Kaufleute dachten, ihr kleiner Begleiter sei tot, ließen sie ihn einfach in der Wüste liegen und zogen am Abend mit ihrer Karawane weiter.

Als die Nacht hereinbrach, kam der Hund wieder zu sich. Sein ganzer Körper war mit schlimmen Wunden übersät, die furchtbar schmerzten. Der Gepeinigte kroch noch ein paar Stunden ganz langsam durch den trockenen Sand, bis er schließlich völlig erschöpft in sich zusammensank, das Ende seines Lebens erwartend.

Aus den Sphären der höheren Welt hatte der Buddha mit ansehen müssen, was auf diesem Flecken Wüste geschehen war. Da erbarmte er sich dieses armen Wesens, stieg vom Himmel herab und half dem kleinen Hündlein. Berührt von der heilenden Ausstrahlung des Buddha durchströmten den kleinen Organismus schnell wieder neue Lebenskräfte, und in nur ganz kurzer Zeit verheilten die gebrochenen Knochen. Jetzt konnte sich das Tier wieder auf allen Vieren fortbewegen und die Wüste aus eigener Kraft verlassen. Als er an den Fluss kam, der die Wüste von den fruchtbaren Tälern trennte, wedelte der Hund lange und freudig mit dem Schwanz, auf diese Weise seine Dankbarkeit zeigend. In dieser Stunde hatte auch dieses Tier durch eine innere Eingebung die Buddhalehre verstanden und folgte ihr von nun an.

Als der Hund nach einigen Jahren starb, wurde seine Seele kurze Zeit später in einer Brahmanenfamilie wiedergeboren. Eines Tages kam der Buddha mit seinen

Jüngern durch die Stadt, in der eben diese Familie lebte. Gleich nach der Ankunft verließ er die Schar seiner Mönche und begab sich dann ganz allein zum Hause dieses Brahmanen. Dort angekommen erkundigte er sich nach dem Kind, einem Sohn, der inzwischen sieben Jahre alt war.

„Ein schlauer und stets freundlicher Knabe, der schon lesen und schreiben kann", erzählte der Vater voller Stolz.

Größer geworden trat der Junge als Novize dem Orden bei. Der Lehre und der Gemeinschaft vollständig ergeben, erreichte er in diesem Leben die Stufe der Heiligkeit. Eines Tages betrachtete er in tiefer Versenkung all seine vorherigen Existenzen. Bei dieser Innenschau seiner Seele wurde ihm nun auch klar, warum er in seinem vorherigen Leben als Hund wiedergeboren worden war. Bevor er nämlich in die tierische Wiedergeburt fiel, hatte er als junger Novize in einem Kloster gelebt. Dort wohnte auch ein uralter Mönch, dessen Stimme beim unentwegten Rezitieren immer furchtbar heiser und schnarrend klang. Das erheiterte den jungen Adepten so sehr, dass er sich regelmäßig über den greisen Ordensbruder lustig machte. Angestiftet von dem jungen Burschen wurde der Ehrwürdige so zum Gespött des ganzen Klosters. Für diese schlechte Tat fuhr die Mönchsseele dann im folgenden Leben in den Körper eines kleinen Hundes, der schwach und wehrlos nun selbst die Schikanen anderer ertragen musste. Jetzt hatte es der Novize verstanden: Allein rechtes Handeln führt zu erstrebenswerten Zuständen.

## Die Verwandlung

Einst gab es im fernen Süden ein Land, in dem Jahr um Jahr Reichtum und Üppigkeit herrschten. Von nah und von fern kamen die Händler, um in diesem blühenden Reich ihre Geschäfte zu machen. Zwei befreundete Kaufleute aus einem der Nachbarstaaten reisten schon viele Jahre regelmäßig in die Hauptstadt dieses Landes, um Dinge einzukaufen, die es in ihrer Heimat nicht gab und die sie dort später zu wohlfeilen Preisen an den Mann bringen konnten.

Nach der Rückkehr von einer solch anstrengenden Reise sprach der eine Händler eines Tages einmal zu seinem Freund: „Wir beide waren die letzten Monate sehr beschäftigt mit all den vielen Einkäufen und sind noch ganz erschöpft von unserer langen Fahrt. Heute Abend sollten wir uns einmal richtig entspannen und in der Stadt ein wenig ausgelassener als sonst vergnügen."

Doch sein Gefährte war ein ganz arbeitseifriger Mensch und hatte keine Lust aufs Ausgehen. So zog er es vor, sich auch jetzt noch um die Geschäfte zu kümmern. „Geh du nur allein", sprach er zu ihm, „aber gib gut acht auf böse Zauberer, die in der letzten Zeit auch in unserer Heimat verstärkt ihr Unwesen treiben."

Der Händlerfreund musste so notgedrungen allein losziehen, was ihn aber nicht weiter bekümmerte. Allerdings kehrte er in der Nacht nicht wieder zurück. Am anderen Morgen suchte sein Gefährte überall in der Stadt nach ihm, fragte die

Leute auf den Märkten und in den engen Gassen, doch niemand wusste Genaues und so konnte er ihn nirgends finden. Gegen Abend zog es ihn – gleich einer inneren Eingebung folgend – in eine Straße am Stadtrand, an deren Ende eine dunkle Schänke stand. Vor dem Lokal stand eine junge Frau, die ihm beim Näherkommen aufreizende Blicke zuwarf. Der Händler schaute auf und sie winkte ihn forsch zu sich. Als er vor ihr stand, lächelte sie ihn mit ihren vollen roten Lippen an, wobei der Mann augenblicklich vom hellen Weiß ihrer Zähne verzaubert war. Doch zögerte er noch ein wenig.

„Na, hast du etwa Angst, dass ich dich aufessen könnte“, spöttelte die Schöne und zog ihn am Arm durch das offene Hoftor. In diesem Augenblick hatte sie dem armen Kerl schon fast den Kopf verdreht. Er wollte schon willig eintreten, da biss ihn plötzlich ein Esel, der am Torpfosten angebunden war, kräftig in den Arm. Daraufhin ließ die Frau die Hand des Händlers los, griff nach einem Knüppel und drosch auf das arme Tier furchtbar ein. In diesem Moment sah der Mann aus den Augen des Esels dicke Tränen quellen. Eine unbeschreibliche Traurigkeit ging von diesem Wesen aus, die ihn auf eine seltsame Weise völlig einfing und von der er sich nicht mehr lösen konnte.

„Was schlägst du denn den armen Burschen so arg“, schalt er sogleich die junge Frau, deren Reize sich auf einmal wie ins Nichts verflüchtigt hatten. Was er nun sah, war nichts als der funkelnde Blick eines geifernden, jähzornigen Weibsbildes. Kaum hatte die Frau von dem Tier abgelassen, biss der Esel noch einmal in den Arm des Mannes. Allerdings war es dieses Mal kein fester, schmerzender Biss, sondern gleichsam eine Geste, als wollte er ihm etwas sagen.

Dem Händler tat dieses arme Geschöpf unendlich leid. Irgendwie spürte er, dass hier etwas nicht mit rechten Dingen zuging. So fragte er die Frau, ob er den Esel nicht kaufen könne. Hinein in die Schänke wolle er aber jetzt auf keinen Fall mehr, die Nacht breche bald herein und er müsse schnell zurück in sein Haus.

„Für fünfhundert Silbermünzen kannst du das elende Viech gern bekommen“, beschied sie ihm, wohl wissend, dass der Mann den Esel unbedingt haben wollte und dieser Preis ein Vielfaches über dem Marktüblichen lag.

Da der Händler so viel Geld nicht in seinem Beutel hatte, leistete er zunächst eine kleine Anzahlung. Am anderen Morgen kam er dann mit der Restsumme und so ging der Esel in seine Hände über. Ohne noch ein weiteres Wort zu sagen, führte er das Tier an einem Strick durch die halbe Stadt bis in den Innenhof seines Hauses, wo er es erst mit Weizen und frischen Rüben fütterte und dann sein schmutziges Fell säuberte und striegelte. Doch statt wie erwartet fröhlich zu wiehern, fing der Esel erneut fürchterlich zu weinen an und wollte damit einfach nicht aufhören. Stunde um Stunde verstrich und der Strom der Tränen aus seinen Augen schien unversiegbar zu sein.

„Wie seltsam“, dachte der Mann, „warum nur weint dieses arme Geschöpf die ganze Zeit so kläglich?“ Liebevoll streichelte er das Fell des Esels; doch wurde das Weinen dadurch nur noch schlimmer und herzzerreißender. Völlig verwirrt ließ sich der Mann zu einem Mittagsschlaf nieder. Da hatte er plötzlich einen Traum:

Der Esel stand auf einmal in seinem Zimmer und ging vor ihm auf die Knie. Dann sprach er mit menschlicher Stimme: „Erkennst du mich denn nicht? Ich bin es doch, dein Gefährte!“

„Was ist mit dir geschehen?“, wollte der Träumende wissen. Da seufzte das Tier und sprach: „Schuld ist allein die Vergnügungssucht, der ich mich so hemmungslos hingab. Als ich an jenem Abend fortging, kam ich bald an der Schänke mit dieser Frau vorbei. Auch ich war ihren Reizen erlegen. Dieses böse Weib hat mich trunken gemacht. Nachdem all mein Geld fort war, verspottete sie mich. Dann forderte sie mich auf, mein Haus und alle meine Güter als Einsatz in ein Glücksspiel mit ihr und ihren zwielichtigen Gefährten zu setzen. Als ich mich standhaft weigerte, ließ sie mich urplötzlich ihre Zauberkraft spüren und verwandelte mich durch einen geheimen magischen Spruch in diesen langohrigen Gesellen.“

Der Freund war zutiefst erschüttert. Ob es nicht irgendein Mittel gäbe, damit er die menschliche Gestalt wieder erlange? Der Esel schüttelte traurig den Kopf. In diesem Augenblick erschien im Traum ein unbekannter Eremit. Bekleidet mit einem weißen Gewand sprach dieser: „Es gibt ein Mittel zur Rückverwandlung! Wenn du das *Kraut der verborgenen Weisheit* vom Gipfel des Südberges findest und davon frisst, wirst du – auch wenn es nur ein einziges Blatt ist – sogleich wieder zu dem Menschen, der du vorher warst.“ Dann verschwand der heilige Mann genauso schnell und spurlos, wie er aufgetaucht war.

„Ja, lass uns losziehen und diese rettende Pflanze suchen“, sprach der Träumende. „Aber wir wissen doch gar nicht, wie sie aussieht und wo genau wir suchen sollen“, jammerte der immer noch verzweifelte Esel. In diesem Augenblick erwachte der Mann aus seinem Traum und hörte, dass es in Wirklichkeit das Tier im Hof war, das so lauthals schrie.

Doch der Freund hatte die Botschaft wohl verstanden und glaubte fest an die Offenbarung, die ihm dieser Traum hatte zuteilwerden lassen. Am nächsten Morgen stieg er mit dem Esel über die steilen Pfade zum Gipfel des Südberges hinauf. Überall zwischen den Felsen sprossen grüne Gräser und wildes Kraut.

„Wir müssen einfach so lange probieren, bis wir das Richtige gefunden haben“, sagte er, „es mag eine Zeit dauern, die grünen Flächen erstrecken sich zwar über viele Li, aber sie sind nicht endlos und wenn du, lieber Freund, nur beharrlich mal hier und mal dort, an den Rändern der Wiesen und im Schatten der Bäume ebenso wie zwischen den kargen Steinen und am Ufer beim Moos der rauschenden Wasserfälle unentwegt davon frisst, dann werden wir das gelobte Wundermittel irgendwann finden. Der Esel hatte verstanden und begann nun, unermüdlich von all den Gewächsen zu kosten, die hier aus dem kargen Boden sprossen. Wo Wissen und Beharrlichkeit zusammentreffen, ist der Wandel zum Guten nicht fern. Tatsächlich dauerte es keine Wochen, sondern nur wenige Stunden, bis er auf einmal das richtige Kräutlein erspürte. Kaum hatte er diese zarten grünen Stängel zwischen seinen Zähnen zermahlen, erfolgte augenblicklich die Rückverwandlung. Im Nu hatte er die kostbare menschliche Gestalt wiedergewonnen. Bis ans Ende ihres Lebens blieben diese beiden Händler unverbrüchliche Freunde.

## Der betrogene Brahmane

Ein älterer Brahmane heiratete einmal ein junges Mädchen, an dessen vermeintlicher Unschuld und Reinheit er Gefallen gefunden hatte. Doch kaum war die Ehe geschlossen, zeigte die Frau ihr wahres Gesicht und begann, ihren Gatten unverhohlen zu betrügen. Bald trugen ihm Leute aus der Nachbarschaft zu, was hinter seinem Rücken alles geschah, doch der einfältige Mann schüttelte nur den Kopf und wollte es einfach nicht glauben. Eines Tages jedoch, als er einmal früher als geplant von einer Reise zurückkam, wurde er schließlich mit eigenen Augen zum Zeugen des Ehebruchs. Beim Anblick eines fremden Mannes in der Schlafkammer seines Eheweibes fiel der Ärmste aus allen Wolken. Selbst in seinen kühnsten Träumen hätte er sich solches niemals auch nur vorzustellen gewagt. Laut seufzte er voller Verbitterung über die Gemeinheit dieser Frau, die er stets für treu und redlich gehalten hatte. Noch in der gleichen Stunde entschloss er sich, den Rest seiner Tage in der Hauslosigkeit zu verbringen. Kurz darauf verließ er die Treulose und zog hinaus in die Ferne.

Am Abend machte er unter einem Baum Rast. „Allein in der Natur sind alle Dinge vollkommen, nichts Böses und Gemeines gibt es hier", sagte er sich, lächelte zufrieden und ließ seine Augen in die Ferne schweifen. Plötzlich fiel sein Blick auf zwei Störche, die ganz in seiner Nähe standen. Unvermittelt begann der eine auf einmal laut zu rufen: „Hört nur, all meine gefiederten Freude, ich weiß, wo am fernen Flussufer Nahrung im Überfluss zu finden ist. Kommt schnell, kommt schnell, ich führe euch dorthin, wo ihr alle herrlich satt werdet." Es dauerte nicht lange und aus den Lüften und den Baumwipfeln, von den Weiden und Äckern kamen große und kleine Vögel herbeigeflogen und ließen sich neugierig geworden bei den Störchen nieder. Einer der beiden forderte sie nun auf, ihm zu folgen; allen voran erhob er sich in die Lüfte und führte die ganze Schar zum Flussufer. Doch außer ein paar trockenen alten Beeren und Wassergras war dort überhaupt nichts Essbares zu finden. Enttäuscht flogen die Vögel in der hereinbrechenden Dunkelheit wieder zurück. Da entdeckten sie, dass sie hereingelegt worden waren. In der Zwischenzeit hatte nämlich der zweite Storch ihre unbewachten Nester aufgesucht und alle Eier, die er darin fand, mit seinem langen Schnabel aufgebohrt und leer getrunken. Wo sich schon Küken entwickelt hatten, verschwanden die armen Kreaturen sogleich in seinen gierigen Schlund. Erst viel zu spät hatte der Brahmane bemerkt, was diese beiden Finsterlinge da Schlimmes taten. Zwar hatte er die Sprache der Vögel verstanden, doch ihre wahren Absichten erst jetzt durchschaut.

Von Menschen und Tieren gleichermaßen enttäuscht, hockte er nun traurig auf der Erde und starrte in den leeren Raum. Da sah er von Ferne einen Mönch herankommen, der mit lauter Stimme unentwegt „Fort, schnell fort mit euch" rief. Verwundert über dieses Gebaren wollte der Brahmane wissen, warum er das tue. „Als Hausloser bin ich voller Mitgefühl mit allen Wesen", erklärte der Mönch, als er vor ihm stand: „Ich fürchte, im Dunklen kleine Tiere zu zertreten, die mein Herannahen womöglich nicht bemerken, daher soll mein Rufen sie zu ihrem Schutz verscheuchen."

Der Brahmane war sehr gerührt und zeigte große Bewunderung für diesen Menschen. In seinem Inneren dachte er: „Endlich ein aufrechter Gefährte, von dem ich etwas lernen kann, ich will daher mit ihm ein Stück des Weges gemeinsam gehen."

Inzwischen war die Nacht hereingebrochen. Die beiden waren weitergewandert und kamen nun an einem Gasthof vorbei.

„Es ist kalt draußen, Ehrwürdiger", sprach der Brahmane, „ich habe Geld dabei und will für uns eine Kammer mieten, damit wir dort gemeinsam die Nacht verbringen. In der Morgenfrühe können wir dann weiterziehen.

„Das ist gut so", antwortete der Mönch, „ich kenne die Leute dort."

Als der Brahmane um ein Zimmer bat, meinte der Mönch plötzlich, man solle besser zwei getrennte Räume nehmen, auch wenn es ein wenig teurer sei. Er brauche einfach Ruhe für seine Versenkung. Der spendable Brahma-Anhänger hatte nichts dagegen und so verschwanden die beiden bald darauf in ihren Schlafräumen. In der Nacht wachte der Brahmane auf, weil er lautes Stöhnen hörte, das aus der Kammer seines neuen Gefährten kam. Er dachte, der Mann sei vielleicht krank und stieß schnell die Tür auf, um zu helfen. Da musste er entsetzt erkennen, dass dieses Stöhnen einen anderen Grund hatte: Der Mönch trieb es gerade mit der Herbergswirtin. Angewidert kleidete sich der Brahmane an und zog mitten in der dunklen Nacht weiter. Von diesem Tag an vertraute er niemandem mehr so leichtfertig wie früher in seinem Leben und hütete sich vor Täuschungen aller Art.

## Der Übungsweg einer schönen Frau

Vor langer Zeit lebte einmal eine schöne und tugendhafte Frau. Diese Edle war ein Mensch von wirklich vornehmer Art. Obwohl schon in den mittleren Jahren ihres Lebens, war ihre Haut noch immer von jugendlicher Zartheit. Unbeachtet ihrer körperlichen Anziehungskraft hatte sich diese Frau entschlossen, künftig als Nonne in einem Tempel zu leben. An einem hellen Frühlingsmorgen nahm sie die Gelübde. Voller Erstaunen blickten die Leute fortan auf die Schöne in der schlichten Robe. Viele, die sie von früher kannten, waren neugierig und wollten wissen, warum sie sich entschieden habe, das einfache Leben einer Ordinierten zu führen, wo ihr doch sicherlich auch so viele andere Türen offengestanden hätten. Stets erzählte die Frau dann ihre Geschichte:

„Ja, ich mag schön sein und auch viele andere Möglichkeiten haben, aber ich bin einfach nicht bereit, ein weltliches Leben zu führen. Alles Geschlechtliche widert mich an. Daher entschied ich mich, ins Kloster zu gehen, denn der Entsagungspfad ist der Edelste aller Wege. Doch ich war nicht immer so. Als ich noch ganz jung war, verlor ich meine Keuschheit an einen feschen Burschen, der mich kurz darauf verließ. Neun Monate später gebar ich einen Knaben. Leider war das Kind sehr oft krank und ich konnte daher nur selten aus dem Haus gehen. So wurde unsere Beziehung viel enger, als sie Mütter für gewöhnlich mit ihren Söhnen pflegen. Als der Junge schließlich groß war, wollte ich, dass er auf eigenen Füßen stehen lernt, daher sprach ich eines Tages zu ihm: ‚Du musst künftig für deinen Lebensunterhalt selbst sorgen. Im Grunde steht dir die ganze Welt offen, erlerne einfach ein Handwerk oder geh einem einträglichen Handelsgewerbe nach.'

Ein wenig unwirsch, doch gehorsam, folgte er meinen Worten und verließ mein Haus, kehrte allerdings schon nach zwei Tagen wieder zurück.

‚Ich weiß nicht, was ich tun soll', erklärte er mir da mit leiser Stimme, während seine zittrigen Hände schamvoll das Gesicht bedeckten. Ihm fehlte es einfach an Tatkraft, Zuversicht und Lebensmut.

‚Lass mich doch immer an deiner Seite bleiben, sonst werde ich krank und muss sterben', bettelte er mich in dieser Stunde verzweifelt an.

Ich kam nicht umhin, ihm zu erklären, dass Mutter und Sohn nicht wie ein Ehepaar zusammenleben können. Noch einmal bat ich ihn zu gehen. Aber im gleichen Augenblick stieg tiefe Sorge in mir auf: Er könnte vor Kummer aus dem Leben scheiden. Ich stand an einem Scheideweg: ‚Gebe ich seinem Verlangen nach, dann stürzen wir beide ganz gewiss ins Unglück.' Doch für diese eine Nacht wollte ich ihm noch gestatten, in meinem Hause zu bleiben, denn ich wusste: Zwinge ich ihn zu gehen, wird er ganz furchtbar leiden und im Leben völlig scheitern. Als er dann betrübt in Richtung seiner alten Schlafkammer trotten wollte, geschah etwas Unvorstellbares: Genau in dem Augenblick, als er seinen Fuß erhob, riss der Boden direkt unter ihm auseinander. Urplötzlich war da eine gewaltige Kluft, die den Blick in einen unendlich dunklen Abgrund freigab. Mein Sohn schaute kurz nach unten, zu Tode erschrocken verlor er dabei im selben Moment das Gleichgewicht und stürzte hinab. Blitzschnell griff ich nach ihm, konnte aber nur noch ein Haarbüschel erwischen. Mein armes Kind verschwand in der unfassbaren Tiefe, die sich vor unseren Augen in diesem Augenblick aufgetan hatte. Niemand konnte erklären, warum die Erde gerade an diesem Ort und in dieser Stunde auseinandergerissen war. Aber ich wusste nun um die Macht des Karma und dass es unsere Wünsche sind, die uns ins Verderben reißen. Seit diesem Tag wich der Schmerz niemals mehr aus meinem Herzen."

Jeder, der die Geschichte dieser Frau vernahm, verstand nun sehr genau, warum sie ins Kloster gegangen war. „Ich kann den Lärm der Welt einfach nicht mehr ertragen", hörte man sie oft klagen, aber sie verkündete auch stets: „Allein hier, an diesem Ort der wahren Stille, fand ich endlich Frieden."

# Der schöne Gänsekönig

Vor langer Zeit lebte einmal eine große Gänseschar an einem langgezogenen Weiher, der aus den Wassern des Ewigen Flusses gespeist wurde. Schon aus der Ferne konnte man das wunderbare, schneeweiße Gefieder dieser Tiere erblicken, die an diesem idyllischen Ort frei und ganz ohne menschliche Obhut ihr Dasein fristeten. Ein alter Gänserich herrschte über die Vögel, die ihren weisen Anführer stets mit *Alter Gänsekönig* anredeten. Der Gänsekönig hatte zwei Söhne mit Namen Man und Min, die beide von ganz unterschiedlicher Wesensart waren. Der ältere mit Namen Man war ein recht übler Bursche. Wenn er einmal nicht faulenzte, was er meistens tat, fand er großen Gefallen daran, die kleinen und schwächeren seiner Artgenossen brutal zu schikanieren. Kaum ein Tag verging, an dem sich die Tiere bei ihrem Obergänserich nicht über das Verhalten seines großen Sohnes beschwerten. Min, der jüngere Sohn hingegen, war von ganz anderer Art: Er unterstützte die Kleinen und Schwachen, war fleißig und stets liebevoll um das Wohl der anderen Gänse besorgt.

„Ich werde nicht ewig leben und muss mir beizeiten Gedanken machen, wie es nach meinem Tod mit meinen Schutzbefohlenen weitergehen soll", sprach der alte Gänsekönig eines Tages zu sich. Arges Unbehagen stieg in ihm auf, wenn er daran denken musste, dass nach seinem Tod der älteste Sohn mit Willkür und Grausamkeit über die Herde herrschen würde. Schon zu Lebzeiten wollte er vorsorglich die Frage seiner Nachfolge lösen – zum Wohle aller Tiere. Eines Morgens rief er daher beide Söhne zu sich und sprach: „Nur der Beste und Weitsichtigste unter uns ist befähigt zu herrschen, denn nur ein solcher wird von den anderen respektiert und kann alle Gefahren meistern. Einer von euch wird später meine Nachfolge antreten, doch wer es sein wird, das muss sich erst zeigen. Ich will nun, dass ihr beide noch heute diesen Weiher verlasst und in die Ferne zieht. Lernt das Leben draußen in der Welt kennen! Erst wenn ihr wirklich überzeugt seid, alles verstanden zu haben, was ein guter König braucht, dann soll es euch erlaubt sein, zurückzukehren. Zielstrebigkeit und Entschlossenheit führen zum Ziel. Wer das größte Wissen besitzt und am geschicktesten ist, an den will ich am Ende meine Regentschaft abtreten."

Der älteste Sohn war über diese Worte seines Vaters gar nicht erfreut, denn er war stets davon ausgegangen, dass er als erster Nachkomme ein natürliches Anrecht auf die Herrschaft über die Gänseschar habe. Nie hätte er geglaubt, dass er seine Fähigkeiten tatsächlich erst unter Beweis stellen müsste. Grollend vor Ärger erhob sich Man in die Lüfte und flog fort. Nach mehreren Stunden überquerte er die Grenzen zu einem benachbarten Königreich, wo er bald einen wunderschönen See umkränzt von unzähligen Lotusblüten entdeckte. Ohne weiter an seine Aufgabe zu denken, schwebte er sogleich vom Himmel herab und ließ sich an diesem wohlgefälligen Ort nieder, wo es Nahrung und Vergnügung im Überfluss gab. Warum diesen Ort je wieder verlassen? So hatte er bald keine Muße mehr, sich noch um das zu kümmern, was der Vater ihm aufgetragen hatte. Irgendwann verlor sich schließlich seine Spur in dem fremden Königreich; nie mehr kehrte er in seine Heimat am Weiher beim Ewigen Fluss zurück.

Der zweite Sohn war einige Stunden später aufgebrochen, weil er zunächst noch alle Dinge während der Zeit seiner Abwesenheit regeln wollte. Auch er überflog nach einigen Stunden diese Grenze und erblickte den herrlichen Lotussee. Verzaubert vom Anblick dieses lieblichen Fleckens Erde, wollte er sich für einen Augenblick ebenfalls dort niederlassen, doch dann erinnerte er sich der Worte des alten Gänseherrschers und flog geschwind über den lockenden See hinweg. Einige Zeit später landete er bei einer heißen Quelle am Fuße eines Berges, wo er sich nun erstmals ein wenig ausruhte. Viele Monate zog er hernach über mäandernde Flüsse und blaue Seen, kahle Berge und fruchtbare Ebenen, bis er schließlich wieder zu seinem alten Vater und den Gefährten zurückkehrte, weil er glaubte, inzwischen viel an Reife und Erfahrung gewonnen zu haben. Gewissenhaft berichtete er den anderen Tieren, was er gesehen hatte und was ihm widerfahren war. Aus seinen klaren und gesetzten Worten erspürte der Vater sogleich, dass allein sein jüngerer Sohn würdig und fähig sei, in seine Fußstapfen zu treten. Kurz darauf starb der alte Gänsekönig und Min trat seine Nachfolge an. Von da an war er es, der über die ganze weißgefiederte Herde herrschte.

Bald fand er auch eine treue und liebe Gefährtin, die er sich zum Weib erwählte. Nachdem sie sich einander versprochen hatten, wollten sie eine schöne Reise unternehmen. Gemeinsam flogen sie die gleiche Route, auf der Min einst allein aufgebrochen war, um im Auftrag seines Vaters die Welt zu erkunden. Bald erreichten beide den Lotussee, an dem sein Bruder einst seinen Schicksalsweg besiegelt hatte.

„Jetzt endlich haben wir ein wenig Muße und können dort in Ruhe verweilen“, sprach er zu seiner Liebsten. Glücklich schwebten sie zu diesem wundervollen Flecken Erde hinab. Zwischen dem grünen Uferschilf verlebten sie einige unbeschwerte Tage. Der Zufall wollte es, dass zu dieser Zeit gerade einer der Hofleute im unteren Rang vorbeikam und dabei die schönen Gänse entdeckte. Noch am gleichen Tag verbreitete er diese Neuigkeit überall im Palast.

„Majestät, wir haben etwas erfahren, das Euch interessieren wird: An Eurem schönsten See im Reich verweilt gerade ein schlanker weißer Gänserich, ganz offensichtlich ein König der Gänse und sein junges kleines Frauchen“, trug kurz darauf der oberste Adjutant dem Monarchen persönlich zu. Der Herrscher horchte auf ob dieser Nachricht. Als begeisterter Waidmann wollte er sich diese einmalige Beute nicht entgehen lassen. Am folgenden Morgen brach er mit seinen Hofjägern zu dem Gewässer in der Nähe der Reichsgrenzen auf. Während er in der Kutsche noch sein Gewand richtete, eilten die Jagdleute schon zum nahen Ufer. Kaum hatten die Männer den großen Gänserich erblickt, warfen sie flugs ihre Schlingen aus und fingen das Tier ein. Zusammengebunden an Beinen und Flügeln brachten sie die Beute dann schnell zu ihrem Herrn. Die weibliche Gans ließen sie unbeschadet am Ufer zurück. In ihren Augen war das ja ein ganz normales Tier, wie es sie überall gab und daher das Einfangen nicht lohnte.

Doch die treue Gefährtin wollte nicht allein am Ufer zurückbleiben. Mit grauenvollen Schmerzensrufen rannte sie den Jägern hinterher, sich am Ende gar unter diese mischend, während dem König vor seiner Kutsche die frische Beute voller Stolz präsentiert wurde. Der Herrscher staunte über das riesige Tier.

„Warum läuft die zweite kleinere Gans noch frei herum?“, wunderte er sich plötzlich.

„Wir haben sie nicht eingefangen, sie kam freiwillig mit“, klärten ihn seine Jagdleute auf: „Das ist sein Weib und sie wird wohl bis zum Tod nicht von seiner Seite weichen!“

Da erschrak der König, diese Worte machten ihn auf einmal sehr nachdenklich.

„Es ist nur ein Wasservogel!“, rief er aus: „Doch welch inniger Gefühle ist dieses Tier fähig, so etwas kommt selbst unter den Menschen nur äußerst selten vor.“

Tief berührt entschloss er sich, dem gefangenen Gänserich die Freiheit zu schenken. Seine Jäger mussten ihn sogleich von seinen Fesseln befreien. Überglücklich kehrten die beiden wieder zu ihrer Herde zurück. Im folgenden Herbst führte der Gänsekönig seine Schutzbefohlenen zu den heißen Quellen, die er auf seiner ersten Reise einst entdeckt hatte und wo es Nahrung im Überfluss gab. Auch im Winter mussten die Tiere dort niemals frieren. Wenn sich später die Möglichkeit bot, kehrten der Anführer und seine Gefährtin stets gerne wieder zum Lotussee in das Reich des guten und edlen Königs zurück.

## Der Sehnsuchtsbaum

Im China der Song-Zeit lebte in der Stadt Luoyang einst ein aufrechter Mensch mit Namen Han Fan, der als Beamter im Dienst der kaiserlichen Regierung stand. Bisher war das Leben dieses Mannes in jeder Hinsicht immer rund und glücklich verlaufen. In seiner Jugend hatte er sich in ein Mädchen von ungewöhnlicher Schönheit und Tugend verliebt, das später seine Frau wurde. Viele andere Männer der Stadt beneideten ihn um diese Schöne. Die beiden waren ein in aufrechter Liebe und Treue verbundenes Paar, das nichts entzweien konnte. Niemals hat irgendjemand sie je miteinander streiten gesehen.

Wie in jedem Frühling so blühten auch in diesem Jahr überall in Luoyang die Päonien. Die Stadt war im ganzen Land berühmt für ihre Blumen. Wunderschöne Blütenpracht, wohin das Auge auch blickte. Von überall her kamen die Menschen, um an diesem Ereignis teilzuhaben. Auch Han Fan und seine Gemahlin wandelten frohgemut über die festlich geschmückten Straßen und Plätze. „Gleich einem Jadefeld unter azurblauem Himmel ist unsere Stadt heute“, jubilierten die Menschen an diesem Tag. „Viel schöner noch als die violetten Kleider der Mandarine sind unsere Päonien“, rühmten andere diese Üppigkeit.

„Und inmitten des Päonienzaubers ein vornehmes Paar in Liebe vereint – welch ein erhabener Anblick!“, verkündete ein Freund der beiden mit lauter Stimme; lächelnd stimmten die Vorbeigehenden alle zu.

Doch dann geschah ein großes Unheil. Plötzlich donnerte die Erde vom Lärm heranbrausender Kutschen. Angst und Schrecken packte einen jeden, der in der Nähe war. Im Nu zerstreute sich die Menge in alle Richtungen. Es war der unberechenbare Prinz Kong, der mit seinem Tross mitten durch die friedliche Menschenmenge fuhr. Han Fans schöne Frau war jedoch so sehr in die Betrachtung einer Blume vertieft, dass sie gar nicht bemerkte, was um sie herum geschah. Ihr Gatte stand währenddessen ein wenig abseits von ihr und war in diesem Augenblick mit einem stadtbekannten Mandarin ins Gespräch vertieft. Prinz Kong hatte die einsam eine Blume bestaunende Frau mit seinen feurigen Augen erblickt und ließ seine Kutsche direkt neben ihr anhalten. Der Königssohn war augenblicklich entzückt von der Schönheit dieses weiblichen Körpers, blickte in ihre Mandelaugen, musterte die feinen Brauen, staunte über die zierliche Nase, begeisterte sich für den roten Kirschmund und wusste: Diese Frau ist mein.

„Komm, steig auf meinen Wagen“, forderte er sie barsch auf. Zu Tode erschrocken, wusste die Ärmste nicht, was sie antworten sollte. So drehte sie sich einfach um und wandte sich von ihm ab, ohne ein Wort auf dieses freche Ansinnen zu erwidern. Aber Kong sprang schnell hinzu und versperrte ihr den Weg. In diesem Moment hatte auch Han Fan bemerkt, was geschah, und rannte schnellen Schrittes herbei. „Hei, was soll das, hier ehrbare Frauen zu belästigen!“, rief er todesmutig und stellte sich schützend vor seine Gattin.

„Ich bin der Sohn des Königs und habe das Recht, mir alles in meinem Reich zu nehmen, was ich begehre!“, rief der Prinz und stieß den Ehemann zur Seite. Schnellen Schrittes rannten da auch schon die Wachsoldaten herbei und verprügelten den Mann. Anschließend zerrten sie die Frau auf den Wagen und die Kutsche brauste in Windeseile davon. Die Dabeistehenden waren entsetzt. Einige murmelten und klagten leise, doch niemand wagte es, sich gegen das Herrscherhaus aufzulehnen.

Zurückgekehrt in den Palast fing der böse Herrschersohn beim Anblick seiner Beute sogleich zu frohlocken an: „Ich begehre dich, du wirst meine neue Nebenfrau. Noch heute soll die Hochzeit sein!“ Der Frau wurde klar, dass ihre Lage aussichtslos war und es von diesem Ort kein Entkommen mehr gab. Aber die Mätresse dieses widerlichen Kerls wollte sie unter keinen Umständen werden. So sann sie auf eine List, um diesem Schicksal zu entgehen. „Ich bin einverstanden“, sprach sie zu dem Herrschersohn, „doch ich habe drei kleine Bitten: Versprecht zuerst, meinen Gatten zu schonen, ordnet an, dass niemand ihm auch nur ein Haar krümmen darf, und zweitens erlaubt mir, ihm noch einen letzten Brief zu schreiben. Drittens schließlich wünsche ich mir eine Hochzeitszeremonie hoch oben auf der Spitze des Palastturmes, wo das ganze Volk uns sehen kann.“

Solche Bitten waren nicht schwer zu erfüllen. Daher lachte Kong nur und willigte sogleich ein, in der Hoffnung, dieses Weib möge ihm nun endlich gefügig sein.

Dann schrieb die Frau einen letzten Brief an ihren Mann, den der Prinz natürlich sogleich neugierig öffnen ließ. Allerdings las er darin nur zwei kurze Sätze: „Wilder Regen voller Lust und schnell vorbei, doch weit und tief die Wasser des ewigen Flusses. Sei umsichtig, wenn die Sonne den neuen Tag erblickt."

Weil er mit solch poetischen Worten nichts anfangen konnte, ließ Kong den Brief so, wie er war, an Han Fan überstellen. Dem Boten trug er noch auf, dem Empfänger mitzuteilen, dass er schnell ein neues Weib ehelichen solle, um sich über den Verlust des alten hinwegzutrösten.

„Oh Himmel nein, oh Himmel nein", rief der arme Mann, als er die Zeilen seiner geliebten Frau las. Noch während der Bote in der Kammer stand, griff er zu einem Dolch und stieß ihn sich mitten ins Herz.

„Dein Mann hat sich das Leben genommen", sprach Kong hernach zu der Frau, „sei nun nicht weiter betrübt, er hat es so gewollt. Jetzt steht unserer Verbindung nichts mehr im Weg."

Die Edle ließ sich nichts anmerken. Noch am gleichen Abend sollte die Hochzeitszeremonie stattfinden. Der Prinz legte die besten seiner roten und grünen Seidengewänder an und umspannte sie mit einem Silbergürtel, anschließend stieg er auf den Palastturm hinauf. Dort wartete seine Braut schon, die ihn dabei aus ein paar Metern Entfernung mit eisigem Gesicht anstarrte. Trommelschlag und Glockenklang hallten über das Land und riefen aus allen Richtungen die Menschen herbei. Nur der alte König kam nicht, sein Sohn hatte schon so viele Damen geehelicht, dass er es nicht für nötig erachtete, noch einer weiteren solchen Zeremonie beizuwohnen.

„Seht nur meine Liebste", verkündete Kong dem vor seinem Palast versammelten Volk. Dann wollte er begierig auf sein Beutestück zuschreiten. Kaum hatte die Frau in die eklige Fratze dieses Mannes geblickt, rief sie laut aus „Edler, ich komme und folge dir!"

Der eingebildete Kong dachte für einen Augenblick, dass diese Worte ihm gelten und verzog mit einem breiten Grinsen seine Lippen. Aber er wurde im Nu eines Besseren belehrt. Ruck, zuck sprang die Frau auf die Turmbrüstung und stürzte sich augenblicklich in die Tiefe. Unten schlug sie auf hartes Felsgestein, die Treuherzige war sofort tot und damit erlöst.

Der Prinz schnaubte vor Wut. „Ihr werdet trotzdem nicht vereint sein", brüllte er mit geifernder Stimme. Noch am gleichen Tag ordnete er an, die beiden nicht in einem Grab zu bestatten, wie es die Bestattungssitten für Ehepaare eigentlich gebieten, sondern in zwei Einzelgräbern mehrere Meter voneinander getrennt. So geschah es denn auch.

Wahre Liebe überwindet jedes Hindernis. Mehrere Monate nach dem Tod der beiden sprossen aus beiden Gräbern fast zur gleichen Zeit zwei kleine Bäumlein. Mit der Zeit wuchsen deren Äste einander entgegen. Obwohl viele Fuß dazwischen lagen, hatten sie sich bald erreicht und verwuchsen so dicht ineinander, dass niemand mehr sie hätte trennen können. In dem verschlungenen Geäst errichtete bald ein Vogelpaar sein Nest. Die Menschen, die vorbeigingen, mussten immer weinen, wenn sie ihre traurigen Rufe vernahmen.

# Der König und die Dirne

In längst vergangener Zeit gab es einmal zwei benachbarte Königreiche, die eine lange Geschichte schlimmer Kriege miteinander verband. Das eine Land trug den Namen Kaschi, das andere wurde Bitischi genannt. Abgrundtief und scheinbar unüberwindbar war der Hass zwischen den beiden Herrschern und ihren Völkern.

Am Königshof in Bitischi lebte eine schöne, verführerische Dirne, die jeden Mann in ihren Bann zu schlagen verstand, der in ihre Nähe kam. Eines Tages kam ein Abgesandter aus Kaschi zu Verhandlungen an den Hof, um wieder einmal Gebietsansprüche seines Herrschers vorzutragen. Bei seiner Mission fiel ihm sogleich die junge Frau ins Auge und heftiges Verlangen stieg in ihm auf. In der Sache konnte der Gesandte allerdings nichts erreichen. Der König fühlte sich durch diese Forderungen nur belästigt und wies den Gesandten kalt ab. Weil er auf diplomatischer Ebene nichts ausrichten konnte, musste der Mann mit leeren Händen zu seinem Herrscher zurückkehren. Dennoch versäumte er in seinen Schilderungen nicht, diesem mit überschwänglichen Worten und vor Erregung glühenden Augen von der wunderschönen Frau zu berichten, die am Hofe des Feindes seine Aufmerksamkeit erheischt hatte.

Die Verlockung hat viele Gesichter und wer in der Achtsamkeit nachlässt, wird schnell ihr Opfer. So wurde jetzt auch die Begierde des Königs von Kaschi geweckt. „Wenn er schon kein Land abtritt, dann sollte er, um mich zu befrieden, mir wenigstens dieses Freudenmädchen eine Zeit lang überlassen“, sprach er und trug dann seinem Abgesandten auf, bei der nächsten Reise wenigstens diese Dirne als Beschwichtigungsgabe vom Bitischi-König einzufordern. Als der Mann einige Wochen später dieses Ansinnen im Palast von Bitischi vortrug, war der König des Nachbarreiches tatsächlich und ohne zu zögern bereit, die Frau ziehen zu lassen. So kam dieses Objekt herrschaftlicher Begierde schließlich wunschgemäß an den Hof von Kaschi. Bevor er sie losschickte, gab ihr der König allerdings noch einen klaren Befehl mit auf den Weg: „Nähere dich dem Herrscher von Kaschi und umgarne ihn mit allen deinen Künsten, die kein anderer so gut kennt wie ich. Bezirze ihn und weiche auch nicht eine Stunde von seiner Seite. Entfache seine Leidenschaft und binde ihn so fest an dich, dass er dich auf keinen Fall wieder fortlassen will.“

„Seid unbesorgt“, versicherte ihm die schöne und erfahrene Liebesdienerin, „ich werde tun, wie Ihr von mir verlangt. In dieser Hinsicht können Eure Majestät sich ganz auf mich verlassen.“

Die Dirne tat, wie ihr geheißen. Mit verführerischen Blicken fing sie den Kaschi-König ein, während sie ihm gleichzeitig Zurückhaltung vorspielte, um seine Begierde nur noch mehr anzustacheln. In kurzer Zeit hatte sie ihn vollständig von sich abhängig gemacht, der mächtige Herrscher war ihrem Körper hoffnungslos verfallen. Unter keinen Umständen wollte er mehr ohne sie leben. Fünfundvierzig glückliche und unbeschwerte Tage gingen so ins Land. Dann erreichte den König ein Brief aus dem Nachbarreich. Der Herrscher von Bitischi verlangte seine Dirne zurück. Es sei ja vereinbart gewesen, schrieb er, dass sie nur für eine Zeit lang zur Verfügung stehe. In Kürze sei nun eine Opferzeremonie geplant, für deren gelungene Durchführung diese Dame – bekanntlich die Schönste aller Frauen weit und breit – unbedingt zur Verfügung stehen müsse. Sie sei daher sofort zu überstellen. Der König war höchst unglücklich über diesen Brief. Nicht nur, dass er den Verlust seiner Angebeteten nicht hinnehmen mochte, er fürchtete auch den Ansehensverlust im Volk, wenn er so völlig widerstandlos einer Aufforderung seines Todfeindes nachkommen würde. So weigerte er sich zunächst, die Schöne wieder ziehen zu lassen. Ganz unerwartet zeigte der Bitischi-Herrscher Entgegenkommen und versprach ihm hoch und heilig, dass nach Abschluss der Zeremonie die Frau noch in der gleichen Stunde wieder an seinen Palast zurückkehren könne. Diese Zusage erlaubte es dem König nun, sie schweren Herzens, aber zumindest unter Wahrung seines Gesichts ziehen zu lassen.

Nach dem Abschluss der feierlichen Handlungen wartete er Tag um Tag sehnsüchtig auf die Rückkehr der sinnlichen Schönen. Doch die Dirne kam nicht mehr, der König aus dem Nachbarreich hielt sein Versprechen schlicht nicht ein und hatte das auch wohl nie vorgehabt. Von Anfang an war es seine Absicht, seinen Gegner nicht nur zu demütigen, sondern zugleich zu unüberlegten Handlungen zu provozieren. Jetzt schien seine Rechnung aufzugehen. Im König von Kaschi erwachte eine immer unerträglicher werdende Sehnsucht. Von brennendem Verlangen getrieben, kam er auf eine sonderbare Idee. So wollte er als Händler verkleidet in die Hauptstadt des anderen Reiches gehen und sich unbemerkt mit seiner Geliebten treffen. Wie zuvor wollte er sich dort mit ihr vergnügen, denn er glaubte tatsächlich, dass sie sich in gleicher Weise nach ihm verzehre. Die Minister waren höchst besorgt und warnten ihn: Auf keinen Fall solle er diesen Plan in die Tat umsetzen. Aber der Herrscher mochte diese Ratschläge gar nicht hören. In einer der folgenden Nächte wollte er unbemerkt den Palast verlassen, um sich im Gewande eines Mannes aus dem Volke auf die Reise ins verfeindete Nachbarland zu begeben. „Wenn ich sie auch so nicht bekommen sollte“, sprach er zu sich, „dann müssen eben meine bewaffneten Heere losmarschieren, um sie für mich zu holen – koste es, was es wolle.

Zu dieser Zeit lebte eine große Pavianhorde am Eremitenberg, der höchsten Erhebung von Kaschi. Dort war gerade das Weibchen des Anführers an einer Krankheit gestorben. Statt um seine treue Gefährtin zu trauern, hatte sich der alte Oberaffe noch am gleichen Tag die Schwester der toten Äffin gefügig gemacht und sie zu seinem neuen Weibe genommen. Die anderen Tiere der Gruppe waren sehr ärgerlich über das rücksichtslose Verhalten dieses pietätlosen Gesellen. Aber dieser war äußerst selbstgefällig und ließ keinerlei Kritik gelten. Das machte die Affen nun erst recht wütend. Schließlich gerieten sie so sehr in Rage, dass sich ein paar starke Junggesellen zusammenrotteten und ihrem Anführer das arme Affenweibchen einfach wieder entrissen. Der alte Affe wehrte sich nach Kräften, doch die jungen Burschen waren schneller und bissen ihn so heftig, dass er am Ende aus vielen Wunden blutete. Verfolgt von seiner lärmenden Horde floh der verstoßene

Pavian-Häuptling zum Palast des Königs von Kaschi. Verzweifelt sprang er dort über das Fenster in den Schlafraum des Königs. Zitternd vor innerer Erregung berichtete er dem Herrscher, was ihm Schlimmes widerfahren war, denn er erhoffte sich von ihm Zuspruch und Schutz. Aber der Menschenkönig schüttelte nur mit dem Kopf und sprach: „Da bist du doch selbst schuld! Das neue Weibchen gehörte nicht dir allein. Deine Gefährten haben alle das gleiche Recht, um sie zu buhlen.

„So ist es!", brüllte da die Affenschar im Chor, die sich derweil in gebührendem Abstand um das Schlafgemach versammelt hatte.

„Nein, nein, nein", rief der Oberaffe mit schriller Stimme dagegen.

„Doch, doch, doch, deine Freunde haben recht!", entgegnete ihm der König drei Mal. Der Pavian wollte das dennoch nicht akzeptieren. Schnell ging er zum Gegenangriff über, indem er sprach: „Ihr, oh großer Monarch der Menschenwelt, solltet Folgendes bedenken: In Euren Gemächern leben vierundachtzigtausend Konkubinen, die Ihr alle nicht liebt, aber lieben könntet. Wegen einer einzigen Frau, die Euch verführt und reingelegt hat, wollt Ihr nun Euer ganzes Volk seinem Schicksal überlassen und es am Ende gar noch in einem furchtbaren Krieg verheizen. – Ist das etwa recht und billig?"

Diese Worte machten den König sehr nachdenklich.

## Der aus dem Feuer Geborene

In einem Land namens Yenpo gab es einst sechs bekannte brahmanische Meister. Doch leider war über die Kostbarkeiten des Dharma in diesem Reich so gut wie gar nichts bekannt. Die Menschen folgten alle den Lehren dieser sechs Oberbrahmanen, obgleich diese Männer in Wahrheit heimtückisch waren und viel Schlechtes taten. Das schadete dem Volk sehr.

Buddha Sakyamuni aber hatte großes Mitgefühl mit allen Bewohnern dieses Reiches. Daher entschied er sich eines Tages, ihnen durch die Verbreitung der wahren Lehre zu helfen, das Leidensmeer zu überwinden.

In der Hauptstadt von Yenpo lebte ein ehrbarer Mann, der unter seinen Mitmenschen einen guten Ruf genoss. Obwohl schon sechzig Jahre alt, hatte er noch immer keinen Nachkommen, was ihn unsäglich betrübte. In seiner Not wandte er sich an die sechs Brahmanen und bat sie um Unterstützung. Sie versprachen zu helfen und erzeugten mit ihren vereinten Kräften einen gewaltigen Fruchtbarkeitszauber. Kurze Zeit später stellte seine Frau fest, dass sie tatsächlich schwanger geworden war. Außer sich vor Freude wollte der Mann von den Brahmanen sogleich wissen, ob es denn ein Sohn oder eine Tochter würde. Die sechs steckten ihre Köpfe zusammen, berieten einen Augenblick und sprachen dann wie aus einem Munde: „Sie wird ein Mädchen gebären." Als er diese Auskunft vernahm, war der Ehrbare schwer enttäuscht, denn er hatte sich so sehr einen männlichen Nachfolger gewünscht.

Zu dieser Zeit residierte Buddha Sakyamuni in dieser Stadt. Ein Freund machte beide miteinander bekannt. Nachdem sie zunächst einige höfliche Worte gewechselt hatten, richtete der Mann die gleiche Frage an den Erhabenen.

„Eure Gemahlin geht mit einem Knaben schwanger", erklärte ihm daraufhin der Buddha. Da jubelte der Mann vor Freude und Entzücken. Als die Brahmanen von dieser Begegnung erfuhren, wurden sie furchtbar wütend. Voller Eifersucht auf den Buddha sannen sie in ihren bösen Herzen auf Rache. Da sie zum Glück nicht die Macht besaßen, den Erhabenen direkt zu schädigen, entwickelten sie eine perfide List. Einer von ihnen pflückte wohlschmeckende Pfirsiche von einem Baum in seinem Garten. Dann spritzten sie an den Stielen unbemerkt Gift in das Obst und überreichten es dem nichtsahnenden Ehemann. Mit im Lächeln versteckter Heimtücke sprachen sie dabei zu ihm: „Gebt diese süßen Früchte Eurem schwangeren Weib, sie sind nahrhaft und wohlschmeckend, gesegnet zudem durch unsere Hände."

Die Frau aß noch am gleichen Abend davon. Ein paar Tage später starb die Ärmste unter furchtbaren Schmerzen. Kurz nach ihrem Tod sprachen die Brahmanen zu dem verzweifelt wehklagenden Mann: „Prophezeite der Buddha dir nicht, dass deine Frau einen Knaben gebären werde? Nun, wo so Schlimmes geschehen ist, solltest du wohl erkennen, wie sehr er dich doch betrogen hat und was von seiner Lehre zu halten ist."

Nachdem der Erhabene erfahren hatte, was geschehen war, begab er sich mit einigen seiner Jünger zum Hause des Ehrwürdigen. Als die Brahmanen ihn auf dem Weg dorthin erblickten, hetzten sie sogleich die Leute gegen ihn auf und riefen: „Seht nur, ein falscher Heilsverkünder auf dem Weg, das Fleisch einer Toten zu verspeisen!"

Leider glaubten die Menschen dieser Verleumdung und verfolgten den Buddha mit wütenden Blicken. Die Jünger in seinem Gefolge bekamen es mit der Angst zu tun. „Lasst uns schnell fortgehen, diese Brahmanen sind böse und verschlagen", forderten sie ihren großen Lehrer auf.

In dieser Lage trat der Mönch Ananda nach vorne und beruhigte die aufgebrachte Masse, die sich daraufhin wieder zerstreute. So gelangte die Gruppe unbeschadet zum Trauerhause. Doch auch dort entlud der Mann als Erstes seinen Zorn auf den Buddha: „Ihr habt mich belogen. Mein Weib ist tot!", rief er mit wütender Stimme, „wie könnte sie da einen Sohn gebären."

„Beruhigt Euch", antwortete ihm der Erhabene und erklärte: „Ich antwortete zuvor nur auf Eure Frage, welches Geschlecht das Kind in ihrem Bauch habe und nicht mehr."

Noch an diesem Tag sollte am Ufer des Ewigen Flusses die Feuerbestattung der Toten sein. Der Buddha und seine Jünger blieben so lange bei dem Mann und als kurze Zeit später der leblose Körper zum Verbrennungsplatz getragen wurde, begleiteten sie ihn. Kaum hatte das Feuer den Leichnam erfasst, riss plötzlich der Bauch in zwei Hälften auseinander und eine Lotusblüte erschien zwischen den Flammen. Die sechs Brahmanen, die den Leichenzug ebenfalls begleiteten, starrten mit offenem Mund und weit aufgerissenen Augen auf das, was sich nun vor ihren Augen abspielte und von dem sie nicht glauben konnten, dass es tatsächlich geschah.

„Eine Sinnestäuschung!“, rief einer von ihnen.

„Nein“, erwiderte der Buddha und rief mit lauter Stimme: „Schaut nur, welch seltenes Glück!“ In diesem Augenblick war inmitten des Feuerlotus ein kleines Kind zu sehen. Mit einem kräftigen Satz sprang es sogleich aus den Flammen in das kühlende Wasser des Flusses. Alle konnten deutlich erkennen, dass es ein Junge war. Dann kletterte der Knabe ans Ufer, wo ihn der Buddha in seine Arme schloss. „Ihr solltet ihn *Der aus dem Feuer Geborene* nennen“, sprach er zu dem Vater. Dieses Ereignis verbreitete sich wie ein Lauffeuer im Land. Die Menschen erkannten dabei, dass sie es selbst sind, die stets genauestens prüfen müssen, ob die Worte der Meister wahr oder falsch sind. In der Folgezeit entdeckten immer mehr Einwohner die Weisheit der Buddhalehre und machten sie zur Richtschnur ihres Lebens.

## Die goldenen Federn

In der alten Zeit lebte einmal ein glückliches junges Ehepaar, deren Verbindung drei Töchter entsprungen waren. Alle drei schöne und liebliche Mädchen, die in fürsorglicher Obhut ihrer beiden Eltern aufwuchsen. Den Kindern fehlte es zunächst an nichts, doch eines schlimmen Tages starb völlig unerwartet der treusorgende Gatte. Sein Herz hatte plötzlich zu schlagen aufgehört. Die arme Frau blieb mit ihren drei Töchtern allein zurück in dieser Welt. Durch den frühen Tod des Mannes stürzten die vier in bittere Armut. Von nun an mussten sie ein schweres und entbehrungsreiches Dasein fristen.

Der Mann aber wurde in seinem nächsten Leben als Schwan wiedergeboren. Allerdings war dieser Schwan kein gewöhnlicher Wasservogel, sondern ein Tier ganz besonderer Art, zwischen dessen weißem Gefieder viele Federn aus reinem Gold steckten. Nachdem der Schwan groß war, konnte er sich auch nach und nach an sein früheres Leben als Mensch erinnern. Jedes Mal, wenn nun die Gedanken an seine Frau und die kleinen Mädchen kamen, erfasste ihn große Trübsal und er dachte: „Ach, diese armen Geschöpfe sind jetzt ganz von der Mildtätigkeit anderer Leute abhängig. Gewiss müssen sie große Not und Entbehrung erleiden und dabei viele Demütigungen böser Menschen einstecken.“

Geplagt von tiefer Sorge um seine Lieben, verließ er so eines Tages die anderen Schwäne und flog zu dem Haus zurück, wo er einst sein früheres Dasein verbracht hatte. Dort angekommen, ließ er sich auf dem Dach nieder und begann, einen traurigen Gesang anzustimmen. Die drei kleinen Mädchen hörten als Erstes dieses Schwanenlied und rannten schnell nach draußen, um zu sehen, woher solch herzzerreißende Töne kamen. Da erspähten sie auch schon den weißen Vogel auf dem Dach ihres Hauses. Der Anblick der Kinder in ihren zerlumpten Kleidern und mit den schmutzigen, ausgemergelten Gesichtern machte den Schwan so traurig, dass sein Wehklagen immer schlimmer ward und kein Ende mehr nehmen wollte. Erschrocken riefen die Mädchen nach der Mutter, die in einer plötzlichen Eingebung erkannte, wer dieser weiße Vogel in Wirklichkeit war.

Beim Anblick seiner früheren Gefährtin wurde das Tier vom Schmerz völlig überwältigt. In seiner Verzweiflung riss der Vogel eine goldene Feder nach der anderem aus seinem Unterkleid und warf sie in die Luft. Langsam schwebten sie gleich Schneeflocken im Licht der Morgensonne auf die Erde herab. Laut kreischend flog er anschließend wieder fort.

Erstaunt betrachteten die Mutter und ihre Kinder, was da auf dem Boden lag. Sofort wusste die Frau um den hohen Wert dieser filigranen Gebilde. Schon am nächsten Tag verkaufte sie alles gegen gutes Geld auf dem Markt der großen Stadt. Jetzt konnte die Familie nach langer Zeit erstmals wieder guten weißen Reis kaufen und sich richtig satt essen. In der folgenden Zeit kehrte der Schwan wieder und wieder zum Ort seiner früheren Existenz zurück. Jedes Mal bevor er aufgewühlt von Trauer und Schmerz wieder fortflog, ließ er einige goldene Federn am Boden zurück. Durch den Verkauf dieser Gaben verbesserte sich allmählich das Los der Mutter und ihrer Töchter.

Ungenügsamkeit ist die Triebkraft, die ins Elend führt. Nun, wo sie ein klein wenig Wohlstand besaßen, konnte es sich die Frau leisten, so oft sie wollte zum Markt zu gehen, und plötzlich Dinge kaufen, von denen sie früher nur hatte träumen können. Regelmäßig sprach sie dabei auch mit den anderen Frauen, die dort verkehrten und denen gegenüber sie sich nun wieder wie zu Lebzeiten ihres Mannes als ebenbürtig empfand. Jetzt mied sie nicht mehr schamhaft alle Blicke und Gespräche. Es blieb nicht aus, dass sie jetzt immer öfter Vergleiche anstellte und dabei mit Neid und Missgunst auf andere blickte: „Die Männer dieser Frauen haben alle ein festes Einkommen. Und ich? Wir stützen uns auf nichts als einen Vogel, der ab und an einmal vorbeikommt und ein paar Goldfederchen abwirft, von denen er offensichtlich sehr viele besitzt. Aber letztlich ist es doch nur ein Tier. Was soll ich bloß tun, wenn es eines Tages fortbleibt?"

So dachte die Frau tief in ihrem Herzen und sprach dann zu sich: „Ich will den Schwan das nächste Mal einfangen und ihm die kostbaren Federn samt und sonders herausziehen. Dann sind wir ein für alle Mal aus dem Schneider."

Als der weiße Vogel das nächste Mal kam, lockte ihn die Frau mit ein wenig Futter zu sich. Der Schwan freute sich, seinem früheren Eheweib so nahe sein zu dürfen. Doch kaum war er in ihre Reichweite gelangt, packte ihn die Frau am Hals und schnürte mit einem Hanfseil und mit ein paar schnellen Griffen dann Beine und Flügel des Tieres zusammen. Anschließend rupfte sie dem Schwan alle seine Federn aus. Am Ende lag er nackt und verletzt auf der kalten Erde. Doch so sehr die treulose Frau ihre Ausbeute auch durchstöberte, nirgendwo war auch nur eine einzige Goldfeder zu finden. Auf dem Boden lag nichts als ein Haufen ganz normaler mehr oder weniger weicher Vogelfedern. Mit solch einem Ergebnis hatte die Frau nicht gerechnet. Erst schäumte sie vor Wut, dann bekam sie Angst, die Quelle ihres Einkommens sei nunmehr völlig versiegt. In der Not hatte sie einen rettenden Einfall: „Vielleicht wachsen aus der Haut des Schwanes nur dann goldene Federn, wenn es ihm gut geht und er sie freiwillig gibt." Damit lag sie nicht falsch. So sperrte sie den kahl Gerupften in eine Kiste und begann, ihn morgens und abends mit Gras und welken Blättern zu füttern. Mit der Zeit bildete sich wieder neuer Flaum auf seiner Haut, doch goldene Federn waren auch jetzt nicht zu sehen. Da dachte die Frau: „Es hat wohl keinen Zweck" und wollte schon aufgeben. Auch kam ihr kurz die Idee, das Tier zu töten und zu verspeisen, aber diese böse Absicht formte ihre Zunge nicht in Worte und blieb zum Glück ungetan. Die drei Töchter beknieten die Mutter die ganze Zeit, den armen Schwan wieder ziehen zu lassen oder zumindest ihrer fürsorglicheren Obhut anzuvertrauen. Die Frau hatte das stets abgelehnt, doch nun, als sie selbst nicht mehr weiterwusste, lenkte sie erstmals ein und ließ ihre Kinder einfach gewähren.

Als Erstes holten die Mädchen den geschundenen Vogel aus seiner engen Kiste heraus und bauten ihm einen großen und behaglichen Stall. Dann fütterten sie ihn mit feinsten Speisen, streichelten und hätschelten ihn liebevoll. Und tatsächlich: Schon nach wenigen Tagen begannen erstmals wieder, kleine goldene Federlein zwischen dem schneeweißen Gefieder hervorzusprießen. Kaum hatte die Frau entdeckt, dass endlich auf neue Ausbeute zu hoffen war, packte sie das Tier, zerrte es aus dem dunklen Stall und wollte ihm im hellen Sonnenlicht des Hofes die neuen Goldfederchen allesamt wieder auszupfen. Die kleinen Mädchen protestierten lautstark, doch die Mutter wollte sich von ihrem Vorhaben nicht abbringen lassen. Dabei kam es zu einem Handgemenge zwischen ihr und den Kindern. Der heftige und unerwartete Widerstand ihrer Töchter hatte die Frau so zornig gemacht, dass sie den dreien satte Ohrfeigen verpasste. Während sie mit ihrer rechten Hand heftig zuschlug, ließ sie den Schwan in einem Moment der Unachtsamkeit aus ihrer linken entgleiten. Der kluge Vogel nutzte diesen kurzen Augenblick, hüpfte unbemerkt zur Seite und erhob sich dann mit ein paar kräftigen Flügelschlägen so schnell er konnte hinauf in die Lüfte. Die vier starrten fassungslos nach oben.

„Möge euch künftig der Himmel beschützen!", verkündete er zum Abschied als letzten Segenswunsch für seine frühere Familie. Der Schwan mit den goldenen Federn kehrte niemals mehr an diesen Ort zurück.

## Das schöne Drachenmädchen tritt in den Buddha-Orden ein

Eine gute und ehrbare Familie hatte einst eine Tochter, der sie den Namen *Drachenprinzessin* gegeben hatte. Schlau und liebreizend war dieses entzückende Wesen und viel reifer als alle anderen Kinder ihres Alters. Da die Familie viel Geld und Gut besaß, wuchs dieses Mädchen nahezu frei von allen Sorgen auf. An ihrem vierzehnten Geburtstag allerdings geschah etwas, das ihrem Leben eine ganz neue Richtung gab. Am Morgen dieses Tages nahm die junge Schöne zunächst ein Bad, rieb sich anschließend mit frischen Duftölen ein und legte dann ihre feinsten Seidengewänder an. Als sie so sauber und feierlich gewandet ans Fenster trat und ins Freie schaute, erblickte sie zum ersten Mal in ihrem Leben den Buddha, der in diesem Augenblick mit seinen Jüngern an ihrem Haus vorüberging. Plötzlich spürte sie, wie der ganze Raum von einem strahlend hellen Licht durchflutet wurde. Zwischen innen und außen gab es auf einmal überhaupt keinen Unterschied mehr. Die kleine Prinzessin erkannte: Dieses Licht ist nicht von dieser Welt.

Geschwind stieg sie gleich hinauf auf das Dach des Hauses, um genauer zu sehen, was draußen geschah. Als sie nach Osten schaute, erblickte sie den Buddha, der sich mit seinen Jüngern inzwischen zwar schon weiter entfernt hatte, von dessen Körper jedoch noch immer ein Licht von unverminderter Helligkeit ausging, das ihr Herz im Innersten berührte.

„Um meine Verehrung zu bezeugen, sollte ich den Erhabenen und seine Jünger einmal mit feiner Opferspeise bewirten", sprach sie zu sich. Immer tiefer sann sie in den nächsten Tagen über das Erlebte nach. Es dauert nicht lange und in ihr reifte der Entschluss, eines Tages selbst zum Buddha zu werden. Dieser Gedanke versetzte einen in der Nähe hausenden Dämon in rasenden Zorn. Eine neue Buddhawerdung wollte dieser böse Geist mit allen Mitteln verhindern. Als das Mädchen ein paar Tage später wieder einmal auf dem Dach des Hauses stand und sehnsüchtig in Richtung Osten schaute, nahm der Dämon, welcher der Kunst der magischen Verwandlung fähig war, die körperliche Gestalt ihres Vaters an. So erschien er nun in einer höchst vertrauten Gestalt neben der jungen Frau, die nichts bemerkte und gleich freudig zu erzählen begann, was in ihrem Herzen vorging. Im Nu zauberte der Dämon ein breites Lächeln auf das Vatergesicht, wobei er sich zusammenreißen musste, dabei kein feistes Grinsen zu erzeugen.

„Ach Kind", ließ er den Mann antworten, „das sind doch alles nur Träumereien, die sich nie verwirklichen lassen. Wenn du schon solche Bestrebungen hast, so würde es doch völlig ausreichen, zu einem Arhat zu werden, das wäre schon mehr als genug für dich."

„Nein", erwiderte die Tochter, „denn ein solcher strebt nur nach eigener Vollkommenheit. Allein die Weisheit eines Buddha ist groß und grenzenlos und so auch sein Mitgefühl mit allen Wesen."

Diese kluge Antwort ließ für einen kurzen Augenblick Angst und Schrecken in den Dämon fahren. Aber er hatte sich schnell wieder gefasst: „Bedenke doch", sprach er mit altväterlicher Betulichkeit, „die Buddhas sind allesamt Männer, wie könnte da einem weiblichen Wesen eine solche Wandlung jemals gelingen?"

Das Mädchen ließ sich auch von dieser Antwort nicht einschüchtern. „Eine Frau kann in diesem Leben die Buddhaschaft genauso erlangen wie ein Mann", erklärte sie mit firmer Stimme und fügte hinzu: „Ich muss nicht zuvor als Mann wiedergeboren werden, bloß weil der Weg dann vielleicht etwas einfacher ist!"

„Nun gut", antwortete der vermeintliche Vater und sprach: „Selbst wenn es so wäre, so müsstest du doch bereit sein, auf alles Irdische zu verzichten. Auch darfst du den Tod nicht scheuen und an deinem Leib nicht im Geringsten haften."

„Genauso ist es“, entgegnete das Mädchen mit furchtlosem Blick.

„Große Worte gehen leicht über die Zunge“, sprach da ihr Gegenüber und schaute dem Drachenmädchen tief in die Augen: „Wenn dein Vorsatz wahr ist, dann spring jetzt und hier in die Tiefe hinab. Bezeuge deine Entschlossenheit durch eine solche Tat oder hör für immer auf, davon zu sprechen.“

Da die junge Frau diese Worte als die des eigenen Vaters nahm, trat sie augenblicklich an den Rand des Daches und stürzte sich ohne zu zögern aus dem sechsten Stock hinunter. Während des Absturzes geschah eine wundersame Verwandlung: Kurz bevor es auf dem Boden aufschlug, hatte sich das Drachenmädchen in einen Jungen verwandelt, der nun mit einem eleganten Sprung ganz unbeschadet auf der weichen Erde landete. Kurz darauf trat dieser in den Orden des Buddha ein und wurde Mönch. Die Buddhaschaft ist bar aller Unterschiede zwischen männlich und weiblich.

## Der wundersame Hund

Unbeständig und im ewigen Wandel sind alle Dinge. Wer dies erkennt, lebt in wahrer Freiheit.

Es lebte einmal eine redliche alte Frau mit Namen Gautschin, die sehr arm war und nur ganz wenige Dinge besaß. Weit außerhalb vor den Toren der Stadt fristete sie ihr Dasein in einer zerschlissenen Strohhütte. Aber diese Gutherzige klagte dennoch nicht über ihr Los. Sie war ein wahrhaft barmherziger Mensch, der niemals einem anderen Wesen irgendein Leid zufügte. Obwohl schon recht betagt, musste sie immer noch jeden Tag auf dem Feld arbeiten, um ihr Leben zu bestreiten.

Eines Morgens stellte Gautschin auf einmal erschrocken fest, dass sie auf ihrem rechten Ohr überhaupt nichts mehr hören konnte. Noch am gleichen Tag suchte sie einen Heiler in der Stadt auf, der nur einmal kurz in ihr Ohr hineinschaute und anschließend mit einer Drahtschlaufe einen langen Wurm aus dem Gehörgang hervorzog. Augenblicklich konnte die Frau wieder hören. Dann betrachtete sie das arme Tier, das ihr Leiden verursacht hatte und bei dem gewaltsamen Herausziehen gerade ums Leben gekommen war. Voller Mitgefühl nahm sie dieses kleine Wesen, welches für kurze Zeit ihren Körper behaust hatte, an sich. Vor ihrer Strohhütte begrub sie den Wurm dann in dem kleinen Kräutergärtlein, bedeckte die Erde darüber mit einer schweren Steinplatte und murmelte ein paar Segenswünsche.

Niemand wusste, wie es genau geschah, aber nach einigen Tagen verwandelte sich der tote Wurm in einen Hund mit scharfen Zähnen. Als die Frau eines Morgens ins Freie trat, sah sie die umgestoßene Steinplatte und daneben ein Hündchen sitzen, dessen Fell leuchtend bunt war und im Sonnenlicht glänzte, als käme dieses Wesen von jenseits der Welt. Die Mitfühlende nahm sich sogleich des sonderbaren

Geschöpfes an. Von diesem Tag an wurde ihr das Tier ein treuer Gefährte, für den sie voller Liebe sorgte und der fortan die Einsamkeit mit ihr teilte.

In dem darauffolgenden Jahr griff ein Nachbarstaat das Land an. Überall zogen räubernde Soldaten durch Städte und Dörfer, wo sie alles plünderten, was ihnen wertvoll und mitnehmenswert erschien. Noch war die Hütte der Frau verschont geblieben, jedoch war es nur eine Frage der Zeit, bis die brandschatzende Soldateska auch ihre ärmliche Hütte entdeckt haben würde. Zwar leisteten die Truppen des Königs dem feindlichen Heer erbitterten Widerstand, allerdings waren sie dem zahlenmäßig übermächtigen Gegner hoffnungslos unterlegen. Schon besetzten die ersten Truppenteile der Feindesarmee die Hauptstadt des Reiches und umzingelten den Königspalast. In seiner großen Not flehte der Herrscher sein Volk um Hilfe an. Die letzten vorhandenen Kämpfer sollten aufmarschieren, doch außer Greisen und halben Kindern war niemand mehr da, um das Land zu retten.

Schnell hatte auch der kluge Hund den Ernst der Lage erkannt. Allein um seiner Herrin und den armen Menschen im Land zu helfen, wollte er etwas Entscheidendes tun, um die gegnerische Armee zurückzuschlagen. In der Nacht schlich er sich still und heimlich in das Lager der feindlichen Soldaten, dort schnupperte er so lange herum, bis er das Zelt des Oberbefehlshabers gefunden hatte. Vorsichtig kroch er dann unter den Zeltstangen hindurch und näherte sich dem ahnungslos Schlafenden. Mit einem einzigen kräftigen Biss in die Gurgel riss er dem Mann die Halsschlagader auf und verschwand dann gleich wieder, ohne dass ihn jemand erblickt hatte. Als ihr oberster Kommandant plötzlich aus seinem Zelt torkelte und Sekunden später blutüberströmt zusammenbrach, packte alle seine Männer nacktes Entsetzen. Geschockt und führerlos flohen die Soldaten in alle Richtungen. Niemals mehr kehrte auch nur einer von ihnen je in dieses Reich zurück, so sehr saß ihnen die Angst im Nacken. Die größte Furcht erzeugt ein Feind, den man nicht sieht, denn ein solcher kann überall und jederzeit erneut zuschlagen. Keiner der Männer wusste ja, dass es nur ein einfacher Hund war, der ihren starken und scheinbar unbesiegbaren Anführer ums Leben gebracht hatte.

Der gerettete König erfuhr durch die alte Gautschin, was sich zugetragen hatte und wem er tatsächlich den Sieg verdankte. Lange überlegte er, wie er dem Hund für seine unschätzbare Hilfe wohl danken könne. Ihn einfach nur mit gutem Futter und einem warmen Platz im Palast zu belohnen, schien zu dürftig und unangemessen angesichts der großen Tat, die er vollbracht hatte. Denn er hatte ein ganzes Volk vor dem Untergang bewahrt. So entschloss er sich, diesem Tier seine schönste Tochter zur Frau zu geben. Doch kaum hatte er diese Absicht kundgetan, hagelte es auch schon Bedenken von Seiten seiner Minister: „Was sollen die Leute denken, wenn Ihr Euer eigen Fleisch und Blut mit einem Tier vermählt? – Großer Schaden wird uns allen daraus erwachsen!“

Aber der Herrscher blieb bei seinem Entschluss und so kam es, dass der Hund mit seiner Tochter die Ehe schloss. Allerdings war das Mädchen über diese erzwungene Verbindung alles andere als glücklich, wagte jedoch nicht, sich gegen ihren Vater aufzulehnen.

Der Hund und sein menschliches Eheweib lebten fortan gemeinsam in einer großen Felshöhle im Bergwald, wo er jeden Tag zur Jagd hinauszog, während die Frau Früchte und Pilze sammelte. Einige Male kam auch der alte König an diesen Ort, um gemeinsam mit dem Hund auf die Jagd zu gehen. Doch mit der Zeit wurden ihm die Reisen dorthin zu beschwerlich. So stellte er lieber den Tieren in den Wäldern nahe der Hauptstadt nach. Die Jahre verstrichen und die Frau gebar sechs Mädchen und sechs Jungen, die alle menschliche Gestalt besaßen und in nichts an ihren tierischen Erzeuger erinnerten. Schließlich starb der Hund, dem seine Gemahlin zu seinen Lebzeiten den Namen Panhu gegeben hatte. Zwar hatte sie ihn niemals wirklich geliebt, doch im Lauf der Zeit wertzuschätzen gelernt, nicht zuletzt, da in der Abgeschiedenheit niemand sonst lebte, der ihr nahestand und für sie sorgte.

Ihre Kinder aber fürchteten sich vor der Verachtung der Leute. Da sie sich nicht als vollwertige Menschen fühlten, glaubten sie, ihnen bliebe keine andere Wahl, als untereinander zu heiraten. Regelmäßig erreichten den Herrscher die Berichte der Dorfschreiber aus den angrenzenden Ansiedlungen. So wusste er wohl, was seine Nachkommen im fernen Bergwald trieben. Eines Tages reiste er noch einmal dorthin, um die zwölf in die Stadt zu holen, damit sie dort ein menschenwürdiges Leben führten. Der König vermeinte, ihnen damit den Weg in eine leuchtende Zukunft zu öffnen, doch keiner der Enkel mochte seiner Einladung folgen. Damit hatte er nicht gerechnet. Stattdessen erklärten sie ihm nur, wie sehr sie das einfache Leben in den Wäldern liebten, niemand von ihnen dächte daran, es gegen die Falschheit und das eitle Getue der Stadtmenschen einzutauschen. Wortlos zog der König wieder in seinen Palast zurück und ließ sie gewähren, wie es ihnen beliebte. Von Zeit zu Zeit tauchte der eine oder andere der Hundemenschen in den umliegenden Dörfern auf, um dort Wildfleisch und Felle gegen Dinge zu tauschen, die sie in der Abgeschiedenheit gebrauchen konnten. Doch das Leben in völliger Freiheit wollte keiner von ihnen je missen.

## Ein Mönch verflucht den Buddha

Am Fuße eines hohen Berges stand einmal ein großer Tempel, in dem zahlreiche Mönche und Novizen lebten. Die meisten Stunden des Tages verbrachten diese Buddhajünger in Anrufung und Versenkung. Jeden Morgen und jeden Abend konnte man aus der großen Tempelhalle bis auf den Berg hinauf die hellen Stimmen der Rezitierenden hören. Eines Tages bemerkten die Mönche, dass sich einer von ihnen, der Ehrwürdige Diauda, ein Mann in mittleren Jahren, immer öfter von der Gemeinschaft absonderte. Statt gemeinsam mit den anderen zu üben, sah man ihn fast nur noch allein und außerhalb des Tempels unter einem Baum sitzen. Zunächst dachten sich die Ordensleute nichts weiter dabei, denn ein jeder muss seinen eigenen Weg in die Stille finden. Ein solches Verhalten erschien ihnen daher ganz natürlich. Eines Tages jedoch schlich sich ein neugieriger junger Novize einmal unbemerkt an den Meditierenden heran und ließ sich nur einen Fußbreit von ihm entfernt auf dem Boden nieder. Kein Windhauch wehte an diesem Tag und der junge Mann hatte gute Ohren. So hörte er plötzlich, wie aus dem Mund des Mönchs zwar leise, aber furchtbar böse Worte hervorquollen. Mit schwacher, gerade noch vernehmlicher Stimme verfluchte dieser tatsächlich den Buddha. Schnell entfernte sich der Novize wieder und rief die anderen Mönche herbei, die sich nun ebenfalls heimlich näherten. Alle waren entsetzt und glaubten, ihren Ohren nicht zu trauen, als sie die schlimmen Flüsterworte vernahmen, die da die Zunge ihres Ordensbruders formte. Jetzt, wo es die Menschen alle wussten, dauerte es nicht mehr lange, bis auch der Himmelsherrscher und die Könige der vier Richtungen davon erfuhren.

Eines Tages erschienen diese fünf vereint vor Diauda und sprachen zu ihm: „Was machst du bloß, du Verrückter, glaubst du etwa, dein Arm wäre lang genug, die Sonne und den Mond vom Himmel zu pflücken?“

Doch der Mönch reagierte nicht im Geringsten auf diese Ansprache und zeigte auch sonst keinerlei Zeichen von Reue über sein unbotmäßiges Tun. Tatenlos zogen sich die Himmlischen wieder zurück, denn sie fühlten sich nicht berufen, hier weiter zu handeln. Die Mönche aber waren bestürzt und voller Sorge. Sie fürchteten nämlich, die Unterstützung der höheren Mächte zu verlieren, und gingen daher kurz darauf zum Buddha und baten ihn um Rat.

Als sie zu Ende gesprochen hatten, begann der Erhabene, eine Geschichte zu erzählen: „Nichts geschieht je ohne Ursache. Einst gab es einen Edlen, der eine wunderschöne Tochter hatte. ‚Mein Mädchen soll einmal einen Gelehrten heiraten‘, wünschte sich der Mann, kaum dass dieses Kind das Licht der Welt erblickt hatte. Einen Schwiegersohn ohne Bildung und mit schlechten Manieren zu bekommen, war ihm ein ganz grauenhafter Gedanke. Die Frage war bloß, wo und wie er einen geeigneten Kandidaten finden konnte. Lange Zeit sann er gründlich nach, dann hatte er plötzlich eine Idee: Der Sieger aus einem Wettstreit sollte es sein. So rief er kurz darauf alle gelehrten jungen Anhänger des Dharma, die er kannte und prinzipiell für geeignet hielt, in sein Haus. Drei volle Monate wollte er sie dort bewirten. Während dieser Zeit sollten sie ihre intellektuellen Fähigkeiten unter Beweis stellen, sodass er am Ende den Geistreichsten unter ihnen auswählen konnte.

Bald waren fünfhundert junge Männer seiner Einladung gefolgt, von denen jeder seine schöne Tochter zur Frau nehmen wollte. Weil das Haus sie nicht alle fassen konnte, mussten viele ihre Lager um das Anwesen herum aufschlagen. Tag um Tag verfolgte der Vater nun ihre gelehrten Dispute. Einer der Teilnehmer erwies sich schon nach kurzer Zeit den anderen an geistigem Reichtum, logischem Denken und auch an Humor haushoch überlegen. Doch dieser Jüngling hatte einen gravierenden Nachteil: Er war potthässlich, seine Nase groß und eckig, sein Mund so breit wie der eines Frosches, seine Haut trotz der Jugend faltig und fahl, die Augen wirkten kalt und abweisend. Kaum ein junges Mädchen mochte an einem solchen Burschen wirklich Gefallen finden.

Nach Ablauf der drei Monate, in denen sie viel von ihrem Vermögen in die Bewirtung der großen Gästeschar gesteckt hatten, überlegten der Edle und seine Frau, wie sie jetzt entscheiden sollten. Die Tochter erklärte ganz unverhohlen, dass sie den zwar gelehrten, doch so unansehnlichen jungen Mann auf keinen Fall heiraten wollte. Voll Angst und Furcht blickte sie in eine ungewisse Zukunft, sofern die Eltern auf einer Eheschließung bestünden. Hass und Ekel überkam sie allein bei der Vorstellung, mit diesem Menschen Tisch und Bett teilen zu müssen.

Je mehr Zeit verstrich, desto deutlicher spürte nun auch dieser Bursche seine Überlegenheit gegenüber den anderen Kandidaten. Völlig siegessicher freute er sich auf eine glückliche Zukunft mit der Schönen. Mit glühendem Stolz und erfüllt von Arroganz blickte er dabei auf die anderen herab. Den Eltern war das alles sehr unangenehm und so verschleppten sie die Entscheidung Tag um Tag. Die drei Monate waren längst verstrichen, doch die große Gästeschar lagerte noch immer um das Haus herum. Da traf schließlich ein weiterer junger Mann ein, der ebenfalls sein Interesse an der jungen Braut bekundete. Obwohl der Wettbewerb eigentlich schon vorbei war, ließ man auch ihn an den täglichen weiterhin stattfindenden Debatten teilnehmen. Dieser junge Bursche sah nun wirklich blendend aus, voll sprudelnder Lebenskraft und gleichzeitig von warmer und gütiger Wesensart. Schon nach wenigen Tagen zeigte sich, dass allein er der Beste und Überzeugendste von allen war. Auch seinen überheblichen Vorgänger stellte er bei Weitem in den Schatten.

Am meisten freute sich über diese neue Entwicklung natürlich die junge Tochter, die keinen anderen lieber zum Manne haben mochte als diesen holden Jüngling. Auch die Eltern waren glücklich und dem neuen Kandidaten sehr zugeneigt.

‚Unser Retter', sagten sich die drei und dankten dem Himmel und der Erde. Dem jungen Mädchen leuchteten die Wangen, wenn sie nur an ihren Prinzen dachte. Doch die Familie hatte die Rechnung ohne den vormaligen ersten Platzhirsch gemacht, der sich nun um die Frucht seiner Anstrengung betrogen fühlte. Nach den Regeln des Wettbewerbs wäre er der rechtmäßige Bräutigam. Zunächst schämte er sich ob der erlittenen Schmach noch ein wenig, seinen Anspruch deutlich vorzutragen, aber bald schon verwandelte sich seine anfängliche Zurückhaltung in unbändigen Zorn. Immer heftiger kochte heiße Wut in seinem Herzen. Eines Abends ging er zu dem Rivalen und sprach: ‚Ich bin älter als du und der Sieger in diesem Wettstreit, in den du erst eintratest, nachdem die festgesetzte Zeit bereits verstrichen war. Daher hast du mir den Vortritt zu überlassen. Ich erkenne wohl an, dass die größere Zuneigung dir zugefallen ist. Aber das zählt hier nicht, es geht allein um die Gerechtigkeit des Verfahrens. Verschwinde so schnell wie möglich von hier und ich will dir deinen Verzicht mit Geld und Gut reichlich belohnen, denn davon habe ich im Überfluss. Ich komme aus wohlhabendem Hause und du wirst es nicht bereuen.' Aber der so Angesprochene wollte sich auf dieses Angebot in keiner Weise einlassen, entschlossen blickte er seinem Gegenüber in die Augen und erwiderte: ‚Die Familie hat aber anders entschieden: Die Wahl ist auf mich gefallen. Das kann und will ich nicht ändern.'

Bei diesen Worten ward der so schroff abgewiesene Bewerber erst rot und dann weiß im Gesicht. Gereizt bis zum Äußersten schrie er: ‚Es gab klare Regeln und du hast sie gebrochen. Der rechtmäßige Bräutigam bin allein ich. Durch dich werde ich nun zum Gespött der Leute und verliere für alle Zeit mein Gesicht. Oh welche Schmach! Künftig kann ich in meiner Heimat nicht länger verweilen und in meinem ganzen weiteren Leben keine Ruhe mehr finden.‘

Da trat der Vater hinzu und sprach mit besänftigender Stimme: ‚Bitte versteht auch uns, der andere war aufrichtig und redlich, er hat meine Tochter verdient und – was das Wichtigste ist – sie will allein nur ihn. Sie vermag einfach nicht, ihr Herz Euch zu schenken! Bedenkt doch nur: Wie sollte ohne Gegenseitigkeit denn je eine glückliche Verbindung entstehen?‘ Der Abgewiesene jedoch zeigte keine Einsicht, er drohte und flehte, und am Ende bettelte er gar um die junge Frau, nur um sie Augenblicke später erneut zu verfluchen. Natürlich bekam er so erst recht nicht, wonach er strebte.“

Mit diesen Worten beendete der Buddha seine Geschichte. Die Mönche schwiegen, denn sie hatten noch nicht verstanden, was der Erhabene ihnen hatte sagen wollen. Der Buddha brach nach einer Weile in dieses Schweigen und erklärte: „Der jetzige Diauda war in einem früheren Leben eben jener Bursche, der auf diese Weise abgewiesen wurde, der junge Mann hingegen, der die Braut gewann, das war einst ich. Ihr müsst lernen zu verzeihen, Vergebung ist der Schlüssel zur Erfüllung.“

## Der aufrichtige Novize

Ein der buddhistischen Lehre treu ergebener Mann wurde einst Vater eines Sohnes. Den Knaben zu edler Tugend zu erziehen, war ihm sein innigstes Anliegen, für das er weder Mühe noch Opfer scheute. Nachdem der Junge dem Kindesalter entwachsen war, brachte ihn der Laie zu einem kleinen Tempel, wo er in das Novizenleben eingeführt werden sollte. Der älteste der Mönche war gerne bereit, sich um seinen Sprössling zu kümmern, er wollte ihm eine Orientierung im Leben geben und ihn an seiner Weisheit und seinem Wissen teilhaben lassen. Schon auf den ersten Blick erkannte dieser altgediente Mönch, wie klug dieser junge Bursche war. Noch am Tag der Ankunft scherte er ihm so das Haupthaar mit eigener Hand.

In der großen Stadt, an dessen Rand das kleine Kloster lag, lebte ein anderer frommer Laie, der die Gemeinschaft regelmäßig mit Almosenspeise unterstützte. Jeden Tag, bevor die Sonne im Zenit stand, ging dieser Mann zu den Mönchen und überreichte ihnen höchstpersönlich die von seiner Familie bereitete Essensspende, von der dann alle satt wurden. Einmal geschah es jedoch, dass der Laie die Mahlzeiten nicht brachte, da er mit seiner Familie zu einer Feier bei Verwandten aufs Land gefahren war. Doch er hatte Vorsorge getroffen. Aus Furcht vor Dieben ließen diese Leute ihr Haus nämlich niemals unbewacht. So hatte der Mann an diesem

Morgen, noch bevor er mit den anderen gemeinsam loszog, seine junge Tochter gebeten, allein im Haus zu verbleiben und nach dem Rechten zu sehen. In der Hektik des Aufbruchs vergaß er dem Mädchen allerdings zu sagen, dass es am Mittag den Mönchen Reis und Gemüse bringen sollte. So warteten die Ordensbrüder an diesem Tag vergeblich auf ihr Essen.

„Seltsam", dachte sich da der alte Meister, „unser Wohltäter kommt doch sonst immer zu dieser Zeit. Vielleicht ist er krank geworden und kann heute nicht kommen. Oder ob er uns in der Hektik des Tages einfach vergessen hat? Ich will einmal den neuen Novizen aussenden, um zu sehen, was passiert ist."

Obwohl der Sohn des Laien erst vor ein paar Tagen in den Tempel gekommen war, hatte der Obermönch doch schnell großes Vertrauen in ihn gesetzt. Da der Junge die Umgebung noch nicht gut kannte, führte er ihn zunächst auf den Glockenturm des Tempels und beschrieb ihm von dort oben den Weg durch die verwinkelten Gassen der Altstadt zum Haus des Edlen. Dann öffnete er das Tor und schickte ihn los.

Den ganzen Vormittag allein zu Hause war es der Tochter derweil schnell langweilig geworden. Die Schöne sehnte sich nach ein wenig Abwechslung. Als nun jemand an die Außenpforte klopfte, sprang sie sogleich neugierig auf, um zu sehen, wer da Einlass begehrte. Mit einem gut aussehenden jungen Burschen hatte sie nun überhaupt nicht gerechnet. Auf ihrem Gesicht entfaltete sich ein Lächeln so breit wie Schmetterlingsflügel, als sie den Novizen erblickte. Freudig bat sie den Besucher herein. Der junge Mann senkte den Kopf und schämte sich. Er verstand die aufreizenden Signale sehr wohl, wollte aber keinerlei Befleckung zulassen. „Die junge Frau muss verrückt sein", dachte sich der Tugendhafte. Seine Schüchternheit stachelte die Begierde des Mädchen nun erst recht an: „Gefalle ich dir?", fragte sie keck und warf ihr langes Haar rechts und links über die Schultern.

Der Novize erstarrte und sprach kein einziges Wort. „Hei, schau mich doch einmal richtig an", forderte sie ihn auf und wurde gleich sehr forsch. Dann begann sie, ihn aufzuziehen: „Was ist denn bloß los mit dir? Wir beide wären doch ein prima Paar! Meine Eltern hätten gewiss nichts gegen einen Schwiegersohn wie dich einzuwenden."

Dann lachte sie laut. Ein unbeschreibliches Entsetzen durchfuhr den jungen Mönchsanwärter, ihm wurde abwechselnd heiß und kalt: „Ich bewahre die Gelübde, ich bewahre die Gelübde", rief seine innere Stimme unablässig, „viele andere schaffen es doch auch." Doch das Mädchen erspürte gleich sein inneres Zögern und zog ihn am Ärmel mit einem festen Griff ins Innere des Hauses.

„Ich muss erst für ein paar Minuten in die Versenkung eintreten", bat der Novize mit hochrotem Kopf und hockte sich in eine dunkle Ecke des Empfangsraums für die Gäste. Das Mädchen schloss die Pforte und wartete wunschgemäß für ein paar Augenblicke draußen auf der Straße, während der Tugendhafte sich mit gefalteten Händen vor dem Buddha in seinem Geist tief verneigte. „Ich bleibe rein und unbefleckt, ich bleibe rein und unbefleckt", sprach er zu sich ohne Unterlass, während er gleichzeitig fühlte, wie das Verlangen siedend heiß in ihm brannte und die

Verstrickung unauflösbar wurde. Wieder und wieder sprach er diese Worte, doch sie schienen zu schwach, die mörderische Wollust zu zügeln, die sich immer wilder aufbäumte und ihn vollständig in Besitz zu nehmen drohte. In diesem Augenblick glaubte er, dass ihm bereits alle Selbstkontrolle entglitten war. Er sah keinen Ausweg mehr. Verzweifelt schlich er auf leisen Sohlen in die Küche des Hauses und griff nach dem längsten Messer, das er dort finden konnte. Ohne auch nur eine Sekunde zu zögern, stieß er es sich mit einem kräftigen Stoß mitten ins Herz. Wortlos stürzte der junge Mann zu Boden. Derweil ging draußen das Mädchen weiter ungeduldig auf und ab. Nach einiger Zeit mochte sie nicht mehr länger warten, öffnete die Pforte und trat ins Innere. Da sah sie den Novizen tot in seinem Blut liegen. Bei diesem Anblick wurde sie kreidebleich und stürzte ohnmächtig zu Boden, wo sie für Stunden liegen blieb.

Gegen Abend kehrte der Laie wieder mit den anderen Familienmitgliedern zurück. Unbegreifliches Entsetzen überkam ihn, als er über die Schwelle seines Hauses trat. Nachdem er seine Tochter mit kaltem Wasser bespritzt hatte und diese wieder zu sich gekommen war, berichtete sie ihm, was sich zugetragen hatte. Mitten in der Bestürzung über das Geschehene empfand er sogleich tiefste Bewunderung für diesen standhaften Vertreter der Buddhalehre. Nach dem Gesetz drohte der Tochter eine strenge Bestrafung, denn erst durch ihr liederliches Verhalten war es ja zu dieser Tat gekommen. Weil der Vater sein Kind trotz allem liebte, wollte er sie vor dem Gefängnis schützen. So ging er zum Palast des Herrschers und bezichtigte sich selbst der Schuld am Tod dieses jungen Edlen und erklärte. „Was immer in meiner Macht steht, will ich tun, um das Geschehene wiedergutzumachen. All mein Hab und Gut will ich ohne Ausnahme dafür geben."

Der König war zwar berührt von diesen Worten, glaubte aber der Schilderung nicht so recht, vor allem, weil der Mann über die genauen Umstände dieses Todes auch auf mehrmalige Nachfrage keine Aussage machte. Daher ging er selbst zum Ort des Geschehens, um sich ein Bild zu machen. Dort traf er auf das junge Mädchen, welches nun tief beschämt an den König herantrat und ihm unter Tränen gestand, was sich wirklich zugetragen hatte.

Der Monarch rief seine Adjutanten herbei und ließ feinstes Seidenbrokat und funkelnde Edelsteine bringen. Mit diesen Kostbarkeiten hatte die Familie dann die königliche Kutsche als Gefährt für die letzte Reise dieses Edlen herzurichten. Anschließend bahrten seine Hofleute den Leichnam auf den geschmückten Wagen, direkt vor dem Toten musste dann das junge Mädchen Platz nehmen. Die Reuige weinte bitterlich und konnte überhaupt nicht mehr aufhören damit. Anschließend befahl der König, dieses Gefährt durch alle Straßen und Gassen der Hauptstadt zu ziehen. Dem Leichenbegängnis voran zog sein höchster Minister, denn er war der Mann mit der lautesten Stimme im ganzen Reich. „Seht nur, seht nur, diese Schöne", rief er unablässig: „Welcher junge Bursche wäre nicht verzaubert von ihren Reizen, doch dieser Edle hier war anders als all seine gierigen und wollüstigen Altersgenossen. Entschlossen hielt er die Gelübde ein und wählte dafür den Freitod.

Höchste Anerkennung verdient solches Streben nach Reinheit und Vollkommenheit.“

Ach, wie seufzten doch überall die Menschen, die diesen traurigen Aufzug sahen.

## Ein treues Ehepaar verwirklicht gemeinsam den Pfad

Es lebte einmal ein Ehepaar, in dessen gemeinsamem Leben stets alles glatt und reibungslos verlaufen war. Der wohlhabende Mann und seine Frau folgten beide der Lehre des Buddha. Süß und wunderbar ist die Frucht guter Taten! Eines Tages wurde den beiden ein Sohn geschenkt, der so ganz anders war als andere Neugeborene. Wer genau hinsah, konnte erkennen, dass schon von der Stunde seiner Geburt an vom Körper dieses Knaben ein helles Licht in alle Richtungen ausstrahlte. Die Eltern holten bald einen Wahrsager herbei. Obwohl dieser weise Mann das Leben kannte und viel herumgekommen war, hatte er einen solchen Säugling noch nie zuvor erblickt. Aber auch er konnte nicht erklären, woher dieser Lichtschein kam. Nachdem er die zarten Gesichtszüge und die Linien der winzigen Hände gewissenhaft studiert hatte, prophezeite er dem Kind jedoch eine glänzende Zukunft.

Der Junge erhielt den Namen *Goldener Tag* und alle frohlockten, dass mit seiner Geburt endlich alles besser würde. Tatsächlich war noch ein weiteres Wunder geschehen. In der Geburtsstunde des Knaben hatte im Hof plötzlich eine Quelle zu sprudeln begonnen, deren Wasser herrlich duftete und die von ungewöhnlicher Reinheit war. Jeder, der davon trank oder sich damit wusch, wurde sogleich von tiefer innerer Zufriedenheit erfüllt. Nach einiger Zeit begannen aus dieser Quelle auch noch andere Dinge hervorzutreten, wobei zunächst keiner wusste, wie dies geschehen konnte und warum es mal ein Apfel, mal ein wollenes Unterleibchen, auf einmal sogar eine Perlenkette war. Es dauerte aber nicht allzu lange, bis die Familie schließlich verstand, wie es sich mit diesem Brunnen verhielt: Sobald sie sich nur alle etwas gemeinsam wünschten und im Geiste eine Zeit lang auch zusammen fest vorstellten, kamen diese Gegenstände kurze Zeit später tatsächlich im Hof zum Vorschein. Durch diese Wunderquelle wurde die Familie schnell noch um einiges wohlhabender.

Die Zeit verstrich und der Knabe reifte zu einem jungen Mann heran, der bald ein Kunsthandwerk erlernte und sich dabei als äußerst klug und fingerfertig erwies.

„Kein anderer auf der großen weiten Welt ist meinem Sohne gleich“, dachte sich der Vater und wollte jetzt eine passende Braut für seinen Sprössling suchen, auf dass der ewige Reigen des Lebens sich weiter drehe. So sandte er Kundschafter in alle Richtungen, um nach einem passenden Mädchen Ausschau zu halten. Es dauerte nicht lange, bis die Ausgesandten fündig wurden: In einem fernen Königreich lebte nämlich eine Familie, die fast spiegelgleiche Übereinstimmungen aufwies. Es kling wie ein Wunder: Denn auch diese Eheleute hatten eine Tochter, deren Leib in eben dem gleichen goldenen Licht erstrahlte, wie es von dem edlen Jüngling ausging. In der Stunde ihrer Geburt hatte im Hof der Familie ebenfalls eine Quelle zu sprudeln begonnen, die sich bald als Wünsche erfüllender Brunnen von Glück und Wohlstand erwies. Fast schien es, als erfüllten die Kundschafter lediglich eine Fügung der höheren Mächte. Schnell hatten sich die Brautwerber miteinander verständigt und die ersten Geschenke wurden überreicht. Als sich die jungen Leute das erste Mal im Hause der Brauteltern erblickten, entflammte augenblicklich eine heftige Liebe zwischen den beiden. Doch es war nicht das Strohfeuer leidenschaftlichen Verlangens, das sie ineinander entfachten, vielmehr war es gleich einer großen, endlich gestillten Sehnsucht, einem wundersamen Wiederfinden nach Äonen des Getrenntseins.

In der fernen Heimat das Mädchen fand bald darauf die opulente Hochzeitsfeier statt, auf der die Menschen ausgelassen tanzten, aßen, tranken. Ein paar Wochen später kamen die beiden ins Haus der Eltern des Mannes, wo sie künftig leben sollten. Hier wurde erneut eine gewaltige Feier zelebriert, zu der auch viele der Mönche und Nonnen aus der großen Stadt eingeladen waren. Auch den Buddha baten die Leute, an dieser Feier teilzunehmen. Er zögerte zunächst, denn er mied weltliche Vergnügungen, doch schließlich erschien er zusammen mit seinen engsten Jüngern. Nachdem das Hochzeitsmahl zu Ende war, begann der Erhabene, über die Lehre zu sprechen. Braut und Bräutigam hatten bisher vor allem von einem schönen und sorgenfreien Leben geträumt. Durch Buddhas Worte verstanden sie nun erstmals die Vergänglichkeit aller Dinge und die Leidhaftigkeit des menschlichen Lebens. In dieser Stunde reifte in ihnen eine tiefe Einsicht, die fortan ihr ganzes Leben bestimmen sollte. Beide nahmen noch am gleichen Tag ihre Zuflucht zur Lehre des Erhabenen. In der folgenden Nacht, als sie einander das erste Mal beiwohnen sollten, entschieden sie gemeinsam, anstelle einer gewöhnlichen Ehe künftig in der Hauslosigkeit zu leben und dabei einander in Liebe und Treue zu unterstützen. Die Eltern zögerten zunächst, diese Entscheidung zu billigen, sie hatten auf Glück und Wohlstand für die beiden und eine große Nachkommenschar gesetzt. Doch als gläubigen Anhängern der Lehre leuchtete ihnen bald ein, dass die Entsagung von allem Weltlichen der edelste Weg durch dieses Leben ist. So ließen sie die beiden gewähren.

Kurz darauf gingen der Mann und die Frau zum Buddha, um die Gelübde abzulegen. Hocherfreut über diese Entscheidung nahm der Erhabene sie in seinen Orden auf. Dann wurden ihnen die Köpfe geschoren und beide legten ihre Roben an. Hernach lebten sie stets in der Nähe des Erleuchteten, dessen Lehre sie inbrünstig folgten. Durch aufrichtiges und unablässiges Bemühen erreichten beide zur fast gleichen Zeit die Stufe der Heiligkeit.

Während einer Belehrung seiner Mönche und Nonnen erzählte der Buddha einmal eine Geschichte: „Nachdem vor unvorstellbar langer Zeit ein früherer Buddha in das Nirvana eingetreten war, zerstreuten sich seine Anhänger in alle Richtungen. Eine kleine Gruppe von ihnen kam in ein abgelegenes Dorf, wo die Menschen sie freundlich aufnahmen und für ihren Unterhalt sorgten. In dieser verlassenen Gegend lebte außerhalb des Dorfes ein ganz armes Ehepaar. Der Mann und die Frau entstammten einst reichen Verhältnissen, doch beider Eltern hatten durch eine Kette unglücklicher Ereignisse all ihr Hab und Gut verloren. Obwohl sie fast mittellos waren, kümmerte sich allein dieses Paar von Anfang an fürsorglich um die neuen Mitglieder ihrer Gemeinde. Im kalten Winter ließen sie die Mönche sogar in ihrer kargen, aber warmen Behausung wohnen."

Der Buddha blickte sich um und sah, wie sehr die Zuhörer und insbesondere *Goldener Tag* und seine Frau an seinen Lippen klebten, begierig zu erfahren, wie diese Geschichte wohl weiterging. Da fuhr er fort zu sprechen: „Gerne wollten sie den Mönchen helfen, da sie aber selbst ganz furchtbar arm waren, hatten sie außer einer schlichten Schlafstatt und ein wenig Reis nicht allzu viel anzubieten. Neben dem Haus stand noch ein alter Schuppen, in dem sich im Lauf der Zeit allerhand alte und gebrauchte Dinge angesammelt hatten, über welche die beiden jedoch schon lange Zeit die Übersicht verloren hatten. ‚Geh doch einmal in unsere Gerümpelkammer und wühl dort alles gründlich durch', sprach die Frau eines Morgens zu ihrem Mann: ‚Vielleicht findest du ja unter all dem Unrat noch ein paar Sachen, die für unsere Buddhajünger von Nutzen sein könnten.'

Einen ganzen Tag lang grub sich der Mann durch Berge von nutzlosen Gegenständen, die früher wohl einmal Wert besessen hatten, dann aber zerbrochen, verschlissen oder sonst wie unbrauchbar geworden waren. Nun gingen diese Dinge in dem alten Schuppen allmählich ihrem endgültigen Verfall entgegen. Plötzlich sah der Mann zwischen all dem Staub und den vielen Spinnweben etwas Helles aufblitzen. Schnell legte er das glitzernde Etwas frei: Es war der alte, kostbare Bronzespiegel, den seine Schwiegermutter ihnen am Tag der Hochzeit geschenkt hatte und den sie schon lange verloren geglaubt hatten. Sorgfältig wischte seine Frau den alten Spiegel wieder blank und verkaufte ihn am nächsten Tag auf dem Markt gegen einen ganzen Beutel Silbermünzen. Die vielen Münzen füllten beide dann in ein Glasfläschchen und überreichten diese Gabe den Mönchen. Hocherfreut nahmen die Ordensleute diese wahrhaft von ganzem Herzen kommende Spende an. Am Ende des Winters verließen sie schließlich die Gemeinde mit dem frommen Paar und setzten ihre Wanderschaft fort. Jetzt endlich verfügten sie über genügend Mittel, die Lehre weiter unter den Menschen im Land zu verbreiten.

Einige Jahre später wurden diese Eheleute schwer krank und starben kurz nacheinander. Die Frucht ihrer guten Taten konnten sie daher in diesem Erdenleben nicht mehr ernten. Nach ihrem Tod stiegen beide in die höchste Sphäre des Himmels auf. Völlig frei und losgelöst verweilten sie dort für lange Zeit."

Am Ende seiner Ausführungen erklärte der Buddha, dass der Mann und die Frau später als menschliche Wesen wiedergeboren wurden, von deren Körpern seit dem Tag ihrer Geburt ein heller Lichtschein ausging. „Wer wahrhaft und mit reinem Herzen schaut, kann dieses helle Licht erblicken", sprach der Erhabene. In diesem Augenblick schauten alle Anwesenden auf die beiden Ordinierten in ihrer Mitte und verstanden.

# Die Frucht heilsamen Karmas

Als Buddha einmal für einige Zeit in der Hauptstadt eines Gastlandes weilte, hörte er von einem Mönch, der an einer schweren Krankheit litt. Sein schlimmes Leiden hatte den Mann völlig ans Bett gefesselt, er war nicht mehr in der Lage, die Klause sauber zu halten und für seine tägliche Nahrung Sorge zu tragen. In der ersten Zeit waren die Glaubensbrüder noch sehr bemüht um ihn, eilten oft herbei und halfen, wo sie nur konnten. Alle glaubten, er würde bald wieder genesen. Doch leider wurde die Krankheit des Mannes nicht besser und bald wurde er als eine Last empfunden. Mit der Zeit kamen die Mönche immer seltener, um den kranken Freund zu unterstützen. Zum Schluss blieben sie fast alle fort. Niemand tröstete ihn noch.

Als der Buddha vom Rückzug der anderen Mönche erfuhr, war er sehr betrübt. Ohne zu zögern, begab er sich persönlich zur Klause des Bettlägerigen. Mit traurigen Augen berichtete der Mann, dass sich die Gefährten mit der Zeit immer weniger um ihn kümmerten. Wie es um ihn stünde, wollte der Erhabene daraufhin voller Anteilnahme wissen. Als Antwort seufzte der Mönch nur und sprach: „Alte Leiden wollen nicht mehr heilen."

Der Buddha blickte ihn mit großem Mitgefühl an und begann dann, mit seinen Händen ganz langsam über den kranken Leib zu streichen. Da geschah ein Wunder: Plötzlich wich all der Schmerz, der so lange geplagt hatte und der Kranke war augenblicklich von seinem Leiden befreit.

Überglücklich dankte der Geheilte dem Buddha und sprach: „Die anderen hatten sich von mir abgewandt und ich selbst hatte schon alle Hoffnung fahren gelassen. Aber dann kamt Ihr und habt mich gerettet. Ich weiß nicht, wie ich es Euch danken soll. Solch großes Mitgefühl habe ich nicht verdient!"

„Menschen sollten einander immer beistehen", erwiderte der Buddha, ohne an den anderen Jüngern direkte Kritik zu üben, und erklärte dann: „Wie Ihr mich einst unterstützt habt, so helfe ich heute Euch."

„Aber ich habe noch nie etwas für den Erhabenen getan", wandte der Mönch sogleich ein.

„Doch, doch", erwiderte der Buddha, „meine Hilfe traf keinen Unwürdigen."

Der Geheilte blickte den Erhabenen erstaunt an.

Da erzählte ihm der Buddha eine Geschichte: „In längst vergangener Zeit herrschte einmal ein grausamer Machthaber über dieses Land. Um seinen Reichtum zu mehren, scheute er vor keinerlei Grausamkeit zurück. Sogar die Klöster ließ er ausrauben, damit seine Schatzkammern immer voller wurden. Dieser Herrscher hatte einen General – das wart Ihr in Eurem früheren Leben. Von großem Mitgefühl erfüllt war dieser Mann eines Tages nicht länger bereit, dem Regiment seines Herrschers weiter zu dienen. Als der Machthaber einmal einen Mönch töten lassen wollte, widersetzte sich der General dem Befehl und bewahrte damit einen Edlen vor dem Tode. Danach verließ er das Land und verweigerte so dem grausamen Monarchen jeden weiteren Dienst. Der Mönch aber, den Ihr einst schütztet, das war ich selbst in einer meiner früheren Existenzen."

Noch einmal dankte der so plötzlich Genesene dem Buddha für seine wundersame Heilung. Der Erhabene erklärte ihm, dass er nur die Frucht seines eigenen Karmas erfahre und sprach noch: „Auf den acht Feldern des Glücks ist das Feld der Heilung das Wichtigste."

## Gespräch eines Mönchs mit einer Buddha-Perle seiner Rezitationskette

Eines Tages schaute ein Mönch einmal auf seine Rezitationskette, die er schon viele Jahrzehnte bei sich trug, seufzte laut und sprach: „Dich bei mir tragen zu können, ist mein größtes Glück!"

Da begann eine der Buddha-Perlen plötzlich zu sprechen und antwortete: „In der Versenkung sind wir tief verbunden miteinander – alle Unterschiede schwinden, ganz gleich, ob wir einander fern oder nahe sind."

Geschwind umfuhr der Mönch mit seinen Fingern die hölzerne Kugel in seinen Händen und spürte erstmals, wie glatt die einst so raue Oberfläche mit der Zeit doch geworden war.

„Du bist ein edler, verwirklichter Mönch", sprach da die Perle weiter: „fleißig und unermüdlich in der Übung, tugendhaft im Handeln. Warum brauchst du mich eigentlich immer noch, eine schlichte kleine Kugel aus Sandelholz? Du könntest mich doch jetzt auch einfach fortwerfen – oder etwa nicht?"

Auf diese Fragen lächelte der Mönch und sprach: „Ich will dir eine kurze Geschichte erzählen. Eine kleine Welle des Meeres richtete das Wort einmal an eine große Welle. ‚Wie kümmerlich ich doch bin', klagte sie, ‚die anderen Wellen sind alle so viel größer als ich, allein ich bin so winzig und unbedeutend. Ob es mich gibt oder nicht, das macht eigentlich gar keinen Unterschied.'

Doch die große Welle mochte ihr da gar nicht recht geben: ‚Du sprichst so, weil du dein wahres Wesen noch nicht erkannt hast. Das allein ist der Grund deines Leidens und deiner Unzufriedenheit.'

‚Aber was bin ich denn anderes als eine kleine, nutzlose Welle', seufzte die so Angesprochene daraufhin und machte einen noch verzweifelteren Eindruck als zuvor.

‚Nein', entgegnete ihre große Schwester entschlossen: ‚Das ist nur ein vorübergehender Zustand. Du bist vor allem eins: Du bist Wasser und ein Teil des großen und unendlichen Meeres.'"

Nun musste auch die Perle innerlich lächeln und sprach: „Ja, ich habe verstanden. Nur weil ich mich allein für ein kleines Holzkügelchen hielt, konnte ich mein wahres Wesen nicht erkennen. Stets habe auch ich mich mit anderen verglichen und anschließend minderwertig und schlecht gefühlt. Dabei vergaß ich wohl, dass ich stets ein Teil dessen bin, woraus wir alle gemacht sind – der großen Natur."

Dann verstummte die Perle wieder.

Nach diesem Gespräch erhob sich der Mönch von seinem Platz, hängte die Rezitationskette um seinen Hals und brach zu einem Spaziergang auf. Am Ufer eines Sees erfreute sich sein Herz an den grünen Gräsern und am Duft der wilden Blumen, die hier so zahlreich sprossen.

Während er so fröhlich war, überkam die Perle auf einmal eine tiefe Traurigkeit.

„Was ist los mit dir?", wollte der Mann wissen, der wohl bemerkte, was in ihr vorging. „Ach", seufzte die Perle, „alles Schöne, alles was Form und Gestalt hat, muss am Ende vergehen. Gibt es auf dieser Welt überhaupt eine Sache, die ewig bleibt?"

„Die Blumen der Berge sind schön wie Seidenbrokat", erwiderte der Mönch, „sie erinnern mich an fließendes Wasser, das in jedem Winter zu wunderbaren Formen gefriert und doch all seinen Reichtum dabei bewahrt. Gleich solchem, so wandelt sich auch diese Pracht hier und bald schon welken die Blumen dahin. Doch warte nur, bis ihre Zeit erneut gekommen ist, dann erblühen sie wieder genauso schön wie heute. Sind sie nicht gleich einem Bach, dessen Wasser ständig in hellen und wilden Wirbeln fließt, der aber an immer der gleichen Stelle durch die Felsschlucht strömt?"

Jetzt musste die Perle erneut lächeln: „Der Sinn des Lebens liegt im Leben selbst. Das alle Dinge ewig fließen, ist die einzige unveränderliche Wahrheit."

Dann dachte sie an den alten Mönch, den sie schon so viele Jahre auf seinem Weg begleitete: „Wohin wird der Edle gehen, wenn er einst seinen Fleischesleib verlässt?"

„Was meinst du denn, was mir bevorsteht?", fragte dieser sofort zurück.

„Vielleicht wird er als Schwein wiedergeboren oder als Hund, vielleicht auch als Esel oder Pferd", erwiderte die Perle und lachte dabei.

„Und was kommt danach?", hakte der Mönch gleich nach.

Die Perle grinste: „Dann geht es womöglich hinab in die Hölle."

„Aber ich habe mein ganzes Leben dem Streben nach Erleuchtung gewidmet, mit was hätte ich denn eine Höllenexistenz verdient?", empörte sich der Ordensmann, der nun empfand, dass die Perle ein wenig zu weit ging.

„Nun, wenn Ihr nicht in der Hölle seid", erklärte ihm daraufhin die hölzerne Kugel zwischen seinen Fingern, „wer sollte mich dann von dort erretten?"

Mit diesen Worten hatte die Perle den Mönch zum plötzlichen Erwachen geführt.

„Ja, in allem ruht die Buddha-Natur", sprach er später zur Perle: „Der Buddha lebt nicht nur in den Tempelhallen, keinen Ort gibt es, wo er nicht zu finden wäre. Wenn er folglich nicht auch in den Hölle gegenwärtig ist, woher sollte sonst Rettung kommen?"

Als der Mönch später starb, wurde er mit seiner Perle in den Händen eingeäschert. Als die Flammen von beiden Besitz ergriffen, sprach die Perle ein letztes Mal zu ihm: „Jetzt sehe ich unsere frühere Existenz auf einmal ganz klar."

„Wo lebten wir denn einst?", wollte die Seele des Mönchs da von ihr wissen.

„Wir waren eine Kerze“, sprach die Perle, „ich war der Docht und du das Wachs. Ich brannte ab und du bist nach und nach dahingeschmolzen. Und nun verbrennen wir erneut.“

Diese Worte stimmten die Seele des Mönchs heiter: „In diesem Leben hast du mich vielleicht vor dir zur Erleuchtung geführt. Doch im Vergehen und Erlöschen erreichen wir das Ziel letztlich gemeinsam.“

## Die Hirschkuh

In einem Land voll dunkler Wälder und grüner Auen lebte einmal ein großes Hirschrudel mit Hunderten von Tieren. Eines Tages liefen diese Hirsche zufällig in die Felder der ansässigen Bauern, nichts ahnend von dieser Übertretung fraßen sie dabei einfach weiter genüsslich von den hier besonders saftigen, süßen Gräsern. Wie es der Zufall wollte, ritt gerade zu dieser Stunde der König mit seinen Jagdleuten durch das Land und entdeckte die Eindringlinge. Beim Anblick der wohlgenährten Hirsche überkam ihn sogleich das Jagdfieber. Augenblicklich stürzten sich seine Männer auf das Rudel. In Panik versuchten die Tiere, in alle Richtungen zu entkommen. Unter den Fliehenden war auch eine trächtige Hirschkuh mit ihrem Gefährten. Das Muttertier konnte mit letzter Kraft eben noch entkommen, verlor dabei allerdings den Geliebten aus den Augen, den die Jagdleute kurz darauf mit ihren Pfeilen töteten. Einige Zeit später kam die Hirschkuh nieder und gebar zwei Junge, für die sie jetzt allein sorgen musste.

Die Jäger hatten sehr viele Tiere erlegt und weit mehr Fleisch erbeutet, als sie überhaupt fortschaffen konnten. Was aber noch schlimmer war: Diese Männer hatten Blut geleckt und wollten jetzt auch noch all die Hirsche zur Strecke bringen, die ihnen entkommen waren. So legten sie überall in der Umgebung Netze und Fangschlingen aus. Auf der Suche nach Nahrung geriet leider auch die Hirschkuh in eines dieser Netze und verfing sich darin. Unfähig, sich aus ihrer misslichen Lage zu befreien, blieb sie am Boden liegen, bis einer der Jäger eintraf, um sich dieser leichten Beute zu bemächtigen.

Als der Jagdmann gerade den Dolch aus seinem Gürtel zog, um sein blutiges Handwerk zu verrichten, sprach die Hirschkuh mit flehentlicher Stimme zu ihm: „Bitte verschont mich. Ich habe erst gestern zwei Junge geboren, die ohne meine Milch sterben müssen. Lasst mich frei, sodass ich nur für ein paar Wochen noch mit ihnen zusammen sein kann. Sobald sie dann allein überleben können, werde ich freiwillig zu Euch zurückkommen und Ihr könnt über mich verfügen, wie es Euch beliebt.“

Tränen quollen aus ihren tiefbraunen Augen, während sie verzweifelt den Mann zu überzeugen versuchte: „Ach, vertraut mir doch, ich werde mein Versprechen um alles auf der Welt einhalten.“

Der Jäger blickte mürrisch drein und sprach: „Die Menschen lügen, sobald sie den Mund aufmachen. Versprechen sich gegenseitig den Himmel und machen sich hernach allzu oft das Leben zur Hölle. Wie sollte ich da erst einem Tier Glauben schenken können? Wenn ich erst das Fangseil durchschnitten habe, wirst du auf Nimmerwiedersehen fort sein. Nein, nicht mit mir!“, entgegnete er schroff.

Da begann die Hirschkuh, fürchterlich zu weinen. Weil ihr nichts anderes einfiel, antwortete sie mit einem Vers:

Geboren bin ich als wildes Tier
Die Bergwälder sind meine Heimat hier
Ich liebe das Leben im Morgenrot
Doch fürchte die dunkle Nacht und den Tod
Weil mein Fuß in dieses Netz geriet
Um Eure Gnade ich bitt' und bet'
Mir bangt nicht um mein eigenes Blut
Will nur meiner Jungen Leben und Gut

Doch auch dieser Vers vermochte den Jägersmann nicht umzustimmen. „Blumige Worte und rührselige Sprüchlein bekomme ich unter den Menschen oft genug zu hören“, entgegnete er und sprach: „Ich bin nicht dumm, Betrüger erkenne ich sofort.“

Während er sein Messer fest umgriff, redete die Hirschkuh dennoch weiter. Nur noch für einen letzten Moment war der Jäger bereit, ihren Worten zu lauschen:

„Ja, ich bin ein wildes Tier“, rief sie, „und verstehe die Gefühle der Menschen vielleicht nicht. Doch bedenkt nur: Wenn Ihr mir jetzt das Leben nehmt, tötet Ihr nicht nur mich, sondern auch meine beiden Jungen da draußen im Unterholz, denn ohne mich sind sie ebenfalls verloren. Ist das nicht eine schwere karmische Schuld, die dann auf Euch lastet? Mit einem Schlag drei Leben vernichtet, doch könnt nur vom Fleisch eines einzigen Tieres zehren!“

Erst diese Worte ließen den Jäger erstmals wirklich zögern, denn auf einmal waren seine eigenen Interessen angesprochen. Eine innere Unruhe überkam ihn, er ließ das Messer sinken und geriet ins Nachsinnen. Er kannte die Karma-Lehre wohl und musste jetzt nicht allein an die vielen Tiere denken, die er in seinem Jägerleben schon getötet hatte. Was ihn noch mehr bewegte, war der Opfermut und die Selbstlosigkeit dieser Hirschkuh, die bereit war, sich für ihre Jungen zu opfern. Von einer spontanen Regung des Mitgefühls überwältigt, ließ er das arme Tier schließlich ziehen. „Ich komme ganz bestimmt zurück“, sprach die Hirschkuh noch einmal, bevor sie im nahen Wald entschwand.

Die beiden jungen Hirsche waren überglücklich, als sie kurz darauf ihre Mutter wieder bei sich hatten. Nach ein paar Wochen waren sie so weit herangewachsen, dass sie ohne Muttermilch und mütterlichen Beistand leben konnten. Die Hirschkuh hatte ihr Versprechen nicht vergessen und ging nun zurück zu dem Jäger, um sich ihm auszuliefern. „Es gibt eine Zeit des Zusammenseins und es gibt eine Zeit der Trennung“, belehrte sie ihre Kinder. Doch die beiden jungen Hirsche wollten die Mutter nicht ziehen lassen, sie weinten und klagten und folgten ihr weiter auf Schritt und Tritt. Als sie schließlich am Hause des Jägers eintraf, warteten die beiden in gebührendem Abstand hinter ihr und jammerten herzzerreißend.

Völlig überrascht öffnete der Jäger die Tür, da blickte er in die Augen der Hirschkuh, die nun wieder mit einem Vers antwortete:

Im früheren Leben voller Gier
In diesem wurde ich zum Tier
Ewig der Kreislauf von Geburt und Tod
Wo die Wesen durchleiden Elend und Not
Erst wenn überwunden Gier und Verlangen
Zum ewigen Frieden sie alle gelangen
Wer die Wahrheit liebt und sein Wort niemals bricht
Der fürchtet am Ende den Tod auch nicht

Bewegt von diesen Zeilen und mehr noch vom Handeln dieser Hirschkuh, war der Jäger tief berührt. Er schaute auf das Tier, das sein Versprechen gehalten hatte und zurückgekehrt war, dann fiel sein Blick auf die beiden jungen Hirsche in seiner Nähe. Mit alledem hatte er nicht gerechnet.

„Beinahe hätte ich dich getötet und schwere Schuld auf mich geladen“, sprach er unter Tränen, „Du bist ein wildes Tier, doch hast mich auf den Weg der Tugend geführt. Erst durch dich habe ich erkannt, dass ich mein Leben ändern muss.“

Mit diesen Worten schickte er die drei Hirsche wieder in den Wald zurück.

## Die ungetilgte Schuld

Der Buddha machte einmal einen Spaziergang durch die Gassen der Hauptstadt. Da stand plötzlich ein Brahmane vor ihm und versperrte seinen Weg. Dabei zog er mit der Hand eine Linie auf den Boden und verkündete lauthals, dass es dem Buddha nicht gestattet sei, diese zu überschreiten. Selbstbewusst nannte er dem Buddha seine Forderung: „Die Zeit des Ausgleichs ist gekommen. Ihr habt unverzüglich fünfhundert Goldmünzen an mich zu zahlen. Den Grund werdet Ihr gewiss kennen! Bevor diese Summe nicht entrichtet ist, lasse ich Euch auch nicht einen Meter weiterziehen.“

Das Gesicht des Brahmanen war von stählerner Entschlossenheit und nachzugeben war er absolut nicht gewillt. Der Buddha schwieg und verharrte auf seinem Platz. Da er kein eigenes Geld besaß und auch nicht eine einzige Münze mit sich führte, war es ihm ganz unmöglich, die geforderte Auslösesumme zu entrichten.

Schnell verbreitete sich die Kunde von diesem Ereignis in der Stadt. „Der Buddha wird festgehalten und niemand kennt die genauen Gründe“, hieß es. Weil die Menschen den Erhabenen alle kannten und ihm hohe Wertschätzung entgegenbrachten, dauerte es nicht lange und man sah hier und da Gruppen von Leuten stehen, die gemeinsam überlegten, wie sie ihn aus dieser misslichen Lage wieder befreien konnten. Alle waren aufgebracht und voller Empörung, doch niemand wollte gegen den Brahmanen mit Gewalt vorgehen.

Bald kam die Nachricht auch König Posni[13] zu Ohren. Die Menschen sprachen zu ihm: „Es wird wohl seine Gründe haben, dass der Erhabene in solch eine Lage geraten ist. Doch es ist ganz müßig, darüber jetzt zu spekulieren, wenn nun ein jeder von uns nur eine Kleinigkeit gibt, haben wir schnell das geforderte Lösegeld zusammen und er kann wieder frei seiner Wege ziehen.“

Statt große Erklärungen abzugeben, ließ Posni ein paar Kostbarkeiten aus seiner Schatzkammer bringen, schnell folgten auch andere reiche Leute und dann selbst ganz arme Menschen diesem Beispiel: Jeder gab entsprechend seinen Möglichkeiten, um den Buddha wieder freizukaufen. Doch als ein Abgesandter dann in die abgelegene Gasse ging, um diese gewaltigen Schätze, die den Wert der geforderten fünfhundert Goldmünzen inzwischen weit übertrafen, an den Brahmanen zu überreichen, reagierte dieser überhaupt nicht. Nicht gewillt, diese Gaben anzunehmen, hielt er den Erhabenen weiter gefangen und gab auch keine Erklärung dazu ab. Jetzt waren die Menschen allesamt ratlos.

Kurz darauf erfuhr ein Edler namens Jüde[14] von dieser Sache. Innerlich völlig aufgewühlt, trug er genau fünfhundert Goldmünzen zusammen, packte sie in einen Leinensack und händigte das Geld dann so schnell er konnte dem Brahmanen aus. Jetzt erst hob der Brahmane den Bann auf und der Buddha konnte wieder ungehindert seiner Wege ziehen.

Die Dabeistehenden blickten sich erstaunt an. „Wie seltsam!“, sprachen sie zueinander. Als diesem Mann ein Vielfaches seiner geforderten Summe geboten wurde, reagierte er nicht, erst jetzt, da ihm jemand den genauen Betrag aushändigt, löst er den Bann. Was hat es damit wohl auf sich?“

In ihrer Ratlosigkeit baten sie den Erhabenen um eine Erklärung. Dieser erzählte als Erstes eine kleine Geschichte:

„In einem längst vergangenen Zeitalter regierte einst ein König mit Namen Fanmoda[15] über das Land. Dieser Herrscher hatte einen Sohn, den alle den *Wohlgeborenen* nannten, ein kluger und gebildeter junger Mann, der in allen Dingen den Pfad der Tugend beschritt. Im Palast seines Vaters war dieser Prinz frei von jeder Sorge und allem Kummer aufgewachsen.

An einem Frühlingsmorgen blickte der Königssohn nun einmal in den blauen Himmel und sah dabei in weiter Ferne ein paar Wolken aufziehen. Aber noch strahlte die Sonne leuchtend hell und die ganze Welt war in einen warmen, gol-

13 Chinesisch: 波斯匿王, Pali: Pasenadi.
14 Chinesisch eigentlich: Xudaduo – 须达多, Pali: Sudatta.
15 Chinesisch: 梵摩达.

denen Glanz getaucht. Da überkam ihn der Gedanke, diesen schönen Tag einmal außerhalb des Palastes zu genießen, und so trat er durch das große Tor hinaus ins Freie.

Draußen erfreute er sich am frischen Grün der Blätter und dem Gezwitscher der Vögel, seine Augen erquickten sich am hellen Geflirr der Blüten, und ab und an folgte der Blick dem Flug eines bunten Schmetterlings. Überall auf den Wiesen surrten Bienen herum und sammelten Honig, die ganze Welt schien wunderbar und wie verzaubert zu sein.

Über all die Schönheit, die er so ausgiebig bestaunte, bemerkte der Jüngling nicht, wie die Zeit verstrich. Schnell hatte er die Rückkehr vergessen und dabei auch die königlichen Regeln und Verhaltensnormen. Kurz darauf kam er an einem Spieltisch vorbei, an dem ein geübter Glücksspieler seinen Geschäften nachging. Interessiert beobachtete der Königssohn das rege Treiben. Um ihn herum standen noch weitere Schaulustige. Auf der anderen Seite des Tisches aber saß nur ein einziger Händler, der mit dem Spiel sein Glück versuchte. Runde um Runde spielten die beiden. Mal gewann der Händler, dann wieder der Spieltischbetreiber. Es schien ein Nullsummenspiel zu werden. Doch mit jeder neuen Runde wurden die Beträge ein wenig höher. Wer genau hinsah, konnte nun bemerken, wie die Spiele, die der Händler gewann, immer seltener wurden. Seine Verluste nahmen zunächst unmerklich, dann aber für die Außenstehenden deutlich sichtbar zu. Der Mann jedoch schien es entweder nicht zu bemerken oder nicht wahrhaben zu wollen, denn er machte einfach weiter und dachte Spiel um Spiel nur an seine anfänglichen Gewinne, stets hoffend, dass die Glückssträhne gleich wieder an ihn käme. In seiner Besessenheit verspielte er alles, was er dabei hatte. Auch nachdem seine Rocktaschen leer waren, wollte er dennoch nicht aufhören und machte bis tief in die Nacht weiter. Dabei verpfändete er Stück um Stück alles, was er besaß: seine vollen Warenlager, sein Haus und seinen Hof, dann auch noch den Schmuck seiner Frau und das Hab und Gut seiner Kinder. Immer noch nicht gewillt, seine Niederlage anzuerkennen, verpfändete er schließlich Dinge, die überhaupt nicht sein Eigentum waren. Als der neue Tag anbrach, war der Mann nicht nur völlig mittellos, sondern zudem hoffnungslos überschuldet. Nun musste er bekennen, dass er weit mehr verspielt hatte, als er überhaupt besaß. Der Spieltischbetreiber war empört ob dieser Unredlichkeit; zugleich wusste er jedoch auch, dass er von dem Mann niemals die Summe dessen bekommen würde, was er in dieser Nacht verloren hatte.

Der Händler hockte kreidebleich auf seinem Stuhl und verkündete nun, dass er sich das Leben nehmen werde. Da schlug einer der Umstehenden einen Kompromiss vor. Wenn der Händler nicht nur alles gäbe, was er habe, sondern auch für den Rest seines Lebens seine ganze Arbeitsleistung in den Dienst des Spieltischbetreibers stelle, wäre das doch ein Angebot, auf das man sich einigen könne. Schließlich sei er ein tüchtiger und rechtschaffener Geselle, der noch ein langes Leben vor sich habe. Der berufliche Glücksspieler war ein realistischer Mensch, der wusste, dass der Spatz in der Hand besser ist als die Taube auf dem Dach, so stimmte er diesem Vorschlag zu. Auch der Prinz tat seine Meinung kund und sprach, dass er auf diese Weise zu verfahren für eine annehmbare Lösung halte. Allein der Händler mochte nicht ja sagen und erklärte stattdessen, noch heute aus dem Leben scheiden zu wollen, es sei denn, von irgendwoher tauche ein reicher Gönner auf und helfe ihm mit mindestens fünfhundert Goldmünzen aus der Patsche. Diese Worte ließen in dem Königssohn großes Mitgefühl aufkommen. Er wollte nicht am Tod dieses Menschen, der doch so einfach abzuwenden war, schuldig werden. ‚Fünfhundert Goldmünzen', so dachte er, ‚sind eine gewaltige Summe für einen kleinen Mann wie ihn, die er kaum jemals beibringen kann, doch für unseren königlichen Haushalt zählen sie nicht mehr als ein paar Sesamkörner.' Ohne weiter nachzusinnen, erklärte er geradeheraus: ‚Das Königshaus wird diese Summe für den Händler begleichen, damit dieser Mann weiter seinen Geschäften nachgehen und für seine Familie sorgen kann.' Der gerissene Spieltischbetreiber bat den Prinzen auf der Stelle, ihm hierüber eine schriftliche Erklärung zu geben. Schnell wurden dem gutmütigen Königssohn Papier und Schreibpinsel gereicht und dieser unterzeichnete eine unwiderrufliche Verpflichtungserklärung. Mit diesem Dokument glaubte der Mann, sein Geld nun sicher zu bekommen. Der freigekaufte Händler zog schnell weiter seiner Wege und der Prinz kehrte wieder in den Palast zurück.

Als der dort erzählte, was vorgefallen war, und darüber berichtete, wie er das Problem vermeintlich erfolgreich gelöst hatte, musste er sich harsche Kritik gefallen lassen: ‚Wenn ein Glücksspieler sein Geld verliert', so belehrte ihn sein Vater, ‚kann und darf es nicht Aufgabe des Königshauses sein, solche Schulden zu begleichen.'

Die Minister blickten den Prinzen strafend an und unterstützten den Standpunkt ihres Herrschers. ‚Aber es ist doch für uns nur ein winziger Betrag, der überhaupt nicht ins Gewicht fällt', verteidigte der Sohn sein Vorgehen.

‚Die Summe mag gering sein', klärte ihn der Schatzmeister des Königshauses auf, ‚doch es ist das Geld des Volkes, um das es hier geht! Was meint Ihr wohl, was die Menschen denken, würden sie erfahren, dass ihre Steuergelder, anstatt für das Wohl des Landes verausgabt zu werden, in die Taschen von Glücksspielern fließen?'

Angesichts dieser Argumente wusste der Prinz nicht, was er entgegnen sollte. Die fünfhundert Goldmünzen wurden folglich nicht an den Spieltischbetreiber gezahlt. Weil der Händler im Vertrauen auf die Zusicherung des Herrschersohnes längst über alle Berge war, konnte er auch von ihm kein Geld mehr holen."

Nachdem der Buddha gesprochen hatte, sahen sich die Mönche ratlos an, denn sie wussten diese Geschichte nicht recht zu deuten. Da erklärte ihnen der Erhabene: „Dieser naive Prinz, das war ich selbst in einem früheren Leben, der Brahmane, der mich gestern festhielt, das war der Spieltischbetreiber. Doch nun ist das Problem gelöst. Jetzt hat der Schuldner seine Schuld endlich getilgt. Jener Händler, der noch die fünfhundert Goldmünzen schuldete, war nämlich kein anderer als der Edle Jüde.

# Fünf Könige vernehmen die Buddhalehre

Zu Lebzeiten des Buddha bestanden einst fünf Reiche, die aneinandergrenzten und in denen sich ihre Herrscher recht wohl auf die Kunst des Regierens verstanden. Alle Dinge waren dort zur Zufriedenheit aller geregelt. Von den Königen bis zum einfachen Volk lebten die Menschen in diesen Ländern daher glücklich und in Eintracht miteinander.

Pu'an[16], der älteste der fünf Könige, war ein gutherziger Monarch und dem Dharma treu ergeben. Die anderen vier waren wesentlich jünger als er und folgten leider verschiedenen Irrlehren. Eines Tages spürte Pu'an ganz plötzlich, wie sein Herz von großer Sorge bedrückt wurde. Schnell sandte er seine Diener aus und ließ die anderen vier Könige in seinen Palast rufen.

„Großer Bruder, was ist los, dass Ihr uns so eilig zu Euch rieft?", wollten sie wissen, als sie kurz darauf alle zur Stelle waren.

„Großer Kummer bedrückt mich dieser Tage", antwortete ihnen der alte Herrscher. Die vier blickten ihn erstaunt an: „Ihr seid ein mächtiger König, Nahrung und Kleidung sind im Lande allerorts überreichlich vorhanden, unermesslicher Ruhm begleitet Euch und ein jeder preist Euren vornehmen Lebenswandel", lobten sie ihn zunächst, doch brachten dann gleich ihre Verwunderung zum Ausdruck: „Das Reich ist stark und voller Schätze. Euer Volk lebt im Wohlstand – welche Sorge kann einen Monarchen da noch bedrücken?"

„Ihr habt wohl nicht Unrecht mit dem, was Ihr sagt", erwiderte Pu'an, brachte dann sein Anliegen aber gleich auf den Punkt: „Gibt uns denn nicht gerade solch scheinbar beständiges Glück Anlass zur Sorge?"

Diesen Einwand wollten die vier Könige ganz und gar nicht gelten lassen: Ihm sei als Herrscher eben großes Wohlergehen hold, beruhigten sie ihn und meinten, er solle sich lieber daran erfreuen, statt in Sorge und Kummer über völlig nichtige Dinge zu versinken. Um seine Trübsal zu vertreiben, schlugen sie vor, an Ort und Stelle eine große Feier zu zelebrieren. Gegen diese Idee wusste der alte Herrscher erst einmal nichts weiter einzuwenden. So geschah es dann auch: Sieben Tage lang wurde an seinem Hofe ein rauschendes Fest mit den Königen und ihrem Tross gefeiert. Am Ende waren die Feiernden alle müde und erschöpft, jetzt mussten die Monarchen wieder in ihre Reiche zurückkehren, wo die Regierungsgeschäfte auf sie warteten. Als sie gerade ihre Abschiedsworte sprechen wollten, bat Pu'an sie, einen Moment innezuhalten. Er hätte gerne noch eine letzte Frage an sie gerichtet.

„Sprecht nur, großer Bruder, was auch immer Eure Seele noch bedrücken mag", ermunterten ihn die vier.

„Erklärt mir doch einmal, was für Euch das Schönste im Leben ist", forderte der alte König sie da auf. Sofort ergriff der erste Herrscher das Wort: „Meine schönste Zeit ist stets der Frühling, wenn im dritten Monat des Jahres die Bäume

---

16 Chinesisch: 普安.

erblühen und überall die Lebenskräfte erwachen. Wenn ich in dieser Zeit mit meinen Lieben draußen in der Natur bin, dann ist meine Freude am größten."

Für den zweiten Herrscher war etwas anderes wichtig: „Das Schönste in meinem Leben ist, dass ich große Macht besitze. Tausende von Bediensteten warten nur auf eine Bewegung meiner Lippen, um mir das Leben so bequem wie möglich zu machen. An jeden Ort, an den es mich zieht, kann ich gehen, wann immer ich es möchte. Ein Kommando genügt, schon stehen Ross und Wagen bereit. Ach, wenn es doch ewig so bleiben könnte."

Dann war die Reihe am nächsten der königlichen Gefährten: „Eine glückliche Familie ist mir das wichtigste", verkündete nun der dritte, „solange meine alten Eltern gesund sind und auch meine sonstigen Angehörigen, bin auch ich glücklich und zufrieden. Allein gemeinsame Freude ist wahre Freude."

Dem stimmte auch der vierte König zu: „Wenn meine Eltern lange auf dieser Welt bleiben, meine Brüder und Schwestern in Eintracht miteinander leben, so ist das auch mir der Grund höchster Zufriedenheit. Wenn mir dann auch noch meine schöne und tugendhafte Frau treu zu Seite steht und gutes Essen, schöne Kleidung und Vergnügung im Überfluss vorhanden sind, dann sind wirklich alle meine Wünsche gestillt."

Nachdem Pu'an allen diesen Erklärungen sorgsam gelauscht hatte, senkte er sein Haupt und schwieg. Dieses Schweigen beim Abschied ließ die anderen Könige ungeduldig werden. Nach einer Weile forderten sie ihn auf, doch nun einmal selbst zu erklären, was er denn für das Schönste im Leben halte.

Da antwortete Pu'an und sprach: „Das Beste wäre, gar nicht geboren zu sein und so auch nicht sterben zu müssen. Kein Leid und keinen Schmerz erfahren zu müssen, keinen Hunger und keinen Durst, weder Kälte noch Hitze zu erleiden. In diese Welt gehen und sie wieder verlassen können, ganz nach Belieben und völlig gelöst von ihr, das wäre mir die höchste Freude."

„Wenn diese Art von Freude wirklich Euer höchstes Verlangen ist, dann braucht Ihr einen spirituellen Meister, der Euch den Weg weist", meinten daraufhin die anderen Könige.

„Ich habe bereits einen solchen Lehrer", erwiderte Pu'an und erklärte, dass es nicht weit von seinem Palast einen Tempel gebe, in dem ein Mann lebe, den sie alle den Erleuchteten nennen. „Meine Eltern", so sprach der alte König, „gaben mir dieses Leben, aber erst durch diesen Meister habe ich es wirklich verstanden."

Diese Worte weckten die Neugier der anderen und so baten sie ihn, ob er sie nicht auch einmal zu dem Erleuchteten führen könne. Pu'an freute sich über dieses Interesse. Gemeinsam mit den vier Königen begab er sich alsdann zum Tempel des großen Buddha. Hocherfreut empfing der Weltverehrte die Besucher und hieß sie willkommen.

Pu'an ergriff als Erster das Wort, deutete auf seinen Körper und sprach: „Erhabener Buddha, mit diesem Fleischesleib wurden wir unrein und ohne Weisheit in diese Welt geworfen. Nun, da wir eine Ahnung von den Freuden des höchsten Pfades haben, streben wir nach dem wahren Wissen, das uns zur Vollendung führt.

Bitte belehrt uns: Warum müssen wir im Leben so viel Leid erfahren? Was ist wirkliches Glück und wo finden wir es? Wie können wir in jeder Lage das richtige vom falschen Handeln unterscheiden?“

Der Erhabene blickte seine Besucher an und sprach dann mit sanfter und ruhiger Stimme: „Unermesslich groß ist das irdische Leidensmeer und endlos für den, der sich dem Pfad verschließt. Oft kaum zu ertragen sind all die Schmerzen, die uns in nur einem einzigen Erdenleben widerfahren. Daher will ich zu Euch als Erstes von den acht verschiedenen Arten des Leidens sprechen. Das erste ist das Leiden des Entstehens. Auf die Vereinigung der Eltern folgt nach neun Monaten die Geburt. Während der ersten sieben Tage nach der Empfängnis gleicht der Embryo einem winzigen Tröpfchen geronnener Milch. Nach weiteren sieben Tagen sieht er einem dünnen Seidenfädchen ähnlich, um nach Ablauf von noch einmal sieben Tagen wie ein kleines Stückchen Blätterteig auszusehen. Nach achtundzwanzig Tagen wirkt er wie ein mit Fleisch gefülltes kleines Küchlein. Nach Ablauf von drei Monaten hat er schließlich seine menschliche Form angenommen. Jetzt sind seine Sinne schon recht entwickelt. Isst nun die Mutter etwas Heißes, so meint der Embryo, er würde verbrüht, sobald die Speise in den Magen gelangt. Nimmt sie ein kaltes Getränk zu sich und die Flüssigkeit gelangt unten an, so zittern dem Winzling vor Kälte die zarten Knöchlein. Ist die Mutter satt und ihr Bauch gefüllt, leidet er unter dem unsäglichen Druck, der dann auf ihm lastet und von dem er zerquetscht zu werden glaubt. Bleibt die Mutter hungrig, wird auch ihm keine Nahrung zugeführt. Jetzt fürchtet er, austrocknen zu müssen. Wenn schließlich die Zeit der Geburt gekommen ist, weiß das kleine Wesen nicht, wie ihm geschieht und vermeint, sein Ende sei nahe. Nachdem das Kind dann mit einem Ruck hinaus in die Welt gleitet, spürt seine zarte Haut erstmals eine heiße oder kalte Umgebung. Unwillkürlich beginnt es nun zu schreien. Sagt selbst, ist das nun Leiden oder nicht?“

„Wir hätten nicht gedacht, dass wir alle schon auf solche Weise litten, bevor wir überhaupt das Licht der Welt erblickten“, erklärten die fünf Könige überrascht.

Daraufhin fuhr der Buddha fort und sprach: „Die zweite Art des Leidens ist das Altern. Es beginnt bereits mit der Geburt der Wesen. Das Kind wird allmählich größer, erwachsen geworden, heiratet der Mensch schließlich und erzeugt selbst Nachkommen, für deren Aufzucht er nun verantwortlich ist. So verstreicht die Zeit. Später werden seine Haare weiß und die Haut faltig, die Augen trübe und schwächer, die Ohren hören nicht mehr richtig und nach und nach fallen die Zähne aus. Immer öfter wird der Körper von Krankheiten heimgesucht. Der Tod rückt unaufhaltsam näher. Ist das etwa kein Leiden?“

Die fünf Könige nickten mit den Köpfen: „Ja, ohne Zweifel ist das Altern ein leidhafter Vorgang.“

„Die dritte Art des Leidens sind die wiederkehrenden Krankheiten“, erklärte der Buddha alsdann: „Der Körper besteht aus den vier Elementen Erde, Wasser, Feuer und Luft. Die fünf Arten von Getreide und andere Nahrung sorgen für seinen beständigen Unterhalt. Kommen die Elemente nur an einem einzigen Punkt aus dem Gleichgewicht, dann plagen ihn schnell zig Krankheiten. Ist das

Erdelement in Unordnung, meldet sich bald heftige Pein, ist der Austausch der Flüssigkeiten gestört, so zeigen sich überall Schwellungen. Wenn das Feuerelement nicht richtig reguliert ist, quält brennende Hitze den Menschen, ziehen die Winde unkontrolliert durch den Leib, schmerzt es an allen Ecken und Enden, insbesondere in den Gelenken. Wenn also die Elemente nicht völlig im Einklang miteinander sind, können die Lebensströme nicht richtig fließen; ein trockener Mund und heiße Lippen, Muskelschmerzen und Knochenleiden, Verstopfung, Blässe, nachlassende Sehkraft, Taubheit und viele andere Gebrechen und Unannehmlichkeiten plagen dann den Körper. Sagt nun selbst, ob dies Leiden ist oder nicht."

Wie zuvor so bestätigten die fünf auch jetzt die Richtigkeit der Buddhaworte.

Da fuhr der Erhabene fort und sprach über die vierte Art des Leidens: „Wenn das Leben schließlich seinem Ende entgegengeht, gerät der Leib völlig aus den Fugen. Hände und Füße beginnen zu zittern, Schweiß strömt aus allen Poren. Gekrümmt vor Schmerzen verliert der Mensch die Kontrolle über seine stoffliche Hülle. Bis auf die Straßen hinaus hört man aus den Krankenzimmern die Schreie der Leidenden, deren Qualen aber auch dadurch nicht geringer werden. Im Todeskampf schließlich bäumt sich der Körper mit letzter Kraft noch einmal auf, Blut quillt aus allen Öffnungen. Überall entströmt ein widerlicher Gestank. Ist das etwa kein Leiden?"

„Ja, welch furchtbare Qualen kommen am Ende über uns", jammerten die um den Buddha versammelten Herrscher da.

Dann begann der Erhabene, über die fünfte Art des Leidens zu sprechen: „Damit meine ich das unvermeidliche Getrenntsein von den Menschen oder Dingen, die uns lieb sind. Wie gern sind wir vereint mit Frau und Kindern, mit unseren Brüdern und Schwestern. Wenn sie von uns gehen oder wir sie verlassen müssen, ist das nicht jedes Mal ein furchtbarer Kummer?"

Keiner der fünf widersprach.

„Die sechste Art des Leidens", fuhr der Buddha fort, „ist ebenfalls einem jeden bekannt. Ich meine damit das Nicht-Erlangen all der Dinge, die wir uns so sehnlich wünschen. Mit der Aussicht auf späteren Reichtum oder um einen Beamtenposten zu ergattern, opfern viele ihre kostbare Zeit und wenden große Mühe auf. Mit der Kraft eines Ochsen und der Hinterlist eines Tigers kämpfen die Leute um ihren Vorteil und erzeugen dabei viel schlechtes Karma. Doch am Ende bleiben die Wünsche zumeist unerfüllt und die Betroffenen durchleiden schlimme Höllenqualen. Ist das etwa kein Leiden?"

Auch hier blieb den Herrschern nichts, als den Worten des Buddha vorbehaltlos zuzustimmen.

Schließlich erklärte der Erhabene die siebte Art des Leidens: „Hass und Zorn bringen großes Unheil über die Wesen. Wegen winzigster Kleinigkeiten fallen grobe Worte, folgen nicht selten Gewalt und sogar Totschlag. Selbst in den Familien entzweien Wut und Ingrimm die Menschen. Am Ende reißen oft alle Bande. Manchmal verlassen die Ehepartner einander und die Kinder zerstreuen sich in alle Winde. Nennt ihr das etwa kein Leiden?"

„Natürlich ist das Leiden“, erwiderten die Könige.

„Kummer und Sorgen, die uns ständig quälen, sind die achte Art des Leidens“, erklärte der Buddha zum Abschluss seiner Belehrung und sprach. „Unzählige Verletzungen erfahren wir in diesem Leben. Selbst wer sich im Alter noch guter Gesundheit erfreut, den bedrücken dennoch viele andere Dinge: Womöglich verstarben viele seine Lieben vor ihm an allerlei Krankheiten oder geistige Umnachtung plagt ihn. Schließlich leidet ein vergreister Mensch unter der Langsamkeit all seiner Bewegungen und muss erkennen, dass ihm nichts mehr recht gelingen will. Er sieht, wie die Welt um ihn herum in Unordnung versinkt, ist voller Sorge über alles Mögliche, wie den ausbleibenden Regen, oder er sieht die sich abzeichnende Dürre, ahnt die karge, klägliche Ernte und fürchtet eine drohende Hungersnot. Seine Erfahrung lässt ihn spüren, dass die Saat auf den Frühjahrsfeldern nicht tragen wird, vor seinem inneren Auge sieht er schon den Zugochsen sterben. Soll das kein Leiden sein?“

Als der Buddha seine Belehrung beendet hatte, waren die fünf Könige restlos von der Wahrheit seiner Worte überzeugt. Niemand wagte nunmehr, das menschliche Leben leichtfertig zu betrachten. Der Erhabene hatte ihren Blick geschärft, aber was noch wichtiger war: Er hatte ihr Herz geöffnet und den Geist des Erwachens in ihnen entzündet. Plötzlich erschienen ihnen aller Ruhm und Reichtum, ihre ganze teure Jade und ihr schöner Goldschmuck gleich einem Haufen übelriechender Fäkalien. Später verzichteten die fünf einer nach dem anderen auf den Königsthron, sie alle wurden Schüler des Buddha. Tag um Tag wuchsen auf diese Weise ihre wahren Verdienste. Alle von ihnen erreichten schließlich die Frucht der Pfadverwirklichung.

## Ein treuer Laienanhänger und seine Verdienste

Im alten Indien lebte einst eine große und wohlhabende Familie von Laien, deren Mitglieder alle der Lehre des Buddha folgten. Große Häuser nannten sie ihr Eigen und ausgedehnte Ländereien. Leider liefen nach einigen Jahren die Geschäfte nicht mehr so gut wie früher und bald verloren diese Leute all ihren Reichtum. Am Ende blieb nur ein armer junger Nachkomme übrig[17], der zwar in Geschäftsdingen sehr versiert war, aber mittlerweile über keinerlei Mittel mehr verfügte, um sein Können unter Beweis zu stellen. Dieser Bursche war ein aufrichtiger Mensch, der trotz der widrigen Umstände unerschütterlich an die Wahrheit der Buddhalehre glaubte. Stets dem Guten zugewandt, war es sein sehnlichster Wunsch, wieder zu neuem Reichtum zu kommen, doch nicht um seinetwillen, sondern allein um die buddhistische Gemeinschaft zu unterstützen, denn er wusste wohl, dass solches Tun große Verdienste und reichlichen Lohn in den höheren Welten bringt.

17 Sein Name wird auf Chinesisch mit Hu Qi (忽起) wiedergegeben.

In dieser Stadt lebte noch eine weitere, jedoch kleine Familie von Laienanhängern, ein Ehepaar mit nur einer einzigen Tochter. Auch diese Leute waren sehr wohlhabend, ihr Reichtums war immer nur gewachsen, sie besaßen nicht nur gewaltigen Grundbesitz, sondern auch ansehnliche Vorräte an Gold, Silber und kostbaren Perlen, die ihre Schatzkammern füllten. Eines Tages suchte der verarmte Jüngling den Haushaltsverstand dieser Familie auf und bat um eine Anstellung. Er sei in Geschäftsdingen gut bewandert und könne den Reichtum des Hauses durch sein Geschick schnell noch weiter mehren, versuchte er den Familienvorstand zu überzeugen. Der Vater kannte den jungen Mann noch aus der Zeit, da dessen Familie wohlhabend war, und wusste so um seine Fähigkeiten, dennoch hegte er gewisse Zweifel an ihm. Wie er in das jugendliche Gesicht seines Gegenübers blickte, konnte er sich des Eindrucks nicht erwehren, dass es diesem Burschen womöglich an hinreichender Lebenserfahrung mangele.

„Was würdest du denn für deine Dienste verlangen?", wollte er von ihm wissen. Der Jüngling meinte, tausend Unzen Gold im Jahr seien wohl ein angemessener Lohn. Der reiche Laie grinste und sprach: „Für fünfhundert Unzen würde ich es einmal mit dir versuchen." Sofort schlug der junge Mann ein und erklärte ganz offen, dass es ihm dabei gar nicht um sein persönliches Wohl gehe, sondern allein um die Unterstützung der Sangha.

Schon am nächsten Tag übertrug ihm der neue Dienstherr die Leitung einer kleinen Verkaufsstätte am Rande einer großen Straße. Wie erstaunt war der Mann, als er schon nach einem Monat feststellte, dass sich die Umsätze dort im Vergleich zu den Monaten davor mehr als verdreifacht hatten. Schnell wurde dem Tüchtigen die Leitung weiterer Handelsplätze anvertraut. Am Ende dieses Geschäftsjahres konnten alle sehen, dass auch hier die Einnahmen mindestens um das Dreifache gestiegen waren. Als die Auszahlung des ersten Jahresgehaltes anstand, zögerte der reiche Laie auf einmal, dem Jüngling seinen Lohn auszuzahlen. Er befürchtete nämlich, dieser würde sich – gestützt auf sein außerordentliches Verkaufsgeschick – mit dem vielen Geld noch am gleichen Tag selbstständig machen und künftig nur noch auf eigene Rechnung arbeiten, am Ende gar noch zu einem gefährlichen Konkurrenten für ihn werden. Doch der junge Mann konnte seinen Arbeitgeber schnell davon überzeugen, dass solches nicht sein Bestreben sei und es ihm allein um die Unterstützung der Gemeinschaft der Ehrwürdigen gehe.

Da die Familie ebenfalls der Lehre des Erhabenen folgte, schlug der Mann dem Jüngling vor, die Mönche und Nonnen doch in sein Haus einzuladen und mit dem ausgezahlten Lohn ein großes Festessen für sie auszurichten. Der Jüngling freute sich über dieses wohlgemeinte Angebot.

Schon am nächsten Morgen ging er in den Tempel und überbrachte die Einladung zu einem feierlichen Mittagsmahl. Den Gepflogenheiten entsprechend, nahmen der Buddha und die Ehrwürdigen die Einladung dieses frommen Gönners gerne an. An diesem Tag wurde jedoch überall im Land das Neujahrsfest gefeiert. Bereits auf dem Weg zum Haus des Laien brachten die Menschen den edlen Mönchen daher überall reichlich Gaben gar. Man bat sie in die Häuser und tischte ihnen opulente Morgenmahlzeiten auf. Da sprachen sie zueinander: „Wir müssen umsichtig sein beim Essen, nicht dass wir völlig satt im Hause unseres Gastgebers eintreffen."

Doch angesichts der vielen Einladungen und der unzähligen Opferspeisen ließ sich das gar nicht vermeiden. So kam es, dass von den durch den Jüngling so reichlich aufgetragenen Speisen nur ganz wenig verzehrt wurde. Das stimmte ihn ein wenig traurig. Die Mönche und auch die Nonnen erklärten ihm nun, dass dies überhaupt nichts mit ihm zu tun habe, sondern allein den vielen Leckereien geschuldet sei, die am Wege empfangen wurden. Angesichts des noch immer übervollen Tisches fürchtete der Jüngling dennoch, dass die viele Mühe wohl umsonst war und der himmlische Lohn daher ausbleiben werde. Der Buddha erkannte sogleich, was in seinem Herzen vorging. Bevor die Ordensleute wieder gingen, tröstete er ihn noch und sprach: „Wir wissen um deine Redlichkeit. Sei ganz unbesorgt, gute Tat wird stets ihren Lohn empfangen."

Der junge Gastgeber freute sich über diese Worte. Am nächsten Tag geschah es, dass eine Karawane mit fünfhundert Händlern in der Stadt eintraf. Diese Kaufleute waren mit ihren Tieren viele Wochen durch staubige Wüstengebiete gezogen. Nun waren sie alle müde und erschöpft. Auch hatten sie schon lange keine warme Mahlzeit mehr zu sich genommen. Hungrig zogen sie nun durch die Straßen, um Reis und andere Lebensmittel zu kaufen. Aber es war gerade die Zeit des Neujahrsfestes und so hatten die meisten Läden und Märkte geschlossen. Und die wenigen, die offen waren, konnten ihnen nichts anbieten; die Regale waren leer, weil in den Tagen zuvor alles für das Fest verkauft worden war. Dennoch hatten sie Glück: Ein Wohlmeinender, der kurz zuvor von der Bewirtung der Mönche gehört hatte, schickte die Händler schließlich zum Haus des reichen Laien und seines jungen Bediensteten, vielleicht würden sie dort noch einige Reste erwerben können. Ach, wie freuten sich diese Männer, als sie dort tatsächlich die noch vom Vortage reichlich gedeckte Tafel vorfanden. Auch der Jüngling war sichtlich zufrieden, weil er diese Speisen jetzt den Händlern spenden konnte und so nichts verderben würde. Als sich alle satt gegessen hatten, forderte der Gastgeber sie auf, alles übrig Gebliebene als Wegzehrung mitzunehmen. Während der Gespräche beim Essen hatte sich herausgestellt, dass die Kaufleute den verstorbenen Vater des jungen Mannes von früher kannten und dass er auch in ihren Kreisen als tugendhafter Mensch höchste Wertschätzung genoss. Beim Abschied nahm nun jeder der Bewirteten eines der vielen kostbaren Schmuckstücke von seinem Körper und legte es in die große Kupferschale, die am Ausgang des Speiseraumes stand, in der sich zuvor alle die Hände gewaschen hatten. Da wehrte der junge Laie heftig ab: „Bitte nicht! Ich habe Euch eingeladen. Ihr wart doch alle meine Gäste. Wie könnte ich da eine Gegenleistung erwarten?" Aber die freundlichen Kaufleute ließen sich nicht zurückhalten. Nachdem sie fort waren, fiel der Blick des Jünglings auf eine übervolle Schale mit kostbarsten Schmuckstücken, die nun alle sein Eigentum waren. Allerdings war er überhaupt nicht erfreut über diesen unerwarteten Gabenstrom. Im Gegenteil, in seinem Herzen stieg erneut Furcht auf, dass ihm genau deswegen der verdiente himmlische Lohn später vorenthalten werde, da er ja schon zu Lebzeiten reichlich Abgeltung bekommen hatte.

Getrieben von dieser Sorge begab er sich am nächsten Tag zum Buddha, schilderte ihm, was geschehen war, und bat um einen Rat. Der Erhabene lächelte und versicherte ihm, dass das gute Karma seiner Handlung durch die Zuwendungen der Händler nicht null und nichtig werde. Der fromme Jüngling könne sich dieser Gaben daher ruhig erfreuen.

Auch in vielen anderen Dingen war diesem Menschen großes Glück beschieden. Sein reicher Dienstherr gab ihm bald darauf seine Tochter zur Gemahlin. Als er viele Jahre später starb, wurde der junge Mann zu seinem Nachfolger. Überall im Land war er gut angesehen und genoss großen Tugendruhm. Schließlich rief ihn sogar der König an seinen Hof und übertrug ihm ein öffentliches Amt.

## Die geheimnisvolle Rezitationsstimme

Vor langer Zeit lebte einmal ein Mönch in einer Lehmhütte in den Bergen. Dieser Edle war ein aufrichtiger Mensch und der Lehre treu ergeben. In der Einsamkeit hatte er eine eiserne Disziplin entwickelt. Unablässig lebte er in der Übung, stets darauf achtend, dass der Dämon der Trägheit und Bequemlichkeit nicht Besitz von ihm ergriff. Vom Aufgang der Sonne bis zu ihrem Untergang – und oft auch noch in den Nächten – rezitierte er unablässig das Prajnaparamita-Sutra, diesen heiligen Text von der unerschöpflichen Weisheit des Herzens. Durch das meist offen stehende Fenster und jede Ritze in den Wänden seiner schlichten Behausung drang der helle Klang seiner Stimme unablässig ins Freie. Draußen verschmolzen diese Laute mit dem Gezwitscher der Vögel und dem Rauschen des Quellbächleins, das an der Hütte vorbei ins Tal strömte.

In diesen Bergen führte auch ein siebenjähriger Knabe regelmäßig einen Ochsen zum Weiden. Wenn das Tier einmal nicht auf den Äckern gebraucht wurde, zog er mit ihm hinauf in die Berge, wo die besten Gräser sprossen, an denen sich der Ochse richtig satt fressen konnte. Eines Tages führte ihn sein Weg in der Nähe des rezitierenden Mönchs vorbei. „Was für wunderbare Töne sind das bloß?“, dachte sich das Knäblein, als diese heiligen Laute das erste Mal sein Ohr streiften. Wie verzaubert von diesen Klängen gelangte er schließlich zur Lehmhütte des Eremiten. Vorsichtig schaute er durch die offene Tür ins Innere der Behausung, während der Ochse, den er schnell an einem Baum angebunden hatte, genüsslich fette Gräser verschlang. Neugierig hockte sich der Junge auf die Türschwelle und lauschte viele Stunden lang der Rezitation des Eremiten. Die Dämmerung war schon hereingebrochen, als der Mönch schließlich die Augen aufschlug. Da fiel sein erster Blick auf den Knaben, der im Türrahmen saß und ihn mit neugierigen Blicken musterte. „Ehrwürdiger“, sprach der junge Besucher sogleich, „was waren das nur für Worte, welche die ganze Zeit über Eure Lippen traten?“

„Komm erst einmal herein, Junge“, forderte der Mönch ihn auf. Der alte Mann freute sich über den Gast und das große, unerwartete Interesse, welches ihm da entgegenschlug.

„Es ist das Sutra von den Weisheit des Herzens“, erklärte der Eremit dann und sprach: „Wenn du erst ein wenig größer bist, wirst auch du die Bedeutung dieser Worte verstehen.“

„So lange brauchen wir nicht zu warten“, warf der Junge sofort ein, „ich will es jetzt schon lernen zu verstehen!“

Der Mönch erkundigte sich nach seinem Alter und meinte dann, dass er wohl mit seinen sieben Jahren ein wenig jung sei, um dieses Sutra in seiner ganzen Tiefe zu begreifen. Aber diesen Einwand wollte der Knabe nicht gelten lassen. Schnell hatte der alte Einsiedler bemerkt, wie aufrecht und ehrlich das Interesse dieses Kindes war und wie sehr es sich von Gleichaltrigen unterschied. So willigte er schließlich ein, den Jungen zu unterweisen. Da es schon spät war, sollte er am nächsten Tag wiederkommen.

Als der Knabe wieder ins Freie trat, war es draußen schon ziemlich dunkel geworden. Da musste er leider feststellen, dass sein Ochse verschwunden war. Weil er das Seil in der Eile nicht richtig festgezurrt hatte, war es dem Tier gelungen, sich zu befreien. „Er ist sicherlich in den nahen Bergwald gelaufen“, dachte sich der Junge und rannte schnell dorthin, um den Ochsen wieder einzufangen. Kreuz und quer lief der Junge anschließend durch den Wald und rief überall nach ihm, doch er konnte ihn nirgends finden. Angst vor den Eltern stieg in ihm auf, denn wenn er ohne das einzige Arbeitstier der Familie heimkäme, würde es sicherlich derbe Hiebe setzen. So lief er immer tiefer in den stockdunklen Wald hinein, unablässig den Namen des Ochsen rufend.

Auf einmal war es ihm, als höre er das Brechen von Zweigen in seiner Nähe. Freudig lief der Junge in Richtung dieser Geräusche. Doch plötzlich blieb er zu Tode erschrocken stehen, denn vor ihm stand ein mächtiger Tiger. Schnell drehte er sich um und wollte fortrennen, doch es war zu spät. Die große Raubkatze setzte ihm nach und hatte ihn ihm Nu erwischt. Wenn jemand dabei gewesen wäre, er hätte dieses grausige Geschehen nicht anschauen können. Der Tiger tötete das Kind, saugte erst alles Blut aus seinem Körper und verschlang dann den toten Leib mit Haut und Haaren und allen Knochen.

Vergeblich wartete der alte Mönch an den folgenden Tagen auf die Rückkehr des Knaben mit den hellen, funkelnden Augen. Erst viele Monate später erfuhr er von einem der seltenen Besucher, was im nahen Bergwald Furchtbares geschehen war.

Die Seele des Knaben aber fuhr nach einiger Zeit in den Leib einer adligen Frau und harrte dort der kommenden Wiedergeburt. Schon lange hatten sich diese Frau und ihr Mann ein Kind gewünscht. Die beiden kannten die Lehre des Buddha nicht, waren jedoch gute und ehrliche Leute. Erst in einem schon fortgeschrittenen Alter war die Frau endlich schwanger geworden. Aber dann geschah etwas Seltsames. Seit sie das Kind empfangen hatte, hörte man sie ständig irgendwelche Laute vor sich hin murmeln, die weder sie selbst noch irgendwer in ihrer Umgebung verstand oder zu deuten wusste. Der Ehemann und die ganze Familie waren sehr besorgt über ihren Zustand und fürchteten gar, sie könne am Ende einen Dämon gebären. So gingen sie zu einem Wahrsager, der auch der Heilkünste mächtig war, und baten den Mann um Rat und Hilfe. Dieser Kundige musterte die Frau viele Stunden, vermaß ihren Bauch, studierte die Linien ihrer Hand, legte sein Ohr an ihre Lippen und versuchte, das seltsame Murmeln zu entschlüsseln. Doch am Ende musste er zugeben, dass auch er das Phänomen nicht zu deuten vermochte. „Es ist wohl nicht gefährlich und gewiss kein böser Dämon", versuchte er die Eheleute zu beruhigen, suchte dann aber, die Konsultation rasch zu beenden.

Vor allem der werdende Vater war in großer Sorge, denn er fürchtete um seine Gemahlin und wusste nicht, was die Zukunft wohl bringen würde, zumal das anfangs noch stille Murmeln schließlich immer lauter und weithin hörbar wurde. Als der Bauch der Schwangeren jedoch weiter anschwoll und nichts Schlimmes geschah, verdrängte die gute Hoffnung allmählich all die unterschwelligen Ängste. Einige Wochen verstrichen und der Zufall wollte es, dass eines Tages der Eremit aus den Bergen am Hause dieses Ehepaares vorbeikam, weil er in der Stadt ein paar notwendige Dinge gekauft hatte. Als er plötzlich die Rezitation des ihm so bekannten Sutras vernahm, musste er abrupt stehen bleiben. Wer war es wohl, der diese Worte sprach? Neugierig geworden, klopfte er an die Außenpforte. Der Hausherr selbst öffnete.

„Wer im Hause des Adligen rezitiert nur so hingebungsvoll das Sutra von der Weisheit des Herzens?", wollte der Mönch unvermittelt wissen.

„Niemand rezitiert hier Sutren, wir sind keine Buddhisten", klärte ihn da der Mann auf und wollte die Tür sogleich wieder schließen.

„Aber ich verstehe doch jedes Wort dieses Textes, rezitiert von einer hellen Frauenstimme", hielt der ungebetene Besucher dagegen. Er kenne diese Zeilen so gut, weil er sie selbst seit vielen Jahrzehnten Tag und Nacht unablässig rezitiere.

Plötzlich ging dem Hausherrn auf, dass der Mönch möglicherweise die Worte seiner Frau meinte, an deren ständigen Klang er sich inzwischen so sehr gewöhnt hatte, dass er sie selbst schon gar nicht mehr wahrnahm. „Meine Frau ist schwanger, aber wird von einem sonderbaren Leiden geplagt, das bisher niemand erklären konnte", berichtete der Adlige nun und erklärte, dass alle inständig hofften, es sei nicht weiter gefährlich für sie und den erwarteten Nachkommen.

Da konnte ihn der Mönch beruhigen: „Edler Mann", sprach er, „das ist überhaupt keine Krankheit, sondern ein wunderbares Sutra, was Eure Gattin und die ganze Familie nur schützen kann. Gewiss wird dieses Kind später einmal die Lehre des Erhabenen verbreiten!"

Die Familie dankte dem Mönch für seine beruhigenden Worte und sah der kommenden Geburt jetzt mit großer Gelassenheit entgegen.

Als das Kind einige Wochen später das Licht der Welt erblickte, geschah etwas Unvorstellbares: Kaum dass der Knabe den Leib der Mutter verlassen hatte, schlug er einen Purzelbaum und landete vom Bett auf der nackten Erde. Dort faltete das

Neugeborene seine Hände, öffnete den Mund und begann auf einmal selbst mit der Rezitation des Prajnaparamita-Sutras, während die Mutter nun verstummte und gestillt und voll innerer Zufriedenheit lächelnd ihr Kind betrachtete. „Mir ist, als sei ich gerade aus einem langen Traum erwacht“, erklärte sie den Umstehenden.

Kurz darauf begab sich der Vater mit dem Kind im Arm zum Buddha, der zu dieser Zeit mit seinen Mönchen nicht weit vor den Toren der Stadt vorübergehend Quartier genommen hatte. Er wollte dem Erhabenen einmal seinen wundersamen Sprössling zeigen.

Einige Tage später besuchte dieser mit seinen Mönchen das Haus der Familie. „Oh, ein wahrer Jünger des Buddha“, sprachen die Mönche voller Entzücken beim Anblick des Kindes. Dann ermahnten sie die Eltern, das Kind gut zu behüten und ihm eine rechte Erziehung zukommen zu lassen, damit es später zum Wohle aller Wesen wirken könne.

Sieben Jahre gingen ins Land. Aus dem Hirtenjungen war in diesem Leben ein junger Adliger geworden. Unablässig rezitierte er jetzt das Sutra von der Weisheit des Herzens, sodass die Botschaft dieser Worte immer mehr Besitz von ihm ergriff. Sein ganzer Lebenswandel war stets rein tugendhaft. Voller Gelehrsamkeit studierte er jeden Tag die Schriften. Dabei fiel ihm auf, dass sich im Laufe der Jahre beim Vervielfältigen der alten Texte an manchen Stellen Fehler eingeschlichen hatten. Dieser junge Bursche konnte tatsächlich jeden dieser Fehler entdecken, sobald er nur ein einziges Mal den rezitierten Worten lauschte. Von alten Gelehrten waren nur ganz wenige dazu imstande.

Später verbreitete er voller Tatkraft die Lehre. Bald hatte er erste Schüler um sich versammelt, an die er den Geist des Großen Fahrzeugs weitergab. In den Städten und Dörfern, auf den großen Marktplätzen ebenso wie in den engen Gassen lehrte er den Dharma. Nachdem er schließlich das große Erwachen erlangt hatte, folgten ihm über fünfhundert Schüler.

## Zwei Konvois von Händlern

In einem längst untergegangenen Zeitalter gab es einmal zwei Gruppen von je fünfhundert Kaufleuten. Diese Gewerbetreibenden planten einst, gemeinsam mit ihren Segelschiffen über das weite Meer zu fahren, um große Schätze zu gewinnen. Als sie genug Geld und Nahrungsvorräte für die Reise zusammengetragen hatten, kauften sie Dutzende Boote und stachen in zwei großen Konvois in See. Der Wind war ihnen wohlgeneigt und sie kamen schnell voran. Nach einigen Wochen waren sie mitten auf dem weiten Ozean, das feste Land lag schon lange in unendlicher Ferne.

In der Morgenfrühe erblickten die Männer plötzlich eine wunderschöne Insel, die wie eine große grüne Perle auf den blauen Wogen ruhte. Geschwind ließen sie ihre Boote Kurs auf das Eiland nehmen, warfen ihre Anker aus und gingen an Land. Was sie dort erblickten, ließ sie bass erstaunen.

Dieses Eiland inmitten der weiten Wasser war eine wahre Schatzinsel. An den Bäumen und Sträuchern wuchsen Früchte im Überfluss, Perlen, Korallen und andere Kostbarkeiten lagen am Meeresufer frei herum, das beste aber waren diese wunderschönen Frauen, die auf dieser Insel lebten und den Männern sogleich verheißungsvolle Blicke zuwarfen. Keiner wusste warum, aber auf dieser Insel sahen sie überhaupt keine männlichen Wesen.

Die Händler der ersten Gruppe hielten noch am Abend eine große Versammlung unter freiem Himmel ab. Während am Firmament die Sternlein zu funkeln begannen, sprachen sie am Strand zueinander: „Kann es für uns irgendwo einen geneigteren Ort geben als diesen hier? Schöne Frauen und wunderbare Dinge in unvorstellbarer Fülle! Warum sollten wir da noch in unsere alte, erbärmliche Heimat zurückkehren? Alles, was das Leben zu bieten hat, finden wir auf dieser Insel. Lasst uns also für immer hierbleiben."

Auch die Männer des zweiten Konvois beratschlagten die Lage. Genauso wie ihre Gefährten waren auch sie hingerissen von der paradiesischen Natur und den verführerischen Frauen. Aber diese Händler waren kluge Leute, die die Dinge eher nüchtern betrachteten: „Dieser wunderbare Ort liegt inmitten des weiten Ozeans und ist von hohen und gefährlichen Wellen umbrandet. Jederzeit kann das Meer diese Idylle wieder zerstören. Daher kann uns diese Insel keine bleibende Statt bieten."

Dennoch liebäugelten auch einige Männer dieser Gruppe mit der Idee, hier für immer an Land zu gehen und nicht mehr in die Heimat zurückzukehren.

Um die Kaufleute vor Unheil zu bewahren und sie auf den rechten Weg zu führen, erschien zu dieser Stunde eine Himmelsfee. Urplötzlich schwebte sie hoch über den vielen Schiffen; die Gute richtete das Wort an alle Männer der beiden Gruppen und sprach: „Ihr könnt auf diesem Eiland kurze, flüchtige Momente des Glücks erleben, doch ist hier kein Ort zum dauernden Verweilen. Ich prophezeie euch, dass in nur sieben Tagen dieses Land vom Meer verschlungen wird."

Dann entschwebte sie genauso plötzlich wie sie gekommen war. Unter den Händlern brach große Unruhe aus. Es dauerte nur wenige Minuten, da tauchte auf einmal eine weitere Frauengestalt am Himmel auf. Die zweite Erscheinung war in Wirklichkeit jedoch ein böser Dämon, der nur vorübergehend das Äußere einer Fee angenommen hatte, um die Männer ins Verderben zu reißen. Auch dieses Wesen begann, zu den Anwesenden zu sprechen: „Glaubt nicht der Stimme, die ihr gerade vernommen habt", verkündete nunmehr diese Gestalt: „Niemand von euch braucht sich zu fürchten. Wie könnte eine so große und feste Insel, die es schon seit ewigen Zeiten gibt, je den Fluten zum Opfer fallen? An diesem Ort findet ihr wirklich alles, was das Leben schön und angenehm macht. Nur die Törichten verzichten auf angenehme Dinge und schenken irgendwelchen düsteren Prophezeiungen Glauben." Kurz darauf war auch diese Erscheinung wieder verschwunden.

Große Ratlosigkeit herrschte. Jetzt musste eine Entscheidung getroffen werden. Am nächsten Tag berieten die Händler des ersten Konvois noch einmal, ob sie nun bleiben oder weitersegeln sollten. „Was könnte schöner sein als die Freuden und Genüsse, die uns die Sinne stiften?“, fragten sie sich und schnell fanden sie eine Antwort, der alle zustimmten: „Hier haben wir endlich die Dinge, nach denen wir schon immer so sehr gelechzt haben.“

Voll überschwänglicher Freude gingen die Männer dieser Gruppe dann an Land zu den Frauen. Unbekümmert ließen sie ihre Boote einfach ins offene Meer forttreiben.

Auch viele Männer des zweiten Konvois wollten – verführt und neidisch geworden – diesem Beispiel folgen. Doch in dieser Lage richtete ihr Anführer entschlossen das Wort an die Wankelmütigen und sprach: „Wer von euch jetzt geht, der sollte wissen, dass er für nichts als kurze und vergängliche Sinnenfreuden sein Leben aufs Spiel setzt. Als kluge und weitsichtige Menschen sollten wir allein den Worten Glauben schenken, welche die erste Himmelsfee zu uns gesprochen hat.“

Einige der Händler überzeugte diese Ermahnung, andere zögerten und wollten erst eine Weile nachsinnen. So entschied sich die Gruppe, noch ein paar Tage auf ihren Booten in der Nähe des Eilandes zu bleiben.

Am siebten Tag des Wartens geschah genau das, was das erste himmlische Wesen prophezeit hatte. An diesem Morgen rauschte plötzlich eine gewaltige, unvorstellbar hohe Flutwelle über das Meer und begrub die ganze Insel unter sich. Im Nu war dieses wunderschöne Eiland mit all seinen Schätzen, den Frauen und den anderen Händlern verschwunden. Alles, was die Sinne zuvor so betört hatte, war auf einmal fort, nur noch der weite blaue Ozean war geblieben. Die Männer des zweiten Konvois aber hatten keinen Schaden genommen. Das Meer hatte ihre Boote zwar hoch in den Himmel gehoben, aber auf der Krone dieser mächtigen Woge drohte keine Gefahr, denn sie bildeten kein Hindernis, das zerstört werden konnte. Während die Wasser in der Ferne wieder abebbten, sanken die Boote einfach nach unten. Niemandem war auch nur das Geringste geschehen. So sehr die Händler hernach nach ihren Gefährten aus der ersten Gruppe Ausschau hielten, sie entdeckten keinen einzigen mehr. Alle diese Männer waren in die Tiefe gerissen worden und keiner ward je mehr lebend gesehen.

## Die sich in pures Gold verwandelnden Mönche

Es lebte einmal ein König mit Namen Fan Yü, der in einem riesigen Palast wohnte, dessen herrlicher Schlossgarten von grünen Zypressen umsäumt war. Überall an diesem Ort plätscherte klares Wasser und kleine Felsgesteine hier und da ließen den Herrscher bei jedem Spaziergang glauben, er durchwandere die heiligen Berge seines Landes. König Fan liebte es, in hellen Vollmondnächten mit seinen Konkubinen durch den Garten zu streifen, wo er auch einen kleinen Vergnügungspavillon hatte errichten lassen.

Unweit der Schlafkammer dieses Herrschers lag ein kleiner Friedhof, auf dem allein die Mitglieder der Königsfamilie und die treuesten Gefolgsleute des Herrscherhauses bestattet wurden. Eines Nachts wälzte sich der König einmal schlaflos in seinem Bett, unruhig die Geschicke des Tages rechnend. Als er endlich einnickte, schreckte er schon nach kurzer Zeit wieder auf. Plötzlich war ihm, als rufe vom nahen Friedhof eine Stimme zu ihm herüber: „Komm König Fan, komm doch endlich“, schien sie ihm zu sagen. Viele Male rief die Stimme, während der Herrscher keinen Schlaf fand. König Fan packte erst nackte Furcht, die nach einer Weile allerdings wich, da nichts Schlimmes geschah; dann ärgerte er sich über diese Störung seiner Nachtruhe.

Am anderen Morgen rief er als Erstes alle Minister um sein Bett zusammen und ließ auch die Wahrsager und Zukunftsdeuter der Hauptstadt an den Hof kommen. Aufgeregt erzählte er ihnen von den Geschehnissen der Nacht und bat sie um eine Erklärung. Die Versammelten waren sich schnell einig, dass hier ein böser Dämon am Werke war. Der König solle in einer der kommenden Nächte einen mutigen jungen Mann hinaus auf den Friedhof schicken, um dieser Gestalt den Garaus zu machen.

Sofort ließ der König nach einem Freiwilligen suchen. Doch selbst die kühnsten Männer an seinem Hofe waren voller Angst und Furcht, niemand fand sich, es mit dem geheimnisvollen Wesen auf dem Friedhof aufzunehmen. Daraufhin ordnete der Herrscher an, auch draußen im Land nach einem tapferen Kämpfer zu suchen. Wer den Dämon zum Schweigen bringe, dem wolle er fünfhundert Goldmünzen zahlen.

Kaum war die Nachricht verkündet, da erschien ein junger Mann im Palast und erklärte seine Bereitschaft, diese Aufgabe zu übernehmen. Dieser Bursche war ein Waisenknabe aus einem kleinen Dorf in der Nähe und fürchtete sich offensichtlich vor gar nichts in der Welt. Er hatte bisher keinen Beruf erlernt, weil er nirgendwo einen Meister fand, der sich seiner annehmen mochte. So schlug er sich mit Hilfsarbeiten mehr recht als schlecht durchs Leben. Mal ging er den Bauleuten zur Hand, mal half er den Bauern bei der Ernte. Doch mehr als gute Mahlzeiten und ein paar Kupfermünzen brachte ihm das nicht ein. So eine satte Belohnung konnte er in der Tat gut gebrauchen. Noch in der gleichen Nacht schickten ihn die Wachen auf den dunklen, kleinen Friedhof hinaus. Vorher hatten sie ihm zu seinem Schutz noch eine alte Rüstung angelegt sowie einen scharfen Dolch überreicht. Nachdem er unter einem Baum inmitten der Gräber eine Weile gewartet hatte, ohne dass irgendetwas geschah, hörte er nach Mitternacht auf einmal die Stimme, die auch der König vernommen hatte: „Komm König Fan, nun komm doch endlich“, tönte es plötzlich aus Richtung der alten Gräber. Der junge Mann stieß einen jähen Schrei aus, um seine Furcht zu unterdrücken.

„Welcher Dämon wagt es, nach unserem Herrscher zu rufen?“, brüllte er dann kühn in die Nacht hinaus.

Nach einer Weile wurde die Stimme ganz sanft und sprach: „Ich bin kein Dämon. Was spricht, das sind die Schätze, die hier im Erdreich vergraben sind. Ich rufe den Namen von König Fan Yü, damit er kommt und uns rechtmäßig in Besitz nimmt. Aber nur, wenn er selbst kommt, sind wir sein. Wenn es dem Herrscher jedoch an Mut mangelt, in der Nacht hinaus auf einen Friedhof zu gehen, ist er unser nicht würdig."

Der junge Mann musste einen Augenblick überlegen, bis er den Sinn dieser Worte erfasst hatte. Nach einer Weile fuhr die Stimme fort zu sprechen: „Es soll nicht Euer Schaden sein, dass Ihr kamt. Aus der glücklichen Fügung unseres Zusammentreffens kann Euch reichlich Lohn zufließen."

„Reichlicher Lohn?", frohlockte da der nächtliche Gast.

„Ja", sprach die Stimme, „ich habe nämlich noch sieben Brüder und sie werden morgen alle in Euer Haus kommen und Eure Gäste sein."

„Gäste? – Ich lebe in einer ganz einfachen Hütte. Wie sollte ich Euren Brüdern da angemessen aufwarten können?", entgegnete der ein wenig verwirrte Bursche.

„Sie erwarten fast gar nichts", beruhigte ihn die Stimme sogleich und erklärte: „Geht als Erstes zu Eurem König und holt Euch die versprochene Belohnung. Von diesem Geld kauft feinen Seidenstoff und frische Blumen, auch Rebenblätter und Butterschmalz, frischen Joghurt und Honig. Besucht dann den Laden des Töpfers und erwerbt dort acht leere Krüge. Schmückt hernach Euer Heim wie zu einem festlichen Empfang. Acht Mönche werden alsbald erscheinen und Eure Gäste sein."

„Acht Mönche?", hakte der junge Mann nach.

„Seid unbesorgt", antwortete die Stimme aus dem Erdreich, „Ihr braucht nicht sehr lange höflich zu ihnen sein. Sobald der letzte Bissen der Almosenspeise in ihren Mündern verschwunden ist, ruft mit lauter Stimme: ‚In die Ecken mit Euch, in die Ecken mit Euch.' Dann versetzt jedem einen Stockschlag. Das ist alles, was Ihr zu tun habt, und Ihr werdet Euch wundern, was hernach geschehen wird."

Am anderen Morgen ging der Bursche zunächst zu seinem König und sprach: „Ich habe den Dämon zur Strecke gebracht. Er schweigt nun für immer."

Zufrieden, dass der Spuk so schnell zu Ende war, überreichte ihm der König seine Belohnung. Alle am Hof jubelten und bewunderten diesen jungen Kämpfer für seinen Mut. Stolz und zufrieden zog er von dannen.

Wie ihn die Stimme geheißen hatte, kaufte er gleich darauf die acht Krüge, die Blumen und all die anderen Dinge. Liebevoll schmückte er sodann sein Heim für den festlichen Empfang der Gäste. Neben seiner schlichten Hütte betrieb ein Barbier sein Geschäft. Neugierig beobachtete dieser Mann die Vorgänge in der Behausung seines Nachbarn. Kurz darauf erschienen tatsächlich acht Mönche und traten ein. Schnell verschloss der Gastgeber Türen und Fenster, verbeugte sich vor den Ehrwürdigen und bot ihnen Speisen und Getränke an. Nachdem die Pfadgänger alle satt waren, erinnerte er sich seines Auftrages. Plötzlich ergriff er einen dicken Knüppel und scheuchte damit die acht Mönche in die Ecken seines Hauses. Die Robenträger leisteten schnell Folge. Dann wurde der erste mit einem Schlag auf den Kopf bedacht. Kaum hatte der Knüppel das Haupt gestreift, verwandelte sich sein Leib in lauter Goldmünzen, die wie von einer magischen Kraft in einem hohen Bogen in den ersten der aufgestellten Krüge purzelten. Im Nu hatte der junge Mann das Prinzip verstanden und ließ den Knüppel nun auf die Köpfe der anderen sieben Mönche niedergehen. Ruck, zuck hatten auch diese sich verwandelt. Am Ende standen acht mit Goldmünzen randvoll gefüllte Krüge in den Ecken. Die Mönche hatten sich allesamt in reines Gold verwandelt.

Das Geschehen war jedoch nicht unbeobachtet geblieben. Der Barbier hatte sich über die plötzlichen Besucher gewundert und war erst recht stutzig geworden, als im Hause seines Nachbarn am helllichten Tag alle Fenster und Türen geschlossen wurden. Neugierig war er hinübergelaufen und hatte durch eine Fensterritze nach innen geschaut. So wurde er Zeuge dieser wundersamen Verwandlung.

„So einfach ist das also, aus Mönchen Gold zu machen", dachte sich dieser einfältige Geselle. Schon am nächsten Tag wollte er es seinem Nachbarn gleichtun. In Windeseile putzte auch er sein Heim fein heraus, besorgte sich acht Krüge und legte heimlich einen dicken Holzknüppel bereit. Als alles hergerichtet war, ging er zum nahegelegenen Tempel und bat acht der dort lebenden Mönche in sein Haus zur Almosenspeise. Freudig nahmen die Ehrwürdigen die Einladung an. Die dargereichte Speise war längst nicht so üppig wie im Hause seines Nachbarn. So hatten die Mönche ihr Mahl recht schnell zu sich genommen. Kaum dass sie fertig waren, erwachte in dem Barbier die Gier, nun wollte er die Robenträger in Geld verwandeln.

„In die Ecken mit Euch, in die Ecken mit Euch", schrie er plötzlich.

Die Mönche schauten ihn nur verwundert an. Da setzte es schon die ersten Knüppelschläge auf ihre kahlen Häupter. Natürlich verwandelte sich kein einziger von ihnen in Goldmünzen. Stattdessen rannten sie hinaus auf die Straße und riefen laut um Hilfe.

„Ein Mörderhaus, ein Mörderhaus", schallte es plötzlich durch die Gassen. Schnell liefen die Leute herbei und ließen sich berichten, was geschehen war. Ein paar kräftige Männer packten sich den dreisten Barbier und brachten ihn gleich zum Königspalast, auf dass der Herrscher über diesen Übeltäter urteile, der acht ehrwürdige Männer auf so üble Weise malträtiert hatte.

Der König glaubte, einen Verrückten vor sich zu haben, als der Mann erzählte, er habe die Mönche auf diese Weise in Gold verwandeln wollen. Wie er denn bloß auf diese kranke Idee gekommen sei, wollte er von ihm wissen. Da erzählte der Mann von seinem Nachbarn, jenem Menschen, der erst vor zwei Tagen die Belohnung des Königs empfangen hatte, anschließend sein Heim geschmückt, dort acht Mönche empfangen und mit eben dieser Methode in pures Gold verwandelt habe.

Zunächst war der König nicht gewillt, den Worten dieses Mannes Glauben zu schenken. Doch weil er den jungen Dämonenbezwinger ja persönlich kannte, entschloss er sich ihn einmal aufzusuchen und zu diesem merkwürdigen Sachverhalt zu befragen. Als eine Stunde später der Herrscher im Türrahmen seines Hauses stand, war der junge Bursche zu Tode erschrocken. Die Blicke des Königs fielen als Erstes auf die münzgefüllten Krüge, die in den Ecken standen. „Woher stammt denn dieser unerhörte Reichtum“, fragte er sogleich, „das ist doch weit, weit mehr als die fünfhundert Goldmünzen, die Ihr aus meiner Hand empfangen habt. Ihr seid doch nicht etwa mit Dieben und Räubern im Bunde?“

Der junge Mann war peinlich berührt. Er tat in diesem Augenblick das einzig Richtige und offenbarte dem König die ganze Wahrheit. So erfuhr dieser endlich, dass die nächtliche Stimme auf dem Friedhof nichts anderes als die Schätze unter der Erde waren, die eigentlich ihm zustünden, hätte er nur den Mut gehabt, diesem Ruf zu folgen. Erst war er verwundert, dann verärgert. Der Monarch sann einen Moment gründlich nach und sprach: „Na, dann gehört dieser ganze Reichtum in den Krügen doch mir!“ Flugs ließ er die Diener kommen und forderte sie auf, alles in seinen Palast zu schaffen. In dem jungen Mann stieg beim Anblick der fortgeschafften Krüge großer Widerwille auf. Aber er wagte nicht zu protestieren, schließlich hatte er seinen Herrscher über die Geschehnisse auf dem Friedhof belogen und wollte jetzt nicht noch dessen Zorn auf sich lenken.

Gegenwehr wäre jedoch auch gar nicht nötig gewesen. Kaum hatten nämlich die Diener die Goldkrüge über die Türschwelle des Hauses hinaus ins Freie getragen, verwandelte sich ihr Inhalt mit einem Mal in sprühende Funken und wilde Flüche ausstoßende Giftschlangen. Der König und seine Männer waren starr vor Entsetzen. In Windeseile verließen sie diesen Ort. Kaum hatte der junge Bursche die Krüge jedoch berührt und ins Innere des Hauses zurückgetragen, war auch ihr ursprünglicher Inhalt wieder da. Auf dem Rückweg zum Palast wurde dem König klar, dass nicht er, sondern allein der junge Bursche ein Anrecht auf diese Dinge hatte.

## Die seltsame Geschichte eines kastrierten Ebers

Während der Zeit der großen Tang-Dynastie erstarkte das chinesische Reich. Der Handel blühte und nicht nur die Reichen, sondern auch das einfache Volk lebten im Wohlstand. Weil die Bedürfnisse der Menschen stetig wuchsen, zogen die Händler in immer fernere Provinzen des riesigen Landes, um von dort neue und kostbare Güter herbeizuschaffen. Auf ihren Reisen erwarben die Händler jedoch nicht nur Produkte zum späteren Verkauf in ihrer Heimat, nein, sie kauften auch Erzeugnisse, um mit ihnen neue, unbekannte Märkte gewinnbringend zu erschließen, wo sich zusätzlicher Reibach machen ließ. Einige Gebiete des Reiches wie beispielsweise der Staat Haizhou, in dem diese Geschichte spielt, waren in der Folge bald arg von auswärtigen Handelsleuten überlaufen, die der heimischen Händlerkaste das Leben schwer machten. Zwei angestammte Haizhouer Händler gingen eines Tages sogar bankrott, weil sie mit den billigen Produkten, die ihre Zunftkollegen aus anderen Landesteilen anboten, preislich einfach nicht länger mithalten konnten.

In ihrer Not entschieden die beiden, gemeinsam in den Nachbarstaat Luzhou aufzubrechen, um sich fern der alten Heimat eine neue Existenz aufzubauen. Als sie dort ankamen, mussten sie jedoch schon beim ersten schnellen Gang über einen Marktplatz gleich hinter der Grenze feststellen, dass auch dieser völlig überlaufen und die Konkurrenz der auswärtigen Kaufleute noch schlimmer war als in Haizhou. Hier würden sie kaum erfolgreicher sein als zu Hause. Enttäuscht kehrten sie daraufhin in der ersten Schänke am Wegrand ein, um ihren Kummer erst einmal mit Reiswein zu ertränken.

Der Wirt trug ein üppiges Mahl auf, die beiden sprachen dem Trunke reichlich zu und bejammerten die ganze Zeit ihr trauriges Los. Einer der beiden war bald so benommen, dass er sich in eine der Kammern zurückzog und dort seinen Rausch ausschlief. So musste der andere die Zeche alleine berappen. „Wir sind ja ohnehin beide pleite, da will ich für ihn ruhig mitbezahlen", sagte sich der Freund, als der Wirt ihm nach dem Mahl die Rechnung unter die Nase hielt.

Wie seine Augen nun über die Zahlenkolonnen glitten, meinte er, das Gasthaus müsse sich verrechnet haben, der Preis sei ja so niedrig. Der Inhaber war erstaunt über diesen Fremden, die meisten seiner Gäste beklagten sich nämlich über angeblich zu hohe Preise. So ging er mit dem Händler noch einmal Posten für Posten durch. Der Wein kostete ungefähr genauso viel wie zu Hause, aber das Gemüse und vor allem das Fleisch waren viel billiger, als er es gewohnt war. Das machte den Mann stutzig. Obwohl noch reichlich benebelt, ging er anschließend nach draußen und sah sich auf dem Marktplatz nun erstmals ein wenig genauer um. Tatsächlich: Fleisch und Gemüse kosteten durchweg nur ein Drittel von dem, was auf Haizhouer Märkten dafür gezahlt werden musste. Aufgeregt kehrte er in die Schänke zurück, genehmigte sich noch ein paar Becher mit Wein und fing messerscharf zu rechnen an. Gemüse zu verkaufen würde sich nicht lohnen, weil auf dem langen Weg sicherlich das meiste verderben würde. Aber Fleisch würde gehen, denn das waren Tiere und die konnte man lebend transportieren. In Luzhou billig eingekauft und dann nach Haizhou getrieben, könnte man sie dort schlachtreif zum Dreifachen des Einkaufspreises verhökern. Der Kaufmann rieb sich die Hände. Künftiger Profit ließ ihn mächtig frohlocken.

Am anderen Morgen hatte der Kollege seinen Rausch ausgeschlafen und lauschte nun begeistert dieser neuen Geschäftsidee, welche das Blatt für die beiden glücklosen Händler endlich wieder zu wenden versprach. Die beiden kratzten ihre verbliebenen Mittel zusammen, es waren so um die dreihundert Münzen, und kauften sich dafür eine Herde fetter Schweine; darunter war auch ein dicker alter Eber, den sein Besitzer kastriert hatte, damit er nicht so streng roch und das Fleisch besser schmeckte.

Nachdem die Händler ihre Tiere bis ins heimatliche Haizhou getrieben hatten, konnten sie an den verkauften Schweinen einen Gewinn von sechshundert Silbermünzen machen, da sie die Tiere für insgesamt neunhundert Silbermünzen verkauften. Der alte Eber ging dabei an einen Metzger, der das Tier am nächsten Tag schlachten wollte. Dies alles geschah im letzten Monat des Jahres, während die Tage schon recht kalt geworden waren. Am Marktstand des Metzgers kam am folgenden Morgen ein Reisender aus Luzhou vorbei. Dieser Mann war ein Beamter mit Namen Li, der seine Geschäfte in Haizhou gerade abgeschlossen hatte und nun zurück auf dem Weg in die Heimat war. Bei dem Schlachter wollte er noch ein kleines Stück Fleisch kaufen und als Reisezehrung mitnehmen. Dabei fiel sein Blick auf den Eber, der mit zusammengebundenen Beinen in einer Ecke lag und einem traurigen Ende entgegensah. Als das Tier Herrn Li erblickte, geriet es urplötzlich in heftige Unruhe und stieß grunzende Laute aus. Der Mann aus Luzhou trat neugierig an das Schwein heran, da hörte er ganz unvermittelt, wie dieses Worte in menschlicher Sprache an ihn richtete:

„Du bist der Sohn meiner Tochter und ich war in meinem früheren Leben als Mensch einst deine Großmutter", drang es aus dem Mund des Schweins. Der Reisende glaubte zwar an Wiedergeburt, konnte sich aber ganz und gar nicht vorstellen, warum die Seele seiner Großmutter ausgerechnet in den Körper eines so hässlichen Wesens gefahren sein sollte. Der Eber spürte seine Zweifel und fuhr fort zu sprechen:

„Eine einzige schlechte Tat hat mir diese grauenhafte Wiedergeburt beschert. Du wirst dich vielleicht erinnern, als du noch ganz klein warst, da lebte die Familie, in die deine Mutter eingeheiratet hatte, in großer Armut. Ständig kam die Gute zu mir, um ein wenig Reis zu erbitten. Ich half stets, so gut ich konnte. Doch in einem Jahr war die Ernte so schlecht, dass ich selbst kein einziges Korn Getreide mehr im Haus hatte. Inbrünstig bat ich daher meinen Sohn – deinen Onkel –, der große Felder besaß, euch doch über die Runden zu helfen. Ich beschwor ihn, dass wir alle vom selben Blut sind und einander beistehen müssen. Doch wie du weißt ist er ein geiziger und engherziger Mensch und nicht gewillt, auch nur das Geringste mit anderen zu teilen. Er war nicht bereit, seiner eigenen Schwester auch nur einen einzigen Scheffel Getreide zu überlassen. In meiner Notlage und allein aus Mitgefühl mit euch bin ich dann heimlich in sein großes Lager gegangen und habe ihm fünf große Scheffel weggenommen – du musst mir glauben, es war wirklich kein bisschen mehr – und an deine Mutter und euch hungrige Kinder gegeben. Nur für diesen einen Diebstahl und sonst nichts traf mich diese furchtbare karmische Vergeltung, sonst war ich mein ganzes Leben ein aufrechter und ehrlicher Mensch."

Der Beamte Li war erschüttert: Alles, was der Schwein erzählt hatte, stimmte völlig mit den Tatsachen überein. Er beugte sich zu dem Tier hinunter und schaute in seine traurigen Augen.

„Ach, wenn du mich doch nur retten könntest", seufzte da die arme Kreatur. In diesem Augenblick trat der Metzger hinzu, der sich zuvor die ganze Zeit mit einem Kunden unterhalten und dabei seine Messer gewetzt hatte.

„Dieses arme Wesen ist die Wiedergeburt meiner guten Großmutter", sprach der Mann und erklärte, dass er das Tier kaufen wolle, allerdings nicht genug Geld dabei habe. Der Metzger schaute verdutzt drein, woher er denn das so genau wissen wolle, war sogleich seine Frage.

„Es hat es mir in allen Einzelheiten erzählt“, berichtete der Mann. Neugierig geworden schnitt der Metzger die Fesseln auf und das Tier konnte sich nun erheben und wieder auf seinen eigenen Füßen stehen.

„Wenn es wirklich Eure Großmutter ist, so will ich sie mit Euch ziehen lassen, ohne dass Ihr es mir heute mit einer Auslösung abgelten müsst. Das schlechte Karma, einen wiedergeborenen Menschen zu töten, möchte ich nämlich auf keinen Fall auf mich laden“, erklärte er dem Beamten, zögerte aber immer noch, auch so zu handeln.

Nachdem es sich geschüttelt hatte, fing das Schwein erneut zu sprechen an: „Ich bin so froh, dass ich dich heute traf, aber schäme mich doch zugleich unendlich über die Umstände. Wohl würde ich mich freuen, wieder in Luzhou bei meiner Familie und insbesondere meine geliebten Tochter zu sein, aber ich weiß auch, wie sehr sie alle ihr Gesicht verlieren würden, wenn Nachbarn und Freunde davon erführen. Auch für dein Ansehen als Beamter wäre das alles furchtbar abträglich.“

Dann rollten helle Tränen aus den Augen dieses armen Tieres. Jetzt hatte auch der Metzger das Schwein sprechen gehört und wusste, dass der Mann die Wahrheit gesagt hatte. Unter diesen Umständen gab er das Tier wie besprochen frei. Er machte Herrn Li noch darauf aufmerksam, dass auf halbem Weg zwischen Haizhou und Luzhou ein Tempel liege, in dem nach seinem Wissen auch Tiere lebten, für die sonst niemand sorge. „Die Großmutter soll selbst entscheiden“, sprach der Beamte, bedankte sich bei dem Mann für sein großes Wohlwollen und machte sich auf den Weg in die Heimat. Der alte Eber trottete still und glücklich hinter ihm her.

Am Abend des zweiten Tages erreichten die beiden tatsächlich den Tempel, von dem der Schlachter gesprochen hatte.

„Ich denke, dass ich künftig an diesem Ort leben sollte“, sprach das Schwein.

Herr Li klopfte ans Tempeltor und nachdem ein junger Mönch geöffnet hatte, sprach er zu ihm: „Dieser Eber möchte künftig gerne in Eurem Tempel leben.“ Aber der Ordensmann schüttelte zunächst mit dem Kopf: „Wir sind ein Mönchskloster und kein Schweinestall. Es ist besser, Ihr zieht gleich weiter Eurer Wege.“

So einfach wollte sich der Beamte aber nicht abwimmeln lassen. Er bat den Abt zu sprechen und erzählte dann die ganze Geschichte seiner wegen einer einzigen Verfehlung als Eber wiedergeborenen Großmutter. Die Mönche waren von diesen Worten so sehr gerührt, dass das Tier selbstverständlich bleiben konnte. Am nächsten Tag bauten sie ein großes Gehege, in dem das Schwein von nun an lebte. Gerne wechselten sie dann und wann ein paar Worte mit ihm und amüsierten sich über die Geschichten aus dem alten Luzhou, die es gerne zum Besten gab und die nun schon viele Jahrzehnte zurücklagen. Später kam auch die Tochter oft zu Besuch in dieses Kloster. Dann flossen jedes Mal viele Tränen.

# König Landa

Es lebte einmal ein Prinz mit Namen Landa[18]. Durch die weise Führung seines Vaters war das fruchtbare Reich, in dem dieses Königsgeschlecht lebte, groß und stark geworden. Unter den Menschen herrschte Anstand und Redlichkeit. Niemals brach ein Krieg aus und so lebte das Volk in Glück und Zufriedenheit. Aber seit Landa den Thron bestiegen hatte und nun selbst über das Reich herrschte, verschlechterten sich die Verhältnisse. Der junge Monarch verstand die Kunst des Regierens nämlich längst nicht so gut wie sein stets abwägender und vorausschauender Vater. Die Regentschaft des neuen Königs stützte sich nicht wie zuvor stets und vollständig auf die Prinzipien von Recht und Gerechtigkeit. Überall hörte man Klagen und Murren. Als Folge geriet das Reich immer mehr in Unordnung. Zu diesem Unglück kam noch hinzu, dass der Himmelsherrscher in dieser Zeit das Land mit einer anhaltenden Dürre strafte. Viele Monate fiel nicht ein einziger Tropfen Regen vom Himmel. Die Felder verdorrten und um die wenigen verbliebenen Nahrungsmittel kam es zu Raub und Diebstahl.

Das ganze Reich stand bald am Rande des Zusammenbruchs und König Landa wusste keinen Rat. Zu allem Unheil unterhielt er auch noch eine Schar von fünfhundert Anhängern falscher Lehren, die mit ihren irrigen Ansichten große Unsicherheit verbreiteten und die Menschen verwirrten. Unter solchen Umständen hatten auch die Dämonen und andere finstere Kräfte leichtes Spiel. Die Starken beuteten die Schwachen rücksichtslos aus und immer mehr plündernde Banden zogen mordend und brandschatzend durch das Land. Jeden Tag wurden unzählige Frauen und Mädchen vergewaltigt. Das Volk war verzweifelt. Alle sahen einem schlimmen Ende entgegen.

Den fünfhundert Anhängern falscher Lehren war es gelungen, sich beim König einzuschmeicheln. Ihre Priester hatten großen Einfluss auf ihn, lauthals lobten sie seine falschen und bemäkelten seine richtigen Taten. Völlig konfus geworden, war er am Ende nicht mehr imstande, selbst zwischen richtig und falsch zu unterscheiden. Drei lange Jahre zog sich die Dürre hin. Vergeblich hatte der König zu allen guten Geistern um Wasser gefleht, doch es hatte nichts geholfen. In dieser verzweifelten Lage kamen die falschen Glaubensjünger mit einem ungeheuerlichen Vorschlag: „Majestät“, sprachen sie, „wenn wir jetzt eine gewaltige Opferzeremonie abhalten, können wir den Himmelsherrscher wieder günstig stimmen. Lasst uns sieben Jungen und sieben Mädchen sowie zehn weiße Pferde und zehn weiße Ochsen auf dem Feueraltar zu seinen Ehren opfern. Sobald der Rauch zu den Wolken zieht, wird er es uns mit gewaltigen Regengüssen reichlich lohnen.“

Ohne auch nur für einen Augenblick darüber nachzudenken, stimmte der König diesem Vorschlag sofort zu. Nun brach im Volk das große Zittern aus. Jeder hoffte inständig, dass nicht ausgerechnet seine Söhne oder Töchter als Opfergabe ausgewählt würden.

---

18 Im Chinesischen wird sein Name mit 蓝达 wiedergegeben.

Diese Angelegenheit kam alsbald auch dem Buddha zu Ohren. Tief besorgt um die Menschen in Landas Reich sprach er zu seinem Jünger Muliän[19]: „Drei Jahre schon leidet dieses Volk unter einer verheerenden Dürre. Millionen von Menschen sind vom Tode bedroht. Ich bitte dich daher: Geh in dieses Land und verbreite dort die Tugend, auf dass die Dinge wieder ins Lot geraten."

Muliän machte sich sogleich auf den Weg. Schon bei der Ankunft sah er überall ausgemergelte Gestalten, die furchtbaren Hunger litten. Wie sollte er unter all den Leidenden jetzt die Lehre verbreiten, wo sich doch die meisten Gedanken allein um das nächste Mahl drehten und wie und woher es zu beschaffen sei. Bald traf er auf die Prediger der falschen Lehren, die ihm gar nicht wohlgesonnen waren. Da erkannte Muliän, dass unter solchen Umständen die Buddhalehre zu verbreiten wahrhaft keine leichte Aufgabe ist. Aber als ein achtsamer Schüler des Weltverehrten hatte er bald eine gute Idee. Er musste sich geschickter Mittel bedienen, um die Aufmerksamkeit des Königs und der Menschen auf sich zu ziehen. Da der magischen Künste fähig, verwandelte er sich als Erstes in einen grauenhaften Erdgeist, ein Wesen von über zehn Ellen Körperlänge mit gewaltigen schwarzen Affenhänden und Füßen mit Krallen so scharf wie die eines Bärs.

Plötzlich stand diese unheimliche Gestalt vor dem Palasttor und rief mit einer donnernden Stimme, die noch bis in die letzte Hütte des riesigen Reiches drang: „Großer König, Kanzler, Minister und Beamte: Hört meine Worte. Ich bin der unbesiegbare große Geist der Erde. Wer sich meiner Macht nicht beugt, der ist verloren, den verschlinge ich mit meinem riesigen Maul. Daher Hofleute und auch ihr, Menschen dieses Reiches – kommt allesamt sofort hierher, denn ich will etwas von euch. Wer meinem Ruf nicht folgt und es wagt fernzubleiben, den werde ich augenblicklich vernichten."

Voller Angst strömten die Staatsdiener und das gemeine Volk von überall herbei. „Gnade, Gnade", hörte man fast jedermann wimmern. Auch der König trat aus dem Palast heraus, dem fürchterlichen Befehl folgend.

Als sich die Menschen vor dem verwandelten Muliän versammelt hatten, legte dieser seine allerfinsterste Miene auf und sprach: „Ich bin hungrig. Alle unredlichen Minister und Beamten sollen schnell hervortreten!"

Alle sahen einander erschrocken an. „Na los, hört ihr etwa nicht! Alle Unredlichen sofort nach vorne kommen!", plärrte der König seine versammelten Bediensteten an. Niemand trat vor. Da wurde der Erdgeist ungeduldig und begann, bedrohlich zu fauchen. In dieser gefährlichen Situation fasste einer der Hofleute all seinen Mut zusammen und rief: „In unserem Land gibt es nur tugendhafte Diener des Königs. Lasst daher Milde walten."

„Wenn das wirklich so ist", sprach daraufhin das mächtige Wesen, „dann muss ich mich am gemeinen Volk schadlos halten. Daher fordere ich nun die Räuber und Diebe, alle unzüchtigen Weiber und notzüchtigenden Kerle, alle gemeinen Schläger

19 Muliän (目犍, auch 摩诃目犍连) ist der chinesische Name des indischen Mönchs Maudgalyāyana.

und arbeitsscheuen Landstreicher auf, sofort vor mir zu erscheinen. Solches Pack ist mir ein Leibgericht."

Als wiederum niemand nach vorne kam und selbst dann nicht, nachdem der König diesen Aufruf noch drei Mal wiederholt hatte, wurde der Erdgeist noch um einiges zorniger als zuvor. Kurz darauf schrie die Menge wie aus einem Munde: „Solche Leute sind einfach nicht unter uns!"

„Wenn es auch solche nicht gibt", brüllte daraufhin die unheimliche Erscheinung, „so sollen alle Säufer herkommen, Trunkenbolde gibt es doch überall auf der Welt."

„Nein, auch die sind nicht unter den Versammelten", tönte es gleich aus der Menge zurück.

Muliän musste sich etwas Neues einfallen lassen. Unbemerkt löste er jetzt seinen wirklichen Leib von der Erscheinung des Erdgeistes, der sich weiterhin genauso verhielt wie zuvor, und trat als Nächstes in seiner wirklichen Gestalt plötzlich zwischen den Erdgeist und die Menschen vor ihm. Alle blickten auf den Mönch, der gleichsam aus dem Nichts erschienen war. Kühn schritt Muliän auf den Erdgeist zu. Tief beindruckt von dieser Entschlossenheit warf sich Landa vor ihm auf die Erde und vollzog einen Kotau. „Was ist das nur für eine grausame Gestalt und was will sie von uns?", wollte er von dem Mönch mit zitternder Stimme wissen. Da spürte der Buddhajünger, dass er seinem Ziel nahe war. „Was meint Ihr, großer König, warum diese finstere Erscheinung hier aufgetaucht ist", fragte er zurück.

„Er kam wohl, um die Grausamen und Unredlichen, die Räuber und Unzüchtigen zu bestrafen", meinte der König.

„Aber solche Leute gibt es ja offensichtlich gar nicht in Eurem Reich", hielt Muliän ihm gleich entgegen.

„Ich flehe Euch an", sprach der König mit fast versagender Stimme, „bitte, bitte veranlasst doch, dass er endlich verschwindet, die Menschen fürchten sich zu Tode. Um alles in der Welt verspreche ich Euch, dass ich künftig der Lehre Eures Meisters, des großen Buddha, folgen werde, wenn Ihr uns nur beisteht in dieser Stunde höchster Gefahr."

Daraufhin trat der Mönch ganz nah an den Erdgeist heran, der immer noch wild fauchte und dessen dunkle Augen einen vernichtenden Glanz verbreiteten. Dann richtete er das Wort an ihn: „In diesem Reich gibt es niemanden, der für Euch als Nahrung in Frage kommt. Habt daher Nachsicht mit diesen Leuten. Wenn sich künftig dennoch einer aus diesem Volke so böse und gemein verhält, dass er es verdient hat, von Euch verschlungen zu werden, so steht es Euch frei, jederzeit wieder zu erscheinen. Seid für diesen Fall gewiss: Weder ich noch irgendein anderer wird sich Euch in den Weg stellen."

In diesem Augenblick begann sich die Gestalt des Erdgeistes gleichsam von innen her aufzulösen und war nach wenigen Sekunden verschwunden, so als wäre sie nie an diesem Ort gewesen. In tiefer Dankbarkeit verneigten sich der König, die Staatsbediensteten und das ganze Volk vor Muliän und dankten ihm für seine Unterstützung, die ihnen allen das Leben gerettet hatte.

„Unterweist uns nun alle in der Lehre des Erhabenen“, forderte König Landa den Mönch auf.

Nunmehr hatte Muliän die Voraussetzungen geschaffen, dass seine Worte wirklich auf fruchtbaren Boden fallen konnten. „Das, wovon die Lehre handelt“, sprach er, „hat mit allen Dingen dieser Welt zu tun, und es gibt nichts, was sie nicht beträfe. Aber der Buddha steht außerhalb der drei Welten: der Begierdewelt, der Welt der Formen und der formlosen Welt.“

Beindruckt von dieser Worten lud der König den Weltverehrten ein, in seinem Reich zu verweilen und die Menschen dort auf den rechten Pfad zu führen. Die Buddhalehre überzeugte auf diese Weise den König, das Volk und am Ende auch die fünfhundert Anhänger der Irrlehren, die schließlich alle zu Mitgliedern des Ordens wurden. Immer mehr Einwohner nahmen die fünf Gelübde. So hielt die Tugend wieder Einzug in dieses Land und es erblühte erneut in seinem früheren Glanz und Reichtum.

## Schahe bezwingt einen Drachen

In einem Dorf lebte einmal ein Barbier, der mit seinem Gewerbe ganz gut über die Runden kam. Eines Tages, es war zur Zeit der Reisernte, schnitt er dem Knaben eines Bauern die Haare, der aber gerade kein Geld hatte, um ihn für seine Dienste zu entlohnen. Der Mann versprach, die Schuld in ein paar Tagen zu begleichen, nachdem die Ernte eingebracht und das Getreide gedroschen und verkauft sei. Ein ganzer Scheffel Reis oder sein Gegenwert in Geld wurde vereinbart. Der Barbier lächelte ein wenig über die Armut dieses Landmannes, hatte aber keine Einwände so zu verfahren.

Bald kam die Schnittzeit und überall im Dorf herrschte reges Treiben. Vor dem Dreschplatz standen Tausende Reisgarben und von überall her waren die Händler herbeigeströmt und feilschten mit den Bauern um den Preis. In all der Hektik hätte der Haareschneider die Sache mit der noch ausstehenden Bezahlung fast schon vergessen, wäre ihm nicht zufällig ein alter Freund über den Weg gelaufen, den er kurzentschlossen in eine Schänke auf ein Glas Reiswein einladen wollte. Dabei musste er nun leider feststellen, dass sich an diesem Tag auch nicht eine einzige Münze in seinen Taschen befand. Erst in seiner Not fiel ihm nun die Sache mit dem Haarschnitt des Knaben wieder ein, die bereits ein paar Tage zurücklag. Das Haus des Bauern lag ganz in der Nähe und fast auf dem Weg zur Schänke. Eine gute Gelegenheit also, zuvor noch schnell die ausstehenden Schulden einzutreiben.

Doch als er mit seinem Freund am Tor der Bauersleute vorsprach, musste er eine derbe Überraschung erleben. Der Vater konnte sich angeblich an nichts mehr erinnern und weigerte sich, den Mann zu bezahlen, während der Knabe betreten zu Boden blickte und kein Wort hervorbrachte. Lautstark rief der Barbier die Nachbarn herbei, doch niemand fand sich, der zu seinen Gunsten Zeugnis ablegen mochte. Diese Bauern hielten wie Pech und Schwefel zusammen, egal, was einer der ihren auch angestellt hatte. In tiefstem Zorn zog der Barbier mit seinem Freund von dannen. Dass dieser nun die Zeche zahlen musste, kränkte seinen Stolz. Noch in der gleichen Nacht schwor er sich: „Nach meinem Tod will ich als ein Drache wiedergeboren werden und dann dieses ganze Land hier mit all seinen üblen Leuten gnadenlos vernichten.

Als einige Zeit später das Leben dieses Mannes unerwartet zu Ende ging, war dies auch sein allerletzter Gedanke, bevor sich die Seele von seinem Körper löste. So ging sein Wunsch tatsächlich in Erfüllung: Er wurde als ein gefährlicher Wetterdrache wiedergeboren. Von da an geriet das Klima im ganzen Königreich durcheinander. In der Winterszeit, in der sonst immer schlimme Stürme wüteten, blieb es plötzlich windstill, dafür kamen jetzt schon im Spätsommer furchtbare Orkane über das Land und zerstörten die gesamte Ernte. In der Regenzeit blieb auf einmal der Regen aus, während in den Trockenperioden plötzlich furchtbare Schauer aus den Wolken brachen und Straßen und Wege unpassierbar machten. Himmel und Erde schienen in Unordnung geraten zu sein. Überall im Land darbte das Volk.

Als Buddha Sakyamuni sah, was in diesem Land geschah, empfand er großes Mitleid mit den leidenden Menschen. Kurz entschlossen rief er einen seiner jungen Mönche mit Namen Schahe zu sich und sprach: „Ein böser Wetterdrache treibt dort sein Unwesen. Hass und Missgunst steuern sein Handeln, Schaden zu stiften ist sein oberstes Ziel. So viele Menschen müssen durch dieses unberechenbare Wesen leiden und sterben. Daher bitte ich dich: Ziehe los und bezwinge diese finstere Gestalt.“

Schahe verneigte sich und versprach dem Buddha, diesen Auftrag zu erfüllen.

Kaum hatte sich Schahe kurz darauf dem Drachen genähert, erkannte der Wetterdämon den gefährlichen Widersacher. Von Zorn erfüllt wollte er ihn augenblicklich vernichten. Schahe verlor keine Zeit und umrundete mit seiner Almosenschale im Arm das Untier ganz schnell in einem Kreis, so eng gezogen, wie es ihm nur irgend möglich war. Der Wetterdrache brauste auf und sandte Regen, Donner und Blitze vom Himmel, doch musste auf einmal entsetzt feststellen: Mein Einfluss auf das Wetter reicht nicht über den Bannkreis hinaus, den dieser Mönch um mich gezogen hat. Die Menschen im Land waren erleichtert, spürten sie doch zum ersten Mal, dass dieses Unwesen letztlich bezwingbar war.

Als Reaktion stieg in dem Drachen unbändige Wut auf. Plötzlich ließ er mitten im Sommer riesige Mengen Schnee vom Himmel fallen. Innerhalb weniger Stunden war die grüne Erde meterhoch mit einer schweren weißen Last bedeckt. Aber auch mit dieser Maßnahme konnte er Schahe nicht einschüchtern. Der erfindungsreiche Mönch griff zu seiner Almosenschale und schaufelte all den Schnee mit ihr auf. Diese Schale schien wahre Zauberkraft zu besitzen. Was sie nur ganz leicht berührte, verschwand sofort in ihrer scheinbar bodenlosen Tiefe. So beförderte Schahe in Windeseile die erdrückende weiße Last an einen fernen Ort, wo sie keinen Schaden anrichten konnte.

Endlich wurden dem bösen Wetterdrachen die Grenzen seiner Macht klar. Grollend wollte er sich erst einmal in seine Höhle zurückziehen. Aber Schahe nahm sogleich die Verfolgung auf und setzte ihm in seine finstere Behausung nach. Schnell entkam der Drache wieder ins Freie, Schahe blieb ihm jedoch auf den Fersen. So ging es viele Mal hin und her. Schließlich war die finstere Gestalt erschöpft und ging keuchend vor Schahe auf die Knie.

„Was für ein Geistwesen bist du und woher kommt bloß deine unsägliche Macht?“, wollte er mit fast versagender Stimme von seinem Bezwinger wissen.

Schahe erklärte ihm, dass er zu Buddha Sakyamuni gehöre und gekommen sei, diesem bösen Treiben ein Ende zu setzen.

„Ich ergebe mich“, erklärte der Drache und bettelte um sein Leben. Schahe ließ den Schadensstifter in einem großen Bambuskorb einsperren und zum König des Landes schaffen. Der Herrscher war heilfroh und erleichtert, dass die jahrelange Bedrohung der Menschen nun endlich gebannt war. Um seine große Dankbarkeit zum Ausdruck zu bringen, umrundete er drei Mal respektvoll den Mönch. Anschließend wollte auch er wissen, wer der Meister des Ehrwürdigen sei. „Er wird bald zu Euch und zu den Menschen im Land sprechen“, ließ Schahe den Herrscher wissen. Dann verabschiedete er sich und wollte mit seinem Korb und dem Drachen darin zum Buddha ziehen. Überall auf dem Wege huldigte ihm das Volk, überglücklich nach so vielen Jahren des Leidens und der Entbehrung. Da erschien auf einmal der Erhabene direkt vor dem Volk und sprach zu den Menschen. Es war, als rissen die Himmel auf; die ganze Welt erstrahlte in den Farben des Regenbogens. Buddha Sakyamuni öffnete den Deckel des Bambuskorbes, ergriff den Drachen und hob ihn ins Freie. Mit sanfter Stimme sprach er zu ihm: „Der Same all deiner schlechten Taten ist ein einziger Scheffel Getreide, um den man dich in deinem Vorleben betrogen hat. Wie könnte das je all das viele Leid aufwiegen, das du verursacht hast?“

Diese Worte lösten bei dem Wetterdrachen eine tiefe Einsicht aus, plötzlich rannen helle Tränen über seine Wangen. Erst jetzt wurde ihm klar, worin eigentlich die Quelle all seines Hasses lag. So gelangte auch diese Kreatur zur Erkenntnis des Guten. Schließlich nahm auch er seine Zuflucht zur Lehre des Erhabenen und entwickelte in seinem künftigen Leben die zehn Vollkommenheiten.

## Heng Jiada wird zum Buddha

Es lebte einmal ein reicher Kanzler, den sein Herrscher mit einer großen Machtfülle ausgestattet hatte. Dieser Kanzler besaß so viele Dinge wie sonst niemand im Land, noch nicht einmal der König selbst war so wohlhabend wie er. In seinem Hause türmten sich die Gold- und Silberschätze zu meterhohen Bergen. Riesige Dienerscharen standen ihm Tag und Nacht zur Verfügung. Ein Leben in überfließender Fülle war diesem Menschen vergönnt. Dennoch war dieser Mann unglücklich, denn er hatte weder Söhne noch Töchter. Keinen einzigen Nachkommen gab es, der nach seinem Tod all diesen Reichtum erben und das luxuriöse Leben fortsetzen konnte. So überkam ihn in seinem Herzen immer öfter das Gefühl einer großen Leere. Trotz der vielen Leute, die ständig um ihn herumwirbelten, fühlte er sich in seinem Innern einsam und verlassen. Mit dem Älterwerden spürte er zudem, wie seine Kräfte allmählich schwanden. Aus der Welt zu gehen, ohne einen Nachfolger zu hinterlassen, schmerzte ihn jetzt noch mehr.

Der Kanzler wohnte in einer mächtigen Residenz, umgeben von klaren Seen, die aus den Wassern des Großen Flusses gespeist wurden, dessen Ufer in der Ferne zu sehen waren. Am Fluss stand ein Tempel mit einem großen Altar, auf dem die Menschen Monibaluo[20], einem gütigen Himmelswesen, ihre Spenden darbrachten. Jeden Tag kamen zahlreiche Gläubige zum Beten an diesen Ort, um Glück und Beistand für sich und ihre Familien zu erflehen.

Wie jedes Mal zur Frühjahrszeit, wenn überall die Knospen aufspringen und das Leben neu erwacht, so ging auch in diesem Jahr der Kanzler mit unzähligen Opfergaben zum Tempel am Fluss. Nachdem er sich gereinigt hatte, ließ er sich auf dem Boden nieder und betete still:

„Barmherziger Monibaluo, mein größter Wunsch ist es, einen Nachkommen zu haben. Wenn Du mir doch nur einen Sohn schenktest, ich würde Deinen göttlichen Leib überreichlich mit Gold und Silber schmücken. Die kostbarsten Düfte des Landes entzündete ich dann an diesem Ort und die allerköstlichsten Speisen ständen auf Deinem Opferaltar."

Anschließend verneigt er sich drei Mal tief und inbrünstig vor der Statue der Gottheit und verließ dann rückwärtsgehend diesen Ort. Kaum hatte er die Tempelschwelle wieder ins Freie überschritten, schoss ihm auf einmal ein verzweifelter Gedanke durch den Kopf, der danach nicht mehr weichen wollte:

„Wenn Monibaluo mich auch dieses Mal nicht erhört, dann will ich nicht mehr länger leben."

Er drehte sich noch einmal um und stieß plötzlich in Richtung der großen Statue lautstark eine furchtbare Drohung aus:

„Schenke mir einen Sohn und will ich es Dir überreichlich lohnen, doch verweigerst Du mir mein sehnlichstes Verlangen, so werde ich Deinen Leib von oben bis unten mit meiner eigenen Scheiße bewerfen."

Innerlich völlig aufgewühlt zog sich der Kanzler hernach wieder in seine Residenz zurück.

In seiner göttlichen Güte sah Monibaluo dem Verzweifelten diese wüste Drohung nach und sprach:

„Dieser Edle ist ein herzensguter Mensch und hat fürwahr verdient, dass ihm ein Nachkomme geboren wird. Als sein Nachfolger wird ein solcher Mensch stets hoch in Ruhm und Ansehen stehen, über unermesslichen Reichtum verfügen und alle Annehmlichkeiten des irdischen Lebens auskosten können."

20 Chinesischer Name: 摩尼跋罗.

Aber wie er nun nach Seelen zu suchen begann, welche durch ihr Wirken in früheren Leben die Voraussetzungen für eine solch einmalige Wiedergeburt mitbrachten, musste er feststellen, dass in seinem ganzen Machtbereich keine einzige zu finden war. Die Gottheit wollte helfen, konnte es aber nicht. Vor ihrem inneren Auge sah sie schon, wie der wütende Mann ihre Statue mit seinen Fäkalien bewarf. Ein wenig fürchtete sich Monibaluo schon vor einer solchen Demütigung. In seiner Not wandte er sich an Pischaumen, einen der Himmelskönige, und bat ihn um Hilfe. Leider war auch in dessen Reich keine geeignete Seele zu finden. Pischaumen half jedoch weiter, indem er hernach den allerobersten Himmelsherrscher um Unterstützung ersuchte. Die höchste Gottheit sann nur einen kurzen Augenblick nach und sprach dann: „Ja, ich kenne in der Tat eine Seele, die für eine solche Wiedergeburt in der Menschenwelt die erforderlichen Voraussetzungen mitbringt. Ihre himmlische Lebensdauer hat sich inzwischen erschöpft und sie muss bald erneut zurück in die Menschenwelt, um dort weitere gute Taten zu vollbringen, die ihre spätere Fortdauer in den höheren Welten ermöglichen."

Anschließend wandte sich der oberste Himmelsherrscher an diese Seele und stellte ihr die anstehende Wiedergeburt in Aussicht. Aber dieses Wesen der höheren Welten wehrte zunächst heftig ab:

„Ich möchte in meinem künftigen Leben lieber Mönch werden und in die Hauslosigkeit ziehen, denn die vollständige Befreiung ist mein Bestreben. Wenn ich aber nun in der Familie eines schwerreichen Kanzlers die Wiedergeburt erlange, so ist dieses Ziel ganz und gar nicht zu verwirklichen. Mein ganzes Leben würde in Bequemlichkeit und Luxus völlig sinnlos verstreichen."

Da lächelte die höchste Gottheit und sprach: „Trete trotz allem ein in diese Wiedergeburt. Den Pfad zu verwirklichen, ist eine große Aufgabe und natürlich sollst du sie niemals aufgeben. Hab einfach Vertrauen! Für dieses hehre Unterfangen kannst du dir meiner uneingeschränkten Unterstützung auf jeden Fall gewiss sein."

Neun Monate später gebar die schon betagte Gattin dem Kanzler tatsächlich einen Sohn. Niemand hätte damit noch gerechnet. Der Kanzler und seine Frau waren außer sich vor Glück. Beide fühlten sich, als sei ihnen die Jugend zurückgekehrt. In überschwänglicher Freude ließen die beiden Dutzende von Pferdewagen, allesamt reichlich beladen mit Opfergaben, zum Tempel Manibaluos bringen. Weil das Haus der Gottheit am Ufer des Großen Flusses stand und dieser als nie versiegende Quelle von Reichtum und Glück gilt, erhielt das Kind den Namen Heng Jiada, das bedeutet: der *Ewige*.

Der Knabe wuchs heran und erwies sich schon bald als ein schlauer und aufgeweckter junger Bursche. Von seinen Eltern abgöttisch geliebt, wurde ihm jeder Wunsch von den Augen abgelesen. Im Spirituellen zugleich tief verwurzelt, erlangte er schon im jungen Mannesalter vollständige Einsicht in das Wesen der vergänglichen Welt. In dieser Zeit erwachte sein vorgeburtliches Verlangen erneut mit ungestümer Heftigkeit in ihm. So trat er eines Tages an den Kanzler und seine Frau heran und sprach:

„Geliebte Eltern, ich habe über den Weg meines künftigen Lebens nachgesonnen und möchte fortan in die Hauslosigkeit gehen, um dort den Pfad zu verwirklichen. Als pietätvoller Sohn bitte ich dafür um Eure Erlaubnis."

Der Vater war entsetzt, als er diese Worte vernahm. „Bist du verrückt geworden?", schrie er Heng Jiada an. Es dauerte eine ganze Weile, bis er sich wieder beruhigt hatte, dann begann er, dem Sohn lange und ausführlich zu erklären, was seine wirkliche Bestimmung in diesem Leben sei:

„Schau einmal", sprach er zu ihm. „Mein hoher gesellschaftlicher Status wird später an dich übergehen. Die Machtfülle in meiner Hand wird nur durch einen einzigen Menschen, nämlich den Herrscher unseres Reiches, beschränkt. Niemand sonst im Land besitzt so viel Einfluss wie ich – und auch diesen wirst du von mir erben. Ganz zu schweigen von all dem Reichtum. Unsere Schatzkammern quellen über von Gold, Silber und Edelsteinen, auch das alles wird dir gehören. Die feinsten Speisen der Welt, die schönsten Kleider, was immer du willst, stehen ohne Unterlass zu deiner Verfügung. Wie selten ist es doch, dass jemand allein durch Geburt solch unermessliche Vorteile erlangt! Warum um alles in der Welt bloß all das Schöne hier gegen das karge und bittere Leben eines Bergeremiten eintauschen?"

Als der Kanzler zu Ende gesprochen hatte, strömten seiner Frau vor Rührung helle Tränen über ihre Wangen. Nun ergriff auch sie das Wort und sprach:

„Mein geliebter Sohn, ich war schon im siebten Jahrzehnt meines Lebens, als uns der Himmel die große Gnade erwies und ich dich gebar. War es nicht der Wunsch der höheren Mächte, dass du später die Tradition unserer Familie fortsetzt? Warum sonst hätten sie denn dir und uns diese einmalige Gelegenheit gegeben?"

Dann begann die Frau zu schreien und laut loszuheulen.

Den jungen Heng rührten die Tränen seiner Mutter und auch die ernste Miene seines Vaters ließ ein erstes Zaudern in ihm aufkommen. In seinem Herzen wühlte ein großer Schmerz. Er wollte den beiden keinen Kummer bereiten, aber ebenso wenig von seiner ursprünglichen Entschlossenheit lassen. Tag und Nacht zermarterte er sich, überlegte lange hin und her, was er nun tun solle. So oft er auch mit den Eltern darüber sprach, weder konnte er sie von seinem Ziel überzeugen noch vermochten sie es, ihn davon abzubringen. In seiner Verzweiflung wusste er schließlich keinen anderen Ausweg, als seinem Leben selbst ein Ende zu setzen.

Am frühen Morgen des folgenden Tages zog er ganz allein zur steilsten Klippe auf dem höchsten Berggipfel des Landes hinauf, um sich von dort in die Tiefe zu stürzen. Oben auf dem Fels murmelte er ein stilles Gebet und sprang dann mit geschlossenen Augen hinab in die Felsenschlucht. Dann geschah etwas Seltsames: Obwohl der Abgrund viele hundert Meter tief war, kam er dabei nicht ums Leben. Ganz sanft landete er im grünen Gras und trug nichts weiter als ein paar Hautabschürfungen davon. Völlig verstört stieg er sogleich erneut auf den Gipfel und sprang ein zweites Mal herunter. Doch auch der zweite Versuch führte nicht seinen Tod herbei. Es war, als bremsten jedes Mal höherer Mächte auf völlig unsichtbare Weise seinen Sturz in die Tiefe.

Voll innerer Verzweiflung zog er daraufhin zum Ufer des großen Flusses, um sich dort zu ertränken. Doch so oft er auch in die Fluten sprang, sie mochten ihn einfach nicht verschlingen. Stattdessen hoben ihn die Wogen jedes Mal ganz sanft nach oben und beförderten den Lebensmüden wieder ans sichere Ufer zurück. Völlig aufgewühlt rannte Heng Jiada anschließend in die Stadt und kaufte sich eine große Flasche mit tödlichem Gift. Doch so viel er davon auch trank, er schied es in gleicher Farbe und völlig unverdaut so wieder aus, wie es in seinen Mund gelangt war. In seinen Körper richtete es auch nicht den kleinsten Schaden an.

Was er auch tat, sein Leben zu beenden, es sollte ihm nicht gelingen. Der Tod schien ihn einfach von sich zu stoßen.

Verzweifelt saß er nun am Ufer des Flusses und sann über seine Lage nach. Während das letzte Sonnenlicht die Felsen rot aufleuchten ließ, zog eine tiefe Stille über das Land. Nachdem die Dunkelheit die alten Weiden umfangen hatte, kam Heng Jiada plötzlich eine Idee: „Wenn die Natur mir den Tod verweigert, so doch gewiss nicht die Menschen. Ich muss nur einen Grund dafür schaffen, dann wird sich schon einer finden, der mich mit großer Genugtuung ums Leben bringt."

Der Gedanke war kaum zu Ende gedacht, da rannte er auch schon zum hinteren Palastgarten, wo sich regelmäßig die Konkubinen des Herrschers zum Bade versammelten, kletterte dort heimlich über die hohe Mauer und versteckte sich hinter einem der alten Bäume. Er musste nicht lange warten, bis im Licht des gerade aufziehenden Mondes eine Gruppe schöner junger Frauen vorbeikam, die zielstrebig in Richtung des großen Badeteiches liefen. Es waren die Königin und die Lieblingskonkubinen des Königs. Aus seinem Versteck beobachtete er, wie diese Schönheiten ihre Gewänder abstreiften und splitternackt ins Wasser sprangen. In diesem Augenblick trat Heng Jiada hinter dem Baum hervor und ging seiner Wege, als ob nichts geschehen wäre. Die Palastdamen waren zu Tode erschrocken und schrien laut auf. Im Nu sprangen die Wachen herbei und ergriffen den Eindringling.

Dem König schwollen die Zornesadern, als der junge Mann vor seinen Thron geführt wurde. Obwohl es der Sohn des mächtigen Kanzlers war, zögerte er nicht, ihn augenblicklich mit dem Tode zu bestrafen. Sein Zorn war so unbändig, dass er gleich selbst Hand anlegte. Kurz entschlossen griff er nach dem Bogen seines Adjutanten und schoss einen Pfeil auf Heng Jiada ab. Doch kaum war der Pfeil seiner Hand entglitten, kam er auch schon wieder zurückgeflogen. Der König hatte in seiner Rage nicht recht begriffen, was da soeben geschehen war, und schoss gleich einen zweiten Pfeil ab. Er hatte gut angelegt, dennoch verfehlte auch dieses Geschoss sein Ziel. Kurz vor Heng blieb der Pfeil in der Luft stehen und flog gleich einem Bumerang wieder direkt in die Hand des Königs zurück. Der Herrscher wollte einfach nicht glauben, was da geschah, und schoss noch ein paar weitere Pfeile ab, bis er schließlich die Vergeblichkeit seines Unterfangens erkennen musste. Von Erschrecken und Furcht gleichzeitig ergriffen, rief er seinem unverletzbaren Gegenüber zu: „Was bist du: ein Heiliger oder ein böser Dämon?"

„Weder das eine noch das andere", antwortete Heng Jiada und sprach: „Wie Ihr wisst, bin ich der Sohn Eures Kanzlers und erstrebe nichts so sehr, wie als Eremit in der Hauslosigkeit zu leben. Aber da meine Eltern mir ein solches Dasein verwehren, bleibt mir nur, aus diesem Leben zu scheiden, um meinen Wunsch in einer künftigen, neuen Existenz zu verwirklichen. Aber egal, was ich bisher auch tat, der Tod ist offensichtlich nicht bereit, mich anzunehmen. In meiner Not forderte ich so schließlich ganz vorsätzlich Euch heraus, auf das Ihr meinem Leben ein Ende setzt; doch wie Ihr seht, will auch das nicht gelingen. Keiner Eurer Pfeile hat mir auch nur den geringsten Schaden zugefügt."

Der König vernahm diese Worte und war augenblicklich tief berührt. Endlich legte er den Bogen aus der Hand und sprach: „Ich muss mit dem Buddha über das sprechen, was hier geschehen ist."

Als der Herrscher kurz darauf den Erhabenen aufsuchte und von der Begegnung mit Heng Jiada berichtete, lobte der Buddha die große Entschlossenheit dieses jungen Mannes. „Liebend gerne nehme ich ihn in den Kreis meiner Jünger auf", sprach er zum König.

„Wie konnte es geschehen, dass dieser Bursche trotz meiner Pfeile nicht zu Tode kam?", wollte der König voller Neugier noch wissen. Der Erhabene lächelte und sprach:

„Vor langer Zeit lebte einst ein Herrscher mit Namen Fanmoda. Eines Tages zog er einmal mit seinen Palastdamen zu einem nahegelegenen schattigen Hain, wo er sich am Ufer eines Teiches von der Hitze des Tages erholen wollte. Während zwei Diener ihm frische Luft zufächelten, begannen die Damen, ihn mit lieblichen Gesängen zu erfreuen. Im Nu hob sich die Stimmung des Königs, still und zufrieden lächelte er in sich hinein. In dieser heiteren Stunde kam zufällig ein junger Mann durch den Hain. Schon aus der Ferne hatte dieser den lieblichen Gesang vernommen und war so berührt davon, dass er gleich laut mitzusingen begann. Als zwischen all den zarten Frauenstimmen plötzlich eine dunkle Männerkehle ans Ohr des Herrschers drang, war all seine innere Entrücktheit von der Welt sogleich geschwunden. Ihm war, als sei er eben aus den Sphären der höheren Welt brutal auf die nackte Erde herabgestürzt.

‚Ergreift diesen frechen Eindringling und schlagt ihm den Kopf ab', forderte er die Wachen auf. Schnell hatten die Soldaten den jungen Mann entdeckt und vor den König geführt. Er schaute den jungen Burschen mit grimmiger Miene an und wiederholte noch einmal seinen Todesbefehl. Alle Anwesenden waren erschrocken, die heitere und ausgelassene Stimmung drohte, in ein ganz schreckliches Ereignis umzuschlagen. In diesem Augenblick trat einer der Minister des Königs an den Herrscher heran und sprach: ‚Großer König, bitte urteilt nicht vorschnell und aus einer bloßen Laune heraus. Ein Erhabener trifft eine Entscheidung erst, nachdem er zuvor alle Umstände sorgsam erwogen hat. Ihr kennt diesen jungen Mann nicht, wisst weder um seine Geburt noch seinen Stand und auch nicht, was er zu dieser Stunde an diesem Ort tat. Bedenkt darüber hinaus, dass Tat und Strafe in einem angemessenem Verhältnis stehen müssen.'

Diese Worte machten den Herrscher sehr nachdenklich, er ging tief in sich und überlegte eine Weile, dann folgte er dem Rat seines Ministers und ließ den Ergriffenen wieder unbeschadet seiner Wege ziehen."

Nachdem der Buddha diese Geschichte zu Ende erzählt hatte, erwähnte er noch, dass der junge Bursche, der einst mit den Palastdamen gesungen hatte, niemand anderes als Heng Jiada in einem früheren Leben war.

Der Herrscher war sehr bewegt von dieser Geschichte.

## Die Gelübde der Buddhajünger

In einer Dorfgemeinde lebte einmal eine große Schar aufrechter Anhänger der Buddhalehre. Gewissenhaft hielten diese Edlen alle fünf Gebote ein und folgten im Leben dem Pfad des Guten. Unter ihnen war auch eine Familie mit einem Sohn, den seine Eltern über alles in der Welt liebten und deren Geschichte hier erzählt werden soll. Als der Junge herangewachsen war, fasste er den Entschluss, sein Elternhaus zu verlassen und als Händler in der Ferne sein Glück zu versuchen. Beim Abschied schärften ihm seine Eltern mehrmals ein, die Gebote stets gewissenhaft einzuhalten sowie die zehn Tugenden sorgsam zu hegen und zu bewahren. Vor allem dürfe er keinen Alkohol trinken. Das sei ihnen besonders wichtig. Der Sohn versprach es hoch und heilig. Dann zog er los.

Nach ein paar Stunden auf dem Wege traf er einen alten Freund, den er schon seit vielen Jahren nicht mehr gesehen hatte. Sogleich erzählte er von seinem Vorhaben. Bevor er seine Reise fortsetze, müsse er aber unbedingt noch in das Haus seiner Eltern kommen, lud ihn der Freund ein, damit sie zum einen ihr Wiedersehen feiern und er zum anderen hernach gut gestärkt und wohl geruht weiterziehe. Gerne nahm der Gefährte diese Einladung an.

Wie er nun im Hause des Freundes saß und ein üppiges Mahl auf dem Tisch stand, da reichte ihm der Gastgeber gleich einen Becher, der randvoll mit dunklem Wein gefüllt war. Sich des Versprechens erinnernd, das er seinen Eltern gegeben hatte, wehrte der gute Sohn höflich ab und erklärte, dass er als Anhänger der Buddhalehre keinen Alkohol zu sich nehme. Zudem sei er auch aus Liebe zu seinen Eltern an sein Gelöbnis gebunden. Der Freund schaute verdrießlich drein, als er diese Worte vernahm, und ließ nichts unversucht, den jungen Gast doch noch umzustimmen:

„Schau einmal, wir sind doch alte Freunde", sprach er da zu ihm, „deine Eltern respektiere ich genauso, als ob es die meinen wären, und weiß auch, dass du meine Eltern in gleicher Weise betrachtest. Nehmen wir einmal an, ich sei ein Gast in eurem Hause, so wäre es selbstredend keine Frage: Ich würde euren Gepflogenheiten folgen und genau wie ihr von jedem Trunke Abstand nehmen. Doch da du nun Gast in unserem Hause bist, ist es da nicht ganz natürlich und ein Gebot der Höflichkeit, wenn du heute unseren Sitten folgst und jetzt als Geste der Freundschaft einen kräftigen Schluck aus diesem Becher nimmst?“

Diese Worte verfehlten ihre Wirkung nicht. Der junge Mann wusste nichts mehr zu erwidern und nippte so ein wenig scheu und zögerlich von dem Wein. Schnell aber fand er Gefallen an dem berauschenden Getränk und leerte hernach den ganzen Becher. Als gleich nachgeschenkt wurde, sagte er nun nicht mehr nein. Wie er jedoch am Morgen nach dieser berauschten Nacht mit Kopf- und Gliederschmerzen erwachte, fühlte er sich zutiefst beschämt. Diesen Gelübdebruch musste er den Eltern beichten. So ging er noch einmal nach Hause zurück, berichtete, was geschehen war, und bat um Verzeihung. Was er wollte, war Reinwaschung, doch die beiden waren zutiefst betrübt und tadelten seinen Mangel an Standhaftigkeit und Pietät. Auf einen solchen Sohn konnten sie nicht stolz sein. Unglücklich verließ er ihr Haus und brach nun endgültig zu seiner Reise in die Ferne auf.

Nachdem er im Nachbarreich angekommen war, nahm er Unterkunft in einer einfachen Herberge. Was er nicht wusste: An diesem Ort lebten drei böse Dämonen, die allerdings vom Besitzer des Gasthauses, einem guten, aber einfältigen Mann, als Schutzgeister verehrt wurden. Diese drei waren nämlich wahre Verwandlungskünstler und tatsächlich imstande, menschliche Gestalt anzunehmen, mit Menschen wie ihresgleichen zu sprechen und auch gemeinsam mit ihnen an einem Tisch zu sitzen, zu speisen und trinken. Welcher Dämon konnte das schon! Dem armen Gastwirt, der von der übelwollenden Natur dieser Gestalten nicht das Geringste ahnte, hatten sie im Lauf der Zeit fast sein gesamtes Vermögen als Opfergaben für sich abgerungen und ihm obendrein großen Schaden gestiftet und viel Leiden verursacht. Über die Familienangehörigen hatten sie Krankheit und Tod gebracht, und am Ende stand der gute Mann auch finanziell am Rande des Ruins.

In dieser Lage berieten die drei nun, was sie künftig anstellen sollten.

„Das Vermögen dieses Trottels ist nahezu aufgebraucht“, sprachen sie zueinander, „in seinem Haus gibt es für uns nichts mehr zu holen. Auch scheint er jetzt wohl ein wenig misstrauisch zu werden und wird uns vermutlich bald überdrüssig haben. Lasst uns ihm noch ein letztes, schlimmes Unheil bereiten und dann diesen Ort für immer verlassen.“

Die drei hatten sogleich einen teuflischen Plan: Heimlich wollten sie in die Schatzkammer des Landesherrschers eindringen und dort die größten Schätze rauben, anschließend diese Kostbarkeiten dann im Hof der Herberge auftürmen, sodass sie jedermann sehen konnte und schlimmer Verdacht auf den arglosen Mann falle.

„Wir wollen Euch reichlich mit Goldschätzen beschenken, als Dank für die jahrelange Ehre, die Ihr uns erwiesen habt“, sprachen sie eines Morgens zu ihm. Der Gastwirt war hocherfreut über diesen in Aussicht stehenden Reichtumssegen und dankte seinen vermeintlichen Gönnern von ganzem Herzen. Zum Abschied richtete er für die drei noch ein großes Bankett aus, zu dem auch noch viele andere Gäste eingeladen wurden.

Als die Dämonen zur vereinbarten Zeit mit ihrem Diebesgut ans Tor klopften, entdeckten sie den jungen Anhänger der Buddhalehre, der, weil er hier Quartier genommen hatte, zu dieser Feier ebenfalls eingeladen war. Seine Gegenwart durchkreuzte nun ihre Pläne. In Windeseile suchten die drei finsteren Gestalten mit ihrer Beute das Weite. Der Wirt lief ihnen noch hinterher und wollte wissen, was denn bloß ihr plötzliches Unbehagen erregt habe.

„Unter Euren Gästen weilt ein Hochwohlgeborener", erklärten sie ihm mit unwirscher Miene, „wie könnten wir einfachen Geister es wagen, mit einem solchen am gleichen Tische zu sitzen?"

„Aber außer dem jungen Burschen aus dem Nachbarreich sind Euch doch alle anderen Teilnehmer der Tafel bekannt", sprach er, „oder handelt es sich gar um ihn?"

Die drei erwiderten nichts und waren im Nu auf Nimmerwiedersehen verschwunden.

Der Wirt ging gleich zurück in den Gastraum und sprach zu dem Mann: „Welche außerordentlichen Verdienste haften bloß an Euch, dass meine verflossenen Schutzgeister Eure Nähe so respektvoll meiden?"

Der Buddhajünger erklärte, dass er der Lehre des Erhabenen folge, die fünf Gelübde genommen habe und nach den zehn Vollkommenheiten strebe. Doch leider habe er kürzlich gefehlt und sich so den Zorn seiner Eltern zugezogen. Zum Glück sei sein treuer Schutzgeist trotz allem weiterhin an seiner Seite. Weil der Gastwirt mit der Buddhalehre nicht vertraut war, bat er den jungen Mann um eine eingehende Belehrung. Dieser erklärte ihm daraufhin, warum er seine Zuflucht zum erhabenen Buddha, seiner Lehre und der höchsten Gemeinschaft genommen habe. Seine Gelübde beinhalteten, kein lebendes Wesen zu töten, nichts zu nehmen, was nicht gegeben sei, nicht zu lügen und keine verletzenden Worte zu sprechen, keine unzüchtigen Handlungen zu begehen und sich aller Stoffe zu enthalten, die berauschen und den Geist vernebeln. Außerdem meide er die Trägheit mit aller Kraft und strebe stets nach Klarheit und Achtsamkeit.

Der Gastwirt war ein redlicher Mann und sehr beeindruckt von diesen Worten, deren tiefe Wahrheit er sogleich erkannte. „Wo ist dieser Buddha denn zu finden?", wollte er von dem Jüngling wissen, denn er mochte diesen weisen Lehrer einmal selbst kennenlernen. Nachdem der junge Mann ihm erzählt hatte, dass der Buddha im nahen Nachbarreich verweile, regelte der Gastwirt noch schnell die Dinge in seiner Herberge und brach dann ohne Umschweife zu dem Ort auf, wo sich der Buddha gerade befand.

Auf dem Wege dorthin kam er am Abend an einer einsamen Hütte vorbei, davor saß auf einer alten Holzbank eine junge Frau. Die Ärmste war einst von einem Fleisch fressenden Dämon geraubt und gegen ihren Willen zu dessen Weib gemacht worden. Da gerade die Dunkelheit hereinbrach, bat der Wanderer, im Schutz ihrer Behausung die Nacht verbringen zu dürfen. Erschrocken wehrte die Frau heftig ab: „Hier ist kein Platz für Euch zu bleiben, seht zu, dass Ihr schnell wieder fortkommt von diesem Ort."

Der Mann ließ sich allerdings nicht abwimmeln. „Geht lieber, solange es noch möglich ist, hier ist es sehr gefährlich“, warnte ihn die Frau. Doch der Gastwirt lächelte nur und sprach: „In meinem Herzen habe ich bereits Zuflucht zur Lehre des Buddha genommen, ich werde die Gelübde unbedingt einhalten und erstrebe das Erwachen. Vor was sollte ich mich da noch fürchten?“

So verbrachte der Reisende die Nacht unter dem Dachvorsprung dieser einsamen Hütte. Zum Glück weilte der Dämon vierzig Li entfernt vom Haus seines Weibes und kehrte in dieser Nacht nicht zurück.

Mit den ersten Strahlen der Morgensonne erhob sich der Mann von seinem Nachtlager im Freien und zog weiter in Richtung Nachbarreich. Wie es nun um ihn herum allmählich hell wurde, sah er überall am Wege abgenagte Knochen und bleiche Gebeine liegen. Da bekam er auf einmal Angst weiterzuziehen und lief wieder zur Hütte der Frau zurück. „Nie hätte ich gedacht, dass der Weg zum Buddha so gefährlich ist“, sagte er zu sich.

„Warum seid Ihr schon wieder da?“, wunderte sich die Frau, als er am Nachmittag erneut an ihre Tür klopfte.

„Ich habe furchtbare Dinge am Wege gesehen“, erklärte der Mann, „daher habe ich entschieden, mein Vorhaben abzubrechen und wieder in die Heimat zurückzukehren. Lasst mich noch eine Nacht hier verbringen und morgen früh ziehe ich weiter meiner Wege.“

Jetzt wurde die Frau erstmals sehr deutlich: „Auf gar keinen Fall! Mein Mann ist ein gefährlicher Menschenfresser. Seht zu, dass Ihr gleich fortkommt. Wenn er Euch erst einmal erblickt hat, dann gibt es keine Rettung mehr.“

Der manchmal ein wenig einfältige Gastwirt wollte von solcher Gefahr jedoch nichts hören, er schenkte den Worten der Frau einfach keinen Glauben und meinte, dass sie ihn nur abwimmeln wolle. So verbrachte er auch diese Nacht auf der Holzbank vor der Tür. Schnell war es Abend geworden und die Dämonenfrau spürte die baldige Heimkehr ihres Gatten. Weil der Besucher einfach nicht zum Gehen zu bewegen war, zog sie ihn jetzt schnell ins Haus. Dort drängte sie ihn, in ein großes leeres Weinfass zu kriechen. Der Mann tat, wie ihm geheißen. Kurz darauf stand ihr Gemahl wieder vor ihr.

„Ich habe Hunger“, sprach er, „und es riecht hier nach Menschenfleisch.“

Die Frau schüttelte mit dem Kopf.

„Jemand ist gewiss ganz in der Nähe, doch irgendeine Macht muss ihn schützen“, mutmaßte der Dämon, „vielleicht ist es ein Anhänger des Buddha und dies der Grund, warum ich seinen genauen Aufenthaltsort nicht erspüren kann. Wer die Gelübde einhält, ist leider sicher vor mir.“

Die Frau stellte sich dumm und sprach: „Was sind denn das für Gelübde. Sei doch so gut und belehre mich einmal darüber.“

Um sein vermeintlich unwissendes Weib aufzuklären, sprach der Dämon die Zufluchtsformel und nannte ihr die fünf grundlegenden Gelübde, die ein Anhänger der Buddhalehre einzuhalten hat. So erfuhr diese Frau durch einen Dämon erstmals die Wahrheit der Buddhalehre, die sich sofort tief in ihr Herz einbrannte.

Am Morgen zog der Menschenfresser hungrig und weiter nach Nahrung suchend durch das Land. Erst als er weit genug fort war, holte die Frau ihren Gast aus seinem Versteck hervor. Dabei lächelte sie ihn freundlich ihn an und sprach: „Jetzt weiß auch ich um die Wahrheit des Dharma. Warum seid Ihr nur zurückgewichen von Eurem großartigen Ziel, den Erhabenen zu treffen und tiefe Unterweisung zu erlangen?“

Jetzt erst hatte der Mann den Mut, ehrlich die große Angst zu beichten, die ihn beim Anblick der vielen Gebeine am Wegesrand überwältigt hatte. „Diese Unglückseligen waren alle Opfer des bösen Dämons, der mich mit Zwang zu seinem Weibe gemacht hatte“, erklärte ihm die Frau. Anschließend lächelte sie und sprach: „Aber nun, da ich um die wahre Natur der Wirklichkeit weiß, fürchte ich ihn nicht länger. Auf Edler, lasst uns gemeinsam ins Nachbarreich zum erhabenen Buddha ziehen.“

Ermutigt durch die Worte dieser tapferen Frau wich alle verbliebene Furcht aus dem Herzen des Gastwirts. Zwei Seelenverwandte hatten sich gefunden und gingen jetzt ihren Weg gemeinsam.

Am nächsten Tag kam ihnen auf einer breiten Straße eine Gruppe von vierhundertachtundneunzig Menschen entgegen, die geradewegs aus dem Hain kamen, in dem der Erhabene weilte.

„Ihr alle wart beim Buddha, warum habt ihr ihn denn wieder verlassen?“, wollten sie von diesen Leuten wissen.

„Wir haben seiner Stimme gelauscht, aber den Sinn mancher Worte nicht recht erfasst. Vielleicht war die Zeit noch nicht reif für uns, daher haben wir uns entschlossen fortzugehen.“

Daraufhin erzählten die beiden diesen vielen Menschen, was ihnen widerfahren war und wie sie beide ganz direkt und unmittelbar die große Wahrheit des Dharma verstanden hatten.

In dieser Stunde erspürte der Buddha aus der Ferne die Begegnung der beiden mit der großen Gruppe, die ihn gerade verlassen hatte. Da lächelte er still und sandte das Licht des Regenbogens in ihre Richtung aus. Augenblicklich wurden diese Menschen von großer Klarheit erfasst. Alles zuvor Unverstandene erschloss sich auf einmal unmittelbar über die Herzen. Tief geläutert kehrte die gesamte Gruppe anschließend wieder zum Hain des Buddha zurück. Bei ihrem Eintreffen sprach der Erhabene zu seinem Jünger Ananda:

„Die vierhundertachtundneunzig kehren zurück, weil sie auf ihrem Weg zwei Lehrer getroffen haben, die ihnen die Lehre in einer Weise verkünden, die sie verstehen, weil sie mit ihrer unmittelbaren Erfahrung übereinstimmt.“

Alle fünfhundert gingen schließlich den Arhatpfad. Der Mann und die Frau waren, was sie zu diesem Zeitpunkt selbst nicht wussten, bereits in einem früheren Leben die Lehrer all dieser Menschen.

# Der Prinz der guten Taten

In einem seiner Vorleben war Buddha Sakyamuni einst ein Arzt, der – von großem Mitgefühl erfüllt – den leidenden Wesen half. Ohne je nach Ruhm oder Gewinn zu streben, war die erfolgreiche Anwendung der Heilkunst zum Wohle der Menschen sein einziges Bestreben. Doch die Zahl der Leidenden ist unendlich groß, so lebte dieser Arzt stets in Sorge, nicht allen helfen zu können, die seiner Hilfe bedurften. Wenn es um die Gesundung der kranken Leiber ging, musste er oft seine Grenzen spüren. Mit verzweifeltem Herzen schied er schließlich aus dem Leben.

Anschließend stieg seine Seele in den neunten Himmel auf, wo sie dank ihrer guten Taten eine sorgenfreie und glückliche Existenz fristete. Bald kamen jedoch auch an diesem Ort quälende Fragen auf: „Welchen Sinn hat es, hier unbeschwert zu leben, während in der irdischen Existenz die Wesen so großes Leid ertragen müssen?"

Seinem Bodhisattva-Auftrag folgend verzichtete der Buddha nach nur kurzer Zeit auf die Annehmlichkeiten seiner himmlischen Lebensweise und trat mit voller Absicht in eine niedere Daseinsebene ein, allein um dort zum Wohle der Wesen zu wirken. So wurde er als Prinz am Hofe des Drachenkönigs wiedergeboren.

Die neuen Dracheneltern achteten sehr auf das Wohl ihres kleinen Sprösslings und behüteten ihn, als sei er die kostbarste Perle der Welt. Als er älter wurde, vermeinte der Prinz jedoch zu erkennen, dass er in dieser Daseinsform nicht viel für die leidenden Wesen tun konnte, denn er verfügte nicht über die vielfältigen Möglichkeiten einer menschlichen Wiedergeburt. Da entschied er sich, auch dieses Leben nicht weiter fortzusetzen. Um die Gefahr wohl wissend, begab er sich vorsätzlich in die Nähe eines gefährlichen Untiers: des Königs der Vögel mit den goldenen Schwingen. Drachenfleisch ist die einzige Nahrung dieses Riesenvogels. Kaum hatte dieser mächtige Phönix den kleinen Drachenprinzen entdeckt, flog er schnell herbei, tötete und zerstückelte sein Opfer, dann schlang er gierig das junge Fleisch hinunter. Unstillbar war der Schmerz des Drachenkönigs und seiner Gemahlin, als sie vom Tod ihres geliebten Sohnes erfuhren.

In seiner folgenden Existenz wurde der Buddha als Sohn des Herrschers von Jambudvipa wiedergeboren, wo ihm seine Eltern den Namen *Prinz Gute Tat* gaben. Die Überlieferung berichtet, dass dieses Kind schon kurz nach der Geburt angefangen habe zu sprechen:

„Allen Reichtum dieses Landes will ich einst den Armen spenden", sollen seine ersten Worte gewesen sein.

Erschrocken über seine ungewöhnliche Erscheinung, gerieten einige der Anwesenden in Panik und suchen sofort das Weite. Einzig die Mutter war ohne Furcht und blickte selig auf ihren Sprössling herab.

„Warum fliehen die Menschen vor mir?", wollte der Knabe da von ihr wissen, „ich will doch nichts anderes als das Wohl der fühlenden Wesen!"

Schnell lief die Mutter den Fliehenden hinterher und erklärte ihnen, dass ihr Sohn nur die edelsten aller Ziele verfolge.

Diesem Kind floss all die Liebe seiner Eltern zu. Doch alles, was der Sohn je an Gaben erhielt, gab er sogleich an Bedürftige weiter. Als der junge Prinz eines Tages mit seinem Vater die Schatzkammern des Reiches inspizierte, sprach er zum König: „Auch die Schätze von Jambudvipa reichen wohl nicht aus, um all die Armen und Kranken im Land hinreichend zu unterstützen."

Das machte den Königssohn sehr betrübt. *Prinz Gute Tat* war entschlossen, wirklich allen zu helfen. So suchte er unentwegt nach der Quelle des niemals versiegenden Reichtums, um die Bedürfnisse aller Wesen zu stillen. Lange dachte er darüber nach, wo diese Quelle wohl zu finden sei. Eines Tages gab ihm ein Mann aus dem Volke den entscheidenden Hinweis:

„Auf dem Haupte des Drachenkönigs ruht mitten in seiner Krone die mächtige Perle der Wunscherfüllung. Wer sie besitzt, der hat ungehinderten Zugang zu niemals versiegendem Reichtum."

Kaum hatte er diese Worte vernommen, fasste der Prinz auch schon den Entschluss, über das weite Meer zum großen Drachenpalast zu fahren. Nichts wollte er unversucht lassen, um dem Wohl der Wesen zu dienen. Aber die arme Mutter war voller Sorge und sprach: „Du bist unser einziges Kind. Draußen auf dem Meer lauern Tausende von Gefahren. Unerträglich wäre unser Leid, wenn wir dich verlieren würden."

Auch der Vater mischte sich jetzt ein und sprach: „Ich will dir noch heute alles vermachen, was unsere Schatzkammern an Reichtum bergen, wenn du nur darauf verzichtest, die Perle der Wunscherfüllung zu erlangen, und hier bei uns im Palast bleibst."

Der Prinz war von seinem Vorhaben jedoch nicht mehr abzubringen: „Die Reichtümer in unseren Kammern sind begrenzt, aber die Bedürfnisse der Wesen sind grenzenlos. Ihnen allen zu helfen, ist mein einziges Bestreben." Weil sie beide um die große Entschlossenheit ihres Sohnes wussten, ließen sie ihn schließlich mit großem Unbehagen, aber mit den besten Segenswünschen ziehen.

Kaum wurde bekannt, dass der Prinz zu einer Reise in die Ferne aufbrechen wollte, wandten sich im Nu fünfhundert Kaufleute an ihn, die ihn allesamt begleiten wollten. Alle erhofften sich Vorteile von seiner Gegenwart, vor allem den Schutz und Segen der höheren Mächte. „Jeder kann mit mir kommen", erklärte der Königssohn, „wenn er mir nur hilft, den Weg zum Wasserpalast des Drachenkönigs zu finden."

Die Männer verwiesen den Prinzen an einen Blinden mit Namen Tuosche, der schon sieben Mal über die weiten Meere gefahren sei und der auch ohne sehen zu können, gestützt allein auf sein Gefühl, alle Wege kenne. Als der Prinz ihn aufsuchte und eindringlich bat, auf diese Reise mitzukommen, um sie auf den rechten Kurs zu führen, wehrte der Mann jedoch ab: „Ich bin schon alt und mein Augenlicht ist leider vor vielen Jahren erloschen. Daher kann ich Euch heute nicht mehr beistehen."

Der Prinz wollte diesen erfahrenen Seefahrer aber auf jeden Fall gewinnen und sprach: „Ich gehe nicht um meinetwillen auf große Fahrt. Mein Ziel ist allein die große Perle der Wunscherfüllung. Mit ihr können alle Menschen unseres Landes ihren Hunger stillen und bleibende Zufriedenheit erlangen. Auf dieser Grundlage kann sich dann die wahre Lehre noch kraftvoller entfalten. Ihr seid ein erfahrener und weiser Mann. Bitte versagt mir Eure Unterstützung nicht."

Tuosche überlegte eine Weile, dann antwortete er und sprach:

„Eure Ziele sind edel und erhaben. Dieses große Vorhaben soll nicht an meiner fehlenden Unterstützung scheitern. Für mich wird dies dann die letzte Reise meines Lebens sein, denn ich spüre, dass es bald mit mir zu Ende geht. Ich habe nur einen Wunsch: Bitte versprecht mir, meine Gebeine später am Gestade des Goldstrandlandes zu bestatten."

Der Prinz versprach es und so bestieg der blinde Steuermann das größte der Boote und übernahm die Führung. Fünfhundert Kaufleute folgten ihm mit einer großen Schar an Helfern. Mit flatternden Segeln ging es hinaus auf das weite Meer.

Nach einigen Wochen hatten die Männer den Perlenstrand erreicht. Wunderschöne Meeresperlen gab es dort in Hülle und Fülle. Fleißig sammelten sie diese Kostbarkeiten ein und luden so viel auf ihre Boote, wie sie tragen konnten. Allein der Prinz nahm nicht eine einzige in die Hand.

„Was ist los mit Euch?", wunderten sich die Kaufleute, „warum greift Ihr nicht zu?"

„Ich habe kein Interesse an diesem leeren funkelnden Glanz", antwortete er, „allein die große Perle der Glücksverheißung bringt wahre Gestilltheit. Nichts außer ihr erstrebe ich."

Dann ermahnte er die Kaufleute noch, ihre Schiffe ja nicht zu überladen, groß sei sonst die Gefahr, dass sie auf hoher See kentern. Die Männer lachten und sprachen: „Ihr seid ein edler und gutherziger Mensch. Durch Euch sind wir gegen alle Gefahren gefeit. Uns wird gewiss nichts zustoßen."

Da sie alle bekommen hatten, was sie wollten, verließen die Männer nun den Prinzen und traten mit ihren Schiffen wieder die Heimreise an. *Prinz Gute Tat* blieb als Einziger mit einem kleinen Boot und seinem blinden Steuermann zurück.

Sieben Tage fuhren die beiden anschließend über eine aufgewühlte See. Auf gefahrvollem Kurs ging es so zum Südlichen Meer. Hier ragten überall steile Kliffe aus dem Wasser. Auf der spärlichen Erde an den Seiten der Kliffe wuchsen Bäume mit ausladenden Ästen, die voller Datteln hingen. Groß war die Gefahr, hier auf Grund zu laufen, zudem konnten scharfkantige Felsen jederzeit den Bootrumpf aufreißen. Jetzt zog an diesem Ort auch noch ein gewaltiger Sturm herauf. Der blinde Steuermann warnte den Prinzen, auf keinen Fall in Panik zu geraten. Aber die Warnung kam zu spät, in diesem Augenblick war ihr Boot gerade auf Grund gelaufen und mit einem lauten Krachen in zwei Hälften zerbrochen.

„Greif nach den Ästen der Dattelbäume und rette dein Leben", rief ihm der alte Seemann noch zu, dann schlug sein Herz auf einmal schwächer. Sein Ende war gekommen. Eindringlich erinnerte er den Königssohn, seinen Leichnam am Goldstrand zu bestatten, der nicht weit von diesem Ort lag. Bevor der Lebenshauch seinen Leib verließ, sagte er ihm noch, auf welche Weise er auch ohne ein Gefährt zum

Palast des Drachenkönigs gelangen konnte. Tiefe Traurigkeit umfing den Prinzen. Nachdem der Wind wieder zur Ruhe gekommen war, begrub er den alten Seemann seinem Wunsch entsprechend tief im Sand des Goldstrandes.

Jetzt musste er seine Reise allein fortsetzen. Weil das Boot rettungslos verloren war, trieb er nun sieben Tage festgeklammert an ein großes Holzstück auf dem Kurs über das Meer, den ihm der Steuermann gewiesen hatte. Am Morgen des siebten Tages verlor das Meer plötzlich an Tiefe. Auf einmal reichte ihm das Wasser gerade bis zum Hals und er brauchte das Holzstück nicht mehr. Für weitere sieben Tage durchwatete er nun einfach die Fluten. Dann fiel der Wasserpegel erneut; jetzt stand ihm das Wasser nur noch bis zu den Hüften und er kam wesentlich schneller voran. Noch einmal gingen sieben Tage ins Land und das Meer ging in eine scheinbar unendliche Sumpflandschaft über. Sieben weitere Tage durchquerte der Prinz diese Sümpfe, bis er am Ende ein unvorstellbar riesiges Feld voller Lotus vor sich erblickte. Bis zum fernen Horizont erstreckte sich ein grüner Teppich sanft im Wind schwingender, großer Blätter. Um über diese federleichten Gebilde zu gelangen, nutzte der Prinz jetzt erstmals seine magischen Kräfte und ließ seinen Körper genauso leicht wie eine Schwanenfeder werden. Mit Anmut und Eleganz schwebte er geschwind über den dichten Lotuswald. Doch bald schossen überall aus dem Wasser giftige Schlangen hervor, die ihm den Weg versperrten und drohend in seine Richtung züngelten. Eine gefährliche Bedrohung! Doch auch in dieser Lage blieb der Königssohn ruhig und gelassen. Einen Augenblick innehaltend versenkte er sich geistesgegenwärtig in den tiefsten Samadhi und sandte in alle Richtungen Strahlen der Güte und des Mitgefühls aus. Im Nu wurden auch diese Tiere ruhig und friedlich. Ohne ihren Zorn zu erregen, kletterte er anschließend über ihre Häupter, und sie taten ihm nichts.

Sieben Tage durchschwebte er den Lotuswald, bis er schließlich an die Stadt der sieben Schätze gelangte. Sieben hohe Mauern umgaben diesen Ort, von denen jede der nachfolgenden stets doppelt so hoch war wie die vor ihr liegende. Überall zwischen den Mauern lauerten giftige Schlangen, die noch um einiges größer und gefährlicher waren als ihre Gefährtinnen zwischen den Lotusblättern. Furchtlos näherte sich der Prinz dem großen Stadttor. Endlich hatte er sein Ziel erreicht, er stand nun tatsächlich vor dem Palast des Drachenkönigs. Die Wächter öffneten die Pforte und ließen ihn eintreten. Die hier lebenden Wasserwesen spürten sogleich, dass es sich um einen edlen Bodhisattva handelte, von dem keine Gefahr ausging, nur deshalb konnten ihm die großen Giftschlangen nichts anhaben.

Als Erstes traf der tapfere Prinz die Gemahlin des Drachenherrschers. Sie erkannte ihn augenblicklich, weinte und sprach: „In deinem früheren Leben warst du unser Sohn! Warum nur bist du einst freiwillig aus diesem Leben geschieden?“

Auch der Königssohn erinnerte sich seiner Dracheneltern und erkannte auf einmal den Ort, an dem er einst ein kurzes Leben verbracht hatte. Mit liebevollen Worten erklärte er seiner früheren Mutter, dass er gekommen sei, um die große Perle der Wunscherfüllung zu erlangen.

„Sie ist dort, wo sie immer war – in der Gewalt des Drachenkönigs, deines einstigen Vaters“, sprach die Drachendame zu ihm: „An ihn musst du dich wenden.“

Auch der Drachenkönig erkannte hernach seinen einstigen Sohn auf den ersten Blick. Freudig führte er ihn durch die riesigen Schatzkammern seines Palastes und sprach: „Alle diese Dinge will ich dir als meinem rechtmäßigen Nachkommen vermachen.“

Aber der Prinz wehrte ab und sprach: „Materielle Reichtümer sind ohne jeden Nutzen für mich. Das Einzige, was ich von Euch möchte, ist die große Perle der Wunscherfüllung, die in Eure Krone eingefasst ist.“

„Diese Perle ist in der Tat die einzige wirkliche Kostbarkeit, die ich besitze, und kein anderer soll sie je sein eigen nennen“, wehrte der Drachenherrscher das Begehren des Prinzen zunächst heftigst ab. Da erklärte ihm der Prinz, dass er diese Perle nicht für sich verlange. Er brauche sie allein für die Menschen des Reiches Jambudvipa, um sie alle glücklich zu machen. „Aber diese Leute haben solche Ehre nicht verdient“, wandte der große Drache ein, „anders als ich haben sie durch ihre Taten noch nicht die Voraussetzungen geschaffen, um in den Genuss der Früchte dieser einmaligen Perle zu gelangen.“

Der Königssohn konnte diesen Einwand nicht mit Worten widerlegen. So zog er es vor zu schweigen. Zugleich ging ihm jetzt erstmals auf, dass er bereits in seinem früheren Leben dieser Perle so nahe war, ohne um dieses Geheimnis zu wissen. Nun bereute er, dass er seinen Dracheneltern durch seinen Freitod solch großen Schmerz zugefügt hatte. Was sollte er da jetzt noch Rechtes sagen? So berichtete er bloß, welche großen Mühen er auf sich genommen habe, um zu diesem Palast zu gelangen, erzählte dann von den Gefahren auf dem Meer und all den Entbehrungen dieser weiten Reise. Keinen persönlichen Vorteil habe er je erstrebt, einzig und allein um das Wohl der Wesen im Reich seines Vaters sei es ihm gegangen. Tief berührt von seiner aufrichtigen Art erkannte der Drachenkönig die Bodhisattva-Natur dieses Menschen und lenkte schließlich ein. Voller Vertrauen in das erleuchtete Wirken des Prinzen brach er die kostbarste Perle der Welt mit eigener Hand aus seiner Krone und überreichte sie ihm mit den Worten:

„Solange du auf dieser Welt lebst, vertraue ich diese unschätzbare Kostbarkeit deiner getreuen Obhut an. Doch vergiss nicht, sie wieder an mich, ihren wirklichen Besitzer zurückzugeben, wenn du die irdischen Sphären einst verlässt.“

Der Königssohn versprach es feierlich und dankte dem Drachenherrscherpaar für seine unermessliche Güte. Dann nutzte er noch einmal seine magischen Kräfte, erhob sich in die Lüfte und flog mit der Perle auf geradem Wege zum Hof seines Vaters zurück.

In Jambudvipa waren die Menschen bereits in großer Sorge um den Prinzen. Wie stürmisch war die Freude, als er endlich heimkehrte und allen verkündete, dass es ihm gelungen sei, in den Besitz der großen Perle der Wunscherfüllung zu gelangen.

„Wo ist sie denn?“, wollten die Eltern voller Neugier wissen, als er so plötzlich wieder vor ihnen stand. Alle hatten ein Objekt mit gewaltigen Ausmaßen erwartet.

Wie groß war ihre Überraschung, als der Prinz die Perle aus der kleinsten Seitentasche seines Rockes hervorholte.

„Diese Perle ist winzig, aber der Segen, den sie stiftet, ist unermesslich", erklärte er ihnen. Am nächsten Morgen bat er seinen Vater, die Vorbereitungen für eine große Zeremonie zu treffen. Noch in der gleichen Stunde ordnete der König an, überall in der Hauptstadt und auf dem Land die Straßen und Häuser zu reinigen. Jeder Einwohner sollte sein Festgewand tragen. Allerorts wurden die Tempel geschmückt und Räucherwerk entzündet. Alle, die der Lehre folgten, legten am nächsten Morgen feierlich die fünf Gelübde ab. Anschließend wurde die kostbare Perle in einer wunderschönen Holzschatulle hinaus ins Freie getragen und dem Volk gezeigt. Als die Menschen ehrfürchtig auf diese winzige Kostbarkeit blickten, erklärte ihnen der Königssohn: „Wenn ich einst zum Buddha werde, öffnet sich ein Tor zum Nirvana. Ein jeder, der mir auf diesem Pfad folgt, überwindet Krankheit, Leid und Tod."

Kaum hatte der Prinz zu Ende gesprochen, schwebten zur Bekräftigung seiner Worte vom Himmel ganz langsam wertvolle Gaben auf die Erde zu den Menschen herab. Darunter waren nicht nur feinste Speisen und schöne Kleider, nein auch gute Heilpflanzen, Arzneien und allerlei nützliche Dinge.

## Eine alte Frau schüttelt ihre Armut ab

In einer Zeit lange vor allen überlieferten Annalen lebte einmal ein reicher Mann, der mit Geiz und Hartherzigkeit ein großes Vermögen angehäuft hatte, das er wie seinen Augapfel hütete. Selbst an Freunde und Verwandte gab er niemals irgendetwas ab. Nur auf sich selbst bedacht, neidete er anderen Menschen selbst das Schwarze unter den Fingernägeln. Im Hause dieses Mannes diente eine treue alte Magd, die für ihn und seine Familie alle Arbeiten verrichten musste, für die sich sonst keiner bereitfand. Diese Frau kochte und wusch die Kleidung, schrubbte die Fußböden und reinigte die Latrine. Tag und Nacht stand sie für ihre Herrschaften bereit, doch sie wurde von ihnen schlecht behandelt. Nie hörte sie auch nur ein einziges Wort des Dankes. Wie ein Pferd musste sie schuften, und war sie einmal nicht in Windeseile zur Stelle, setzte es gleich harsche Worte.

Im Laufe vieler Jahre war die Frau im Dienste ihrer Herrschaften alt und gebrechlich geworden. Schon lange war ihr Haar schneeweiß und die Arbeit fiel ihr immer schwerer. Als sie eines Morgens wie jeden Tag zum Fluss ging, um mit zwei großen Tonkrügen Wasser zu holen, fiel ihr Blick auf das eigene Spiegelbild im Wasser, das sie plötzlich viel klarer als sonst erkennen konnte, da sich an diesem frühen Morgen kein Lüftchen regte und der Fluss völlig still war. Bei diesem Anblick der Vergänglichkeit wurde die alte Frau sehr betrübt und begann, laut zu schluchzen.

Zu dieser Stunde ging gerade der edle Kaccāyana, ein Jünger des Buddha, am Flussufer entlang und vernahm dieses herzzerreißende Weinen. Das machte auch ihn sehr betrübt. „Was bedrückt Euch so sehr?“, wollte er von der alten Dienerin wissen. „Ich bin arm und alt und krank“, sprach die Frau, „aber muss noch immer Tag um Tag schwere Arbeiten verrichten, doch bald werde ich dazu nicht mehr imstande sein und werde dann von meinen Herrschaften verstoßen. Am liebsten würde ich jetzt einfach sterben. Warum erlöst mich der Tod bloß nicht.“

„Warum streift Ihr Eure Armut denn nicht einfach ab?“, wollte Kaccāyana da von ihr wissen.

„Die Armut abstreifen – wie sollte mir denn das je gelingen?“, wunderte sich die alte Frau.

„Ich kann Euch sagen, was Ihr tun müsst“, erwiderte der Mönch, „aber handeln müsst Ihr selbst.“

„So sprecht doch bitte“, erwiderte da die alte Dienerin und schaute gespannt auf die Lippen des Ordensmannes.

„Tut das Folgende“, belehrte sie ihr Gegenüber: „Nehmt gleich nach der Rückkehr ins Haus ein Bad und wascht als erstes allen Staub von Eurem Leib und Eurer Seele. Dann kämmt Euer Haar und legt Eure feinsten Gewänder an. Auf diese Weise gut vorbereitet, bringt Ihr anschließend den Mönchen eine Opfergabe. Durch solches Tun schafft Ihr die Grundlage für künftigen Reichtum und befreit Euch von der Armut der jetzigen Existenz.“

„Ich bin eine arme, alte Frau und habe rein gar nichts, was ich den Ehrwürdigen als Almosen darbringen könnte“, sprach die Frau daraufhin und erklärte, dass in ihrer alten Holztruhe nur löchrige, abgewetzte Kleidung zu finden sei, aber kein einziges feines Gewand. Das Einzige, was sie besitze, seien diese beiden alten Krüge, die ihr die Herrschaften einst überlassen hatten, weil die Henkel abgebrochen waren.

„Nun, dann nehmt eben diese beiden Krüge, schöpft frisches Wasser aus dem Fluss und überreicht diese Gabe den Mönchen“, forderte Kaccāyana sie auf.

Das konnte und wollte die Dienerin gerne tun. Da aber keine weiteren Ordensleute in ihrer Nähe lebten, brachte sie am Mittag zwei Krüge mit Wasser zu eben diesem Mönch, dessen Hütte nicht weit entfernt in einem kleinen Hain lag. Voll großer innerer Freude nahm Kaccāyana diese Gabe entgegen, denn er wusste: Sie kam tief aus dem Herzen der edlen Spenderin. Er sprach ein Mantra, das ihr auf allen künftigen Wegen Schutz gewähren sollte, und belehrte sie in den buddhistischen Geboten. Eindringlich ermahnte er sie, diese Lehren tief in ihr Herz aufzunehmen und am besten vom Fleischverzehr künftig Abstand zu nehmen. Schließlich pries er den Buddha und lobte die Vollkommenheit des Nirvana. „Geht nun in Frieden“, sprach er zum Schluss zu ihr.

Die Frau blickte ihn traurig an und sprach: „Für mich gibt es keinen Ort, wo ich Frieden und Stille finden könnte. Meine Schlafstätte liegt direkt neben einer Latrine. Tag und Nacht rufen die Herrschaften nach mir, ganz wie es ihnen beliebt. Noch nicht einmal während der Schlafenszeiten lassen sie mich in Ruhe.“

„Hegt keinen Hass, gegen niemanden“, sagte der Mönch da zu ihr, „und wann immer Ihr die Zeit und Gelegenheit dazu habt, lasst Euch auf einer Strohmatte zur Versenkung nieder, sodass Klarheit über Euren Geist kommen kann. Wenn Ihr nur fleißig genug übt, werdet Ihr schließlich den Buddha in Eurem Herzen finden und aller Kummer der irdischen Welt wird für immer weichen.“

Die Frau tat, wie der Mönch ihr geheißen hatte. Schon beim ersten Versuch, in die Versenkung einzutreten, wiederholte sie still den Namen des Buddha und sah kurz darauf sein Bild tatsächlich vor sich. Einige Tage später starb die Frau. Nach ihrem Tod gelangte ihre Seele in den dreiunddreißigsten Himmel.

Als der reiche Mann am nächsten Morgen die Dienerin tot in ihrer Schlafstätte neben dem Abort fand, wickelte er ihren Leichnam in ein billiges Leinentuch und trug ihn mit seinen Söhnen in den nahegelegenen Wald, wo er ihn einfach liegen ließ.

„Sie ist tot“, dachte er sich, „warum noch Zeit und Geld für ein Begräbnis aufwenden, diese alte Frau hat ja ohnehin keine Verwandten mehr.“

Im dreiunddreißigsten Himmel herrschte bis dahin eine männliche Gottheit, deren spirituelle Energie jedoch aufgebraucht war und die nun erneut eine irdische Existenz annehmen musste. Zuvor war der Gott dieser Himmelssphäre Gebieter über fünfhundert Ehefrauen. Aufgrund ihrer Verdienste nahm nun die gerade Verstorbene seinen Platz ein. Ganz unvermittelt war aus der demütigen Dienerin die Leiterin eines riesigen himmlischen Hofstaates geworden.

Wer der Buddhalehre ein Leben lang folgt und seine Sinne rein hält, der kann sich nach der himmlischen Wiedergeburt noch an alle seine Erdenleben erinnern. Die alte Frau hatte ihr ganzes Leben hart gearbeitet und nie etwas Schlechtes getan. Erst in den letzten Tagen ihres irdischen Daseins war sie mit dem Dharma in Berührung gekommen, hatte die Lehren jedoch so tief in ihr Herz aufgenommen, dass sie eine hohe Verwirklichung erlangen konnte. Dennoch war bei ihr ein Rest an Unwissenheit und Verwirrung geblieben und daher wusste sie gar nicht, wie und warum eigentlich sie an diesen Ort des Glücks und der überschäumenden Freude gelangt war.

Zu dieser Zeit begab es sich, dass Schalifei[21], ein enger Jünger des Buddha, diesen Teil der Himmelswelten durchstreifte und dabei auf die Seele der alten Dienerin traf. Der edle Mönch erblickte sogleich die zarten Schleier der Unwissenheit, die sie umhüllten, und wollte ihr spontan helfen, endlich das wahre und vollständige Bewusstsein eines Himmelswesens zu erlangen. Als er die neu geborene Gottheit fragte, wie sie denn auf ihren Platz im dreiunddreißigsten Himmel gekommen sei, vermochte sie keine Antwort zu geben. „Das frage ich mich selbst schon die ganze Zeit, wie ich solche unvorstellbare Freude verdient habe“, seufzte sie nur.

Mit seinem dritten Auge konnte Schalifei in der Karma-Chronik dieser Frau lesen und sehen, wie sie ihr vergangenes Leben verbracht hatte. Dabei erkannte er,

---

21 Schalifei (eigentlich: Shelifei – 舍利弗) ist der chinesische Name des indischen Buddhajüngers Śāriputra.

dass sie stets ehrlich und aufrichtig gewesen war. Gemeinsam mit den fünfhundert Frauen ihrer Sphäre führte er sie dann zu dem Wald, wo ihr Leichnam noch immer lag und dort langsam verrottete. Die wilden Tiere hatten sich schon genüsslich an ihm getan.

„Das war dein Leib in deinem letzten Leben“, sprach Schalifei zu ihr: „Not und Elend hast du erlitten und viel Leid auf dich genommen, ohne je zu klagen. Du erstrebtest nichts, nur das Erlöschen. Dann trafst du am Ufer des Flusses auf einen Schüler des Erhabenen, der dich auf den rechten Pfad führte. So kamst du schließlich in den dreiunddreißigsten Himmel.“ Beim Anblick des Leichnams und dem gleichzeitigen Lauschen der Worte des Ehrwürdigen erlangte diese Seele schließlich das vollständige Erwachen.

Das Erscheinen der fünfhundert Himmelswesen in dem kleinen Wald unweit des Hauses eines reichen Herrn hatte schnell für Aufregung in der Umgebung gesorgt. Aus seinem Hause und den nahegelegenen Dörfern liefen die Leute herbei, weil sie wissen wollten, was diese Wesen dort zu suchen hatten. Nach kurzer Zeit standen nun der Reiche und seine ganze Familie sowie viele Menschen aus der Umgebung um einen verwesenden und übel riechenden Leichnam herum. Über ihren Häuptern schwebten die Wesen der höheren Welten. „Was sucht Ihr an diesem unreinen Ort?“, fragte der Reiche da scheinheilig die Himmlischen. Schalifei ergriff sogleich das Wort und tadelte den Mann heftig:

„Als sie noch in deinem Hause lebte, schuftete diese Frau für dich und die deinen ihr ganzes Leben lang, doch nie hörte sie auch nur ein einziges Dankeswort aus deinem Mund. Zum Schluss gar hast du ihren Leichnam einfach weggeworfen wie einen toten Hund. Als Lohn für ihr gutes Tun wurde diese Edle jedoch später als Gottheit im dreiunddreißigsten Himmel wiedergeboren.“

Bei diesen Worten errötete der Reiche und war zutiefst beschämt. Mit gesenktem Haupt konnte er auf einmal die verachtenden Blicke der Menschen spüren, die aus allen Richtungen auf ihn fielen. Bevor die Himmelswesen diesen Ort wieder verließen, bereiteten sie aus wohlriechenden Blumen noch eine schöne Ruhestätte für die Tote.

## Fünfhundert tugendhafte Frauen durchschreiten das Tor zur Buddhalehre

Mitten im Südlichen Meer erhob sich einmal eine kleine Insel, das Festland war unendlich weit. Wer auf ihr lebte, sah um sich herum nichts als die tiefblaue See, einer riesigen Perle gleich. Schroffe Felsen wuchsen auf diesem Eiland in den Himmel, an der höchsten Stelle thronte eine große Felsplattform, wo der Blick zum Horizont schweifen konnte. Zwischen den Felsen blühten herrlich bunte Blumen, die einen unbeschreiblichen Wohlgeruch verströmten.

In den tieferen Lagen wuchsen grüne Gräser und mächtige Farne. Die zahlreichen Bäume in den Hainen waren durch Efeu und unzählige Ranken miteinander verbunden. Nirgendwo sonst war die Luft so rein und klar wie hier, von überall her erschallten tausend Vogelstimmen. Ein wunderbarer Ort, friedlich, still und voller Schönheit.

Dieses Eiland war nicht unbewohnt. Auf der Insel lebten fünfhundert Frauen, die alle dem Brahmanenstand angehörten. Schön und von vollkommener Reinheit war jede dieser Frauen, die sich hierher in die Stille zurückgezogen hatten. Die Staubwelt und ihre Befleckungen lagen alle schon lange hinter ihnen.

Diese Asketinnen hatten ihr Leben ganz dem spirituellen Pfad geweiht und auf sinnliche Freuden zu Gunsten höherer, geistiger Ziele verzichtet. Hingebungsvoll und unerschütterlich war ihrer aller Übung. Was sonst in der Welt geschah, verfolgten sie nicht. Ohnehin waren sie auf dieser einsamen Insel vom Leben auf dem Festland getrennt. Nur ganz selten kam einmal ein Schiff vorbei und legte nur für wenige Stunden an. Wegen dieser Abgeschiedenheit hatten die Edlen allerdings bisher auch noch keinerlei Kenntnis von der Lehre des erhabenen Buddha erlangt.

Diese Eremitinnen lebten allein und auf sich gestellt. In gewollter Eintönigkeit verstrich Tag um Tag, Mond um Mond, Jahr um Jahr. Mit der Zeit jedoch begannen einige der Frauen, unter der großen Einsamkeit zu leiden. Einige fingen auf einmal an, mit ihrem Schicksal zu hadern:

„Mit einem weiblichen Körper wurden wir geboren, doch ist dieses Gefäß ohne jeden Nutzen für uns. Vergangen und vorbei ist die Zeit unserer Jugend, da unsere Gesichter in zarter Frische erblühten, jetzt werden wir unaufhörlich älter und alle Schönheit schwindet. Immer deutlicher spüren wir, wie dieser Leib langsam und doch unaufhaltsam dahinwelkt – bis wir ihn am Ende ganz preisgeben müssen. Aller Glanz des Lebens wird dann an uns vorbeigegangen sein. Wir können auch auf dieser Insel unserem Schicksal nicht entrinnen."

Um ihre verzweifelnden Schwestern zu trösten und auf den Pfad zurückzuführen, stiegen die Frauen eines Morgens gemeinsam zu der großen Felsplattform hinauf, die von herrlich duftenden Blumen umgeben war und von wo sie alle weit über das blaue Meer blicken konnten. Tief bewegt von diesem Ort fielen einige der Frauen auf die Knie und sprachen ein Stoßgebet in den weiten Raum:

„Ach gütiger Himmel, lass uns emporsteigen zu dir. Auf immer frei und ungezwungen, ohne Fesseln und Begrenzungen wollen wir leben. Oh du höchste Gottheit, nimm alles Leid und allen Kummer von uns. Erlöse uns von der Staubwelt und lass uns ewig in deinen heiligen Räumen verweilen."

Anschließend brachten die Frauen Opfergaben dar und brannten in einer großen Opferschale Weihrauch ab. Als die Rauchspiralen hoch in den Himmel stiegen, lagen die Frauen auf den Knien, waren tief ins Gebet versunken und ließen alle ihrer innersten Sehnsucht freien Lauf. Viele Stunden verharrten sie in dieser Stellung, bis ihre Beine anschwollen und allen der Rücken schmerzte.

In dieser Stunde erblickte der Erhabene die Schar dieser Edlen. Ihre Entschlossenheit bewundernd, spürte er zugleich die Notwendigkeit, ihnen ein Licht zu entzünden und sie endlich auf den richtigen Pfad zu führen. Gemeinsam mit einer großen Gruppe seiner Schüler erhob er sich so entschlossen in die Lüfte und kam kurz darauf auf der Duftplattform dieser Insel, ganz unmittelbar vor den Gesichtern der Meditierenden, wieder zur Erde hinab.

Die Frauen waren alle müde von den vielen Stunden anstrengender Übung, ihre Leiber schmerzten, die Augenlider waren rot angeschwollen. Doch als sie nun dieser plötzlichen Erscheinung gegenwärtig wurden, da schwand augenblicklich alle Erschöpfung. Auf einmal waren sie wieder hellwach und schauten nun mit weit geöffneten Augen auf den Buddha und seine Jünger.

„Der Himmelsherrscher ist zu uns gekommen, der Himmelsherrscher ist zu uns gekommen“, schallte es plötzlich aus allen Mündern. Alle erbebten und zitterten vor innerer Erregung. Tränen rollten über die Wangen der Frauen. Schluchzend und tief bewegt umarmten sie einander.

Plötzlich vernahmen sie eine Stimme aus der Schar der Begleiter des Erhabenen. Einer der Mönche richtete das Wort an sie: „Dies ist nicht der Himmelsherrscher, es ist der Buddha, der zu Euch gekommen ist. Er allein ist der wahre Regent über die Welt der Begierden, die Welt der Formen und auch die formlose Welt, weil er lehrt und versteht, wie sie entstehen und vergehen. Sein Reich überschreitet das Gestern, das Heute und alles Zukünftige. Der Buddha lehrt den wahren Dharma, seine Lehre ist unermesslich, so hoch wie die Berge und so tief wie das Meer. Wer seinem Pfad folgt, der wandelt immer auf guter Fährte.“

Erschrocken blickten die Frauen in Richtung des Erhabenen. Dann öffnete die Älteste unter ihnen den Mund und sprach:

„Wir sind nur einfache Frauen. Was uns eint, ist die Entschlossenheit, allem Weltlichen zu entsagen und vollkommene Reinheit zu erlangen. In den himmlischen Reichen wiedergeboren zu werden, ist unser innigstes Verlangen. Oh Erhabener, wir bitten Euch, unterweist uns, dieses Ziel zu erreichen.“

Da antwortete der Buddha mit sanfter Stimme und sprach: „Ihr alle seid gutherzig und Euer Verlangen ist edel. Grundsätzlich gibt es auf dieser Welt nur zwei Wege: den Pfad des Guten, der zu Glück und Vollkommenheit führt, und den Pfad des Bösen, der Unheil und Vernichtung über diejenigen bringt, die ihn gehen.“

Die Frauen schauten diesen großen Lehrer an und fühlten sogleich, wie wahr und vortrefflich er gesprochen hatte. Dieser fuhr nun fort und erklärte: „Wer sich vom Leid befreien und Frieden finden, die Staubwelt überwinden und den vollkommenen Zustand erreichen will, der muss in jedem Augenblick das Gute wählen und dem Bösen abschwören. Wer diesen Weg geht, darf keiner Sinnestäuschung oder Trübung des Geistes erliegen, nur so wird er die Beziehung zwischen Ursache und Wirkung aller Erscheinungen wahrhaft begreifen und stets die richtigen Entscheidungen treffen. Ein solcher opfert sein Räucherwerk voller Hingabe. Da er die Begierdewelt durchschaut hat, weist er die falschen Lehren allesamt von sich. Ein solcher wandelt auf dem Pfad der wahren Unsterblichkeit.“

Andächtig lauschten die Frauen den Worten des Erhabenen. Alle waren zutiefst von der Wahrheit dieser Lehren überzeugt. Anschließend nahmen die fünfhundert

Frauen ihre Zuflucht zum Buddha-Dharma. Plötzlich geschah ein Wunder: Ein Windstoß kam und auf einmal fielen die Haare von ihren Köpfen zu Boden und ihre gewöhnlichen Kleider verwandelten sich in Ordensgewänder der Buddha-Nonnen. Fortan folgten sie dem rechten Pfad. Alle von ihnen erreichten schließlich die Arhatschaft.

## Jeder karmische Same trägt karmische Frucht

Vor langer Zeit lebte einmal eine Familie von Laienanhängern, die einen Sohn hatte, der seinem Beruf mehr schlecht als recht nachging. Der junge Bursche war zwar nicht faul, aber nur wenig zielstrebig. Am liebsten mochte er es, einfach in den Tag hineinzuleben. Das Heute schätzte er weit mehr als das Morgen. In seiner freien Zeit las er zwar oft gelehrsame Bücher, war nicht ungebildet und besaß durchaus gute Umgangsformen, doch noch mehr liebte er ausschweifende Vergnügungen, das Glücksspiel und besonders gern blutige Hahnenkämpfe, bei denen auf das siegreiche Tier Wetten abgeschlossen wurden.

Als er wieder einmal so ziellos durch die Straßen schlenderte, traf er vor einem Teehaus auf ein junges Mädchen, das ihn sofort verzauberte. Er mochte seinen Blick gar nicht mehr lösen von diesen zarten Wangen und dieser Pfirsichhaut; ihre grazilen Bewegungen fingen ihn ein: Dieses Mädchen war die Jadeprinzessin, nach der er sich in seinem Herzen so lange gesehnt hatte. Kurz entschlossen sprach er die Schöne an. Als sie sogleich zurücklächelte, begann er in Sekundenschnelle seinen ganzen Lebensplan neu zu entwerfen. Sein ungeordnetes Dasein wollte er endlich aufgeben, diese Begehrenswerte zur Frau nehmen und einen Sohn mit ihr zeugen. Das Bild einer glücklichen Zukunft leuchtete in ihm auf. Schnell hatte er in Erfahrung gebracht, woher die Angebetete kam. Das junge Mädchen trug den Namen *Lotusschön*. Ihr Vater war ein kleiner Händler und sie war das einzige Kind ihrer Eltern. Den Gepflogenheiten der Zeit entsprechend, bat er einen Vermittler um Hilfe. Recht schnell wurde man sich einig und dem glücklichen Ereignis der Eheschließung stand nichts mehr im Wege. Die Hochzeit war ein rauschendes Fest mit vielen Gästen. Überall hingen rote Laternen und erleuchteten die Nacht. Auf Wunsch der Braut wohnte das junge Paar im Hause ihrer Eltern, was zur damaligen Zeit eher selten vorkam. Bald wurde *Lotusschön* schwanger und gebar eine kleine Tochter. Kurz darauf starb ihr schon betagter Vater.

Wenn ein Unglück geschieht, kommt es selten allein: Nach der Geburt des Kindes erschien die Frau ihrem Mann plötzlich nicht mehr so begehrenswert wie zuvor. Ihre Schönheit hatte durch Schwangerschaft und Geburt ein wenig gelitten. Nun fühlte er sich kaum noch zu ihr hingezogen. So nahm das Unheil seinen Lauf. Auf einmal fand er *Lotusschöns* Mutter anziehend; obgleich viele Jahre älter als er, fühlte er sich unwiderstehlich zu der reifen Frau hingezogen. Auch diese war dem frechen Werben des Schwiegersohns nicht abgeneigt und so gingen die beiden eine folgenreiche Beziehung ein.

Kaum eine Mauer ist so undurchdringlich, dass der Wind nicht irgendwo doch hindurchweht. So kam mit der Zeit auch diese Affäre ans Tageslicht. Die junge Frau war zutiefst entsetzt, als sie erfuhr, was ihr Ehemann und ihre eigene Mutter da hinter ihrem Rücken trieben. Unendlich gedemütigt und betrogen glaubte sie, ihr Herz müsste jeden Augenblick zerspringen. Keinem Menschen auf dieser Welt mochte sie noch jemals Glauben schenken. Mit diesen Leuten konnte sie nicht länger unter einem Dach leben, auch wenn es ihre eigenen Verwandten waren. Noch am gleichen Tag packte sie ihre Sachen und ging mit dem erst einen Monat alten Kind für immer fort. Sie fand Obdach im Hause ihrer Schwiegereltern, die als gläubige Anhänger der Lehre das Treiben ihres Sohnes nicht billigen konnten und auch aus Liebe zu ihrer Enkeltochter die betrogene Ehefrau mit dem Kind aufnahmen. Auch hatte sie sonst keinen Platz, wohin sie hätte gehen können.

*Lotusschön* vergoss viele Tränen in dieser Zeit, doch das Schicksal schien es bald wieder gut mit ihr zu meinen. Nach einigen Monaten lernte sie einen neuen Mann, einen reichen Kaufmann, kennen, der sich sehr um sie bemühte und sie unbedingt zu seiner Frau nehmen wollte. Lange musste sie mit sich ringen, bis sie bereit war, dem Verlangen dieses Mannes nachzugeben. „Wem ist geholfen, wenn ich den Rest meiner Tage hier allein und in Trübsal verbringe“, fragte sie sich. Mein Kind wächst hier auch ohne mich wohlbehütet auf. So ließ sie ihre junge Tochter im Hause der Schwiegereltern zurück und zog mit dem Kaufmann in eine andere Stadt, wo beide eine neue Existenz begründeten. Obwohl sie kein weiteres Kind gebar, lebten die beiden viele Jahre in Glück und Eintracht miteinander. Nie gab es Streit, nie böse Worte zwischen den Eheleuten.

Als die Geschäfte nach vielen Jahren auf einmal nicht mehr so gut wie früher liefen, entschloss sich der Mann, für ein paar Monate in jene Stadt zurückzukehren, wo beide einst gelebt hatten. Dort kannte er noch immer viele Kunden, war mit den Märkten vertraut und hoffte so, bald wieder zahlungskräftige Käufer für seine Waren zu finden. Während er auf seiner langen Reise war, blieb *Lotusschön* zurück im heimatlichen Haus und trug Sorge, dass dort alles seine Ordnung hatte.

Nach einiger Zeit in der Fremde und ganz ohne sein Eheweib begann in dem Mann ein untergründiges Verlangen zu wühlen. „Ich bin noch jung“, dachte er sich, „und sollte das Leben nicht an mir vorbeiziehen lassen.“ Inzwischen liefen die Geschäfte wieder wunderbar. Da sagte er sich: „Es sind doch ausreichend Mittel vorhanden, warum sollte ich mir eigentlich keine Zweitfrau leisten?“

Der Gedanke war noch nicht laut ausgesprochen, da hatte sich dem Mann schon ein Vermittler genähert, der seine innersten Sehnsüchte wohl erkannt haben musste. Schnell wurde er zu einer ihm bis dahin unbekannten Familie geführt und ihm die bildschöne sechzehnjährige Tochter vorgestellt. Das junge Mädchen war bei ihren Großeltern aufgewachsen, die kürzlich verstorben waren. Der Mann zögerte zunächst, denn er selbst stand ja schon im sechsten Jahrzehnt seines Lebens. Aber dann tauchte die junge Schöne immer wieder in seinen nächtlichen Träumen auf. Irgendwie erinnerte sie ihn auch an sein Weib in der fernen Heimat, bloß war sie viel jünger und anziehender.

Nach einigen Wochen gab er dem inneren Drängen schließlich nach und nahm das junge Mädchen zu seiner Zweitfrau. Einige Wochen später kehrte er dann mit ihr in seine Heimatstadt zurück.

Dort angekommen richtete er zunächst am Stadtrand ein Haus für die Zweitfrau ein, wo sie künftig leben sollte. Erst als dort alles fertig war, kehrte er zu seiner ersten Frau im Zentrum der Stadt zurück, die von alledem nichts ahnte und seine Rückkehr schon sehnsüchtig erwartet hatte. Ein wenig enttäuscht war sie allerdings, als er ihr gleich am Morgen des nächsten Tages erklärte, dass er wegen dringender Geschäfte schnell wieder fort müsse und erst spät in der Nacht zurückkehren könne. Da sie um seinen Fleiß und Arbeitseifer wusste, ließ sie ihn dennoch ohne Murren ziehen. Erst mit der Zeit kamen ihr nach und nach Zweifel, denn fortan ging es jeden Tag so: Erst spät in der Nacht kehrte der Mann heim, um schon in aller Morgenfrühe das Haus wieder zu verlassen. Die Sache mit der Zweitfrau ließ sich nicht lange geheim halten und sprach sich in der Stadt allmählich herum. So wurde es am Ende auch die betrogene Ehefrau gewahr. Ein Stich mitten ins Herz, der furchtbar wehtat! Jetzt erlebte sie die zweite tiefe Enttäuschung ihres Lebens.

„Dass du so etwas getan hast, ist gemein", sprach sie zu ihrem Mann, „aber noch schwerer wiegt, dass du es vor mir geheim hältst und mich auf so schäbige und zugleich lächerliche Weise betrügst."

„Ich schwieg allein", rechtfertigte sich der Mann und lächelte dabei verlegen, „um dir den Schmerz zu ersparen, der aus einer Begegnung mit der anderen gewiss entstehen würde."

„Bring sie ruhig mit in dieses Haus, eine solche Begegnung fürchte ich nicht", erwiderte die Frau daraufhin.

„Nun, wenn es dich nicht stört, warum nicht", antwortete der Mann, „das macht die Sache natürlich einfacher."

In der folgenden Nacht holte er die junge Zweitfrau tatsächlich in sein Haus im Zentrum der Stadt.

Die Ehefrau sah die junge Schöne zum ersten Mal, als diese gerade ihr langes Haar wusch. Wie sie nun näher herantrat, erblickte sie plötzlich am Hals der jungen Frau ein kleines schwarzes Muttermal, genau ein solches Mal, das auch ihren Hals zeichnete. Das junge Mädchen drehte sich um und die betrogene Frau schaute in ihr Antlitz: Tatsächlich – es war ihre eigene Tochter, die sie vor vielen Jahren ihrer Liebe zu diesem Mann wegen im Hause der Schwiegereltern zurückgelassen hatte.

Schreiend warf sie sich zu Boden und schrie voller Verzweiflung: „Mein Karma, mein Karma, oh, mein furchtbares Karma!" Drei Tage und drei Nächte weinte sie ohne Unterlass.

Am Morgen des vierten Tages war sie verschwunden. Obwohl die Familie überall nach ich suchte, war sie nirgends zu finden. Sie hatte auch dieses Haus verlassen und wollte nie wieder über dessen Schwelle treten. Liebesversprechen und menschliche Bindungen bedeuteten ihr nun überhaupt nichts mehr, all das ist ja nur Schall und Rauch. Diese Frau hatte die Bitternis des Lebens wirklich zu Genüge gekostet. Zunächst irrte sie tagelang völlig ziellos durchs Land. Dann traf sie an einem Morgen auf das weit geöffnete Tor zu einem Park, in dem zu dieser Zeit der Erhabene mit seinen Jüngern weilte. Plötzlich spürte sie eine große Geborgenheit in sich. Da hielt sie inne und holte einmal tief Luft. Hungrig und doch nicht am Hunger leidend, voller Kummer und doch im Herzen unbeschwert trat sie durch das große Tor und ließ sich auf dem Boden zwischen den Hunderten von Menschen nieder, die gerade dem Buddha lauschten. Als sie diese Worte vernahm, öffnete sich ihr Herz. Im Nu wichen alle Schwäche und alle Verzweiflung. Ihr Geist wurde von nie gekannter großer Klarheit erfüllt. In dieser Stunde entschloss sie sich, der Staubwelt auf immer zu entsagen. Noch am gleichen Tag nahm sie ihre Zuflucht zur Lehre des Erhabenen. Noch bevor dieses Erdenleben zu Ende ging, erreichte diese Edle die Stufe der Arhatschaft.

## Die tugendhafte Nonne

Vor langer Zeit herrschte in einem Reich einmal eine furchtbare Dürre. Ein ganzes Jahr lang war nicht ein einziger Tropfen Regen vom Himmel gefallen. Kein Halm Getreide wuchs mehr auf den Feldern, Bäume und Sträucher trugen kaum noch Früchte. Überall fehlte es an Nahrung, Menschen und Tiere hungerten. Auch die Mönche und Nonnen darbten, denn niemand legte jetzt noch viel in ihre Schalen. Immer öfter kehrten sie daher niedergeschlagen und mit leeren Mägen von ihren Almosengängen zurück. Eines Morgens ging eine Nonne, die, weil sie noch jung und kräftig war, den Nahrungsmangel besser wegsteckte als andere Menschen, am Haus eines reichen Bürgers vorbei und bat um eine Gabe. Da der Mann Mitleid mit ihr hatte und die Frau zudem sehr schön und anziehend fand, füllte er an diesem Tag ihre Almosenschüssel überreichlich. Guten Mutes ging die Frau mit den vielen Speisen wieder zu ihrem Kloster zurück. Auf dem Weg traf sie auf einen alten Mönch, der schon seit Wochen keinen einzigen Bissen mehr gegessen hatte. Mit glasigem Blick starrte er nun auf den weißen Reis und das Gemüse, das die junge Frau in ihrer großen Schale mit sich führte.

Der alte Mann musste nichts sagen.

„Er und die Seinen brauchen es nötiger als ich“, dachte die Nonne beim Anblick dieser ausgemergelten Gestalt und überließ ihm alles, was sie bekommen hatte. Überglücklich kehrte der Mann in seinen Tempel zurück, wo er das Mahl mit seinen Ordensbrüdern teilte, die ebenfalls schlimmen Hunger litten. Am folgenden Morgen zogen nun auch die Mönche zum Haus dieses Reichen, wurden aber schroff abgewiesen. An diesem Vormittag bekam kein einziger dieser Männer etwas in seine Schale. Hunger und Durst quälten die Buddhajünger, während sie unter der heißen Mittagssonne die staubige Straße entlang im Gänsemarsch zurückgingen.

Am Tag darauf ging die Nonne zum Haus eines anderen wohlhabenden Bürgers, der die junge Frau ebenfalls mochte und ihr sofort gutes Essen gab. Noch bevor die Sonne am höchsten Punkt des Himmels stand, kehrte sie in ihr Kloster zurück, um auch diese wenige Speise mit ihren Schwestern zu teilen. Bis dahin hatte sie keinen auch noch so winzigen Bissen davon zu sich genommen. Als das Essen gerade aufgeteilt werden sollte, da schaute sie einmal kurz durchs Fenster und sah nun, wie die Mönche aus dem Tempel des alten Glaubensbruders sich vor ihrer Klosterpforte versammelten und wehmütig um ein klein wenig Nahrung baten. Wiederum empfand die Nonne tiefes Mitgefühl und gab ihren eigenen Teil an die hungernden Brüder. An zwei Tagen hatte sie als Einzige der ganzen Gemeinschaft Almosenspeise erhalten und doch nichts davon selbst verzehrt, sondern alles denen gegeben, die noch bedürftiger waren als sie. Von diesem Tag an nannten alle Brüder und Schwestern des Buddha-Ordens diese junge Frau nur die *Große Mutter der Barmherzigkeit*. Durch diese Edle lernten die Menschen, dass der Geist eines wahren Opfers beispiellos ist und die Zeit überdauert.

## Buddha Sakyamuni besucht seinen Vater, den sterbenden König Śhuddhodana

Der Buddha weilte einst in der Stadt Rājagaha am Fuße des Geierberges. Während er dort saß, leuchtete sein Leib so hell wie das Licht der Sonne. Zu dieser Zeit hatte den König Śhuddhodana großes Unheil heimgesucht. Schwach und keuchend lag sein Leib darnieder. Alle Arten von Arznei wurden ihm verabreicht, doch nichts ließ ihn gesunden. Da sprach der König: „Mein Leben wird erlöschen, doch bin ich frei von Leid und Verlangen. Nur eines bringe ich nicht übers Herz, meinen Sohn Siddharta nicht mehr zu sehen."

In diesem Augenblick spürte auch der Erhabene, dass es mit dem alten Monarchen zu Ende ging und er seine Kinder noch einmal um sich haben wollte. So sprach er zu Nanda: „Der König Śhuddhodana ist mein leiblicher Vater, einst zeugte er einen heiligen Sohn, welcher der Welt von großem Nutzen ist. Heute nun will ich ihn unterweisen, ihm so wohltun und die Gunst meiner guten Erziehung vergelten."

Dann sandte der Weltverehrte strahlendes Licht aus, das sogleich auf den Leib des Königs fiel und den Todkranken Frieden finden ließ. Der Monarch spürte das helle Leuchten auf seinem Körper und sprach: „Dieses helle Licht kündet das Kommen Siddharthas an."

Kurz darauf erblickte der König seinen Sohn und sprach: „Mein einziger Wunsch ist eine Berührung deiner Hand, auf dass ich Gestilltheit erfahren kann.

Heute, wo ich den Weltverehrten erblicke, sind alles Leid und aller Kummer geschwunden."

Tröstend legte der Buddha die Hand auf die Stirn seines Vaters. „Freude komme über Euch, nicht länger geziemen sich Leid und Schmerz, mögen Eure Gedanken stets in den Schriften der Lehre ruhen."

Als der König diese Worte vernahm, überkam ihn unbeschreibliche Freude. Er nahm die Hand des Buddha und drückte sie fest auf seine Brust, genau dorthin, wo sein Herz schlug. Auf dem Bett liegend faltete er anschließend beide Hände und vollzog eine Geste aufrichtiger Verehrung. Kurz darauf verlosch sein Atem. Da sprach der Buddha zu den um ihn Versammelten: „Mein Vater, der König Śhuddhodana, gab gerade seinen Fleischesleib auf; in der Reinheit der Himmelswelt wird er künftige Wiedergeburt erlangen."

Wie die umstehenden Menschen dies hörten, da schwand augenblicklich aller Kummer und alles Schlechte aus ihren Herzen. Alle wussten: Das höchste Geschenk ist die Weitergabe der Lehre, die zur Erlösung führt. Dieses Geschehen war einfach unbeschreiblich.

# Textkritisches Nachwort

Die 105 Texte dieser Sammlung wurden aus dem modernen Chinesisch übersetzt. Dabei hat sich der Übersetzer um einen der deutschen Erzählprosa angemessenen Stil bemüht, gelegentlich Redundanzen des Originals weggelassen und Brüche geglättet. Inhaltliche Veränderungen wurden keine vorgenommen. Bei der Übertragung der Personen- und Ortsnamen war eine einheitliche Verfahrensweise schwierig. Die chinesischen Übersetzer hatten seinerzeit die Pali- bzw. Sanskritnamen meistens nach ihrem Lautbild, in einigen Fällen jedoch auch nach der Bedeutung des Namens übersetzt. Dabei unterscheidet sich die Aussprache natürlich völlig von den indischen Begriffen. Bei der Übersetzung ins Deutsche wurde sich an der Mandarin-Aussprache der Schriftzeichen orientiert, die Verschriftung jedoch, der deutschen Lautung folgend, ein wenig geglättet (zum Beispiel: Schalifei statt *She Li Fei*). Gelegentlich fanden auch die ursprünglichen Pali-Namen Verwendung, insbesondere solche wie beispielsweise *Ananda*, der als ein Jünger des Buddha unter diesem Namen auch im Westen bekannt ist.

Alle diese Geschichten liefern Veranschaulichungen der buddhistischen Lehre, die aus Originallehrreden des Buddha stammen wie auch aus Texten der späteren Mahayana-Tradition. Im Anhang findet sich eine Aufstellung mit Zuordnungen der Sutrenquellen. Die Übertragung ins Chinesische begann etwa im dritten nachchristlichen Jahrhundert. Marion Meisig hat am Beispiel des *Zhuan Ji Bai Yuan Jing* gezeigt, dass die chinesischen Bearbeiter dabei oft recht frei mit den indischen Vorlagen umgegangen sind, indem sie Kommentare und ausdeutende Erklärungen oder ganze Kurzepisoden einfügten. Auf diese Weise fanden eigenständige Stoffe und Motive Eingang in die übertragenen Werke. Dabei gibt es deutliche Unterschiede zwischen den nord- und südchinesischen Übersetzungen sowie den verschiedenen Textlinien, die im Laufe der Jahrhunderte entstanden.[22] In einigen Fällen wurden auch Geschichten aus längeren Erzählsträngen isoliert und als Einzelepisoden wiedergegeben. Dies ist vermutlich ein Grund dafür, dass manchmal Motive aufgegriffen, aber im Fortgang der Erzählung wieder fallen gelassen werden. In solchen Fällen nehmen die Episoden eine unerwartete Wendung, wobei eine eingangs geschilderte Konfliktsituation im Erzählungsverlauf durch eine neue ersetzt wird, die dann das eigentliche Thema bildet, ohne dass die erste aufgelöst worden wären. Mitunter werden auch Geschichten innerhalb einer Geschichte erzählt, die dann wiederum in neue Episoden münden.

Nach dem Tode Buddhas entstanden zahlreiche Legenden, die sich um sein Leben und seine Vorexistenzen ranken. In ihnen wird sein menschliches Wirken und das

22 Vgl. Meisig, Marion: Ursprünge buddhistischer Heiligenlegenden. Untersuchungen zur Redaktionsgeschichte des 撰集百缘经 (chuan4 tsi2peh2yüan2king1), Forschungen zur Anthropologie und Religionsgeschichte, Bd. 38. Münster 2004, S. 12f.

seiner Jünger auf wunderbare Weise überhöht, zahlreiche Schilderungen übernatürlicher Geschehnisse sollen die Kraft seiner Worte unterstreichen. Anekdoten von karmischer Tat und karmischer Ernte illustrieren die Lehre auf volkstümliche Weise in der Absicht, die Menschen zum tugendhaften Handeln zu erziehen. Sowohl reale als auch fiktive Personen treffen den Buddha und ändern durch diese Begegnung ihr Denken und Handeln. Neben den reinen Vorlebenslegenden (*Jataka*) werden Wiedergeburtsgeschichten generell auch mit dem Begriff *Avadāna*[23] bezeichnet. Mit der Verbreitung der Dharma-Lehre in den nördlichen Ländern Asiens fanden diese Texte auch Eingang in die jeweiligen Kulturen. Gelegentlich wurden sie dabei weiter ausgeschmückt und mit lokalem Kolorit angereichert. Insbesondere in China, wo Legenden und Mythen stets besondere Wertschätzung genossen, bilden sie einen wichtigen Teil der kulturellen Überlieferung. Viele Jahrhunderte lang haben vor allem Heilslegenden und Geschichten vom Wirken der Karma-Kausalität den volkstümlichen Buddhismus geprägt. Das zugrunde liegende Kausalitäts-Modell begreift die Existenz als Zusammenspiel von Herausforderung und menschlicher Reaktion darauf, als erlebte und zugleich geschaffene Realität. Eine Sichtweise, die sich nicht nur auf das irdische Dasein bezieht. Darstellungen des Leidens in den Höllenwelten sowie der Freuden des Reinen Landes ziehen sich ebenfalls durch die Texte. Solche Vorstellungen haben auch die Ikonographie beflügelt. In kaum einem chinesischen Tempel fehlen Wandmalereien und Skulpturen, welche Motive aus den Sutrengeschichten auch in plastischen Bildern erzählen.

Aus Buddha, dem erleuchteten Menschen und Religionsstifter des frühen Buddhismus, wird in den Mahayana-Geschichten ein übermenschlicher Heiliger, ein Allwissender und eine Lichtgestalt höchster Verehrung. Im Unterschied zur frühen Tradition besitzt er plötzlich magische Kräfte und setzt diese zum Wohle der Wesen auch ein. Auch vollbringt er nun oft Wunder, so heilt er Kranke oder überzeugt durch überweltliche Heilsbeweise anstelle der rationalen Überzeugungskraft der frühen Texte (beispielsweise in der Geschichte *Der aus dem Feuer Geborene*). Bisweilen ist es gerade die Magie, mit der die Kraft und Überlegenheit der Lehre beschworen wird. Tanzende Kerzen und bekleidet aus dem Mutterleib tretende Kinder, eine menschliche Geburt aus Eiern oder die Auferstehung eines Toten – offensichtlich soll hier Ergriffenheit durch Beschreibung des Wundersamen ausgelöst werden. Dazu kommen ausführliche Darstellungen von Höllenqualen in den unteren Daseinsbereichen: Die Folter des fleischlichen Körpers, der nicht mehr lebt, durch endlose Torturen und Ausweidungen, das Sieden über heißem Feuer und die Pein der Kältehöllen wirken auf heutige Leser oft befremdlich. Zumal der vergängliche Leib dabei gar nicht vergeht und in endlosen Runden stets neu gepeinigt und zerstückelt wird. In einigen der späteren Texte werden auch bestimmte buddhistische Überzeugungen relativiert, so zum Beispiel in der Geschichte vom

23 Pali: Apadāna.

wundersamen Hund, in welcher der Grundsatz des Nicht-Tötens relativiert wird. So kann die buddhistische Authentizität solcher Texte durchaus in Frage gestellt werden.

Ist anstelle des Buddha vom *Bodhisattva* die Rede, so ist damit zumeist eine der früheren Inkarnationen von Sakyamuni gemeint, bevor dieser die volle Buddhaschaft erlangte, manchmal jedoch auch einer der vier großen Bodhisattvas der chinesischen Tradition. Am bekanntesten ist die Bodhisattva Guanyin, die weibliche Verkörperung des indischen Avalokiteshvara. Eine Wiedergeburt des Buddha als Tier taucht gelegentlich ebenfalls auf. Die tierische Wiedergeburt des Erleuchteten zum Zwecke der Befreiung der Wesen entstammt einigen Jatakas, den Vorlebenslegenden des Buddha.[24] In diesen Geschichten dominiert das Symbolische und Parabelhafte vor der narrativen Absicht.

Während sich die Anfangstexte vor allem auf das Alltagsleben beziehen, treten später immer öfter die Himmelssphäre und die Götterwelt aus dem Hindu-Pantheon in Erscheinung. Vor allem von Indra, dem Götterkönig[25], der die Edlen und Gutherzigen oft harten und schaurigen Prüfungen unterzieht, ist oft die Rede. Auch die vier Himmelskönige, deren farbenprächtige Skulpturen die Eingangshallen fast aller chinesischen Tempel zieren, werden gelegentlich erwähnt, ebenso die Devas, welche über die 33 Himmelswelten herrschen. Die Götterwelten, die im Pali-Kanon nur eine untergeordnete Rolle spielen und von Buddha vermutlich schlicht im Kontext der Glaubensvorstellungen seiner Zeit akzeptiert wurden, gewinnen nun an Gewicht und Bedeutung. Während solche Darstellungen in Theravada-Tempeln nur selten zu finden sind, nehmen sie in der Mahayana-Ikonographie und -Poesie eine ganz zentrale Rolle ein. Der Grund liegt wohl darin, dass im Laienbuddhismus das formlose Nirvana als hohes und fernes, nahezu unerreichbares Heilsziel gesehen wird, während die farbenprächtigen, Wohlgeruch und Wohlklang verströmenden Sphären der verschiedenen Himmelswelten die Heilsphantasie viel anschaulicher beflügeln. Dazu kommen oft mythische Drachen, mitunter anstelle der Schlangen in den indischen Texten, die dann zumeist als positive Gestalten in Erscheinung treten, sowie *Riesenvögel mit goldenen Schwingen* (als chinesische Variante des Phönix oder der südostasiatischen Garudas).

Zahlreiche Sutrengeschichten thematisieren die Karma-Kausalität. Karma[26] (Pali: *kamma*) ist der Faktor, der die Form der Wiedergeburt wie die Lebensumstände insgesamt bestimmt. Wörtlich übersetzt bedeutet Karma schlicht Tat oder Handlung und ist damit ein Phänomen, das jeden in jedem Augenblick seines Lebens betrifft. Im Buddhismus wird damit vor allem das willentliche Tun bezeichnet.[27]

24 Siehe hierzu die Studie von Analayo: The Genesis of the Bodhisattva Ideal, Hamburg Buddhist Studies 1, hrsg. vom Center for Buddhist Studies. University Hamburg. Hamburg 2010, S. 61ff.

25 Chinesisch: tiandishe – 天帝释 oder dishetian – 帝释天.

26 Chinesisch: ye – 业 oder yinguo baoying – 因果报应.

27 Fünf Regeln (niyamas) liegen nach buddhistischer Auffassung der Karma-Bildung zugrunde: 1. Ursache und Wirkungsbeziehungen im Bereich der unbelebten Materie (utu-niyama), 2. Ursache-

Karma umfasst die Gedanken, die Sprachäußerungen und Taten eines Handelnden, auch als die „drei Tore“ von Körper, Rede und Geist bezeichnet.

„... Kamma (ist) der Schoß, aus dem wir kommen (*kamma-yoni*), der wahre Schöpfer der Welt und von uns als den Erlebern der Welt“ (Nyanaponika Mathathera).[28]

Der Karma-Begriff steht für die Beziehung zwischen Ursache und Wirkung, das heißt dem Vollzug einer Handlung und den Folgen für den, der sie vollzieht. Karma ist der Prozess, durch den das Tun der Existenz Gestalt verleiht. Bestimmt durch die Geisteshaltung wirkt Karma förderlich oder schädlich. Viele Handlungen sind jedoch karmisch neutral. Nach Ayya Khema liegt folgenloses Karma vor, wenn beispielsweise jemand eine Wand rot oder gelb streicht oder ein grünes oder blaues Kleid kauft.[29]

In den klassischen Texten wird die karmische Kausalität in verschiedene Klassen aufgeteilt, je nachdem, ob die Früchte der Taten noch in diesem oder erst in kommenden Leben heranreifen. War die karmische Handlung neutral, bleibt sie ohne spätere Wirkung. Im Pali-Buddhismus wird zunächst zwischen dem Tun an sich (*kamma*) und der Frucht des Handelns (*kamma-phala* oder *kamma-vipaka*) unterschieden. Die Handlungen entscheiden über die Lebensbedingungen:

„Die Wesen sind die Eigentümer ihrer Handlungen, Erben ihrer Handlungen, sind an ihre Handlungen gebunden (...) Es ist die Handlung, welche die Wesen in schlechter gestellte oder bessergestellte scheidet.“ (Majjhima Nikaya 153)

Negativ sind alle Handlungsmuster getrieben aus Gier, Hass und Verblendung, da sie zu leidhaften Zuständen führen. Positiv hingegen ist das Handeln mit edlen Absichten. Im Anguttara Nikaya (8,36) lehrt der Buddha: „Drei Arten verdienstlichen Wirken gibt es, ihr Mönche. Welche drei? Das im Geben bestehende verdienstliche Wirken, das in Sittlichkeit bestehende verdienstliche Wirken und das in der Geistesentfaltung bestehende verdienstliche Wirken.“

Allerdings führen gleiche Handlungen nicht immer zu den gleichen karmischen Wirkungen. Nyanaponika Mahathera[30] weist auf die Rolle der Umstände, Bedingungen und unterschiedlichen Lebenssituationen hin. Weil Karma „modifizierbar“ ist, seien auch die Wirkungen individuell verschieden.[31] Die vorherrschenden Charakterzüge spielten ebenfalls eine wichtige Rolle. Durch die unterschiedliche Last der Gier, des Hasses und der Verblendung könne die Wahlmöglichkeit eines Men-

Wirkungsbeziehungen im physisch-organischem Bereich (bija-niyama), 3. Konditionalität auf der Ebene des Bewusstseins (citta-niyama), 4. Handeln im Sinne willentlichen Tuns (kamma-niyama) und schließlich 5. das Spirituelle im Gegensatz zur weltlichen Ebene (dhamma niyama). Vor allem der vierte Bereich bestimmt das Karma-Handeln im Sinne ethischer Verantwortung (siehe Sangharakshita: Die sieben Arten von Karma und die fünf Niyamas, in: Weil, Alfred (Hrsg.): Karma. Stammbach 2008, S. 75ff).

28 In: Weil, ebenda, S. 120.

29 Siehe Ayya Khema: Wie du säst, sollst du ernten, in Weil, ebenda, S. 54.

30 Siehe Nyanaponika Mahathera: Kamma und seine Frucht, in: Weil, ebenda, S.113 ff.

31 Im Chinesischen wird dies oft mit dem Begriff der „Gründe und Voraussetzungen“ bzw. „Haupt- und Nebenursachen“ bezeichnet: yinyuan – 因缘.

schen stark eingeschränkt sein. Darüber hinaus hätten wir letztlich keine Gewalt darüber, wie andere auf unser Tun reagieren; steuern könnten wir lediglich unsere eigenen Reaktionen, aber unser Spielraum ist unterschiedlich.

Da die Karma-Lehre auf frühe hinduistische Auffassungen zurückgeht, ist umstritten, ob sie tatsächlich zu den buddhistischen Kernlehren gehört oder lediglich im historischen Kontext – als allgemein akzeptierte Auffassung der Epoche – Eingang in den Kanon fand. Tatsächlich gibt es grundsätzliche Unterschiede zwischen dem buddhistischen und dem hinduistischen Karmabegriff. Im Rigveda gab es noch keine Seelenwanderung. Das spätere Samkhya-System der Hindu-Philosophie lehrte, dass die Seele zwei Körper habe: einen grobmateriellen, der mit dem Tode verfalle, und einen feinmateriellen, der nach dem Tod verschiedene Zwischenreiche durchwandere. So heißt es im Pretakalpa des Garudapurana: „Die Seele ist mit allen (feinstofflichen) Sinnesorganen versehen, von den auf die Sinne wirkenden Eindrücken wie Tönen usw. affiziert, von Begierde, Leidenschaft usw. erfüllt und mit Karman (Folgen der von ihr begangenen Taten) behaftet; mit einer glücksbringenden Disposition ausgestattet, zieht sie in einen neuen, durch ihr eigenes Karman geschaffenen Leib ein, wie ein Hausbesitzer, dessen Haus abgebrannt ist in ein neues (9.55-45).“[32]

Nicht alle Buddhisten sind der Auffassung, dass es sich bei der Wiedergeburt um eine „absolute Wahrheit“ handelt. Der Glaube an Wiedergeburt, an himmlische und höllische Daseinsformen sei vielmehr ein „mentales Handlungsmuster“, das dem in der „Ich-andere-Dualität“ befangenen Menschen entspräche.[33]

Obwohl es durch die Lektüre der volkstümlichen Geschichten nicht deutlich wird, geht der Buddhismus nicht von der Existenz einer ewig währenden Seele aus (wir kommen auf diesen Widerspruch gleich zurück). Anders als in den hinduistischen Lehren, nach denen die Einzelseele (Atman) so lange reinkarniert, bis sie mit der Weltseele (Brahman) eins geworden ist, vollzieht sich Wiedergeburt im Buddhismus als unpersönlicher Vorgang. Anstelle der Seele bestimmen die fünf Skandhas, nämlich Körper (*rūpa*), Gefühle (*vedanā*), Wahrnehmungen (*saññā*), Geist im Sinne von Willensregung oder -tätigkeit (*samkara* auch: *sankhāra*) und Bewusstsein (*viññāna*)[34] den karmischen Prozess. Reinkarnation ist daher ein Geschehen von *Permutationen* der Lebensphänomene, gesteuert durch das individuelle Handeln im Rahmen des Ursache-Wirkungsmechanismus der geistigen Welt. Jenseits persönlicher Identität erfahren auf diese Weise die fragmentierten Bestandteile der Existenz in jedem Veränderungsprozess ihre wechselseitige Verbundenheit und die Zugehörigkeit zu einem größeren Ganzen. Im unendlichen Ozean des Seins ist das einzelne Leben gleich einer Welle, entstanden aus Ursachen, ver-

32 Pretakalpa des Garudapurana, in: Malinar, Angelika: Hinduismus Reader. Göttingen 2009, S. 85f.

33 Siehe zum Beispiel den Beitrag von Viriya Manfred Wiesberger: Wirken und Erleben. Worte des Buddha aus dem Pali-Kanon, in: Weil, a.a.O., S. 108.

34 Sanskrit: rūpa, vedanā, samjñā, samskāra und vijñāna. Auf Chinesisch werden die Skandhas als wuyun (五) bezeichnet: seyun – 色蕴, shouyun – 受蕴, xiangyun – 想蕴 xingyun – 行蕴, shiyun – 识蕴.

gänglich und nur von kurzer Dauer, aber unauflöslich eins mit allem Wasser. Die Aufeinanderfolge der Existenzen folgt einem zwölffachen Kausalnexus des Entstehens in Abhängigkeit. Jedes Glied in der Kette des Entstehens enthält alle anderen: Aus Unwissenheit (1) entsteht der Wille zu Existenz und Gestaltung (2), hieraus entwickelt sich ein spezifischer Bewusstseinszustand (3) als Träger des künftigen Daseins; davon abhängig entstehen Name und Form (4), das heißt psychische Faktoren und ein Fleischesleib sowie die sechs Aggregate – die fünf Sinne und das Denken (5) – als Voraussetzung für die Berührung (6) der Sinnesorgane mit ihren Objekten; hieraus wiederum entspringen die Empfindungen (7), die ihrerseits die Gier (8), den Durst nach Objekten und dem Dasein erzeugen. All diese Voraussetzungen überdauern die Zeit eines einzelnen Erdenlebens und führen nach dem Tode zum Ergreifen (9) eines neuen Mutterschoßes, zum Werden (10), zu neuer Geburt (11) und damit zwangsläufig zu Alter und Tod (12). Wo Erkenntnis und Wissen an die Stelle von Unwissenheit treten, da können die Formationskräfte einer neuen Existenz überwunden und der unkonditionierte Zustand erreicht werden.

Wie sich der Prozess von Tod und Wiedergeburt im Einzelnen vollzieht, wird in den buddhistischen Schulen unterschiedlich beschrieben. Das ausgeprägteste esoterische Modell liefert der tibetische Buddhismus, der sechs Wiedergeburtsbereiche beschreibt und drei Zwischenzustände (*bardo*). Die Pali-Lehren sprechen von nur fünf Bereichen (das Reich der Asuras bzw. Titanen fehlt) und erwähnen keine Zwischenzustände. Letztere bieten in den tibetischen Lehren die Möglichkeit, durch Hören der Lehre Einfluss auf die künftige Wiedergeburt zu nehmen oder gar das Nirvana zu erlangen. Daher wird Sterbenden aus dem „Bardo Thödröl“[35], dem tibetischen Totenbuch, laut vorgelesen. Die Vorstellung von „Zwischenreichen“ als transitorischen Übergängen findet sich jedoch bereits in den Hindu-Lehren in Form von Ahnen- und Geistervorstellungen. Während einer kürzeren Zeitspanne nach dem Tod, so wird geglaubt, könne der Verstorbene noch auf die Hinterbliebenen Einfluss nehmen, was große Gefahren berge.[36] Der frühe Buddhismus hingegen erwähnt keinen solchen Zwischenzustand. Im Peta-Vatthu, dem Totenbuch des Pali-Kanons, wird von Peto (Sanskrit: *preta*) gesprochen, womit allgemein Ahnen, Verstorbene bzw. Vorgänger gemeint sind. Erst im Sanskrit-Buddhismus wird dieser Begriff exklusiv für hungrige Geister verwendet, die in der Ikonographie stets mit riesigen leeren Bäuchen und dünnen Hälsen dargestellt werden – Symbolfiguren unstillbarer menschlicher Gier. Auch in den Pali-Texten wirken die verschiedenen Daseinsbereiche aufeinander ein. Verbindungsglieder sind die psychischen Prozesse und das menschliche Handeln. In den unendlichen Astralwelten zählt die materielle Welt der Menschen, Tiere und Pflanzen eigentlich nur als ein

35 Wörtlich: „Befreiung durch Hören im Zwischenzustand“, chin.: Zhong you wen jie – 中有闻解.

36 Siehe: Michaels, Axel: Der Hinduismus. Geschichte und Gegenwart. (2. Auflage). München 2012, S.161ff.

winziger Sonderfall, denn letztlich sei alles geistbedingt.[37] Die Karma-Kausalität spielt auch hier die alles entscheidende Rolle. Keine Unterschiede gibt es zwischen den frühen und späten buddhistischen Schulen hinsichtlich der Auffassung von der Unbeständigkeit der menschlichen Seele – gleich der Unbeständigkeit aller Dinge – sowie der Selbstverantwortung des Menschen für Freude oder Glück in seinem Leben. Sowohl im Bardo Thödröl als auch im Peta Vatthu fallen daher die Konsequenzen der Taten am Ende auf die Handelnden zurück. Insbesondere das frühe Totenbuch beschreibt, wie alles Schlechte den drei Tatmerkmalen Töten, Entreißen und Ausschweifung entspringt und – geboren aus Egoismus – zu leidhaften Zuständen in dieser und künftigen Existenzen führt. Obwohl keine Zwischenzustände beschrieben werden, messen die Pali-Lehren dem sogenannten „todnahen Karma" eine besondere Bedeutung für die künftige Wiedergeburt bei. Die letzten Gedanken im Leben sind also sehr wichtig. Infolge ungünstiger Umstände könne es sogar zur Überlagerung eines „gewohnheitsmäßig" besseren Karmas kommen, womöglich zum Absturz in niedere Bereiche. Einige Geschichte erzählen, wie aus den allerletzten Bildern später eine neue Existenz Gestalt annimmt (siehe zum Beispiel die Episode „Eine Wiedergeburt als Käsemade"). Sind Gier und Hass übermächtig, droht eine Wiedergeburt als Tier. Eine tierische Geburt gilt als nahezu hoffnungsloses Gefängnis der Existenz, da das triebgesteuerte Dasein dem vernunftbestimmten Handeln keinen Raum gibt. In die grausamen Höllenwelten gerät, wessen Geist durch höllisches Verlangen beherrscht wird.

Obwohl die hinduistische Lehre von einer unsterblichen Seele von Buddha mit dem Hinweis auf die Unbeständigkeit aller Phänomene verworfen wurde, gibt es unter den buddhistischen Schulen auf die Frage, was denn nun überdauere und das Kontinuum der Wiedergeburt verkörpere, verschiedene Antworten. Der Pali-Buddhismus spricht von einem individuellen Bewusstseinsstrom (*bhavanga sota*), ein Begriff, der von Nyanatiloka mit „Wiedergeburtsbewusstsein" übersetzt wurde, welches nach dem *Vishuddhi Magga*[38] (Kap. XIV) allerdings nicht anfangs- und endlos ist. Daneben ist auch von einem „allerersten Bewusstseinsmoment" (*patisandhi-vinanna*) die Rede, welches das *bhavanga sota* initialisiere. Dieses könne dann die karmischen Prägungen aufnehmen. Aber das Bewusstseinsobjekt verfü-

37 Vgl. die Kommentierung durch Helmut Hecker: Peta Vatthu. Das buddhistische Totenbuch. Ein Text aus der Kürzeren Sammlung des Palikanons. Stammbach 2001. Nach buddhistischer Auffassung besteht die gesamte Wirklichkeit aus drei Welten: Neben der irdischen Welt sinnlicher Erfahrung, die unser Alltagshandeln bestimmt, gibt es noch eine „Welt der reinen Formen" sowie die „Welt des formfreien Daseins". In der „reinen Formenwelt" spielt sinnliches Verlangen keine Rolle mehr. Die dort lebenden Wesen suchen weder die angenehmen Dinge noch fürchten sie die unangenehmen. Beglückender innerer Friede herrscht anstelle ständig wechselvoller Gefühle. Doch gibt es auch in dieser Welt keine Vollkommenheit. Erst im „formfreien Dasein" ist alle Dualität, jeder Unterschied von innen und außen, von Subjekt und Objekt völlig erloschen.

38 Das Vishuddhi Magga (Der Weg zur Reinheit) ist ein bedeutendes buddhistisches Werk aus dem fünften Jahrhundert n. Chr. Die Abhandlung des Gelehrtenmönchs Buddhaghosa gilt als erste vollständige und systematische Darstellung des Theravada-Buddhismus.

ge über keine eigene Substanz und könne daher nicht wie ein Frosch von Teich zu Teich, von einem Bewusstsein zum anderen springen. Daher heißt es im Visuddhi Magga: „… nicht entstanden ohne früheren Grund“ (ist was hinüberwandert). Und etwas weiter: „… nicht aber aus dem früheren Dasein in dieses hinübergewandert.“ Damit wird sich von den Upanishaden abgegrenzt, welche die Seelenwanderung mit dem Umzug in ein neues Heim oder mit einer Raupe vergleichen, die von einem zum anderen Blatt wandert.[39]

Im *Milindapañha* (den „Fragen des Königs Milanda“ in einem Dialog mit dem Buddha) heißt es im zweiten Kapitel (*Addhāna Vagga*) noch deutlicher und an einem Beispiel illustriert:

„‚Ist wohl, ehrwürdiger Nāgasena, derjenige der wiedergeboren wird, derselbe wie der Abscheidende, oder ist er ein anderer?‘

‚Weder derselbe noch ein anderer.‘

‚Gib mir ein Gleichnis!‘

‚Was meinst du, o König: bist du wohl jetzt als Erwachsener noch eben derselbe, der du damals als kleiner junger, unmündiger Säugling warst?‘

‚Das nicht, o Ehrwürdiger. Denn eine andere Person war ja der kleine, junge, unmündige Säugling, eine ganz andere Person aber bin ich jetzt als Erwachsener‘ …

… ‚aufgrund eben dieses Körpers werden (in unserem Denken) alle diese Zustände (Lebensstadien) zu einer Einheit zusammengefasst.‘ …

… ‚Brennt wohl eine Lampe in der ersten Nachtwache, eine andere in der mittleren, und wieder eine andere in der letzten Nachtwache?‘

‚Das nicht, o Ehrwürdiger. Denn das Licht war während der ganzen Nacht abhängig von ein und derselben Lampe.‘

‚Genau so, o König, schließt sich die Kette der Erscheinungen aneinander. Eine Erscheinung entsteht, eine andere schwindet, doch reihen sich alle ohne Unterbrechung aneinander. Auf diese Weise langt man weder als dieselbe Person noch als eine andere bei der letzten Bewußtseinsverfassung an.‘“

Im Mahayana-Buddhismus liefert die Yogācāra-Schule, die auch unter dem Namen *Vijñānavāda* oder *Nur-Bewusstseins-Schule* bekannt ist, ein weiteres Erklärungsmodell, dessen Kernauffassung darin liegt, dass nur das Bewusstsein real, alle Objekte und Konstruktionen aber ohne eigene Wirklichkeit seien. Der Inhalt des Bewusstseins werde nicht nur durch die in Abhängigkeit von ihm bestehenden Objekte erzeugt, sondern ebenso durch Modifkationen im Bewusstsein selbst. Zur Erklärung der Bewusstseinsbildung bedient sich die Yogācāra-Schule eines achtstufigen Modells, das neben den fünf Sinnesorganen und dem Geist auch die

39 „Wie eine Raupe, nachdem sie zur Spitze des Blattes gelangt ist, einen anderen Anfang ergreift und sich selbst dazu hinüberzieht, so auch die Seele, nachdem sie den Leib abgeschüttelt und das Nichtwissen (zeitweilig) losgelassen hat, ergreift sie einen anderen Anfang und zieht sich selbst dazu hinüber.“ (Upanishaden 4.4-5, in: Malinar, a.a.O., S. 29f).

Willens- und Gestaltungskräfte sowie das *universelle Speicherbewusstsein* aller manifestierten und nicht-manifestierten Dinge und Erscheinungen (Sanskrit: *ālaya vijñāna*) umfasst. In diesem universellen Bewusstsein existieren die karmischen Eindrücke (*bija*) als Samen künftiger Existenzen. In ihm wirken auch alle Verhaltensmuster, die sich durch unsere Erfahrungswelt gebildet haben. Jede Verknüpfung mit neuen Erfahrungen führt nun zu weiteren Konstruktionen der Wirklichkeit. Ein Beispiel: Auf jede Bedrohung reagiere ich mit sofortigem Gegenangriff. Jedes Mal, wenn sich ein Individuum bedroht fühlt, wird also ein *Kampfprogramm* aktiviert. Auf diese Weise setzt sich Samsara, der Prozess des unendlichen Werdens, stets weiter fort. Werden die aktivierten Muster hingegen als das erkannt, was sie sind, nämlich reine Schöpfungen des Geistes ohne eigenen Wirklichkeitswert, findet keine erneute Verankerung im Geist mehr statt. Das Tor zur Befreiung kann sich öffnen. Die Auffassung der Yogācāra-Schule ist jedoch umstritten, weil sie nur dem Bewusstsein, nicht aber den Objekten seiner Erkenntnis letztliche Realität zuschreibt.

Diese Lehrmeinungen werden in den Anekdoten der vorliegenden Sammlung jedoch in keiner Weise reflektiert. Hinzu kam, dass über die ersten Jahrhunderte nach der Ankunft des Buddhismus in China über die genuin buddhistische Auffassung von der Seele große Missverständnisse herrschten. Wie kam es dazu? Die neue Religion aus Indien gelangte nicht als ein geschlossener Korpus, sondern sukzessive nach China. Philosophische Abhandlungen (oder deren Fragmente) standen neben Anekdoten und Legenden, Texte des frühen neben solchen des späten Buddhismus, ohne dass die unterschiedliche Zugehörigkeit von Anfang an erkennbar war. Hinzu kamen Missverständnisse aufgrund der kulturellen Prägung sowie Qualitätsmängel der frühen Übersetzungen. Weiterhin brachte die neue Lehre eine Reihe von Glaubensvorstellungen aus ihrem Heimatland mit, zu welchen sie sich in Abgrenzung entwickelt hatte. In China waren diese Vorstellungen allerdings weitgehend unbekannt und so wurde oft nicht trennscharf zwischen dem Neuen des Dharma und seinem indischen Glaubenshintergrund differenziert. Die ersten Chinesen hatten also ihre Schwierigkeiten, die hinduistischen und buddhistischen Vorstellungen über die Seele sauber zu trennen. *Mouzi*, einer der frühen Gelehrten unter den chinesischen Buddhisten aus dem dritten Jahrhundert, dokumentiert in seiner Schrift *Lihuolun*, wie wenig seine Vorstellung der Seele mit dem Buddhismus zu tun hat und wie nahe sie den hinduistischen Lehren kommt, ohne dass er sich dieses Unterschieds bewusst wäre, beispielsweise wenn er schreibt: *„Die Seele (Hunshen) geht niemals zugrunde, allein der Körper verfällt (…) Nur wer erleuchtet wird, dessen Seele erlischt.“*[40]

Zunächst wurde Wiedergeburt – auch im buddhistischen Sinne – also als die Weiterexistenz der Seele nach dem Tode interpretiert. Erst im fünften Jahrhundert hatte sich die genuin buddhistische Wiedergeburtslehre wirklich etabliert. Aber

40 Zitiert nach Park 2012, S.208.

ganz offensichtlich hat sich diese Auffassung in der Volksreligion nicht überall durchgesetzt.[41]

Darüber hinaus wollte die Karma-Lehre nicht so recht ins Weltbild der Konfuzianer passen, deren Anschauung auf dem „Mandat des Himmels" gründete, welches das Schicksal ganzer Reiche ebenso bestimme wie das jedes einzelnen Menschen. Im Sinne des Determinismus sei also schon vor der Geburt entschieden, welche Aufgaben einen in diesem Leben erwarten und in welches Los man sich zu fügen habe. Ein Gelehrter namens Fan Zhen (450–507) vertrat in seiner Abhandlung *Shen Mei Lun* (Über die Zerstörbarkeit der Seele)[42] die Auffassung, dass es eine unsterbliche Seele nicht gäbe, mit dem Tod fände alles ein Ende. Damit wollte er Logik und gesunden Menschenverstand gegen die Buddhisten mobilisieren, von denen er annahm, dass sie an eine ewige Seele glaubten. Fan weist auch die Karmalehre zurück. Alles sei allein dem Zufall geschuldet. Um sein Argument deutlich zu machen, beschreibt er das Bild eines blühenden Baumes. Umhergetragen vom Wind gingen die fallenden Blütenblätter an den verschiedensten Orten nieder. Während einige auf einem Dunghaufen landen, schweben andere auf die Seidenkissen im Palast des Königs herab. *„Menschen sind wie die Blätter an den Bäumen, sie wachsen gemeinsam und der gleiche Wind biegt sie und reißt sie schließlich herab (wenn ihre Zeit gekommen ist) (…) So gibt es Arme und Reiche ohne jedwedes Vergeltungsgesetz."*[43] Ein weiterer Kritiker, der Konfuziusjünger Tai Angong, hatte sich bereits Jahrzehnte zuvor gegen die Karmalehre mit dem Argument gewehrt, dass viele, die Gutes täten, keinerlei Lohn empfingen, während manche Bösewichte im Leben oft sehr gut daständen. Der bekannte buddhistische Meister Hui Yuan (334–416) wies diesen Einwand seinerzeit mit dem Hinweis zurück, dass die Frucht der karmischen Taten über viele Leben reife.[44] Das konfuzianische Denken schenkt dem Jenseitigen jedoch wenig Beachtung und kennt daher auch nicht die Vorstellung einer (unsterblichen) Seele.

Vermutlich weil Karma und Wiedergeburt weder im Konfuzianismus noch im Daoismus eine Rolle spielen, wird die Kontinuitätsproblematik umgangen oder trivialisiert. Konfuzius förderte den Ahnenkult und vertrat die Auffassung vom Weiterleben in den Nachkommen, ohne die Formen des Übergangs präziser zu beschreiben, während der Daoismus vor allem die letztliche Einheit der Wirklichkeit lehrt. Das Dao ist das Namenlose, woher alle Dinge der manifesten Welt kommen und wohin sie am Ende wieder zurückkehren. Das Namenlose aber entzieht sich jeder begrifflichen Bestimmung. Ob materiell oder geistig, Diesseits oder Jenseits, Objekt oder Subjekt der Erkenntnis – nach dem *Dao De Jing* sind im Ursprung alle Dinge unerschaffen, eins und ungeteilt. Doch ist eine solche Definition nicht bereits eine begriffliche Bestimmung? Die Daoisten erkannten diesen inneren Wider-

41 Zur anfänglichen Rezeption der Anatta-Lehre in China siehe Pachow 1980 und Park 2012.
42 Zu Fan Zhens Schrift siehe Pachow 1980, S.141ff.
43 Nach der Übersetzung von Edkins 1893, S.95.
44 Wiedergegeben nach Chen 1973, S.139f.

spruch und lösten ihn mittels einer Legende auf, dass nämlich Laotze begriffliche Erklärungen (das heißt das gesamte *Dao De Jing*) nur gegeben habe, weil er von einem Zöllner beim Verlassen des Landes genötigt worden sei, sein Wissen über das Höchste schriftlich zu fixieren. Erst hernach wurde es ihm erlaubt, die Grenze zu überschreiten.

Nicht unähnlich dem Buddhismus kennt auch der Daoismus die Motive der immerwährenden Wandlung (gemäß dem alten Weissagungsbuch *Yijing*) sowie der Fraglichkeit bleibender Identität (zum Beispiel Meister *Zhuangzi*, der nicht zu unterscheiden vermag, ob er von einem Schmetterling träumt oder ob er in Wirklichkeit ein Schmetterling ist, der davon träumt, ein weiser alter Mann zu sein). Die Vorstellung einer bleibenden Seele ist dem frühen Daoismus fremd. Das Dao ist jenseits der Worte, kennt weder Identität noch Individualität. Im zweiten vorchristlichen Jahrhundert entwickelte sich der Daoismus allerdings immer mehr zu einer religiösen Gemeinschaft mit einem Schriftkanon, einer Priesterschaft sowie mit eigenen Meditationstechniken und Ritualen. Damit einher geht eine starke Formalisierung der Lehren. Die Suche nach dem „Lebenselixier" sowie nach Techniken der Lebensverlängerung nimmt nun sehr großen Raum ein. Hinzu kommt die Revitalisierung alter volksreligiöser Seelenvorstellungen. So lehrt der spätere Daoismus die Existenz verschiedener den Leib behausender Seelen (*hun* und *po*), teilweise werden bis zu fünf verschiedene Seelen unterschieden. Diese werden dem Geist und dem Körper auf unterschiedliche Weise zugeordnet und es heißt über sie, dass einige den Tod überdauerten und andere nicht. Während die Po-Seele im Grab ruhe, fliege die Hun-Seele nach dem Tode zum Himmel. Erstere könne unter ungünstigen Umständen auch leicht zu einem Gespenst werden und großen Schaden stiften. Die Buddhisten brachten nun eine leicht verständliche Systematik und finale Erlösungsperspektive in die Debatte, welche im Horizont der daoistischen Seelen-Vorstellungen nicht ersichtlich war. Doch letztlich setzten sich nicht philosophische Konzepte, sondern pragmatische Auffassungen durch. Bestehende chinesische Lehren einer bürokratisch organisierten Jenseitswelt mit einem Erdgefängnis (*diyu*), in dem die Seele einem Richter vorgeführt wird, verbanden sich erfolgreich mit der buddhistischen Lehre von den sechs Daseinsbereichen. So gewann die Karmalehre zugleich eine herrschaftsstabilisierende Funktion. Musste sie sich anfangs noch gegenüber den Einwand verteidigen, sie untergrabe das Bestrafungsmonopol des Herrschers über die Übeltäter, da ja die karmische Vergeltung alles im Selbstlauf regele, erscheinen nun dies- und jenseitige Welt als ein verbundenes Gefüge, in dem der Herrscher seine Aufgabe im Rahmen des ihm erteilten „himmlischen Mandats" wahrnimmt. Es war eben sein Karma, das ihn zum Herrscher werden ließ.

In den Sutrengeschichten liegt der *erzieherische Fokus* auf der Verantwortlichkeit des Einzelnen für seine Handlungen und der Entwicklung von universellem Mitgefühl. Indem der Böse die Frucht seiner Taten am eigenen Leib erfährt, lernt er schmerzvoll die Einheit und Verbundenheit allen Lebens begreifen. Im Mittelpunkt der das Karma illustrierenden Erzählungen stehen zumeist Begebenheiten, welche die Folgen guter wie schlechter Taten im Einzelnen aufzeigen. Ein angenehmes Leben im Jetzt erklärt sich als Frucht positiven Karmas in dieser oder einer früheren Existenz. Gesundheit und materielles Wohlergehen erscheinen so als Belohnung guter Taten. Jede Wiedergeburt vollzieht sich in einer der sechs Daseinsbereiche, wie sie von der Mahayana-Tradition gelehrt werden: der Menschenwelt, dem Tierreich, den Höllenwelten, der Sphäre der hungrigen Geister, der Götter oder der Titanen. Wohl weil sich die Geschichten an breite Bevölkerungskreise wenden, die vor allem nach günstiger Wiedergeburt streben, wird das Heilsziel des Erlöschens im Nirvana kaum thematisiert. Eine Wiedergeburt in den „himmlischen Sphären" gilt dagegen als höchst erstrebenswert. Für den Erleuchteten aber gibt es weder Karma noch Wiedergeburt. In den Geschichten wird sowohl das Kloster- und Eremitenleben mit seinen Entsagungen gelobt als auch eine Ethik der Pflichterfüllung gelehrt, zum Beispiel durch die immer wiederkehrende Betonung der Kindspietät.

Die Erfahrung von Leid und Schmerz in der irdischen Existenz wird zurückgeführt auf schlechtes Tun in der Vergangenheit, das oft detailreich geschildert wird. Karma wird so zur Morallehre, die vor den Gefahren des Bösen warnt und auf den Pfad des Guten führen soll. Die Grundpfeiler, an denen sich das Handeln zu orientieren hat, sind dabei stets: Tugend, Versenkung und Weisheit (Pali: *sīla, samādhi, paññā*)[45], auch als Sittlichkeit, Sammlung und Einsicht übersetzt, die sich auf verschiedene Bereiche des Achtfachen Pfades beziehen.

Viele Geschichten dienen auch zur Belehrung des Herrschers. Das Ideal ist der *wohltätige Monarch*, der allein seinem Land dient und die Regierungsgeschäfte gemäß den Grundsätzen der Tugend und Rechtschaffenheit führt. So könne er sich stets der Zustimmung aus dem Volk und des Beistands der höheren Mächte gewiss sein. Der *Dharma-Raja*, das heißt ein König, der das Land gemäß der buddhistischen Lehre führt, ist ein wichtiger Bestandteil der klassischen indischen Texte. Bis heute wird immer wieder auf das Beispiel des indischen Herrschers Ashoka Bezug genommen. Im China der Han-Zeit, als der Buddhismus erstmals ins Land kam, war der oberste Regent als Träger des himmlischen Mandats nicht nur für Ordnung und Sicherheit der Gesellschaft, sondern ebenso für die Natur zuständig.[46] Kam es zu Naturkatastrophen wie den in einigen Geschichten beschriebenen Dürren oder Überschwemmungen, so herrschte die Auffassung, dass diese vom Kaiser zu vertreten seien. Es war üblich, die Verantwortung für solche Ereignisse zunächst bei ihm zu suchen, als unvermeidliches Ergebnis fehlender Tugend oder anderer Mängel seiner Herrschaft. Die indischen Geschichten fielen hier also auf einen fruchtbaren Boden.

45 Auf Chinesisch in der kurzen Schriftform: jie – 戒, ding – 定, hui – 慧, im mündlichen Sprachgebrauch auch: daode jielü – 道德戒律, chanding – 禅定, huixue – 慧学 oder zhi – 智

46 Vgl. Clart, Philip: Die Religionen Chinas. Göttingen 2009, S.57f.

Manche Beschreibungen der Erfahrungen karmischen Heils wirken heute befremdlich, bisweilen unfreiwillig komisch. So etwa die Verwandlung einer Frau in einen Mann aufgrund wahrhaft tiefer Hingabe oder wenn die männliche Wiedergeburt als Folge guten und die weibliche als Folge schlechten Karmas klassifiziert wird. Solche Urteile entspringen dem seinerzeitigen Wertekontext, das heißt der niedrigen sozialen Stellung der Frau. Anders als in manchen neueren Übertragungen, in denen wohlmeinende Übersetzer die Wiedergeburt im „Körper eines Mannes" mit „Wiedergeburt in einem starken Körper" ins Deutsche übertrugen, wurde sich hier an die Details der Originale gehalten. Die Darstellung von Frauen in der buddhistischen Prosa ist seit einigen Jahren verschiedentlich zum Gegenstand nachvollziehbarer feministischer Kritik geworden.[47] Das Weibliche, so heißt es in textkritischen Kommentaren, würde dort regelmäßig mit dem Unreinen, Säkularen und bisweilen Tierhaften in Verbindung gebracht, demgegenüber sich das Männliche als reine und nach Vollkommenheit strebende Kraft abhebe. Die Frauen in buddhistischen Legenden seien oft böse und verschlingende Gestalten, die reine und unverdorbene Jünglinge mit ihrer ungezügelten Triebhaftigkeit in grauenhafte Abgründe stürzten. Allein aufgrund ihres Geschlechts, so diese Kritik, seien sie zu größerer Selbsttäuschung und Leidenschaftlichkeit verdammt als Männer. Erst wo männlicher Ordnungssinn über das weibliche Chaos triumphiere oder sich die Frau auf wundersame Weise plötzlich in einen Mann verwandle, werde die Erleuchtung überhaupt möglich.

Solche Kritik kann zur Begründung auf zahlreiche buddhistische Texte verweisen und ist nicht aus der Luft gegriffen. Neben dieser Sicht der Weiblichkeit findet sich in den Geschichten jedoch ebenso das Motiv der schöpferischen und weisen Frau. Indem sie (gleich einem Mönch) ihre Sexualität überwindet, repräsentiert auch sie vollkommene Reinheit und zudem Mütterlichkeit, Sanftmut und tiefes Mitgefühl, wie etwa die Bodhisattva Guanyin im chinesischen Buddhismus.

Das Weibliche als Verkörperung von List und Verschlagenheit, als anschauliches Bild der Energien von Anziehung und Vernichtung, ist eigentlich kein buddhistisches Sonderphänomen, sondern zieht sich durch den gesamten indo-hellenischen Kulturraum. Darüber hinaus findet sich diese Symbolik auch im chinesischen Yin, das beides ist: ein Zeichen des Aufnehmenden und Empfangenden ebenso wie ein Bild der dumpfen, schattenhaften und vernichtenden kosmischen Kräfte. Yin und Yang sind dabei nicht einfach Ausdruck geschlechtsspezifischer Manifestationen. Vielmehr handelt es sich um die Beschreibung von Prinzipien, die in allen Wesen wirken, jedoch in unterschiedlichem Umfang.

Die feministische Kritik übersieht bisweilen, dass sich der Abscheu gegen das Leibliche nicht spezifisch gegen den weiblichen Körper richtet, sondern auf die Kör-

47 Siehe zum Beispiel Wachs, Marianne: Die Rolle der Frau im Buddhismus o. J.; Lenz, E. Ortrum: Das Weibliche im Buddhismus 2008.

perlichkeit im Allgemeinen bezieht. Indem die Praktizierenden zum Beispiel über die Unreinheit der Nahrung meditieren sowie die Ekelhaftigkeit der Substanzen, die im Stoffwechselprozess in Form von Kot, Urin, Blut, Nasenschleim, Gelenkschmiere usw. aus ihr entstehen, realisieren sie die Vergänglichkeit der physischen Existenz. Der Geist soll nicht gefesselt bleiben an dieses „Gebilde aus Illusionen"; so sieht der Übende den Leib, wie er ist, als Objekt permanenten Verfalls, als „Kotsack" oder „Jauchebeutel", dessen eklige Aspekte bei illusionsloser Sicht alle Formen der Anhaftung augenblicklich verscheuchen.[48] Wo die Anziehung trotzdem noch vorherrscht, wird den Meditierenden geraten, einmal ein Leichenfeld aufzusuchen, sich vor einem der blauverfärbten, aufgedunsenen, übelriechenden, vielleicht auch schon von Hunden angenagten Leichname niederzulassen und dort über Vergänglichkeit zu meditieren. Ob Mann oder Frau, an diesem Ort soll die Erkenntnis reifen: Auch mein Körper ist von dieser Art, wird auf solche Weise enden. Das Ziel solcher Übungen ist das Überwinden der Anhaftung an die Objekte der Sinne, das Gewinnen von Einsicht und die Stärkung der Entschlossenheit, den Pfad der Reinheit zu gehen.

Immer wieder geht es um die Ethik des Opferns. Wer gibt, der wird am Ende selbst reichlich empfangen. Die oft gepriesene Geringschätzung des eigenen Todes gilt als Zeichen geistiger Reife und Einsicht in die Nichtigkeit der physischen Welt. Zur Ethik des Selbstopfers gibt es in den buddhistischen Schriften allerdings unterschiedliche Auffassungen. Das Heilsziel liegt letztlich im Loslassen. Auch wird regelmäßig auf Symbole und Rituale der Rechtschaffenheit zurückgegriffen, wo das Volk diesen keine Wertschätzung mehr entgegenbringt, verfallen die Sitten und alle Arten von Unwidrigkeiten kommen über die Menschen. Die Verehrung des Heiligen hingegen schütze vor solchem Unheil. Statuen und Tempel sind als geronnener Ausdruck der lebendigen Gegenwart der Lehre zu betrachten. Die grundlegende Botschaft der Sutrengeschichten ist stets, dass die Wesen ihr Schicksal in ihren eigenen Händen halten, wenn sie nur um den Zusammenhang von Ursache und Wirkung im Handlungskosmos des Karmas wissen. Eine moderne Rezeption wird sie vor allem als Gleichnisse verstehen.

48 Siehe zum Beispiel die Abhandlungen und Meditationsratschläge im Visuddhi Magga.

# Verzeichnis der Sutrenquellen aus dem chinesischen buddhistischen Kanon

| Lfd. Nr. | Deutscher Titel | Originaltitel | Sutrenquelle | Hanyu-Pinyin-Umschrift |
|---|---|---|---|---|
| 1. | Kaiser Han Ming begegnet im Traum dem wahren Buddha | 汉明帝梦遇真佛 | 法苑珠林 | Fa Yuan Zhu Lin |
| 2. | Der Ursprung der Buddha-Figuren | 佛像之始 | 出外国图记 | Chu Wai Guo Tu Ji |
| 3. | Der König und das Schaf | 羊与王 | 大庄言论经 | Da Zhuang Yan Lun Jing |
| 4. | Glücksspiel mit einem Dämon | 夜叉鬼的赌居 | 杂宝臧经 | Za Bao Zang Jing |
| 5. | Das Sutra der Retterin Guanyin | 救生观音经 | 法苑珠林 | Fa Yuan Zhu Lin |
| 6. | Der Tod des Königs der Vögel | 正音王之死 | 观佛三味经 | Guan Fo San Wei Jing |
| 7. | Das Opfer eines edlen Prinzen | 太子割肉 | 月明菩萨三味经 | Yue Ming Pu Sa San Wei Jing |
| 8. | Die Anrufung des Buddha | 口诵佛名 | 诸经中要事 | Zhu Jing Zhong Yao Shi |
| 9. | Die Geschichte des Prinzen, der zwei mächtige Reiche einte | 两国太子 | 杂譬喻经 | Za Pi Yu Jing |
| 10. | Vakkula | 佛佑薄拘罗 | 譬喻经 | Pi Yu Jing |
| 11. | Die beiden Diener eines Königs | 国王的待卫 | 杂譬喻经 | Za Pi Yu Jing |
| 12. | Befreit von allen Beschwernissen erfährt ein Pfau die allerhöchste Freude | 孔雀天尽烦恼，享受天伦之乐 | 百业经 | Bai Ye Jing |

| Lfd. Nr. | Deutscher Titel | Originaltitel | Sutrenquelle | Hanyu-Pinyin-Umschrift |
|---|---|---|---|---|
| 13. | Den Laien Xu Yi trifft großes Unheil | 徐义遇难 | 法苑珠林 | Fa Yuan Zhu Lin |
| 14. | Der unbeugsame Pfadgänger | 修道人 | 六度集经 | Liu Du Ji Jing |
| 15. | Das Opfer für einen Baumgeist | 祭树神 | 杂宝臧经 | Za Bao Zang Jing |
| 16. | Vatermord aus Machtgier | 刹父篡位 | 譬喻经 | Pi Yu Jing |
| 17. | Zwei goldene Buddhastatuen | 两尊金佛像 | 法苑珠林 | Fa Yuan Zhu Lin |
| 18. | Erlangen oder Verlieren ist kein Zufall | 得失有定 | 譬喻经 | Pi Yu Jing |
| 19. | Ein Flicken für die Robe des Buddha | 施衲得度 | 贤愚经 | Xian Yu Jing |
| 20. | Das fromme Mädchen | 信教女 | 十卷譬喻经 | Shi Juan Pi Yu Jing |
| 21. | Der Laie Fei Chongxian | 宋居士费崇先 | 法苑珠林 | Fa Yuan Zhu Lin |
| 22. | Der Laie Shun Da lehrt seine Söhne | 顺达 | 教子经 | Jiao Zi Jing |
| 23. | Ein Laie verliert seinen Status | 封他为大居士 | 十诵律 | Shi Song Lü |
| 24. | Ein edler Prinz opfert sein Blut einem Kranken | 太子献血救人 | 僧伽罗刹经 | Seng Jia Luo Sha Jing |
| 25. | Der helle Lichtschein des Buddha | 佛入光明定 | 中阿含经 | Zhong A Han Jing |
| 26. | Polis Ehefrau | 波利夫人 | 法句譬喻经 | Fa Ju Pi Yu Jing |
| 27. | Die rothaarige Prinzessin mit der goldenen Haut | 金肤红发的公主 | 金色女经 | Jin Se Nü Jing |

| Lfd. Nr. | Deutscher Titel | Originaltitel | Sutrenquelle | Hanyu-Pinyin-Umschrift |
|---|---|---|---|---|
| 28. | Eine Giftschlange opfert den Mönchen Gold | 毒蛇舍金 | 贤愚经 | Xin Yu Jing |
| 29. | Vier Drachenkönige gehen zum Buddha | 龙王请佛 | 海龙王经 | Hai Long Wang Jing |
| 30. | Drachenschicksale | 龙的命运 | 法苑珠林 | Fa Yuan Zhu Lin |
| 31. | Der Bruch eines Gelübdes und die Folgen | 破戒之后 | 智度论 | Zhi Du Lun |
| 32. | Eine Kerze setzt sich von selbst in Bewegung | 自动行走的蜡烛 | 法苑珠林 | Fa Yuan Zhu Lin |
| 33. | Das goldene Kleid | 金缕衣 | 十卷譬喻经 | Shi Juan Pi Yu Jing |
| 34. | Die Unzüchtigen | 淫者戒 | 出曜经 | Chu Yao Jing |
| 35. | Der unbeständige Pfadgänger | 比丘还俗 | 高僧传 | Gao Seng Zhuan |
| 36. | Ein Mann verwandelt sich für seine Frau in einen Wurm | 丈夫化虫 | 居士病故为妇鼻中虫经 | Ju Shi Bing Gu Wei Fu Bi Zhong Chong Jing |
| 37. | Erst im Tode vollendet sich der Pfad | 道成身死 | 毗婆沙 | Pi Po Sha |
| 38. | Nur aufrichtiger Dienst am Guten verdient Respekt | 共善加敬 | 诸经中要事 | Zhu Jing Zhong Yao Shi |
| 39. | Die erfolglose Intrige | 不攻自破 | 义定经 | Yi Ding Jing |
| 40. | Eine Wiedergeburt als Käsemade | 来生转蜜虫 | 大智论 | Da Zhi Lun |
| 41. | Der Hirsch mit dem Regenbogenfell | 九色鹿 | 佛说九色鹿经 | Fo Shuo Jiu Se Lu Jing |

| Lfd. Nr. | Deutscher Titel | Originaltitel | Sutrenquelle | Hanyu-Pinyin-Umschrift |
|---|---|---|---|---|
| 42. | Ein Bergheiliger zieht einen kleinen Elefanten auf | 仙人养象 | 佛说弟子过命经 | Fo Shuo Di Zi Guo Ming Jing |
| 43. | Der Grabprinz | 墓中王子 | 旗陀越国王经 | Qi Tuo Yue Guo Wang Jing |
| 44. | *Der uns sicher ans andere Ufer führt* | 善往彼岸 | 菩萨本生鬘论 | Pu Sa Ben Sheng Man Lun |
| 45. | Ein achtjähriger Mönch voller Weisheit | 八岁高僧 | 八沙弥开解国王经 | Ba Sha Mi Kai Jie Guo Wang Jing |
| 46. | Ein Affe gelangt auf den Erlösungspfad | 猕猴发愿得道 | 佛说狮子月佛本生经 | Fo Shuo Shi Zi Yue Ben Sheng Jing |
| 47. | Das Leid von fünf Müttern | 五位母亲的哀伤 | 五母子人经 | Wu Mu Zi Ren Jing |
| 48. | Alle Schätze kommen aus der Großen Leere | 凭空变宝术 | 树提伽经 | Shu Ti Jia Jing |
| 49. | Ein Elefant tötet den goldenen Riesenkrebs | 大象除金蟹 | 杂宝臧经 | Za Bao Zang Jing |
| 50. | Das Buddhakind | 佛赐予的孩子 | 过世佛分卫经 | Guo Shi Fo Fen Wei Jing |
| 51. | Das Drachenmädchen sucht einen Gefährten | 龙女求夫 | 大唐西域记 | Da Tang Xi Yu Ji |
| 52. | Der Edelmut eines Lastenträgers | 雇工的善行 | 譬喻经 | Pi Yu Jing |
| 53. | Die Pagode der sieben Schätze | 七宝塔 | 楼炭经 | Lou Tan Jing |
| 54. | Ein König wird Mönch | 国王出家 | 瓶沙王五愿经 | Ping Sha Wang Wu Yuan Jing |
| 55. | Die Zwillinge *Doppeltes Glück* und *Zweifache Tugend* | 福，德双生子 | 法句经 | Fa Ju Jing |

| Lfd. Nr. | Deutscher Titel | Originaltitel | Sutrenquelle | Hanyu-Pinyin-Umschrift |
|---|---|---|---|---|
| 56. | Die fromme Suman | 信女苏曼 | 贤喻经 | Xian Yu Jing |
| 57. | Die wundersame Auferstehung eines Toten | 死而复生奇遇 | 弟子死复生经 | Di Zi Si Fu Sheng Jing |
| 58. | Das Fleisch eines Königs | 肉山 | 六度集经 | Liu Du Ji Jing |
| 59. | Ein großer Fisch opfert sich für hungernde Menschen | 大鱼献身救百姓 | 度无极集 | Du Wu Ji Ji |
| 60. | Die Kraft eines Buddhamönchs | 舍那婆私的法力 | nicht eindeutig zuordbar | |
| 61. | Buddhatugend | 佛的功德 | 百爱经 | Bai Ai Jing |
| 62. | Die geheimnisvolle Buddhastatue | 佛像 | 法苑珠林 | Fa Yuan Zhu Lin |
| 63. | Das Opfer | 舍身守戒 | 慈仁不杀经 | Ci Ren Bu Sha Jing |
| 64. | Die Löweninsel | 狮子国 | 大唐西域记 | Da Tang Xi Yu Ji |
| 65. | Barmherzige Tiere folgen der Lehre | 声闻慈兽 | 大集经 | Da Ji Jing |
| 66. | Gewalttätige Herrschaft währt niemals lange Zeit | 暴征减寿 | 阿含经 | A Han Jing |
| 67. | Das Selbstopfer eines betrogenen Königssohns | 忍辱太字 | 大方便佛报恩经 | Da Fang Bian Fo Bao En Jing |
| 68. | Ein gutherziges Mädchen verwandelt sich in einen Mann | 善女变男 | 善信摩积经 | Shan Xin Mo Ji Jing |
| 69. | Der Buddha und die Blumen | 采花遇如来 | 采花为王上佛诀号妙花经 | Cai Hua Wei Wang Shang Fo Jue Hao Miao Hua Jing |
| 70. | Der nur einmal nachlässige Monarch | 国王治梵志罪 | nicht eindeutig zuordbar | |

| Lfd. Nr. | Deutscher Titel | Originaltitel | Sutrenquelle | Hanyu-Pinyin-Umschrift |
|---|---|---|---|---|
| 71 | Der ungezogene Hund | 狗父 | 第三十九卷鹦鹉章 | Di San Shi Jiu Juan Ying Wu Zhang |
| 72. | Die treue Hirschkuh | 鹿夫妇 | 佛本行集经 | Fo Ben Xing Ji Jing |
| 73. | Die Händler und ihr Hündchen | 商人与狗 | 贤愚经 | Xian Yu Jing |
| 74. | Die Verwandlung | 朋友变驴 | 出曜经 | Chu Yao Jing |
| 75. | Der betrogene Brahmane | 谨防上当 | nicht eindeutig zuordbar | |
| 76. | Der Übungsweg einer schönen Frau | 美女修道 | nicht eindeutig zuordbar | |
| 77. | Der schöne Gänsekönig | 美鹅王 | 大乘宝要义论 | Da Cheng Bao Yi Lun |
| 78. | Der Sehnsuchtsbaum | 相思树 | Legende aus der Frühlings- und Herbstperiode (770–476 vor Chr.) | |
| 79. | Der König und die Dirne | 国王与妓女 | 杂宝臧竟 | Za Bao Zang Jing |
| 80. | *Der aus dem Feuer Geborene* | 火中生子 | 大涅槃经 | Da Nie Pan Jing |
| 81. | Die goldenen Federn | 金羽毛 | nicht eindeutig zuordbar | |
| 82. | Das schöne Drachenmädchen tritt in den Buddha-Orden ein | 龙施女出家 | 佛说龙施女经 | Fo Shuo Long Shi Nü Jing |
| 83. | Der wundersame Hund | 盘瓠 | 后汉书一南蛮传/搜神记 | Hou Han Shu – Nan Man Zhuan/Sou Shen Ji |
| 84. | Ein Mönch verflucht den Buddha | 生生世世诅咒 | 贤愚因缘经 | Xian Yu Yin Yuan Jing |
| 85. | Der aufrichtige Novize | 沙弥守戒 | 贤愚因缘经 | Xian Yu Yin Yuan Jing |

| Lfd. Nr. | Deutscher Titel | Originaltitel | Sutrenquelle | Hanyu-Pinyin-Umschrift |
|---|---|---|---|---|
| 86. | Ein treues Ehepaar verwirklicht gemeinsam den Pfad | 夫妻双得道 | 贤愚经 | Xian Yu Jing |
| 87. | Die Frucht heilsamen Karmas | 心悟其福 | nicht eindeutig zuordbar | |
| 88. | Gespräch eines Mönchs mit einer Buddha-Perle seiner Rezitationskette | 僧与佛珠 | nicht eindeutig zuordbar | |
| 89. | Die Hirschkuh | 母鹿守信 | 佛说鹿母经 | Fo Shuo Mu Lu Jing |
| 90. | Die ungetilgte Schuld | 还不清的赌债 | 百缘经 | Bai Yuan Jing |
| 91. | Fünf Könige vernehmen die Buddhalehre | 五个国王与佛 | 五王经 | Wu Wang Jing |
| 92. | Ein treuer Laienanhänger und seine Verdienste | 忽起长者 | 弥沙塞律 | Mi Shao Sai Lü |
| 93. | Die geheimnisvolle Rezitationsstimme | 神奇的诵经声 | 小儿闻解经 | Xiao Er Wen Jie Jing |
| 94. | Zwei Konvois von Händlern | 两队商人 | 兴起经 | Xing Qi Jing |
| 95. | Die seltsame Geschichte eines kastrierten Ebers | 阉猪的奇事 | 法苑珠林 | Fa Yuan Zhu Lin |
| 96. | König Landa | 蓝达王 | 蓝达王经 | Lan Da Wang Jing |
| 97. | Schahe bezwingt einen Drachen | 沙曷降龙 | 沙曷比丘功德经 | Sha He Bi Qiu Gong De Jing |
| 98. | Heng Jiada wird zum Buddha | 恒伽达成佛 | 贤愚因缘经 | Xian Yu Yin Yuan Jing |
| 99. | Die Gelübde der Buddhajünger | 佛门戒律 | 戒消灭经 | Jie Xiao Mie Jing |
| 100. | Der Prinz der guten Taten | 能施太子 | 大智论 | Da Zhi Lun |

| Lfd. Nr. | Deutscher Titel | Originaltitel | Sutrenquelle | Hanyu-Pinyin-Umschrift |
|---|---|---|---|---|
| 101. | Eine alte Frau schüttelt ihre Armut ab | 妪妪卖贫 | 贤愚经 | Xian Yu Jing |
| 102. | Fünfhundert tugendhafte Frauen durchschreiten das Tor zur Buddhalehre | 五百女子入佛门 | nicht eindeutig zuordbar | |
| 103. | Jeder karmische Same trägt karmische Frucht | 善恶到头终有报 | nicht eindeutig zuordbar | |
| 104. | Die tugendhafte Nonne | 有道大尼 | 僧衹律 | Seng Zhi Lü |
| 105. | Buddha Sakyamuni besucht seinen Vater, den sterbenden König Śhuddhodana | 释迦佛诣父王所看疾 | 佛说净饭王般涅般经－大方便佛报恩经 | Fo Shuo Jing Fan Wang Bo Nie Bo Jing – Da Fang Bian Bao En Jing |

# Literatur

## Chinesische Originaltexte

Liu Minjie, Bo Ruo (Bearb.): Fojing Gushi, (2 Bde.), ISBN 7-800-80094-077-2, Dazhongwenyi Chubanshe, Beijing 1996

Qin Ge, Xu Xiumei, Gao Lu (Hrsg.): Chan Yu Xing Shi, ISBN 7-5317-1770-0, Beifang Wenyi Chubanshe, Harbin 2005

Wu Zeshun (Bearb.): Fojing De Gushi, ISBN 7-80655-557-9, Guangzhou Chubanshe, Guangzhou 2003

Ying Wu (Bearb.): Fodian Ru Men, ISBN 7-8078-0752-5196 / 7-8075-2519-3, Sichuan Bashu Shushe, Chengdu 2000

Zhang Yuan (Hrsg.): Tu Jie Fojing Gushi, ISBN 7-2040-1694-7-J99, Neimengu Renmin Chubanshe, Hohot 1992

Zheng Kun (Hrsg.): Fojing Gushi, (2 Bde.), ISBN 7-2040-9402-6 / 9-7872-0409-4028, Neimengu Renmin Chubanshe, Hohot 2008

## Sekundärliteratur

Analayo: The Genesis of the Bodhisattva Ideal, Hamburg Buddhist Studies 1, Hrsg.: Center for Buddhist Studies, University Hamburg, Hamburg 2010

Chen, Kenneth: Buddhism in China. A Historical Survey, Princton 1973

Clart, Philip: Die Religionen Chinas, Göttingen 2009

Edkins, Joseph: Chinese Buddhism. Historical, Descriptive and Critical, London 1893 (Reprint 2000)

Hecker, Helmut: Peta-Vatthu. Das buddhistische Totenbuch. Ein Text aus der Kürzeren Sammlung des Palikanons, Stammbach 2001

Lenz, E.Ortrum: Das Weibliche im Buddhismus. Keine frauenfreundliche Religion, in: http://suite101.de/article/frauen-im-buddhismus-a46167#axzz2MZDsSYlF(13.6.2008)

Malinar, Angelika: Hinduismus Reader, Göttingen 2009

Meisig, Marion: Ursprünge buddhistischer Heiligenlegenden. Untersuchungen zur Redaktionsgeschichte des 撰集百缘经 (chuan4 tsi2peh2yüan2king1), Forschungen zur Anthropologie und Religionsgeschichte, Bd.38, Münster 2004

Michaels, Axel: Der Hinduismus. Geschichte und Gegenwart, (2. Auflage), München 2012

Pachow, W.: Chinese Buddhism: Aspects of Interaction and Reinterpretation, Boston 1980

Park, Jungnok: How Buddhism Acquired a Soul on the Way to China, Oxford 2012

Visuddhi-Magga – Der Weg zur Reinheit. Die größte und älteste systematische Darstellung des Buddhismus. Aus dem Pali übersetzt von Nyanatiloka, Konstanz 1989

Wachs, Marianne: Die Rolle der Frau im Buddhismus, in: http://www.ftbb.de/Texte/ pdf., o. J. (10.3.2012)

Weil, Alfred (Hrsg.): Karma. Stammbach 2008

**Websites mit chinesischen Originaltexten**

(Stand Juni 2013)

http://www.a.bonze.cn/wlsjwz/byj/72.html

http://www. bbs.jcedu.org ›西园论坛 ›

http://www.buddhanet.idv.tw/aspboard/dispbbs.asp?boardID=3&ID=2061&page=51

http://www.club.fjdh.com/html/99/199-162358.html

http://www.foyin.org/Gushi/

http://www.shuimo.com/.../fj086.htm

http://www.sutra.goodweb.cn/kgin/

http://www.suttaworld.org/big5-txt/sutra/lee

http://www.sutra.goodweb.cn/kgin/

http://www.yaoshifo.pixnet.net/blog/post/

# Dank

An dieser Stelle möchte ich meiner Frau Dagmar für die Hilfe und große Geduld beim Korrekturlesen des Manuskripts sowie die vielen wertvollen Verbesserungsvorschläge danken.

## Buddhistische Fabeln

Still hören ist besser als laut zu beten

Übersetzt von Hans-Günter Wagner

2015. 8°. 256 S., Br., (978-3-95490-049-7)

„Buddhistische Fabeln und Gleichnisse – Still hören ist besser als laut zu beten" enthält 171 Fabeln und Gleichnisse, die verschiedene Aspekte der buddhistischen Lehre illustrieren. Alle Texte wurden aus dem Chinesischen übersetzt, viele davon gehen jedoch auf ursprünglich indische Vorlagen zurück. Neben eigentlichen Tierfabeln umfasst das weite Spektrum dieser Überlieferung auch Geschichten aus dem Alltagsleben. Darüber hinaus finden sich Sagen aus dem Götterreich und Episoden aus dem Leben des historischen Buddha nach den Aufzeichnungen der chinesischen Dreikorbschriften (Tripitaka). Die unterhaltsamen Geschichten erzählen von der buddhistischen Lehre auf gleichnishafte Weise. Kleine Anekdoten warnen vor dem Bösen, vor Verlockung und Anhaftung, zeigen den Weg aus leidhafter Verstrickung oder preisen den Erlösungspfad. Das Herz der buddhistischen Lehre schlägt hier in der Sprache einfacher Szenen und Begebenheiten. Mit metaphernreichen Bildern werden die finsteren Abgründe menschlichen Verhaltens ausgeleuchtet und die karmischen Folgen schlechter Taten beschrieben. Dagegen stehen die Schilderung des Heilsamen sowie die Ermutigung, auf dem Pfad des Buddha zu wandeln. Das Anliegen des Buddhismus wird anhand von alten Prosatexten vermittelt. Jenseits aller verhärteten Lehrdogmatik soll das Kulturübergreifende dieser Religion deutlich werden. Westliche Leser können zudem einen Einblick in die Welt der Legenden und Anekdoten Chinas gewinnen. Buddhistisch Interessierte hatten bisher nur sehr beschränkten Zugang zu diesen Quellen der chinesischen Dharma-Tradition. Der größte Teil dieser Geschichten liegt zum ersten Mal auf Deutsch vor. Anders als beispielsweise Fachübersetzungen chinesischer Avadanas, die zumeist lediglich ein kleineres sinologisches Fachpublikum ansprechen, wendet sich dieses Buch an eine breite Leserschaft.

## Die Krise der technologischen Zivilisation und die asiatische Antwort

Von Ynhui Park
Übersetzt von Karl Reinhard Friebe

2013. 8°. 52 S., Br., (978-3-89500-949-5)

Ynhui Park diagnostiziert zunächst eine bisher noch nie dagewesene Krise der globalen Zivilisation. Diese Krise ist in allen Bereichen des Denkens, des Lebens und der Politik sichtbar. Umweltzerstörung und atomare Waffentechnik bedrohen die Welt und die Menschheit mit dem Untergang. Die Krise ist nicht denkbar ohne die Industrialisierung der letzten Jahrhunderte, ohne die wissenschaftliche Technologie, die westliche Rationalität und die zugrundeliegende dualistische Ontologie. Angesichts dieser Krise haben wir keine andere Wahl als den Versuch, sie zu überwinden. Eine Rückkehr zu vorindustriellen Zuständen ist nicht möglich, nicht wünschenswert und nicht erforderlich. Die Mittel zur Überwindung der Krise sind in der „asiatischen Antwort“, in der asiatischen Philosophie zu finden. Park erläutert hierzu die grundlegenden Eigenheiten der asiatischen Philosophie, insbesondere des Buddhismus, des Daoismus und des Konfuzianismus. Er ruft zu einer „kopernikanischen Wende“ des Denkens und Handelns auf, zu einer Wende von dualistischer Ontologie zu asiatischer monistischer Ontologie und von Anthropozentrismus zu Ökozentrismus. Der Mensch steht dann nicht im Gegensatz zur Natur und es gibt keine Rechtfertigung zur Ausbeutung der Natur allein für menschliche Zwecke; er ist vielmehr integraler Teil der Natur und als solcher verpflichtet, sie zu schützen und zu erhalten und damit letztlich auch die Erhaltung der eigenen Art zu sichern. Dieses Denken steht nicht in absolutem Gegensatz zu technologischer Zivilisation und zu westlichem Denken. Angesichts der geschilderten Krise müssen vielmehr östliches und westliches Denken zusammenwirken, um ihre Überwindung durch eine neue Denkweise in einem neuen Zeitalter möglich zu machen.

## *Contributions to Tibetan Studies*

Edited by David P. Jackson

### Vol 12: The Illuminating Mirror

Tibetan Studies in Honour of Per K. Sørensen on the Occasion of his 65th Birthday

Edit by Olaf Czaja und Guntram Hazod

2015. 8°. 640 S., geb., 119 s/w- und 35 Farbabb., (978-3-95490-137-1)

Die Festschrift umfasst 33 internationale Beiträge von Kollegen und Wegbegleitern von Per K. Sørensen, einer der führenden Vertreter der Tibetwissenschaften, der seit 20 Jahren als Professor am Institut für Indologie und Zentralasienwissenschaften der Universität Leipzig lehrt. Die thematische Vielfalt der auf Tibet- und Himalaya bezogenen Studien spiegelt das breite Interessensgebiet des Jubilars; gleichzeitig ist der Sammelband in vielen Fragen repräsentativ für den heutigen Forschungsstand zu Geschichte, Religion, Ethnologie, Literatur, Archäologie und Kunst in Tibet. Zahlreiche Abbildungen sowie ein ausführlicher, dem Gelehrten- und Forscherleben des Jubilars gewidmeter Einleitungsteil komplettieren die Festschrift.

### Vol 11: Shākya-mchog-ldan, Mahāpaṇḍita des Klosters gSer-mdog-can

Leben und Werk nach den tibetischen Quellen

By Volker Caumanns

2015. 8°. 464 S., Ln., (978-3-95490-092-3)

gSer-mdog Paṇ-chen Shākya-mchog-ldan (1428-1507) gilt westlichen Tibetologen als eine der herausragenden Gelehrtenpersönlichkeiten der tibetischen Sa-skya-Tradition. Das Interesse der Forschung richtete sich bis dato vor allem auf das scholastische Werk dieses Meisters. Wenig Beachtung fand hingegen die Biographie Shākya-mchog-ldans. Im Mittelpunkt des Buches steht daher die Erschließung der maßgeblichen biographischen Quellen, vor allem der sogenannten „Detaillierten Untersuchung der Biographie des Mahāpaṇḍita Shākya-mchog-ldan" des Jo-nang rJe-btsun Kun-dga'-grol-mchog (1507–1566). Dieses Werk – um die Mitte des 16. Jahrhunderts verfasst – ist für die Forschung von besonderem Interesse, da es sich aus einer Vielzahl mündlicher und schriftlicher Quellen speist, die noch auf direkte Schüler Shākya-mchog-ldans zurückgehen.

### Vol. 10: A Critical Edition of the Tibetan Translation of the Mahāparinirvāṇa-mahāsūtra

By Hiromi Habata

2013. 8°. 492 S., Ln. (978-3-89500-991-4)

Das Mahāparinirvāṇa-mahāsūtra, das große Sūtra über das Parinirvāṇa des Buddha, erzählt die Legende vom Lebensende des Buddha in einer besonderen Art und Weise, die von anderen Versionen aus der Mahāparinirvāṇa-Literatur abweicht. In der dogmatischen Geschichte des Buddhismus gilt das Sūtra als eine der früheren Quellen für die Tathāgatagarbha-Theorie. Die chinesische Übersetzung des Textes hat einen großen Einfluss im ostasiatischen Buddhismus ausgeübt. Es gibt auch zwei tibetische Übersetzungen, eine aus dem Chinesichen und eine aus dem Sanskrit. Die vorliegende kritische Edition basiert auf neun Textzeugen und präsentiert den Text auf der Grundlage der Kanjur-Forschung, wie sie seit den 1980er Jahren entwickelt wurde.